JN235876

21世紀と体育・スポーツ科学の発展

～日本体育学会第50回記念大会誌～

日本体育学会
第50回記念大会特別委員会
編集

1

杏林書院

編集委員会

執筆者一覧

跡見　順子　（東京大学）
海老原　修　（横浜国立大学）
藤木　忠善　（東京芸術大学）
福岡　孝純　（（株）日本スポーツ文化研究所）
船渡　和男　（国立スポーツ科学センター）
厳　　三鐸　（韓国国民生活体育協議会）
原田奈名子　（佐賀大学）
平野　裕一　（東京大学）
広瀬　一郎　（（株）電通）
廣橋　義敬　（清和大学）
本間　浩輔　（（株）野村総合研究所）
池田　　勝　（大阪体育大学）
井上　　俊　（京都大学）
井上　俊也　（東日本電信電話（株））
石河　利寛　（順天堂大学名誉教授
亀山　佳明　（龍谷大学）
片山　健二　（帝京大学）
金原　　勇　（武蔵野体育研究所）
木佐貫　至　（読売新聞社）
岸野　雄三　（国際武道大学）
小林　寛道　（東京大学）
近藤　良享　（筑波大学）
黒須　　充　（福島大学）
朽木　　勤　（スパ・フィットネス研究所）
李　　力研　（中国体育科学研究所）
舛本　直文　（東京都立大学）
松岡　信之　（国際基督教大学）
McNamee Mike J.
（Cheltenham and Gloucester College of Higher Education,U.K.）
森川　貞夫　（日本体育大学）
永松　昌樹　（大阪教育大学）
中島　信博　（東北大学）
奈良　雅之　（目白学園女子短期大学）
成田十次郎　（高知女子大学）
野川　春夫　（順天堂大学）
野坂　和則　（横浜市立大学）
野崎　武司　（香川大学）
小椋　　博　（香川大学）
小野　三嗣　（(財)小野スポーツ体力研究財団）
Raven Peter B.
（University of North Texas,U.S.A.）
佐伯　聰夫　（筑波大学））
清水　紀宏　（金沢大学）
篠原　　稔　（東京大学）
白木　　仁　（筑波大学）
田嶋　幸三　（筑波大学）
高橋　良光　（金ヶ崎町教育委員会）
寺﨑　昌男　（桜美林大学）
友添　秀則　（香川大学）
漆原　光德　（四国学院大学）
山岸　駿介　（多摩大学）
山口　泰雄　（神戸大学）
山川　　純　（日本女子体育大学名誉教授）
吉田　民人　（中央大学）
（ABC順）

表紙デザイン
石田　良恵　（女子美術大学）
前田恵美子　（女子美術大学）

序　文

日本体育学会は平成11年度に「日本体育学会第50回記念大会／体育・スポーツ関連学会連合大会」を東京大学駒場キャンパスで開催しました．振り返ってみますと1950年11月25日と26日の二日間の第1回大会に芽生えた一本の体育学の木が30有余の枝を持った学会の連合体へと発展成長しましたことは誠に印象的です．

この連合大会は初めての試みでしたが，組織委員会の卓越した構想力と絶大なる努力，そして参加された会員各位の研究水準の高さによって，大成功を収めたと言って良いと思います．ともすれば自分の関係する縦の領域に閉じこもりがちの研究者が団結して横の絆を結び「体育学・スポーツ科学の領域専門化と総合化の両立をめざして」という総合テーマに相応しい成果を挙げました．総合化を求めるには異なる領域の専門家が集まり学問の祝祭としてシンポジウムを開催することが有力な方法です．本書全三巻には31のシンポジウムが収められています．現在の体育・スポーツ科学の射程の広さと課題の重さ，そして会員の層の厚さと力強さが如実に現れています．体育学が21世紀の学問のあり方を先取りしているとさえいえるのではないでしょうか．われわれはこのような体育学の長所に自信を深めるとともに，さらに世間や世界に体育学の知を積極的に還元していくべきではないでしょうか．

省みますと日本体育学会は，わが国の体育・スポーツ科学の発展を支える中心学会として国民の体育・スポーツ水準の向上に多大な貢献をしてきました．1964年の東京オリンピックがスポーツ科学発展の弾みとなりました．21世紀を目前にした今日，日本の社会はさまざまな構造改革の課題を抱えています．体育・スポーツの世界ではどうでしょうか．

本書のいたるところに改革を要求する21世紀の課題が噴出しています．読者各位が興味を持つところから読み始め，関連するシンポジウムへと自由に読み進めるならば，一人一人が独自の読み方で21世紀を眺望することになると思います．本書をテキストにしてグループで読み，ミニシンポジウムを開くのも面白いかと思います．

本書は，さまざまな問題が生じた激動の20世紀を反省し，体育・スポーツ家が21世紀をどのように生きていくのかを考え，方向を定める契機となると思います．そこに本書を出版した歴史的な意義があると思う次第です．

日本体育学会会長
片岡　暁夫

編集にあたって

平成11年10月7日から11日までの5日間にわたって，「日本体育学会第50回記念大会／体育・スポーツ関連学会連合大会」が開催された．この大会は，日本体育学会が昭和25年（1950年）に第1回学会大会を開催して以来，50回目にあたることを記念して，体育・スポーツに関する学術団体に呼びかけを行ない，「連合大会」というかたちの学会大会となった．この学会大会の大きな特色は，日本体育学会と30の参加学術団体との協力で「共催シンポジウム」が開催されたことである．共催シンポジウムは28のテーマについて，文系，理系を問わず，関連学術団体から推薦された演者が発表するという形式で行なわれ，関連学会が幹事役を務めた．

このため，多領域からのアプローチがあり，各テーマに対して，いろいろな見方ができたという点で大いに好評であった．共催シンポジウムは，四つのテーマが同じ時間帯で進行したことから，聞きたかったシンポジウムに参加できなかったという声も多く聞かれた．「日本体育学会第50回記念大会誌」は，共催シンポジウムの発表内容を主内容とし，日本体育学会国際交流委員会企画の国際シンポジウム2テーマ，および日本学術会議企画シンポジウムの内容を掲載している．

日本体育学会は，従来3日間の日程で行なわれてきたが，今回の「第50回記念大会」の会期は5日間で，しかも「連合大会」という，かつてない規模の学会となったため，経費もかさみ「記念誌」の出版については，財政的に非常に困難な状況が予測された．しかし，大会終了後，一応の財政的目途が立った段階で，「記念誌」の出版が11月に開催された日本体育学会の常務理事会で正式に承認され，初めて執筆依頼を行なうという手順がとられた．このため，執筆者の方々には，極めて短期間のうちに原稿提出が求められるという事態になった．しかし，こうした状況にもかかわらず，ほぼ全員の演者の方々から原稿がよせられ，同年度内に記念誌が完成できたということは，いわば奇跡的であるといえよう．

本誌の出版は，広告掲載の企業の方々をはじめ，関係方面からの温かい財政的援助を受け，可能となった．

執筆の先生方をはじめ，多くの関係各位に深く感謝申し上げるとともに，杏林書院の編集者である加藤勇二，太田康平の両氏の労をねぎらいたい．

編集者代表
小林　寛道

日本体育学会第 50 回記念大会／体育・スポーツ関連学会連合大会

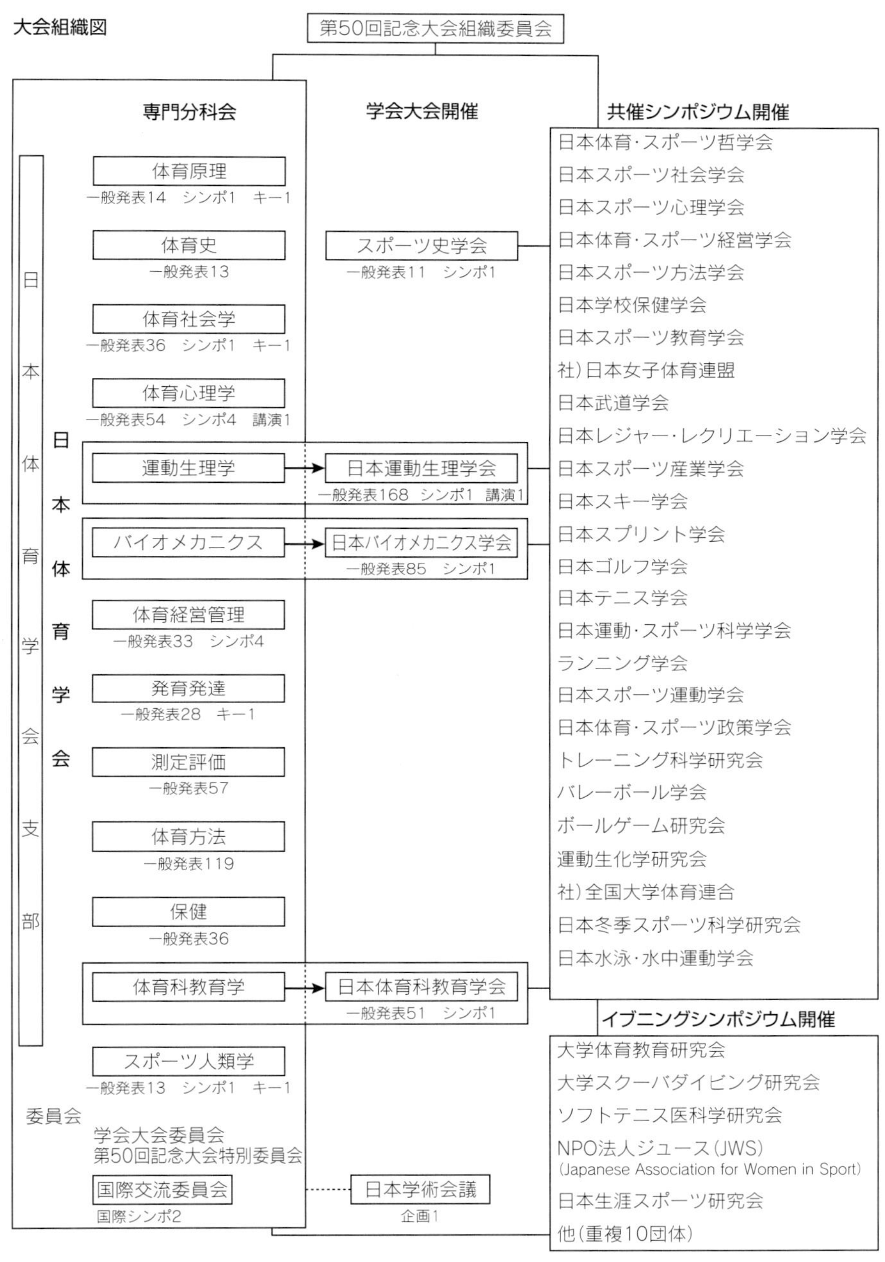
大会組織図
第50回記念大会組織委員会
専門分科会
学会大会開催
共催シンポジウム開催
日本体育学会支部
日本体育学会
体育原理
一般発表14　シンポ1　キー1
体育史
一般発表13
スポーツ史学会
一般発表11　シンポ1
体育社会学
一般発表36　シンポ1　キー1
体育心理学
一般発表54　シンポ4　講演1
運動生理学
日本運動生理学会
一般発表168　シンポ1　講演1
バイオメカニクス
日本バイオメカニクス学会
一般発表85　シンポ1
体育経営管理
一般発表33　シンポ4
発育発達
一般発表28　キー1
測定評価
一般発表57
体育方法
一般発表119
保健
一般発表36
体育科教育学
日本体育科教育学会
一般発表51　シンポ1
スポーツ人類学
一般発表13　シンポ1　キー1
委員会
学会大会委員会
第50回記念大会特別委員会
国際交流委員会
国際シンポ2
日本学術会議
企画1
日本体育・スポーツ哲学会
日本スポーツ社会学会
日本スポーツ心理学会
日本体育・スポーツ経営学会
日本スポーツ方法学会
日本学校保健学会
日本スポーツ教育学会
社）日本女子体育連盟
日本武道学会
日本レジャー・レクリエーション学会
日本スポーツ産業学会
日本スキー学会
日本スプリント学会
日本ゴルフ学会
日本テニス学会
日本運動・スポーツ科学学会
ランニング学会
日本スポーツ運動学会
日本体育・スポーツ政策学会
トレーニング科学研究会
バレーボール学会
ボールゲーム研究会
運動生化学研究会
社）全国大学体育連合
日本冬季スポーツ科学研究会
日本水泳・水中運動学会
イブニングシンポジウム開催
大学体育教育研究会
大学スクーバダイビング研究会
ソフトテニス医科学研究会
NPO法人ジュース（JWS）
(Japanese Association for Women in Sport)
日本生涯スポーツ研究会
他（重複10団体）

A
会場
I
会場

日本体育学会第 50 回記念大会　記念式典
中曽根　弘文　文部大臣祝辞

功労者表彰　片岡会長より 22 名を表彰
代表者　岸野　雄三先生

国際交流協定に基づく外国招待者
中国　李　力研氏

国際交流協定に基づく外国招待者
韓国　厳　三鐸氏

会場風景
質問者　木下　秀明氏

大学院紹介コーナー

日本体育学会第50回記念大会／
体育・スポーツ関連学会連合大会
記念祝賀パーティー

日本体育学会第50回記念大会／
体育・スポーツ関連学会連合大会
記念祝賀パーティー

受付

目　次

1　21 世紀東アジアの体育・スポーツ

「21 世紀はアジアの時代」ともいわれている．世界の人口の 6 割を占め，素晴らしい勢いで発展しつつあるアジアは，国家体制が異なり，経済的に貧富の差が激しく，多様な民族，宗教，風俗が混在した地域でもある．この多様性と経済発展の温度差はあるものの，人々が共通に求めるものとして，健康の維持増進，および明るく愉しい生活の享受という欲求がある．アジア地域が経済の繁栄を求めて人々が工業化に努力すればするほど人口の都市集中化をもたらし，それは必然的に「万人のためのスポーツ（Sport for All）」の欲求および自然への回帰の欲求を促進することになる．ヨーロッパにおいては 1975 年にヨーロッパ評議会が「ヨーロッパ・スポーツ・フォア・オール憲章」を制定し，スポーツが「基本的人権」の一つであると認知され現在に至っている．アジアにおいてもスポーツは人間生活にとって不可欠な基本的人権の一つであり，スポーツ・フォア・オールの振興が 21 世紀におけるアジアの共通課題となることが容易に想像できる．そこで本シンポジウムは，東アジアにおけるスポーツ・フォア・オールに向けた体育・スポーツ科学研究の方向性を探ると共に，アジアにおけるスポーツ・フォア・オール憲章制定構想の可能性を検討することを意図として企画された．

木佐貫至はジャーナリストの立場からアジア・スポーツが「激変」の真っ只中にあり，代表的な例として中国を取り上げ，中国のスポーツ行政の方向転換が個人レベルや競技団体レベルに多彩な変化をもたらしていることを報告した．そして，世界のスポーツが情報化先進地の欧米の志向と，大資本をバックとしたテレビの経済原理に歪められる危険性を示唆し，健康スポーツ・伝統スポーツを含めた「スポーツ文化」の振興という広い視点が，21 世紀には欠かせないと強調した．李力研は，中国におけるスポーツ行政の変化と現時点のスポーツ・フォア・オールの取り組みの現状および問題点を紹介した．中国においてもスポーツ施設の不足と指導者不足がスポーツ・フォア・オール振興に大きな影響を及ぼしていることが報告された．

厳三鐸は，韓国において生活体育（生涯スポーツ）がソウル五輪以後急速に推進されるようになった背景を紹介するとともに，将来的には地域社会を中心とした総合的なスポーツクラブの確立と，エリートスポーツとの密接な連携が重要であることを強調した．続いて池田勝は，アジアにおける生涯スポーツの協力組織や振興計画および国際スポーツ大会の誘致状況を紹介するとともに，過密化した大都市でのスポーツ環境の整備がアジア各国の緊急に取り組む共通課題であると警鐘を鳴らした．さらに 21 世紀のアジアにおけるスポーツ・フォア・オールの振興に向けて，情報ネットワークの早期確立が取り組むべき最優先課題であると強調した．

会場の参加者から韓国と中国の演者に対して，障害者のスポーツ振興に関する質問が出され，両演者は特定の政策を整備して対処すると回答した．共通質問として用意された「東アジアのスポーツ・フォア・オールの実現に向けどのような研究交流や協力が可能か」に関しては，具体的な学術研究のテーマや共同研究の方向性は議論されなかった．しかし今後の共通認識として池田から「五つのE」が提唱された.「五つのE」とは，Exchange（情報ネットワーク），Environment（環境保全），Ethnicity（民族の伝統性），Equity（機会均等），Ethics（倫理性）である．これら五つのEが，アジアにおけるスポーツ・フォア・オールの実現を可能にするキーワードとして重要となろう．今回は時間の都合により，アジアにおける『スポーツ・フォア・オール憲章』制定構想を議論するまでには至らなかった．このアジアにおける『スポーツ・フォア・オール憲章』制定構想に関しては，次の機会に踏み込んだ議論が望まれる．また,「東アジアのスポーツ・フォア・オールの実現」に向けての具体的な学術研究のテーマや学際的な共同研究の方向性などについての活発な議論が今後求められよう．

（敬称略）

（本シンポジウムは1997～1998期，1999～2000期の国際交流委員会の企画・調整による.）

［森川　貞夫・野川　春夫］

① The Major Healthy Situation and the Countermeasure of the Sports Activity for Chinese people.

The East Asia, the sun to rise.

How do the East Asian countries to greet and receive the new sun sight of the coming 21st century?!

Let's be happy! Let's be healthy!

But how can we be happy and healthy?

Only one word : Sports for All!

In the East Asia, Japan is the most developed country, and China is the largest developing country in the world. And the other countries, particular the Korea, are the most important component parts in the Asia and in the world.

And how can we promote the "Sports for All" in East Asia? I think China has her big and heavy task since her 1/4 population and the vast territory in Earth. But what's the history, the present situation and the future about Sports for All in China? It's as follow :

1. The brief history of the Sports for All in China

The program of the Sports for All was developed in 1950's in China and "it is always one political task for the party and the government" from 50's to 60's. In 1980's, China needed a "symbolic interpretation" from the angles of the international-culture and politics for her Opening and Reform, through which the elite sports has been stimulated strongly and developed rapidly. Then China has come into a prominent significance time of elite sports. Especially when China won 15 golden medals in 1984 in Los Angels where China first participated the Olympic Games since the Reform, the elite sports level enhanced unexpectedly.

Meanwhile, the Sports for All in China was inhibited extremely since the expansion of elite sports. Just in the middle of the 1990's, the Chinese Communist Party and the Government Bureau took a heavy emphasis on the Sports for All once again because of their being consciousness of the importance of the health for people and nation in a new strategy angle. In the meantime, the Sports Commission of China appealed to the "project of 1−2−1" in China on the first day in December 1994.

In September 1995, the State Council of China approved the "program of Sports for All" officially in Beijing and put into practice across the country. In 1996, the president Jing Ze Min of China pointed out : "the very important task for Chinese sports is to promote people's health. Sport to promote people's health is just a stone-mark of rich, strong and civilization in China".

2. Situation and problems

Nowadays, the situation and problems in the process of Sports for All in China are as follow :

(1) High nutrition, long life-span, and more important for sports to promote health. The main orders in the "construction of death cause" for all resi-

Table 1. The Form of the Death Cause for 150,000 Urban Residents in the Most Developed Area in China in 1997

Order	Cause of Death	Proportion (%)
1	Cancer	37.67
2	Heart	19.57
3	Unexpected	15.29
4	Natural	9.16
5	Respiratory	4.75
6	Digestive	4.07
7	Diabetes	3.05
8	Uremia	2.26
9	Mental Disease	1.70
10	Other Diseases	1.47

Table 2. Factors and Proportion for the Life-style in Form of Death Cause in USA and China in 80's

Death Factors	USA (70's)	China (80's)
Life-style	50	44
Environment	21	27
Biological	19	18
Healthy	10	11

dents in urban and countryside in China are the "non-infectious disease" such as cancer, heart disease and so on. Thus, the principle risk factors that affect people's health are the "life-style" and its irrational (See Tables 1, 2).

(2) The aged-people in the urban residence are the most sport population.

In the "laboring-force-population" (18～60 years old), the sport population in China is mainly amassed in the aged people, and most of the middle aged people have no chance or enough time to participate any kind of sport because of the high pressure of the life and heavy load of everyday work.

Even if to participate for the later, their desire to promote health by sport is just realized in the entertainment activities held by the trade union of work unit, factory and company. But only some few young men and women who work in jointventure pay to do some sport exercise after their work.

(3) Sport sites should be increased and opened for masses.

Sports for All needs sport site. The serious problems we often meet usually in China are more people want to take part in but a few sport sites can be shared.

At the end of 1995, the total number of the sport facilities in China was 615,693, and the total area of the sport facilities was 1.7 billion square meters (See Table 3). Only 0.6 square meter area can be held for per person. Out of the total sport facilities, 97.57% is the type of out-door, and only 2.43% is the in-door. And 0.12 in-door site and 4.8 out-door facilities can be held by per 10,000 person in China. The other character for the sport site is that most of them belong to "government body", not the "society", "community" even if the "block", where most of resident live everyday. So, it's difficult to use the sport sites, and it should be opened widely to masses.

(4) The number of the sport instructors is insufficient.

The total population in Germany is 80 million. There is one instructor per 40 persons and the number of the instructors is approximately 2 million in the country. In China, there is a great deal of

Table 3. Rank Condition of Sports Facilities in China

System	Number	Proportion (%)
School	413583	67.17
Agriculture	65781	10.68
Industry	45081	7.32
Sports	14410	2.34
Army	7059	1.15
Police	12850	2.09
Railway	5185	0.84
Etc.	51746	8.40

1.3 billion people but there are only 120,000 professional sport staffs in the country. We have about 0.1 billion sport population except all the students who can receive the regular physical education lessons in school in China, and at least 2 million instructors can meet the demand from the 0.1 population's physical exercise. Even if 2000 instructors should be trained every year in each province and 60,000 persons all the country, 30 yeas should be spent for China to reach the contemporary level in Germany. Meanwhile, the amount of healthy staff in China is insufficient and the rate to serve the objects is not fit, which bring direct affects to the promotion for Sports for All in China.

3. Development and countermeasure in future of China

(1) To initiate and enlarge the researches on the values of the sport population with which can improve the quality of the "laboring force population" in China.

(2) To accept the theoretical instruction of epidemiology in order to serve the Sports for All and put it into the framework of the "first-class prevention" that originated from the advanced "prevention medicine."

(3) To attach importance to any healthy problem in China since it holds a quarter population in the world.

(4) To pay attention to the researches and the applications of the "ergonomics principle" in the field of the Sport for All.

[LiLiYan]

① ② "Sports for All" in the 21st Century South Korea

Introduction

The "Sports for All movement" today started from general people's new recognition of the meanings and values of physical activities and sports. The sports promotion policies of the nations around the world have already recognized the importance of the Sports for All as a social phenomenon, and sports organizations of both public and private sectors are working together, sharing this recognition. Here, I would like to clarify the tasks that need to be accomplished in order to bring sports to all in the 21 st century, in the context of development of lifetime sports in South Korea. In this clarification, I would like to compare the Sports for All movement as part of the new wave in sports in the 20th century, and to its origin with the "elite sports" (sports for chosen athletes).

1. Significance of Sports-for-All

Sports for All is called "the most important social phenomenon of the 20th century". The Second IANOS Conference called it "the second largest international movement in sports next to the Olympiad." The Sports for All movement originated from a background different than the'elite sports', and has been spreading ever since. The advanced industrialization, urbanization, and mobilization have produced more free time, health threats, alienation, and changes in social structure. These factors have promoted the acceleration of this movement. In the developed nations, the major issues behind this movement have been health and leisure time. In the developing nations, the focus of the movement is on the community coming together in a cooperative spirit, an issue brought in by the changes in lifestyles and residences. Also, traditional sports, games, dances, gymnastics, martial arts etc. have been gaining attention as a means to sustain the cultural homogeneity of each nation.

Here, let me summarize the significance of the Sports for All, in comparison with the elite sports.

(1) The elite sports require excellent techniques, high competence, and good results at contests of the chosen few athletes. The Sports for All, on the other hand, is expected to provide all the participants with joy and health, which leads to improvement of their quality of life.

(2) The elite sports are limited to those young generations, who have sufficient physical abilities and strength. The Sports for All is open to all the generations, "from the cradle to the grave," and is meant to be enjoyed throughout the lifetime.

(3) In the elite sports, all the nations of the world are supposed to compete in the same sports under the unified rules. Contrary to this, in the Sports for All, each nation is allowed to develop its own ways of maintaining and developing its physical culture,

as well as to satisfy the participants' diversity of needs.

2. Development of Sports for All in Korea

The development of Sports for All in Korea began with the reception of the worldwide trend of "the second wave of sports." In the late 1980 s, we succeeded in sponsoring and holding the Seoul Olympic Games. Following the Seoul Olympics, the Korean government tried to seek for the change into the policy, in which Sport for All and elite sports could be developed and sustained equally, which supplementing each other, like the relationship of both wheels in a carriage. This began to improve the people's understanding of the meaning of sports. Also, South Korea's economic growth and local autonomy, as well as its active enforcement of social welfare policies, have marked the changes in its political, economical, and social environments.

Those changes have affected its whole physical activity circles, rapidly promoting Sports for All. Besides the Seoul Olympics, two major factors to be noticed in terms of the Sports for All promotion in South Korea are the local self-governing system and the enforcement of social welfare policies. Since the execution of local self-governing system in Korea equivalent to the democratization of sports helped carry out the policy which guaranteed the equality of sports participation, meeting the local residents' needs, it can be estimated to have created the desirable environment enabling Sport for All to take a wide root in the local community.

3. Tasks to Accomplish to Bring Sports to All

The 21st century is just right around the corner, South Korea needs to build lasting and stable foundation for the sports for all and arrange a future-oriented plan for them, in order to provide its people with welfare and to establish its position as an advanced sporting nation. To move forward in this direction, we have to build a closely knit network of our elite sports, the Sports for All, and the school physical education, and need to administer the whole network systematically. Especially, the core task to perform is to help network the unit organizations of the local societies' Sports for All grow into sports clubs led by experts. These expert-led sports clubs, operating in the local societies, should be able to run sports programs aimed at various generations, from infants to aged, as well as those designed to find excellent young athletes out of the young people having sporting and athletic activities after school. Also, such expert-led sports clubs can assign elite athletes as leaders of the Sports for All activities. This enables a close cooperation between the Sports for All and the elite sports. Furthermore, we should provide facilities built exclusively sports and expert leaders, as well as managers having a good sense of business, to promote establishment of financially independent sports systems.

4. Summary and Conclusion

The Sports for All movement, now the "second wave" of sports worldwide, should be systematized and administered in such way that suits each nation. Let the people-centered democratization of sports spread, together with a variety of the other aspects of our culture. The major task of Sports for All promotion in South Korea is to form stable expert-led sports clubs in local societies in a systematic way. This should bring Sports for All, elite sports, and school physical education together, and link them closely to each other. These three should complement each other and build progressive Sports for All organizations that can run in financial and administrative independence.

Conclusively, I hope that the development of Sport for All in Korea, and its target and direction heading for the 21 st century can be contributed not only to the development of eastern Asian sports, but also to the realization of Sport for All in this region. Moreover, I hope that eastern Asian nations will exchange the mutual experiences and knowledge on the Sport for All movement, and all the people concerned with this movement will have a serious discussion on the mutually beneficial plan.

[Gyun Sam Bon]

1 ③ アジアにおけるスポーツ・フォア・オール運動の動向

1．協力体制の確立

多様な民族，文化，宗教，言語が存在し，政治形態や経済水準，さらには気候風土も各国間で大きな相違がみられるアジア全体のスポーツ活動を推進し，世界人口の約 60%，31 億人強の人口を有するこの地域の平和と繁栄に貢献していくためには，アジア各国関係機関の協調とパートナーシップが不可欠なことであり，市民スポーツレベルでの積極的な交流活動を展開していく必要がある．その意味で,「国際トリム・フィットネス生涯スポーツ協議会(TAFISA)」のリージョナル組織として 1991 年 4 月に設立された「アジア・オセアニア地区スポーツ・フォア・オール協会（ASFAA）」の存在はきわめて大きなものがある．ASFAA には現在 14 カ国 20 関係機関が加盟し，2 年ごとにコングレスを開催するとともに，各国のスポーツ構造ならびにスポーツ・フォア・オール活動の状況をまとめたリソースブックの刊行(1997 年)，ホームページの開設（http：//www.ssf.or.jp/asfaa/）などの事業を展開している．

また，TAFISA 主催の「国際チャレンジデー（International Challenge Day）」や「ワールド・ウォーキングデー（World Walking Day）」,「国際伝統スポーツ・フェスティバル（International Festival of Traditional Sports and Games）」などの国際イベントにアジアの多くの都市やコミュニティ，関係機関が参加し，国際交流活動による各国のスポーツ振興に多大な成果をあげている．たとえば，毎年 5 月の最終水曜日に，人口規模がほぼ同じ市町村間で，午前 0 時から午後 9 時までの間に 15 分以上継続して何らかのスポーツ活動を行なった住民の参加率を競い合う新しい国際的なスポーツ交流イベント「国際チャレンジデー」に，スタート年の 1993 年には 19 カ国 34 市町村，1994 年には 27 カ国 78 市町村，1995 年には 25 カ国 76 市町村が参加したが，アジア諸国からこれまでタイ，韓国，イスラエル, 香港, インドネシア, バングラデシュ，そして日本の市町村が参加している．1999 年のチャレンジデーには，日本の 45 自治体がエントリーし，総勢で約 45 万人の住民が参加した．

2．21 世紀へ向けての各国のスポーツ振興計画

表 1 に示すように，90 年代に入って，アジア各国においても国民の健康と生活福祉の向上の観点から，新しい世紀へ向けてのスポーツ振興計画・ビジョンを次々と発表し，具体的な施策を展開しており，その動向と成果が注目されるところである．

たとえば，シンガポールはスポーツ・フォア・オールからトップ・アスリートの育成までを視野に入れた「スポーツ 2000 年振興計画（From Sport for All to Sport Exellence 2000」(1992 年）を提言し，国民の生活の質の向上に寄与することを目的としている．さらに，1996 年から青少年，婦人，高齢者, 身障者をターゲット層としたプログラム，“スポーツ・フォア・ライフ（Sport for Life）”キャ

表 1　21 世紀に向けてのアジア諸国のスポーツ振興計画

国　名	振興計画名	発表年
中　国	全民健身計画	1994
韓　国	国民スポーツ振興 5 カ年計画	1993
香　港	Sport Strategic Plan 1996—2000	1995
シンガポール	Sport for Life Program	1996
マレーシア	RAKAN MUDA (Young Partners)	1994
タ　イ	The Second National Sport Development Plan	1997
ラオス	Sport Promotion Master Plan	1995
日　本	「スポーツ振興のあり方」についての文部省保健体育審議会答申	1997

ンペーンを展開している．このプログラムの一環として，国民が生涯を通じて少なくとも 1 種目のスポーツ活動に参加できるように，22 種目の中から 1 種目の基礎スキルを日常生活の身近な場で習得できるスポーツ・クリニックを年間を通じて全国各地で開催している．

ラオスは，国家再建計画の一環として 2005 年を目標年とする「スポーツ振興マスタープラン」を 1993 年に発表し，筑波大学など日本の関係機関の協力を得て施設の整備，指導者の養成など具体的な施策に着手している．

中国は，「全国民が毎日 1 回健康づくり活動に参加し，2 種類以上の健康法を習得し，毎年 1 回体力測定を受けること」などを盛り込んだ「全民健身(国民健康づくり運動)計画綱領」(1994 年)を発表し，全国民の身体素質を向上させる運動を推進している．また，生涯スポーツの振興，ドーピング・コントロールなどを織り込んだ「中国体育法」を 1995 年 10 月に制定し，21 世紀に向けてのスポーツ改革に着手している．

香港は，「2000 年に向けてのスポーツ振興戦略計画(Strategic Plan 1996—2000」(1995 年)を発表し，そのために必要な財源確保の方策として，スポーツくじの導入，タバコ税の一部徴収などを政府に提案している．

マレーシアは，スポーツ，武道，レクリエーション，フィットネスなど 10 のプログラムからなる青少年のライフスタイル改善キャンペーン「ラカ・ムダ（Rakan Muda, Young Partners)」を 1994 年

表 2　アジア地区における国際競技大会の開催

開催年月	大　会　名	開催地
1998. 2.	第 18 回冬季オリンピック大会	長野
1998. 9.	第 16 回英連邦諸国競技会 (Commonwealth Game)	クアラルンプール
1998.12.	第 13 回アジア競技大会	バンコック
2000. 9.	第 27 回夏季オリンピック大会	シドニー
2001. 5.	第 3 回東アジア競技大会(EAG)	大　阪
2001. 8.	第 6 回ワールドゲームズ大会	秋　田
2001. 8.	第 21 回ユニバージアード大会	北　京
2002. 6.	第 17 回 FIFA ワールドカップ	韓国・日本
2002. 9.	第 14 回アジア競技大会	釜　山

から展開しているが，これはマハティール首相が提唱している 2020 年を目標年とする壮大な国家建設計画「Look East」の最優先政策の一つとして取り組んでいるものである．

このような最近の動向をみても，すべての国民を対象としたスポーツ・フォア・オールの振興がアジア各国でいかに重要な政策課題となってきたかがうかがわれ，こうした政策情報の交換を通じて，アジア全体のスポーツ・フォア・オール運動も一層高まっていくものと思われる．

3．アジア地区における国際大会の誘致・開催

アジア地区における政治経済の発展と安定化に伴い，オリンピックやワールドカップなどの国際的なビックイベントを誘致あるいは開催する気運が 90 年代に入って急速に高まった．**表 2** は，アジア地区で最近開催された，あるいは今後開催予定

の主要な国際競技大会を列挙したものである．こうした国際大会はこれまで欧米諸国主導で開催されてきたが，日韓両国による2002年FIFAワールドカップ開催の例をもち出すまでもなく，アジア各国のパートナーシップによる国際大会の誘致・開催は，21世紀における「アジア・スポーツの時代」の到来を予告するものであり，この地域のスポーツ振興に一層貢献していくものと思われる．

また，オリンピック種目には含まれていない競技による国際スポーツ大会「ワールド・ゲームズ(World Games)」が，オリンピック・イヤーの翌年に開催されているが，その競技種目を見ると欧米諸国で行なわれている競技種目が大半を占め，これまでの4回の大会の開催地および参加者の大半もヨーロッパ諸国で占められてきた．しかし，2001年の第6回大会はアジアで初めて秋田県で開催されることが決定しており，同年8月16日から26日の11日間に，公式27競技，公開5競技が6市町村20会場で，約4,000名のアスリートが参加して実施される．アジア各国から多くの参加者が期待され，オリンピックやアジア競技大会とは異なる新たなスポーツ交流イベントとして，その開催意義はまことに大きいものがあるといえる．韓国と日本の共同開催による2002年ワールドカップもさることながら，オリンピック種目でない競技種目が一堂に会し，参加者の親睦を第一とする「ワールド・ゲームズ」にも，わが国のみならず，アジアのスポーツ関係者も強い関心を示して欲しいものである．

4．都市の過密化と自然環境の保全

アジアにおける都市の過密化は深刻な問題であり，自然環境の破壊と人々の健康への悪影響が日増しに高まっている．国連人口基金（UNFPA）の「世界人口白書(1996年)」によると，アジアの都市人口は1995年の12億人から2025年には世界都市人口の51%に当たる27億人に達すると予測されている．とくに，アジアを中心に1,500万人以上の巨大都市(メガロポリス)が多数出現し，2015年には世界の15大都市のうち，11をアジアの都市が占めるとされている．都市住民の健康の確保と“エコ・アジア”の観点から，過密化した大都市でのスポーツ環境の整備がアジア各国の早急に取り組むべき共通課題として認知されるべきである．

また，自然資源を浪費するスポーツ用品の生産に対しても厳しい目を向ける必要がある．こうした批判に対処するために，世界スポーツ用品工業連盟（WFSGI）では，“Eco Wave in Sports”運動を展開しており，スポーツシューズやサーフィンボードなどのスポーツ用品のリサイクル活動を業界あげて取り組んでいるが，われわれ関係者もこうした運動を積極的に支援していくべきである．

アウトドア・スポーツ愛好者のマナーの問題も無視できない状況を呈している．ヨーロッパのEC委員会は，1992年に西暦2000年向けてのヨーロッパ・エコロジー・ネットワーク“Natura 2000”推進計画を発表しているが，スポーツ施設の建設および整備にあたっても，Natura 2000に基づいて行なわなければならないとし，体育・スポーツ系の高等教育機関においては「環境教育」をカリキュラムの中に含めるべきであると提言している．アウトドア・スポーツのための豊かな自然環境を持つアジア地域においても，スポーツ指導者や競技者，愛好者に対する環境教育の重要性が今後一段と強調され，そのための具体的なガイドラインも提示されるべきであると思われる．

また，2000年10月には「世界キャンプ会議」が東京で開催されるが，グローバルな環境保全の視点から，21世紀におけるアウトドア・スポーツの振興についての実りのある論議が展開されることが期待される．

5．情報ネットワーク・システムの確立

21世紀のアジアにおけるスポーツ・フォア・オールの振興に向けて，取り組むべき最優先課題の一つとして，情報ネットワークの確立があげられる．これに関連して，国際スポーツ情報協会

表３　実施種目の国際比較(上位 15 位)

	日　本	カナダ	ニュージーランド	香　港	シンガポール
1	ウォーキング	ウォーキング	ガーデニング	バドミントン	ウォーキング
2	ボウリング	ガーデニング	ショートウォーキング	水　泳	水　泳
3	体操(軽い体操など)	ホームエクササイズ	ロングウォーキング	バスケットボール	バドミントン
4	ゴルフ(コース)	社交ダンス	水　泳	サッカー	サッカー
5	スキー	水　泳	ホームエクササイズ	スカッシュ	バスケットボール
6	ゴルフ(練習場)	サイクリング	ジムでの運動	ジョギング	テニス
7	水　泳	スケート	ゴルフ	テニス	スカッシュ
8	海水浴	野　球	サイクリング	ウォーキング	サイクリング
9	釣　り	ボウリング	ジョギング	ハイキング	ボウリング
10	ハイキング	ジョギング	エアロビクス	卓　球	エアロビクス教室
11	サイクリング	ウェイトトレーニング	テニス	美容体操	ゴルフ
12	ソフトボール	ゴルフ	トレッキング	サイクリング	太極拳
13	ウェイトトレーニング	アルペンスキー	タッチフットボール	バレーボール	ビリヤード
14	ジョギング	バレーボール	クリケット	ウェイトトレーニング	陸上競技
15	野球	エアロビクス	ネットボール	陸上競技	卓　球

注）カナダ(1995)：18 歳以上の男子 2,576 人，過去 15 年間に実施したスポーツ．
ニュージーランド(1996)：18 歳以上の男女 3,259 人，過去 1 年間に実施したスポーツ．
香港(1996)：15 歳以上の男女 4,355 人，過去 2 カ月間に実施したスポーツ．
シンガポール(1992)：15 歳以上の男女 16,876 人，過去 3 カ月間に実施したスポーツ．
日本(1998)：20 歳以上の男女 2,322 人，過去 1 年間に実施したスポーツ．
(資料：SSF 笹川スポーツ財団「スポーツライフに関する調査」1998)

(IASI) に加盟するアジア地区のスポーツ情報センター・ネットワーク「アジアスポーツ情報協会(ASIA)」の 2001 年創設に向けて，アジア最大のスポーツ・データベースを構築している中国の「国家体育情報研究所」を中心に着々と準備が進められている．わが国においても，2001 年完成予定の「国立スポーツ科学センター」には,「スポーツ医学」ならびに「スポーツ科学」とともに「スポーツ情報」が３大部門の一つとして設置されることになっている．これを機会に，アジアの情報ネットワーク・システムの動向を視野に入れ，わが国のスポーツ情報の発信基地として国内外にその役割を果たしていくべきであろう．

そのためには，一元化されたスポーツ情報のデータベースの開発が急務である．これに関して，スポーツ情報の“グローバル・データベース”として世界 50 カ国以上で広く活用されているカナダのスポーツ情報センター(SIRC)や，国際スポーツ情報協会(IASI)のデータベースに準じて開発を進めていけば，比較的容易に構築することが可能である．IASI のデータベースはバイリンガル（2 カ国語）で構築されており，特定の言語（ディスクリプターあるいはシソーラス）で書かれたデータベースを他国のデータベースと共有で使用することが可能となる．つまり，互換性を持たせることができるわけである．すでにこのコンセプトに基づいてノルウェー，イタリア，スペイン，イスラエル，中国のそれぞれのスポーツ情報センター間でのデータベースの相互乗り入れによる互換活用を行なっている．特に，中国の「国家体育情報研究所」(1987 年設置)では，漢字による独自のシソーラスを開発し，それを IASI の英語のディスクリプターに変換して，他国のデータベースとの共有を可能にしている．こうした国際的な動向を考えれば，日英両言語によるシソーラスの開発に基づくデータベースの構築が早急に望まれよう．

6．スポーツ実施状況の国際比較

国民の運動・スポーツレベルをより的確に把握

し，スポーツ政策の策定に反映していくためには，国際的な視点と各国間の協調でもって比較分析し，データ分析の精度，信頼性を高めていくことも今後より一層重要となる．すでに，スポーツ政策の基礎データとなる各種のスポーツ統計の国際標準化に向けての具体的な共同作業も進められている．たとえば，国際統計学会の専門分科会のひとつとして「国際スポーツ統計委員会（ISSC）」が 1995 年に発足しており，ユネスコの本部統計局の要請を受けて，ユネスコの「文化統計基準（FSC）」の 1 項目に「スポーツ」を新たに加えるべく，そのフレームワークの作成と関連データの収集に取り組んでいる．

ヨーロッパにおいては，イギリスのスポーツカウンシル（SC）とイタリア・オリンピック委員会（CONI）の二つの機関のイニシアティブにより，「ヨーロッパ・スポーツ参加に関する比較調査プロジェクト（COMPASS Project）」を 1996 年に発足させている．すでにヨーロッパ評議会（CE）加盟 44 カ国すべての国立統計局などの関係調査研究機関に調査票を配布し，36 カ国から回答を得た結果，20 カ国がスポーツ参加に関する全国規模の調査を実施しており，現在，それらのデータの収集と信頼性のチェック行ない，レポートをまとめている．

アジアにおいても，国際的な比較分析を視野に入れてスポーツ参加に関する全国調査を実施している国もみられる．**表 3** は，日本，香港，シンガポールのアジア 3 カ国とカナダ，ニュージーランドを加えて，これら 5 カ国の最近の調査結果から実施率の高い活動種目を列挙し，比較したものである．アジア・オセアニア地区スポーツ・フォア・オール協会（ASFAA）においても，ヨーロッパの COMPASS プロジェクトをモデルにした比較調査の実施を検討している．

［池田　勝］

参考文献

1）鹿屋体育大学：21 世紀のアジアにおける生涯スポーツ振興に関するシンポジウム報告書．1996.
2）Ikeda, M. ed. : Sport for All Structures in Asian and Oceanian Countries. ASFAA, 1997.
3）池田　勝：スポーツ政策研究の国際動向．体育学研究　43 : 225—233, 1998.
4）UK Sport : Sports Participation in Europe, COMPASS 1999.

④ 激変するアジア・スポーツ

—「原色のアジア」取材班レポートから—

1．中国の変化

アジア・スポーツの祭典「バンコク・アジア競技大会」が，98年12月に開かれた．大会前，読売新聞では「原色のアジア」のタイトルで55回，アジアのスポーツ事情を掲載した．10人の記者とカメラマンが，のべ約4カ月，中国，香港，台湾，韓国，タイ，マレーシア，中東諸国などを取材して分かったことは，アジア・スポーツがいま「激変」の真っ只中にある，ということであった．今回は,「中国の構造的変化」について紹介したい．

1949年の建国以来，中国のスポーツ界は，国家と表裏一体であった．解放軍と世界的なスポーツ選手は，中国の発展を象徴する存在とされ，世界チャンピオンが大臣，政治的リーダーグループに昇り詰める時代もあった．それだけのステイタスがスポーツにあった．中央政府の下にある40の部，委員会（日本の省に当たる）の一つ「中国国家体育運動委員会」(スポーツ省)と半官半民の「中華全国体育総会」(日本体育協会に当たる）を頂点に，全土に張り巡らしたネットワークを通じて選手の選抜，強化を行なう強固なシステムが存在した．卓球，体操などが世界の頂点を極め，国威発揚に寄与したのも国が重点的に人材，資金を投入した成果であった．ところが，1998年の3月の全国人民代表大会（国会）で，国家体育運動委員会は,省と同格の扱いから一政府機関に格下げされ,「国家体育総局」に衣替えし，職員の半分を新設した管理センターに移した．このセンターは，行政と競技団体をつなぐ組織で，目的はスポーツの産業化推進である．

2．死語となったステートアマ

一連の改革は，国家管理だったスポーツ界に，独立採算を求めた，ということにある．似たような変化は，90年代に入って，旧ソ連圏，東ドイツですでに起きていた．かつて，国家が威信をかけて「ステート・アマ」を丸抱えで育て，スポーツ大国を謳歌したが，中国の大転換で，東側の政治大国が手掛けた「ステート・アマ」は21世紀を前に事実上，死語となったといえる．大胆に言い換えると，トップ・スポーツは原則，民間が独立採算で育成，運営することが世界の趨勢となったといえよう．

財政破綻した76年のモントリオール五輪のあと，84年のロサンゼルス五輪で，組織委員会のピーター・ユベロス会長が,「商業主義」を本格導入して，現在の「スポーツはビジネス」の流れを作った．小はマクドナルド提供のプール，大は1業種1社のスポンサー，独占テレビ放映権などの手法は，莫大な利益を計上した．その「スポーツ・ビジネス」が，中国でも導入された．

スポーツ行政の方向転換は，現場に多彩な変化をもたらしている．人レベルでは「足球球迷」という職業が生まれたそうである．サッカーのサポーターで派手な衣装にスポンサー名を背負って，ダンスなど人目を引く応援をする．それで生計をたてる．世界チャンピオン名を冠したブラン

表1　オリンピックはどう変わったか

1894 年	IOC 創設
1920 年	五輪旗登場
1924 年	パリ五輪 「より速く，高く，強く」モットーに採用
1936 年	ベルリン五輪 聖火リレー実施 「重要なことは，勝つことでなく参加すること」 スローガンに採用
1940 年	東京返上，ヘルシンキ中止
1944 年	ロンドン中止
1964 年	東京五輪 南ア資格停止不参加
1968 年	メキシコ五輪 「ブラック イズ ビューティフル」
1972 年	ミュンヘン パレスチナゲリラ選手村襲撃 12 名死亡 札幌五輪 シュランツ追放
1976 年	モントリオール五輪 アフリカ 17 カ国がボイコット（アパルトヘイト）
1980 年	モスクワ五輪 西側諸国のボイコット
1984 年	ロス五輪 商業主義 中国参加
1992 年	バルセロナ五輪 南ア復帰
1998 年	五輪スキャンダル

ド商品，スポーツクラブ，学校も続々生まれている．

競技団体レベルでは，サッカー，バスケットボール，卓球などがプロとしての実績を積み上げている．90 年の北京アジア大会を契機にスタートしたゴルフも，男女 24 人のプロが育って，ツアーも始まっている．卓球など，指導者や選手を日本などに「輸出」するビジネスも盛んである．極めつけは，数百億円が動き，資本主義のエッセンスともいえる自動車レースＦ1 開催を中国の経済特区，珠海市が狙っていることである．11 億人の“市場”を持つ国に，世界の自動車メーカー，大スポンサーのタバコ会社も好意的である．まさに，スポーツが「改革・解放」の一翼をになっている．

3．ボーダーレス

このようなビジネス化に伴い，「流動化」がキーワードとして浮上している．中国には，外国人はもとより，国民の国内移動さえ制限があった．現在でもある．ところがスポーツの情報，人材，技術，物が，国内はおろか，海外へも流れ，入ってくるようになりつつある．そして，その流動化促進の主役は，テレビである．国営放送の中央電視台は，スポーツ専門チャンネルで週 120 時間，国内のプロサッカーや欧米のスポーツを流している．一方，世界の華僑向けに中国のスポーツ番組の輸出も始まっている．ケーブルテレビのスポーツチャンネルも，ディズニー資本が制作した映像が流れている．情報の交流が始まり，人，そして商品が動くという構図である．これらの事例は中国スポーツの一端だが，これに類したビジネス化，流動化が，東アジアの各地で起きているのは驚きであった．ここで考えなくてはいけないのは，スポーツ・ビジネスは突き詰めると，経済原理で動き，スポーツの消長もそれに左右されることである．日本にも共通していえることだが，世界のスポーツが情報化先進地の欧米の志向と，大資本をバックにしたテレビの経済原理に歪められる危険があるということは，スポーツ人として決して忘れてはならないことだろう．

［木佐貫　至］

2 21 世紀体育・スポーツ科学のグローバルスタンダード

企画の趣旨および進行

本シンポジウムは，日本体育学会第 50 回大会を記念して，これまでの日本の体育・スポーツ科学の研究状況をふまえ，21 世紀の体育・スポーツ科学のあり方を探るために企画された．特に，体育・スポーツ科学の自然科学領域の研究者と人文・社会科学領域の研究者とのダイアローグ――対話としての確認・批判・要望・発展的展望など――を通じて，21 世紀の体育・スポーツ科学を支えるグローバル・スタンダードを見据えようというのが本シンポジウムの目的とするところであった．

ここでいう「グローバル・スタンダード」とは，一般的に「世界標準」と訳されている事態を指している．現代社会は，ヒト・モノ・カネ・情報・イデオロギー・文化などが国境を越えて相互に移動し，既存の閉鎖型国家を変質させているという事実認識がある．同様に学問のボーダーレス化現象も生じており，学問的に世界標準を目指す必要があるという指摘がみられるように，体育・スポーツ科学においても，国際的な研究課題の優先性，世界標準的な質の確保，世界への解放と貢献などが課題であると考えられている．

このような学問動向の中で，現在では自然科学が極めて明示的なグローバル・スタンダードとして君臨しつつあるが，その状況が 21 世紀にはどのような方向を辿ろうとしているのかがまず問われなければならない．それに対し，人文・社会科学から，その状況の持つ人間的，社会的な意味を解読する必要がある．例えば，異なる民族・社会・文化・価値・身体・性などを包括しうるグローバル・スタンダードは果たして必要なのか，必要だとすればどのようなものであるべきか，というような問題群である．

これらの問題群に対し，本シンポジウムでは，まず海外の研究者から体育・スポーツ科学の世界標準的な研究動向が提示された．この世界的な研究動向に対して，日本の研究状況の報告を受けた後，体育・スポーツ科学の研究分野における今後の課題について提案していただいた．

まず最初に，Raven 氏には北米におけるスポーツ医学会の運動生理学という一つの研究分野を事例にしながら，世界の研究動向についても報告していただき，さらにはスポーツ自然科学の全体的な研究動向について概括していただいた．

第二に，跡見氏には映像をふんだんに使っていただき，運動生理学の中でもミクロな細胞レベルの研究事例をもとに，動く人間の科学に焦点を当てる可能性を中心にして，日本のスポーツ自然科学の研究状況と世界標準との関係について報告していただいた．

第三に，McNamee 氏にはスポーツの人文・社会科学の英国の状況および世界的な動向と世界標準，さらにそれらと自然科学との関係について報告していただいた．

最後にこれらを受けて，佐伯氏には日本における「スポーツ学」という人文・社会科学の現状と世界的研究の動向および自然科学との関係について報告していただいた．特に近代科学のディコンストラクションの可能性について提案していただいた．

討議の概要

以上の報告に引き続いて，自然科学と人文・社会科学のダイアローグによって，両科学的立場が取ろうとする学問の対象と方法，特殊性と普遍性などの問題も含めて，グローバル・スタンダードを巡って討議していただいた．

学問対象としては，動く人間の科学であるにしても，文化の問題や目的，価値の問題は同じ学問姿勢では対応できないこと．原因－結果の因果関係だけでなく，目的・意味連関を問う必要があること．生命体としての人間から文化的存在としての人間まで幅広く対象を捉える必要があること．このような問題が提起された．

このようなダイアローグは学問的対話として端緒についたばかりである．今回のような対話によって，自然科学と人文・社会科学の乖離を一層進行させるのではなく，学問としての性格の違いを踏まえながらも，共同や総合の立場を模索していくことが必要であること．それには，発想の転換が必要とされるという提案があった．つまり，親学問からの下請けという関係ではなく，子学問が親学問へと学問的寄与をしていくという方向性の転換も提案された．今回のシンポジウムで，このような大きな問題の解答がすぐに見いだせないにしても，体育・スポーツ科学の研究者間でこのような対話が実質的に開始されなければならないといえる．

司会の進行の不手際で，会場にお集まりいただいた多くの参加者から貴重な意見や質問を頂く時間が十分にとれなかったことが返す返すも残念である．

（本シンポジウムは 1997～1998 期，1999～2000 期の国際交流委員会の企画・調整による．）

［舛本　直文・平野　裕一］

2 ① From the Perspective of the Natural Sciences

Introduction

If one uses the population trends of the United States as a model of population trends in the industrialized countries, one can develop a demographic picture of the educational needs of the profession. For example, higher education does not function in a vacuum ; indeed it is extremely sensitive to various demographic factors. It seems useful, therefore, to review some of the most salient demographic trends and projections that will affect the future of college and university physical education. It is estimated that by next year (2000) the population of the United States will increase to some 268 million, and then to 306 million by 2036, a 32% increase in the next 50 years. As important as the total number is, the composition of the population is equally important to higher education. The United States has had a young population in the 20th century because of the high birth rate for an increasing number of people of childbearing age. This condition is changing rapidly, and the long-term trends for birth and death rates are expected to decline. Thus, the proportion of young people will diminish as the proportion of older people increases. The average age in the U. S. will rise dramatically from 31 in 1986 to about 41.1 in 2036. An increase of 3 years in life expectancy--to 80 years--between now and 2036 will cause the American elderly population to grow to more than one fifth of the population. Persons 65 and over presently number about 36 million ; they will increase to about 39 million at the turn of the century and to 71 million in 2035. Not only will there be many more older persons, but they will be healthier and more active than ever before.

While the so-called birth dearth will result in a decrease in the proportion of school-age population over the next 50 years, their actual numbers will not decrease. A report on school enrollments by the National Center for Education Statistics projects that enrollments will gradually increase in elementary and secondary schools beginning in 1985 and will continue throughout the 1990s, resulting in enrollment increases that by the turn of the century may surpass the peak years of the early 1970 s. This enrollment growth, combined with a declining number of teacher education graduates, has produced a significant teacher shortage.

1. Professional Preparation

Professional preparation in physical education began in the latter part of the 19th century, but it was not until the 1920s that the demand for physical educators became acute. By 1930, 36 states had legislation requiring physical education in the public schools. Meanwhile, the public system of secondary education was expanding rapidly. These two forces combined to create a need for thousands of physical educators. The supply had hardly caught up with the demand when World War II began. After the war, renewed demands for physical educators necessitated the expansion of college physical education departments. By the mid-1960s supply had caught up with demand, and since then there has actually been an oversupply of physical education teachers.

For example, more than 700 institutions offer the baccalaureate degree in physical education in the United States, 275 offer master's degrees, and 60 offer a doctorate. Until rather recently, professional preparation in physical education meant preparation for teaching in the schools. But during the past 20 years preservice programs have expanded to include nonschool and nonteaching specializations, or options, in sports medicine, sport management, the athletic training, exercise and fitness, sport communication, and so forth. Indeed, this expansion of physical education into nonteaching areas has become a major trend in physical education throughout the 1980s and 1990s.

Although it is never easy to account for all the forces at work in the changing contours of a field of study, three factors have been salient in the trend toward diversification in physical education. First, some physical educators in the mid-1960s began to conceptualize physical education as an academic discipline with the same overall goals as other disciplines involved in higher education, namely, scholarly study for understanding and advancing knowledge about the discipline. The role of college and university departments, according to this view, was to provide general education experiences for every student's personal-social enrichment and liberal education, professional preparation for person who wished to apply the subject matter to occupational tasks, and an environment where professors may study and do research.

The second trend was related to student enrollment. By the early 1970s the massive expansion of public schools ended as the baby boom generation completed its formal education. Demand for teachers decreased, resulting in an oversupply. The number of physical education majors decreased as the job market for teachers dropped, creating enrollment and employment problems in departments of physical education.

The third factor that has had an impact on physical education has been the enormous expansion of health, fitness, and sport occupations over the past 20 years. This has created a demand for trained personnel in enterprises outside of education.

2. Higher Education Trends

In many physical education departments it is becoming increasingly difficult to find any physical educators. More typically, college and university departments seem to be staffed by sport psychologists, sport sociologist, exercise physiologists, kinesiologists, curriculum specialists, or some other disciplinary titled individual. At times it seems that the PE profession is overrun with individuals who are basically alienated from their own profession.

Indeed, in the 1970s, the notion of a single, central mission for physical education—teacher preparation—has been abandoned, and for the next 20 years programs have become more compartmentalized, both in the organization of academic subject matter and in the development of varied preservice options. In the face of this specialization and diversification, future college physical education faculties were challenged to find ways of interpreting and synthesizing the subject matter of the subdisciplines and physical education practices as expressed through exercise and sport.

3. Future Trends

It is at this point in the history of Physical Education in higher education that programs which have successfully diversified their mission have survived. The departments that have survived appear to have become compartmentalized into a number of subdisciplines and provides institutional evidence for the use of the natural science model of standardization.

In 1996 the U.S. Department of Health and Human Services published a report on physical activity and health. The major conclusions identify that (i) people of all ages, both men and women, benefit from regular physical activity ; (ii) significant health benefits can be obtained by including 30 minutes of a moderate amount of physical activity per day ; (iii) additional health benefits can be gained through engaging in greater amounts of physical activity ; (iv) physical activity reduces the risk of premature mortality in general and of coronary heart disease, hypertension, colon cancer and diabetes mellitus in particular. Physical activity also improves mental health and is important for the health of muscles, bones and joints ; (v) 60% of American adults are not regularly physically active. In the past, 25% of all adults are inactive ; (vi) one half of the total of the 12～21 age group are not active on a regular basis ; (vii) daily enrollment in physical education classes has declined from a high of 45% in 1991 to 25% in 1995, (ix) research and understanding and promoting physical activity is small, but some interventions to promote physical activity through schools, work sites and health care settings have been evaluated and found to be successful.

What better reason is there for the role of physical education in developing the lifestyle of a nations population than that outlined in the U.S. Surgeon General Report? However, the profession's fixation on producing physical training teachers and sport coaches have produced a stereotypical professional that believes physical activity and sports result in "no gain if there is no pain". What person of sound mind would undertake any lifetime of activity if it was not pleasurable regardless of benefits? Also, the challenge of higher education that a discipline needs to develop new knowledge to be recognized as a worthy discipline creates a quandary for the physical education practitioner.

It is the contention of many that without the subdisciplines encompassed in the exercise sciences (such as physiology ; biodynamics and psychobiology) that the pertinent research to advance new knowledge in the discipline of physical education is lacking. Indeed, the U.S. Surgeon General's report on physical activity was established on the medical model but used in enormous amount of information generated by the subdiscipline researchers of the physical education world. Furthermore, it is the generation of peer reviewed publications that provide the base of recognition of physical education as an academic discipline. In addition, in the United States, there is a move to limit the educational aspects of the practice of teaching to a certification role and not be recognized in a degree status as a discipline. For example, in the States of Texas and Colorado, you can no longer obtain a degree in physical education at the bachelors, masters or doctor of philosophy level. Because of this law the programs of physical education have changed to reflect a department's speciality emphasis, such as : kinesiology ; exercise science, movement science, human kinetics and sports management. These same identifiers are not only occurring in the states which have mandated discipline based degree program but in states and universities which require academic acceptance of a discipline. This has further defined and dichotomized the Physical Education program to having a focus in either pedagogy, teaching the practitioners, or the natural sciences where the underlying sciences of human function are emphasized.

It is worthy to note that the teaching or coaching of sports and the management of sports has concentrated towards the professional coach. In Texas, for example, a high school coach in a successful program will make more money in salary than the principal of the high school. Also, it is very likely that in the current times of teacher shortage, the salary of a teacher of academic disciplines, not only physical education, is based on the what other certifications in sport coaching the teacher has. The professionalization of sports all the way down to the eleven year olds of little league has required the coaching to become more and more dedicated to the profession of coaching. Hence, sports sciences are thereby becoming coaching and the physical education aspects are ignored.

Sometimes the only links that coaching has to physical education is whether the exercise physiologist or biochemist can provide performance enhancing information.

Because I wish to emphasize the natural sciences underlying the global movement in physical education I will separate the aspects of preparing coaches and the aspect of preparing physical education to teach physical education from that of the exercise scientist which has enabled the discipline of physical education to survive as an academic discipline in higher education. Another more practical and entrepreneurial program of physical education which has provided a survival and even growth of physical education program is the wellness aspects of physical education. However, it should be recognized that wellness and health and fitness programs are all based on the outcomes of the exercise science research. Indeed, the State of Louisianna has introduced a State Licensure Program based upon the American College of Sports Medicine health fitness instructor certification. This provides legislative support for physical education to offer such programs of education.

In many universities in the United States the exercise sciences are bringing in significant NIH, AHA, and NASA monies to investigate basic science mechanisms of exercise. In all cases, these program have utilized the underlying process of all scientific enquiry regardless of discipline. In order to establish the physical education professions on these basic principles of the natural sciences the training program needs to be established on the underlying principles of scientific enquiry. An example of how such a program can be structured as follows : (Fig. 1)

A practical example of this process can be seen in one of the research problems I have identified.

The problem : by what mechanisms does the heart hypertrophy in response to endurance exercise training?

All the above processes are being brought to address this question and it already has resulted in finding underlying mechanisms of a diseased heart with dilated cardiac myopathy.

IN SUMMARY

The subdisciplines of the sciences of human movement, identified as the exercise sciences, have their roots in many disciplines - exercise physiology is a component of physiology, biochemistry, neurobiology, molecular biology and immunology ; biomechanics is a component of kinesiology, anatomy and pure and applied mathematics, physics and electronics. Because of the emergence of the health related model of physical activity and its relationship to the biology of aging and the pathophysiology of disease, new subdisciplines of the exercise sciences are emerging. These include epide-

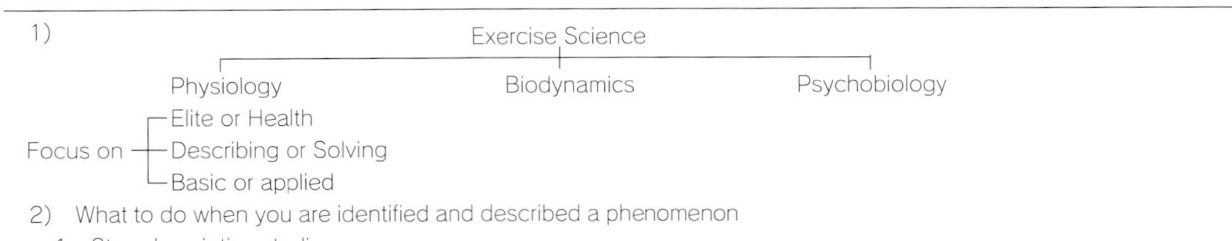

2) What to do when you are identified and described a phenomenon

1. Stop descriptive studies
2. Decide whether it is an important research
3. If yes, the question to raise is whether adequate techniques exit to elucidate the regulating mechanisms.
4. If so, use them and concentrate your efforts on this particular research issue.

3) Exercise Science (biological)

* Describe loading and strain
* Limitations to performance.
* Evaluate specific and pragmatic value of tests.
* Biological limitations to performance capacity.
* Ranges for performance and of role environmental factors (training, diet, etc)
* Mechanisms by which environmental factors induce adaptations
* Exercise as an intervention to study
  a. The mechanism by which various biological systems are regulated.
  b. Ranges for these systems by which they are properly regulated.

Fig. 1

miology and public health, wellness or disease prevention, cardiac rehabilitation and human fitness. Another natural science discipline neurobiology has developed into the neuropsychology of human movement which has resulted in the use of perceptual modeling for the sports psychologists and for the scientists that investigate the neural control of the physiological systems performed by exercise.

Many of these subdisciplines have matured to a point that have spawned new occupations for the physical education major. These new occupations fill the positions created by the new social and economic conditions of the health and fitness professions, the rehabilitation specialists and the sports medicine field. It is because of the research and development of the subdisciplines of the natural sciences that physical education has survived the challenge of credibility posed by the higher education world. Additionally, many of the health and disease related activity programs are income generating, thereby, enabling the physical education program to add to the entrepreneurial goals of the university. Also, by developing economic independence it provides another reason for the professions survival. Finally, the natural science research being conducted by physical educations leading exercise scientists are producing new information for the prevention and treatment of disease. Much of this research in the United States of America is funded by the National Institutes of Health, American Heart Association and the National Aeronautics and Space Administration. This type of recognition of many physical education trained scientists provides academic stability and credibility for the profession.

One major example of the use of the natural sciences foundation as a base for establishing credibility is the American College of Sports Medicine, which had its small beginnings in Physical Education. However, by marrying the professions of physical education and medicine and developing a natural science base of communication and cooperation the College has grown from a small number of 12 founders and fifty charter members to more than 17,500 members. Its members are found in 70 different countries and the journal of Medicine and Science in Sports and Exercise, receives manuscripts from colleagues in more than fifty countries. Between 1989–1998 the journal published 2008 articles, fifty percent of these articles were from non-members and forty percent were from outside of the United States. Areas of specialization within the college were represented in that 27% of the manuscripts published were from the clinical sciences ; 30% were from the basic exercise sciences ; 28% were from the applied sciences ; 11% were methodological or technological and 4% were from the epidemiology area. The epidemiology section has only been recognized for the past four years. However, its work has been founded on the initial findings of the Framingham study of cardiac risk factors. Also, the epidemiology of exercise formed the basis of the recently published U.S. Surgeon General's report on Physical Activity and Health. It is because of ACSM's fundamental base in the natural sciences and its willingness to serve the newer professions of health instructor, exercise leader and the rehabilitation specialist, that the ACSM has become a force for the globalization of physical education.

[Peter B. Raven]

2 ② 生命科学的な身体・心身の理解から体育・スポーツ科学の普遍性と独自性を

1．心身二元論の起源：みえない「適応」

常に心身は分離しがちである．体育，スポーツの教育や研究の最大の特徴は，単なる観念論ではなく，実際に自分の身体を対象にして行なう点にある．教育や研究の論理的な「知」と実践あるいは身体の「知」とをどうつなげるかは，われわれの問題であるとともに現代社会の大きな問題でもある．本稿では，何故心身は分離しがちなのかという根源的な問題に対して，生命のもつ適応機構から解析する視点を探るとともに，運動実践行為自体について，運動が生命にとって根源的であることを生命科学的に明らかにすることにより，体育・身体運動・スポーツを包括する独自の分野を切り拓く視点を明らかにしたい．話の展開に当たって，冒頭に三つの観点についてふれる．

1）心身二元論が何故適応と関係するのか？

生物はさまざまな階層で刺激に適応する（慣れる）機構をもっている．慣れると意識にのぼらない．とくに動いたりするなど自動的になることはほどんど意識しない．ヒトとしての基本的動きは，幼少のまだ論理的思考が未熟である頃に学習されるので，より一層意識にのぼることが少ない．身体が主張するとき＝つまり病気やケガで異常を感じたときはじめて理性の対象としての身体に気づく．生きている身体という実体を意識とどう分離せずに理解できるかが鍵だろう．ここでは言葉や文字，文化などから派生する観念論の影響について展開するつもりはない．あくまでも生命過程としてとらえてみたい．

身体を介した認識は学習されるとすぐに自動化されるので，それらの過程やメカニズムを意識化するプログラムを別個に具体的に展開しない限りそのような過程があることさえ気づかれないままになるだろう．そのために，適応や運動がいかなる生命過程なのかを意識的に考えてみる必要がある．自分を知ることから体育教育・健康スポーツ科学が始まる．どう自覚させるか？　どう納得させるか，どうわかるのか？　身体や健康あるいはスポーツの実体を理解するための新しい科学―他の科学と共通の言葉により運動やスポーツ，健康，身体について語らなければならない．

2）「モノ」と「生体物質（もの）」は決定的に異なる

20世紀半ばから後半にかけての生命科学の発展により分子や細胞という物質過程で生命が語られるようになってきた．現代は，科学が進展しモノ（人工物）が氾濫し，心が失われた時代といわれる．身体が忘れられているともいう．生命科学が提起した重要な点は，私達生命体は基本的に物質でできており，認識とか概念などの高次活動さえも物質の相互作用で説明されうるとしていることであろう．それでは単なるモノと同じではないかという反論があるだろう．生体物質は人工的に作ったモノとは次の点で異なる．人工物は机上の学問から人工的化学合成によりつくったものであり，生体物質は生命が三十数億年余の時間をかけて，偶然と必然を含んだ取捨選択により残してきたものである．つまり進化の原動力となり，進化のふるいにかけられ，自らも変化してきた物質である．人工物と際だって異なるのは，後にふれるが，生体物質は細胞の中で作ることができ，壊すことができる点である．人工物も壊せるが，完全にもとの素材に戻すことは容易でない．生体物質は生体素材から作られ，分解された後，もとの生体物質に戻る，つまりつねに動的に入れかわっている．生物は作るシステムだけでなく壊す生命システムをも同時に進化させてきた．PCBやDDTなど壊しにくい物質は生態系を破壊する．生体内では，分解できないたんぱく質等の凝集体形成がアルツハイマー他種々の難病の病因となることが明らかにされている．身体は変化するシステムだから変えることができる．ヒトの運動は意志により変化を促す過程である．

3）身体の動きをになうのは骨格筋である．しかし「力を発揮する骨格筋」の解析はもっとも生命科学から遠かった

そこには細胞という概念はほとんどなかった．現在も必要とされていない．実際考慮にいれずとも力を出すしくみは1分子単位で解析できる．瞬時に張力が発生する機構に興味がもたれている．繰り返し刺激を与えるとどのように変わっていくかという視点はない．私達体育学の分野では長期間にわたる繰り返し刺激がヒトに及ぼす影響，つまりトレーニング効果・学習効果・運動がヒトの心身に及ぼす効果について興味を抱いてきた．私自身，骨格筋の萎縮機構・ストレッチの萎縮阻止機構を探る中で生命科学に出会えた．適応の原理に迫るには生理学・生化学では不十分である．Simple is the Best！　生命現象は，ひとたび生命科学のまな板にのせると極めてシンプルであることがわかる．ヒトは適応し，慣れる．私達の心身それ自体を動かす機構の科学である生命科学のコンセプトをまず始めに説明したい．

2．体育学に生命科学の論理を：三つのコンセプト，DNA・たんぱく質・細胞

1）三つの鍵概念，DNA，たんぱく質と細胞

生命科学が従来の生化学とやや異なる一つの点は，対象の「物質が大きく，その大きな構造自体にエッセンスを見出す」という点である．その理解には少なくとも三つの概念となる実体＝DNA，たんぱく質と細胞（水環境のもとで）を定義しなければならない．ほとんどが「かたち」でわかる実体なのでかたちを想像してほしい．

2）構造が「遺伝のしくみ」，配列が情報

1957年にワトソンとクリックは，遺伝物質として，つまり「親から子へ形質を伝える」という性質とその方法を合わせ持つ物質としてデオキシリボ核酸DNAの立体的構造とその意味を明らかにした．その構造が，「自分と同じものを作り出す」という性質を内蔵しているという発見であった．

DNAはA, T,C, Gの4種類しかない．分子が小さく構造も単純である．四つのうちアデニンAとチミンTは互いに引き合う手を2本，シトシンCとグアニンGは3本ずつもつのでそれぞれ手をつなごうとする相手が決まる．その方が安定なので確率的にこれ以外の組み合わせは起こらない．さらに四つの塩基は互いに水がとれる形で結合することができる(重合という)．どんどんつないでいくと1本の紐状の構造ができる．このできあがった紐の中に，新しく結合していないA, T,C, G単量体を適当量入れると，2本の手同士，3本の手どうしで組をつくるように並びつつ重合していき，もう1本の紐ができる．組み合わせ自体が絶対なので，できあがった紐を二つにわけても，片方の紐に対し，もう一度同じことを繰り返すと始めの紐とまったく同じ配列の紐ができる．つまり同じものをつくりだせるというしくみが四つの分子の関係の中にあるのである．AとT, CとGを相補的complimentaryという．

3）形をつくるたんぱく質

われわれの存在は形而上学的な存在ではなく実体つまり形をもった存在である．生物が示す形の多様性はDNAからは決してできない．形をつくる素材はアミノ酸である．アミノ酸が順次結合した物質をたんぱく質という．生物が採用したのは20種類である．アミノ酸も小さい分子であるが，形や性質が少しずつ異なる．荷電を持っていて水に溶けやすかったり，水を嫌う構造が多く水に溶けにくかったりする．アミノ酸どうしを結合させていくとDNAと同じように1本の線状構造の物質ができる．生命は海から生まれた．水環境でできるたんぱく質の形にらせん構造，シート状ランダムコイルがある．それらが組み合わさり，結果的に全体としては周囲に親水性，中心部に疎水性のアミノ酸がくるように折りたたまれる．この結果できた形＝たんぱく質が，膜に埋め込まれるチャネルだったり，強度を支える線維だったりする．すなわちたんぱく質はそれ自体で，あるいは他のたんぱく質と共同していくつかの機能を発揮することができる．形が熱等でほぐれてしまうと機能できなくなる．私達生命体は偶然的だったり必然的だったり数え切れないほどの試行錯誤の結果，お互いに相性のよい相手を見つけて相互作用するようになった物質の巨大複合体からできているといっても言い過ぎではない．骨の形を作っているのもカルシウムでなくコラーゲンという細胞が作り，細胞の外に分泌したたんぱく質である．

4）生命原理・セントラルドグマ

さて，同じものをつくるというシステムを内包した物質DNA，そして形をつくる物質たんぱく質が明らかになった．次にこの二つを結びつける論理が必要になる．それがセントラルドグマである．RNAリボ核酸が間をつなぐ．RNAの性質はDNAと似ているが，1本鎖で，二重らせん構造をとらない．かわりに1本鎖内で相補的配列による結合ができ，その結果かたちができる．さらに反応性にとむ．すなわち分解されやすく「鋳型」としては不適当だった．2種類のRNA，mRNAとtRNAが存在し，前者はDNAの配列を写し取り，後者はmRNAとアミノ酸の仲介をする．

ATCGの四つのDNAの組み合わせを，紐に沿って三つ単位で区切っていきアミノ酸1個と対応させる（これをコドンという）．つまりDNAの配列自体が情報で，順番に辿っていくとアミノ酸の配列に変えることができる．DNA構造の発見者の1人であるクリックは，生命体における「DNAからRNA，たんぱく質へ」という情報の流れが生命原理であるとしてセントラルドグマと名づけた（後にRNAからDNAへの情報を逆流させる酵素（化学反応を特異的に進行させるたんぱく質）がウイルスで発見され（逆転写酵素という）一部変更された）．セントラルドグマにより生命を系統的にかつ論理的に理解できるようになった．何故というよりも，地球環境では長い時間をかけた試行錯誤の末，このDNA→RNA（mRNAとtRNA）→アミノ酸→たんぱく質というシステムが，個体の死を前提に生命の自己を複製しながら保存する（→種の保存）システムとリンクし生まれ育ってきたのである．

5）脂質で区画化された細胞という場

これらの巧妙なシステムはすべて動的な化学反応で維持される．一定の化学反応がそれなりに進行するためには，反応物質がある程度の濃度（量）で維持され，供給されなければならない．常に一定の濃度を保存するには，まず反応の場として第一に空間的に限ること，次にエネルギーを使ってでもその濃度を時間的に維持するシステムをつくることが必要になる．その空間＝反応の場が「細胞」である．化学反応の単位は決して組織でも個体でもない．

水環境で生まれた細胞は，中と外を厳密に分離するために脂質という水とは決して混じらない素材を選んだ．水と油（植物油などの生物由来がよい）をコップの中で混ぜてみよう．白濁した小さいミセルを作ることはあっても決して混じり合わない．ミセルは往々にして二重膜となる．つまり境界としての細胞膜という脂質の二重膜ができる．二重膜の中も外も水の環境となっている．われわれの身体の細胞は十数ミクロンから百ミクロン(0.01 mm～0.1 mm)である．形が大きくなると，区画わけや端から端まで輸送するシステムを考えなければならない．細胞を都市になぞらえることがある．大都市の機能を麻痺させないためには交通機関やラジオやテレビなどの情報機関による情報の伝達システムが重要となる．

6）細胞と組織と個体，そして中と外の関係

われわれは数十兆という細胞でできている多細胞生物の仲間である．考えたり行動したりするのは一個体としてである．しかし数十兆の細胞の一つ一つは一個で生き，判断し，収縮したり分泌したり興奮したりする．個体も細胞も独立のシステムである．その間をどうつなぐか？

生理学では脳神経系，内分泌系が全身を統括すると教える．内分泌系の場合は，分泌したホルモン物質を運ぶ流通機構が必要である．血液は全身の細胞に必要な酸素・栄養素や情報としてのホルモンを運ぶ．それでは血液は何か？　細胞外液に含まれるが，身体の中を流れている．消化器官の内部は身体の外だが，血管は身体の内部である．外と中（内）ははっきりと区別しなければならない．外には敵が多い．細胞という区画で外と中を区切ったが，身体の中と外をもはっきりさせねばならない．内と外との境界には，免疫細胞が見張り番をしている．外と接している消化器官の内面，肺胞上皮，外から侵入されやすい血液，皮膚いずれの場所にも配置をおこたらない．

7）今は細胞で考える

このようにみてくると脳を構成するニューロンもホルモンを分泌するのも細胞である．そして血管をつくっているのも細胞である．毛細血管は血管内皮細胞が自分自身の中に作った間隙がつながった通路であり，中を流れる血液は，発生の当初，血管内皮細胞の分泌物であった．少し太くなると，血管平滑筋細胞がその裏打ちをして強度を付加するとともに収縮や弛緩で流量を調節するようになる．このように細胞という全体でもありかつ身体の「部分」でもある存在から個体・身体という「全体」への関係を探っていけることが分かる．

8）こころ・認識と細胞

おそらく最後に問題になるのが，こころや意識・認識だろう．最初にもほんの少しふれたように，神経細胞や筋細胞はきわめて電気的性質に富んだ構造をつくる物質をたくさん合成し，それらを協調させ，システムを組んでいるようにみえる．つまりヒトや生物の意志を実体化するシステムの形成に，電気的性質が役立っているようにみえる．細胞には膜電位があり，生きている細胞膜の内外は分極している．細胞は外界と一線を画すのにチャネルやイオンの輸送体などのたんぱく質を膜にうめこみエネルギーを使って細胞内を電気的にマイナスにした．チャネルの開閉で電流が流れる．電気という物理学的性質がコンピュータを発達させた．神経細胞や筋細胞の弱いが有効な電気的性質は，生体物質（もの）の相互作用という次元を越え，認識・統合という上位過程を生み出す素原理となったのだろう．

9）動的であること

神経細胞どうしの結合部位には未解明の可塑的機構があるが，ほとんどのでき上がった生命過程は常にダイナミックである．エネルギー源となる分子も細胞を造っている分子も常につくられこわされている．組織によっては細胞も入れ替わっている．完全に安定なもの，静的なものは生命でないともいえる．

3．運動を細胞への機械的刺激から考える

1）機械的刺激とは？　身体の中では？

運動は，個体レベルでは重力に抗した仕事となる．エネルギーを必要とする．個体の外つまり地球の重力に抗する解析がバイオメカニクスとして解析され，エネルギー消費に関連した側面が運動

生理学的に解析されている．細胞レベルでは運動をどのように解析するのか？

まず始めに運動時に生体の中でどのような動きが起こっているかを想像してみよう．全身性の持久力運動では，体内のさまざまな動きがより大きくかつ持続的になる．筋は律動的に収縮し，骨は歪み，ポンプが稼動し血流は十数倍の速さで体内をめぐる．筋収縮により体温は上昇し，細胞は熱を受け取る．ミクロの決死圏という映画があった．小さくなって体内に潜り込み，血管の内側・心臓の内側を構成する血管内皮細胞の身になってみよう．激しい運動では急流のような川の流れに曝され，流れストレス（シアストレス）を受け取る．心臓の拍動ごとに細胞は伸張される．体内はさまざまな機械的物理的刺激に満ちている．運動時にはいっそう高まる．

直接的に機械的仕事をなす「運動関連器官・臓器」内の機械的刺激を受容する細胞では，他のホルモンや栄養物質などに加えて，機械的刺激によって遺伝子がよまれ，たんぱく質が合成されることがわかってきた．たとえば遺伝子の調節領域にストレッチ応答配列やシアストレス配列といった特定のDNAに特定のたんぱく質が結合すると，機械的刺激に応答して特定のたんぱく質が合成されてくることを意味する．

2）ストレッチとストレス

姿勢を保持する骨格筋では，ストレッチによりストレスたんぱく質の仲間のαB‐クリスタリンというたんぱく質が増え，短縮したままではαB‐クリスタリンの合成が停止する．抗重力筋は，重力の下で伸張を繰り返す，つまりストレスを受け続けながらストレスたんぱく質αB‐クリスタリンを合成し，重力下での活動に適応していると考えることができる．このことからストレッチはストレスであり，ストレスたんぱく質が誘導され，生体の恒常性を維持すべく対応していることがわかる．われわれが健康によいとして行なっている運動も，適度なストレスを身体に与えていると考えられる．多くの筋細胞や幹細胞であるサテライトセルは，無重力環境ではどんどん数が減る．これらの事実を整合性をとって理解すると，ストレスこそがストレスたんぱく質を発現させ適応能力を向上させていると考えられるのではないだろうか？　準備運動としてのストレッチには，少なくともこのような適応を向上させる意味があるといえる．

3）運動の支点と視点：細胞は細胞どうし，あるいは細胞外基質に接着する

ほとんどの細胞は他の細胞と結合するかあるいは土台となるたんぱく質（細胞外マトリクス：コラーゲンなどの一連の大きな分泌たんぱく質が作る構造）に接着している．土台である基質に接着することにより，張力を発揮し構造を維持することができる．つまり接着することにより生活している場からも絶えずシグナルを受け取っている（化学反応が起こっている）．接着は，接着構造を作っているたんぱく質と土台を作っているたんぱく質との化学的結合である．

Harvard University の Donald Ingber は接着している面積が5×5=25ミクロン平方メーター以下だと細胞は細胞死することを示した．われわれが運動をする，つまり地球という場に対して反動動作を行なうために支点が必要であるのと同様に，細胞も内部で骨格構造（家という箱を作るときの梁や柱に相当する構造）をつくり，その端に接着構造をつくる．そのための土台である足場構造自体も，細胞が自己のDNAの中にある情報に従って合成し分泌したものである．すなわち細胞は内・外の刺激に応答して自分の住環境を作る．筋細胞と神経細胞あるいは脂肪細胞も細胞であるという点は共通で，セントラルドグマに従って外界からの刺激に応答して生きている．神経細胞がシナプスに必要なたんぱく質をつくるのも骨格筋細胞がミオシンやアクチンをつくるのも同じシステムを利用する．細胞が持っているDNAは同じ個体の中では同じなのである．DNAの配列のうち，細胞によって，読み出しする配列が異なるので，できるたんぱく質が異なり，その結果，異なった

たんぱく質で作られた細胞の形も機能も異なることになる．この共通のシステムによりさまざまな組織で物質的な変化としてトレーニング効果を得ることができる．

4）運動の分子モーターと分子のレール，細胞のレール

細胞が運動するには，運動する場である地球に相当する土台となるたんぱく質に加えて，運動するためのシステムが必要である．できれば運動も，ランダムでなくシステマティックな運動にし，力に変換したり，目的地に向かって進む，つまり方向性をもつほうが何かと便利だろう．そのようなシステマティックな運動が実現するためのマシーン（道具）が必要となった．われわれ真核生物の細胞は主要なモーターとそのレールである細胞骨格を細胞内に持っている．モーターはレールの上を走る．骨格筋のミオシンとアクチンは，モーターと細胞骨格アクチンが骨格筋特異的に特殊化（進化）したものである．主要な細胞骨格として，アクチンフィラメント，微小管，中間径フィラメントがある．いずれも，真珠のネックレスや数珠のように，切れるとバラバラになるがつなぐと一本の線維状になる構造をしたものである．つまり必要に応じて線維にしたり（重合）ばらけさせたり（脱重合）することができる．とくにアクチンとチューブリン（微小管という名の通り管/チューブ状の線維を形成する）は，ATPやGTPなどのエネルギー物質と結合・分解することできわめてダイナミックに重合と脱重合を繰り返すことが可能なように維持されている．このエネルギー依存的で動的な柱こそ動物の特徴を支えている構造である．

動的過程を維持するにはエネルギーが必要である．ミオシンやアクチンなどの運動を生み出すたんぱく質は，直接のエネルギー源として使用しているアデノシン3リン酸（ATP）を結合すると，分解してしまい，それらのたんぱく質に構造変化が起こってしまう性質がある．

動的にならざるを得ない骨格筋では，安定に動的状態を維持するために，細胞内では筋原線維構造やストレスたんぱく質を，細胞外ではコラーゲン等の土台のたんぱく質を同時にたくさん合成している．

このように動きを作るシステムは，筋細胞に限らず，動物細胞に普遍的な事象であることが分かってきている．白血球や血小板が移動するとき，筋肉内で新しい細胞ができていくときなど，細胞は発生時のプログラムを再開し，一個の分裂する細胞となって身体の細胞外基質たんぱく質上を移動することが明らかになってきている．細胞が分裂するには細胞の中の構造物の破壊と再構成を行なう必要があり，細胞が丸くなったり，DNAが二方向に分離されていくのがリアルタイムで観察できる．必要に迫られれば生体は先祖返りし基本的なシステムを再稼動させることができる．

生物は一定の形態を維持しているが，構成している物質が，組織によっては細胞までもが，絶えず入れ替わっている．動くのは生命の一つの顕著な特性である．運動は重力の場で環境（地球）への「機械的仕事」であり，体内の各臓器・細胞に対して「機械的刺激」を増大させる．日々生きて重力に抗して姿勢を保ち，移動し，仕事をすること自体により，私達の身体をつくる細胞は生きているシグナルを受け取り，遺伝子に働きかけ，たんぱく質を合成し，分解し，身体を維持している．

4．コンセプトを変えよう：筋線維でなく「筋細胞」と呼ぼう

1）力の発揮とたんぱく質が増えることは別のこと

骨格筋では，筋力トレーニングに伴う筋肥大や筋組成の変化が研究対象となってきたが，その主たる研究対象は，筋力を発揮するマシーン・エンジンとしてのミオシンやアクチンあるいは筋線維であった．筋力発揮は神経からのシグナルとたんぱく質の相互作用の問題であるが，筋力が増え，筋量が増すのはたんぱく質が増えるからに他ならない．たんぱく質が増えるためにはDNAへシグ

ナルが伝わらねばならない．DNAからの情報に従いたんぱく質を合成しなければならない．先に述べたようにわれわれの生命のシステムはセントラルドグマに従う．たんぱく質からたんぱく質は基本的に作ることができない．現在唯一分かっている例外はプリオン（狂牛病の原因たんぱく質でたんぱく質に対するDNAがない）のみである．したがってコラーゲンを主材料とした「プロテイン」などの筋肉増強栄養補助食品は，摂取したからといってそのままたんぱく質に変わるわけではない．分解されアミノ酸に壊された後，遺伝子へ送られる情報に従ってセントラルドグマに則り必要なたんぱく質に作り変えられている．

2）細胞には核がある

筋細胞はその線維状の形と伸びたり縮んだりする性質から筋線維と名づけられている．金太郎アメのように切っても切っても横紋の美しい構造が続く．組織や細胞をバラバラにしても横紋を維持した筋原線維構造が残る．細胞なら核がある．普通，力の発生を示す図には核は書かれていない．核などなくとも，ミオシン1分子とアクチン1分子，ATPの存在下で一緒にすると動きが観察され，一方のたんぱく質を固定すると張力を発揮する．DNAなど一切登場する場面がない．細胞も必要でない．

細胞膜をなくしてしまう処理をしても刺激を与えれば筋は収縮するのである．骨格筋は身体のエンジンである．車は壊れると部品を新しく取り替えないと直らない．すなわち自力で直ることはできない．ところが筋や骨は萎縮したり骨折したりしても再びトレーニングしたり，回復時間をおくと，肥大し，修復する．神経細胞さえ新しく増殖することが明らかになってきた．昔はこれらを自然治癒力があるといった．最近話題になっている臓器移植は，もう再生力のない心臓や再生力を失った病気の肝臓で，車の修理と同様に部品を取り替えようというものである．その是非はともかく，われわれの成体の組織には，再生力のある臓器とない臓器がある．まだ分裂可能な細胞を残している組織は，基本的に修理が可能である．人工関節や人工弁のように人工的なものに頼らねばならない組織や部分では作り替える細胞が残っていないことが多い．そのような組織を造っている細胞を，いかに元気良く生き長らえさせることができるかが，今私達に問われている．

5．「適応」：運動時におこる体内・細胞内環境の変化はDNAへのシグナル

1）細胞が大きくなることと数が増えること

骨格筋は，通常負荷に対し細胞が肥大するという適応をする．眠っている幹細胞であるサテライトセルを起こし細胞分裂の周期に移す要因は，筋細胞が壊れたときなどの特殊な環境条件である．ヒトは文化としてスポーツ競技を行なう．筋量が多いと勝負に勝つ競技も多い．わざわざ筋細胞をこわして筋肥大を起こそうとする試みを必死で探っているヒトも多い．未分化な細胞を予備群としてたくさんもっている骨格筋は，そのシステムを失った心筋と比較すると，適応性が高い．いざとなれば大いに頼りになるのが骨格筋である．神経細胞は通常は数を増やさず突起を伸ばすことによって新しいニューラルネットワークを形成してゆく．

骨格筋では，細胞の周りの基底膜という構造を構成するたんぱく質により強度が保たれている．張力を発揮している限り，基底膜との結合関係はダイナミックに安定である．神経と筋は，その細胞のシステム構造から，外からの刺激に応答するシステムをみずから構築維持するきわめて能動的でかつ適応能が高い組織（細胞）であるといえる．

2）「張力発揮」・「適応」の二つの道をリンクさせる

筋は構成分子の配向から細胞・組織に至るまで機械的刺激に応答する体制を貫徹している．しかし，モーターたんぱく質の収縮による張力発揮への道，筋収縮やストレッチに応答し新しくDNAの情報を読みたんぱく質を作る道，二つの道は

まったく別の道である．しかしリンクさせる因子やシステムがあるはずである．刺激の時間，応答の時間も鍵だろう．筋肥大や筋の萎縮，トレーニング，トレーニング停止，リモデリングなど一定の時間後に目に見えるかたちで変化が現われる．量的変化を検出するには時間がかかる．生命過程が動的であることを思い出そう．セントラルドグマを稼動させる刺激の質と量が鍵である．細胞の核内のDNAへのシグナル，それに続くたんぱく質の合成が増幅されるには相応な時間が必要である．刺激の質や量によりたんぱく質の合成・分解両方のカスケードが微妙に異なった様態で稼動される．骨格筋にとっての必須の刺激は機械的刺激である．一方の張力発揮の素機構は1分子，ナノスケールのオーダーで明らかにされつつある．しかしもう一方の道はほとんど未解明である．私達は，筋力トレーニングの負荷を大きくすると肥大率が増加する傾向があることを経験的に知っている．しかし張力の発揮つまりたんぱく質ミオシンとアクチンの相互作用の機構が，筋の実質をつくるミオシンやアクチン等の筋たんぱく質の合成を促進する機構と直結しているということを示す根拠はまだ見つかっていない．その二つの回路をリンクさせるシステムと論理をみつけるのはわれわれの仕事だろう．

3）骨格筋のストレッチはDNAへのシグナル・短縮は細胞死を導く：骨についている意味

栄養が不十分でも張力さえ与えておけば筋はとりあえず構造を維持する．骨格筋の糖の取り込みは通常インスリンというホルモンによって増幅するが，インスリンの上昇がなくとも運動（筋の収縮）は糖の取り込みを増加させる．ホルモンや栄養素や成長因子も重要だが，短縮状態においた筋は，これらの要素があっても効果を発揮しない．骨格筋にとって張力を維持するということは細胞構築の基本的・原理的な部分で関わっているのだろう．筋ではセントラルドグマが構造化されている可能性が示唆される．宇宙空間での向井さんの姿勢や動き方を思い出してみよう．あるいは水中で泳いだり浮かんだりする時の姿勢や動きを思い出してみよう．地上に立つときは足首を曲げる．宇宙や水中では座るのも大変である．毛利さんは宇宙ではしゃがむ動作がなかなかできなかったという．疲れたときしゃがみ込んでしまうのは，しゃがむという積極的な動作というよりも，重力に引っ張られたという方が真実を捉えているように思う．単なるストレッチという行為も地上での生きるシグナルを増大させる行為なのである．

4）Stretching is good for a cell

われわれは運動のパフォーマンスを解析してきた．パフォーマンスの測定を介して適応を，トレーニング効果をみてきた．われわれは地球の上で重力に抗して地をける．伸びる．筋や腱は伸ばされる．細胞もディッシュの上で，基質の上で，伸びる．伸びるシステムが働くと次には縮むシステムが働くように構造化されている．植物は風に吹かれてたわんで伸び，もとにもどろうとする．あたりまえに数億年繰り返されてきた外界の刺激に対する日常的に行なわれている個体の応答は，当然のことながら，セントラルドグマに従うDNAへのシグナルと，DNAの情報の実体化の過程である．

6．身体運動の生命科学をめざす：細胞から身体・身体運動を考える

1）生命科学の体育・スポーツ科学への導入を：心と身をつなげる細胞の性質・ネットワーク形成

認識や学習は神経細胞同士あるいは感覚細胞・神経細胞・筋細胞の物質的・電気的やりとりにより構築される．物理学や数学・コンピューター理論から作り出された機器・解析方法により，脳の機能としての学習・認知機構が物質過程として解析され始めている．そのような時代に私達は何をすべきか，何に貢献できるのか．何を言い，何を行なわなければならないのか．

単に繰り返し身体を動かすだけではワンパター

ン的思考回路を形成することになる．動きの多くの反射経路を作っていくことは運動のパフォーマンスをあげる．これも勿論重要だが，その仕組みを学ぶこと，変わりうることを知ること，実践的に理解することも大切である．脳波や筋電図で生体の電気現象をとりだすのはわれわれの分野でも行なわれていることだが，その意味やその生命科学的背景を理解するための教育プログラムの導入が必要である．

最新の研究報告によると呼吸中枢には発火し自動リズムを形成してしまう細胞が集まっているという．それ故，東洋的な呼吸を意識した運動法により，スポーツの特性である西洋的な反動動作の多い運動では意識されにくいこころや意識を，大脳皮質からの制御のもとで自律的な身体運動の中で意識し制御しうるのだろう．繰り返し刺激は電気的回路として，あるいは物質的裏付けをもって記憶として残る．そのような適応機構を生物はシステム化してきた．コンピューターは多くのシステムによって自動的に動き，それぞれのシステムを理解せずとも使える．しかし，少なくともコンピューターが電気を利用し，二進法による演算による言語を扱い情報を変換したり学習したりさえすることは知っている．私達は私達の生命としての身体のシステムをもっと概念的に知るべきだ．私達自身を動かしているこの上なく巧妙でなおかつ心の状態をも変えてしまうシステムを知ることにより，運動の体力的効果だけでなく，体育教育の対象である子供をはじめ多くの人たちの心身への働きかけの深い意味を知ることができる．

2）変わりうること

私達の身体も多くのシステムから成り立っている．生理学で学習する器官という大きなシステムは，身体の機能的なシステムである．それらの機能が生まれたのは，生命というシステムがあるからである．身体運動のような多くの因子が同時に稼動される現象を解析し理解するには，それを動かしている原理から組立てた方がよい．自動車のエンジンと違い，かかわっていく過程を通じて，自ら変化し，修復し，新しく創っていくことができる仕組みを内包した「素」によりできている．測れる体力だけでなく，生命が主体的にもつ生命力を駆動する運動・動きを原点として，生命過程を駆動しうる教育・研究過程としてわれわれの領域を位置づけよう．私達がこれまで体育学，健康・スポーツ科学の分野で問題にしてきたたくさんの事象に対し，生命科学の論理から構築し直すことが，私達が21世紀にさらに飛躍するために欠かせないのではないだろうか．

3）個の形成

おそらく現在の日本に欠けているのは「個」の確立であろう．「個」を作るのは意志による行動である．かってスポーツや武道は，自己の確立の道として貢献していた．現代という時代性の中で個を確立するために，ヒトだけではない地球生命体の中にヒトとしての自分を位置づけることで新しい地平線が見えてくると思う．自らを知ること，動きの深い意味，スポーツや身体運動の新しい位置づけが必要な時代となっている．

4）社会と適応

適応の生命科学的機構はまだその機構の一端が明らかになりつつあるにすぎない．ほとんどの過程が未解明である．「ストレス」という言葉と同様に「適応」という語は，遺伝学・行動生物学・認知行動科学などの「適応現象」の社会的側面で同時に使われる言葉でもある．それらの社会的認識は，一個の個体だけでは生まれない概念である．個体が集団となったとき生まれる関係である．これまで地球環境という物理化学的環境からのシグナル（ストレス）に対する応答を，どのように生命科学的に把握するかを考えてきた．しかし，そのようなヒトの社会的適応過程は，少なくともわれわれの行動や他者との関わりのような自らの意志による積極的な関係の中で獲得していく心身過程の延長線上で解析されるように思う．

5）運動の本質：歩くことのもう一つの意味

私達は行動することにより道を拓いてきた．意識するしないにかかわらず動き出すことによりなにがしかは新しい世界へ突入してしまう．それが他者との遭遇，他環境への適応を促し，動物の多様性・行動力を創ってきたのかもしれない．動物や，ヒトは歩んでいくことにより否応なく新しい刺激を受容する体制を作っているのだろう．われわれは，行動の中で，試行錯誤の中で未知なものに応答し，適応していくシステム・メカニズムを細胞レベルでも個体レベルでも細胞構造として身体構造としてもっているのである．

6）巨大化した脳を自分で統括するために

ブラックボックスだった脳の過程・学習の過程さえも論理が見え始めている．積極的に生きる，自ら働きかけていくことができるのは神経細胞ニューロンと筋細胞の密接な関係があるからである．両者は互いに互いを必要とする．介在ニューロンだった神経細胞が巨大なネットワークをつくった．身体活動および身体運動・実践によりインプットとアウトプットをしっかりとつなぐことで，巨大化した脳が一人歩きしない個を確立することができるだろう．

「運動」は生命の本質的な現象である．20世紀後半解明された生命科学の原理により「運動」に関わる普遍的でかつ独自の分野を築き上げる必要がある．まず生命科学の原理を（その中にわれわれの立脚点がかいま見られる），次に体育・スポーツ科学の役割を論究したい．

I．生命科学の原理とは

1．生命は生体物質からなる生成・分解を繰り返す動的過程であり，動的過程の中でホメオスタシスを維持する（セントラルドグマと細胞という単位）．

2．細胞と個体，ミクロとマクロの二つの独自な階層をもつ．両システムの連続性と相似性に注目しよう．

3．細胞の接着性と細胞骨格の原理的・必然的役割→身体が大地（地球）に立ち，外力と相互作用するのと類似している．

II．体育・スポーツ科学の役割

1．心身二元論の一元化を：分離しがちな心身を「実践・実体験」と「論理」により一元化する役割がある．

2．体育・スポーツ科学独自の分野である「適応の生命機構」を解明する．

人為的な刺激を含む環境刺激を意図的に自らに加えることにより，一度は遺伝子により運命づけられたプログラムでもリセット・再構成が可能である．トレーニングや技術の修得のように，ある程度長い時間にわたる反復刺激に対する適応のメカニズムは，他の関連分野では研究されていない．これまで現象を明らかにしてきた体育科学・スポーツ科学の分野でさらに生命科学によりメカニズムにせまろう．適応による変化が量的・可視的に把握できる「骨格筋の可塑性」の機構のよい例である．

III．結論

1．「骨格筋が一過性に収縮し力を発揮すること」は生体物質そのものの性質であり，「適応」ではない．

2．「ある時間にわたり一定の間隔で繰り返し刺激する」ことは，セントラルドグマの過程に対する刺激である．つまり「動的過程の維持過程」へ影響を与える．

3．「身体」，「心身」に対する認識を変えよう．変わり得る可能性とその原理を論理と実践により明らかにしよう．

［跡見　順子］

参考文献

1）Albert, B., Bray, D., Lewis, J., Raff, M., Roberts, K., Watson, JD : Molecular Biology of the Cell，中村桂子，藤山秋佐夫，松原謙一監訳，細胞の分子生物学第３版．教育社．

2）跡見順子：体力科学研究の新展開～人から細胞まで～何故，細胞か？―「運動するから健康である」機構を探る．体育の科学 47 : 825―832, 1997.

3）Ruoslahti, E : Stretching is good for a cell. Science 276 : 1346―1347, 1997.

4）Hen, CS, Mrksich, M., Huang, S., Whitesides, GM and Ingber, DE : Geometric control of cell life and death. Science 276 : 1425―1428, 1997.

5）跡見順子：細胞分子生物学・地球生物学から身体運動科学を再考する～ミクロとマクロをつなげる身体運動科学～．東京大学教養学部体育学紀要 29 : 1―19, 1995.

③ Scholarship and sport : Professionalisation and commodification at the end of the twentieth century

[I propose (…) to attack such a relation between the social studies, philosophy and the natural sciences. But it should not be assumed that what I have to say must be ranked with those reactionary anti-scientific movements, aiming at putting the clock back, which have appeared and flourished in certain quarters since science began. My only aim is to make sure that the clock is telling the right time, whatever it may prove to be. Philosophy, (…) has no business to be anti-scientific ; if it tries to be so it will succeed only in making itself look ridiculous. Such attacks are as distasteful and undignified as they are useless and unphilosophical. But equally, and for the same reasons, philosophy must be on its guard against the extra-scientific pretensions of science. Since science is one of the chief shibboleths of the present age this is bound to make the philosopher unpopular ; he (sic) is likely to meet a similar reaction to that met by someone who criticizes the monarchy. But the day when philosophy becomes popular is the day for the philosopher to consider where he (sic) took the wrong turn.]
(Winch, Peter. "The Idea of a Social Science," London ; RKP, 1958, pp. 1－2)

Physical Education has, in Western cultures at least, struggled for the whole of this century to throw off the ideological dogma that any education worthy of its name must be intellectual in character. The one truth historians will agree upon is that "history repeats itself". And so it is that the study of sport, in attempting to establish its own intellectual credentials at the dawn of the new millennium, is met with similar derision by the same conservative academic community.

It has become a platitude to say that the serious study of sport is in its infancy. Yet from all sides, it seems, we hear the loudest calls for its study to become more "scientific". Indeed there are some that think the study of sport should become one "super science" －a singular study conforming to a unified methodology. What would such a movement entail?

It was traditionally believed that natural science and natural scientists aspired to the "view from nowhere". That is to say, their research investigations ought to be conducted with such precision, reliability and validity that their conclusions would merely mirror the natural world as it really existed, unhindered by prejudice or ideology. Serious scholars in the humanities and social sciences have ceased to hold these aspirations. How are we to think of the clear fact that scholars differ on fundamental epistemological ideas? The professional and intellectual issues concern not merely the methods by which knowledge is generated but also as to what kind of certainty can be expected to be generated within the different disciplines. Philosophy is thought by most sports scientists of my acquaintance either to be a mere side-show (an irrelevance) or a hangover from some pre-scientific age. My own guiding thought here is that the divide between the natural and social sciences and humanities that illuminate sport, is the product of a powerful hegemonic ideal. The idea dominant in our professional circles is that sports science (note the singular) is real science : the only method (again note the singular) to gain worthwhile and certain knowledge in sport.

In sharp contrast to the relatively settled world-view of the natural sciences in sport, the divergence of views outside that realm is commonplace. In response to questions about any complex phenomenon in the former realm, the philosopher will characteristically begin his or her response with a further request for clarification. If you asked a philosopher, therefore, whether judo is a martial sport or a martial art, their first response would be to ask for clarification ; "what do you mean by "sport" and "art" here?" In a similar fashion, the historian or social scientist is just as likely to ask the following questions : "who is asking and answering the question?" "in what societies and in what times does the question refer?" ; and finally, " what school of thought or ideology was the question and its answer being framed in?" There seem little such problems when asking and answering the kinds of questions sports scientists (whom I take to be synonymous with"natural scientists") are typically concerned with. Questions such as the estimation of a level of $\dot{V}O_2$ max or angular velocity of this or that athlete appear to admit no such divergence or ambiguity. There are tried and tested methods to ascertain the matter at hand ; ways of getting it right and ways of getting these calculations wrong ; ways of analysing the complexity ; of isolating variables ; of finding layers of causal relations between the independent components, and so on. The traditional ways of seeing things as a sports scientist are, moreover, historically conditioned. We expect science to make progress, to become more rigorous, more refined, surer of itself. There is, in short, a level of progress and consensus in sports science that one rarely finds in the humanities or social sciences.

To a certain extent I am offering caricature here. Surely, colleagues might say, the old divide between the natural and social sciences and humanities is no longer so polarised. And, to a certain extent this is indeed true' though we still live with its legacy. To be called a"scientist", to have one's research labelled"scientific", are no mere description but a powerful positive evaluation too.

I am aware too that there are cultural differences to note here. The German word"wissenschaft"(science) depicts no clear divide between the natural and the social realms. How is it that scholars in some traditions come to see the world so differently and come to expect such differences to be part of what it is to be a physiologist, or biomechanist or sociologist, historian or philosopher?

Over the last 30 years or so, a new set of professions has emerged in the area of sport. Some are more established than others. There is a global trend here. The professionalisation of the sports sciences has occurred in order to regularise bodies of knowledge. In doing so, those who have shaped the relevant national and international organisations, have (if unintentionally or otherwise) defined the field of scholarship beyond those bodies of knowledge, and deified certain ways of working. The processes of professionalisation have given rise to a new intellectual elite who exercise significant technical and cultural authority through different outlets such as the Editorial Boards of major journals, through the recognition of those peers who match up with the dominant visions of the guardians of their disciplines and so on. Questions such as "what counts as sports science?" and "what types of knowledge are included and excluded within sports science?" are at the mercy of such an intellectual professional elite. Consider two potential ways of asking these questions in particular cases.

First, we can ask "is the computerised notational analysis of sports which attempts to evaluate strategies, tactics and styles of play, really a science?" This area of enquiry relates to practical performance questions such as how many times a player made this or that pass in hockey ; or how many times goals were scored in soccer from the right side or the left ; or how many points in a tennis match were won on service and how many lost ; etcetera. The ruling professional body in Great Britain (the British Association of Sports and Exercise Sciences) thinks Notational Analysis is not a science but is rather just an elaborate system of more or less precise descriptions. It has consistently prevented research data generated by notational analysts from being published within its Journal. Is this satisfactory? (Is it scientific?) Secondly, and relatedly, we can ask, "is sports psychology really a sports science?" It clearly is accepted as such in the sports science community. An anecdote will help me make the point I am driving towards. A couple of years ago I was engaged in a conversation in the Senior Common Room of a well known sports-orientated University in Britain. In the company of friends was an internationally respected sports psychologist. He was arguing that sports psychology was not really a science but rather a "pseudo-science." His argument was that since sports psychology did not always utilise the methodological paradigm of the experimental sciences (such as physiology or biomechanics) it could not count as a sports science proper. Now it is clear, or it seems to me clear, that his premise was correct but his conclusion was defective. To be sure, sports psychology is not a science under that description. But is it true that all science has to conform to that paradigm? Whatever that sort of claim is, it is not a scientific claim. Rather it is a normative, philosophical, question about what science ought to look like' and there is no indisputable argument that could prove science should only employ one from a range of methodologies.

Aristotle, it seems to me, made the point at hand, long ago : "Expect that amount of exactness in each kind of which each kind permits." A crude example serves the point : one cannot measure smell in centimetres. Likewise, I am reminded of Eric Fromm's story of two lovers sitting on a park bench in the moonlight, when the man said to the woman "how much do you love me?" to which she replied "I am sorry my dear, I cannot tell you; I have not brought my calculator with me tonight!!" Where does this all get us? Well, it seems to me that to examine scientifically the whole range of research questions and problems in sport and physical education one must first enquire as to the nature of the problem ; what kind of exactness will it allow? What methods are most appropriate? How do the different traditions in the relevant disciplines go about their intellectual work here and there. This seems much more satisfactory than the singular, reductionist, and naively elitist strategies of certain sorts of sports scientists. But from where did they inherit this worldview?

The exultation of the scientific method has seen huge advances in a vast array of cultural practices such as medicine, education, technology, industry, as well as sport. Its advances are part of an ideological tradition that is commonly referred to as "logical positivism" or simply "positivism". It can be characterised as the belief that all knowledge worthy of its name must be verifiable through certain experimental methods. It is of course a discredited philosophical doctrine that, far from being exclusively scientific in nature, smuggled in vast assumptions about the worth of certain ways of knowing. That such a set of processes would filter into an emergent profession of sports scholarship was inevitable if the sports sciences were to mature is not in question. It is, however, important to evaluate the state of research in the social sciences and humanities in sport by holding a vision of them in a "gestalt" with the natural sciences.

Directly related to the dominance of the natural sciences, certain other ways of knowing have been eschewed. Philosophy, as sub-discipline, has been at the margins for a long time now. The International Association for the Philosophy of Sport (formerly the Philosophic Society for the Study of Sport) though it formed around the same time as the professional organisations for sports science has never been sufficiently political to advance its case. History, as a sub-discipline of sports scholarship seems in much the same condition. More recently, the social sciences have witnessed a significant growth in terms of their professional associations, their centrality in University curricula for sports (in marked contrast to sports philosophy and sports history) and very notably in the number of international journal outlets that academics can now develop their work in. So in sports scholarship, there is no unequivocal position with which to regard the state of research in all the sub-disciplines ; each one has to be charted separately and with respect to important cultural differences. In Japan, sports philosophy appears to be flourishing, in Britain it is all but moribund. There is much work to be done in making these sub-disciplines attractive to a new generation of scholars.

The marginalisation of the knowledge that is derivative of philosophy and history is compounded by another effect of the dominance of the natural sciences. The type of knowledge that is usually called "procedural" or "performative" appears also to be in steady decline. In many degree courses in sports science in Britain now, for example, students are not required to engage in any form of sports experience whatever. This attitude is reflective of the mind-body dualism that can be traced back to some of the most famous philosophers of Western culture from Descartes to Plato. It is notable that it is not so apparent in Eastern cultures-and it might be added certain eastern European ones too where the term "physical culture" eschewed the mental-physical dichotomy. At the other end of that particular spectrum, some Universities offer courses in sporting activities that are not intellectually demanding and appear to the outsider as mere recreation and therefore not worthy of University study. So, just as I want to reinforce the primacy of philosophical teaching and research in sports science I want also to celebrate the phenomenological experience of sports and their rigorous intellectual examination as worthy of scholarship in its own right.

There is, however, a less welcome aspect to sports performance that merits attention. When the study of sport developed in University curricula, it was through the guise of Physical Education. Academics were largely activity-based practitioners. Their specialist knowledge was commonly limited to sports activities and pedagogy. The generalist sports-academic has now given way to the specialist. Sports scholars nowadays know more and more about less and less. While the erection of epistemological barriers between different disciplines has been necessary to develop areas of specialist expertise (though development of these disciplines has not been at the same rate nor with the same ideological power as I have noted), the elite-sports agenda, driven by commercialism and commodification, is set to usurp the traditional divide between the natural and social sciences (and humanities) of sport.

I fear that the knowledge that will be most valued in the coming century, what could be called the dominant research agenda of the new millennium, will be driven not by intellectual criteria or conceptions of academic excellence alone, but rather by the needs of business-driven sponsored sportsmen and women. We are already witnessing sponsored research by physiologists on performance enhancing substances such as creatine. The most efficient means of producing vast explosive power is central to most of the high profile sports. The examination of techniques to execute motor actions will always be crucial to elite sports ability where minute differences mark the distinction between who achieved Gold and who came "nowhere." But what use will the commercialised and commodified elite sports world have for disciplines such as philosophy, history, religion, sociology or cultural theory?

While we hope our Universities will develop broad curricula based on the need to study sports from multi-disciplinary perspectives, the invasion of a market-driven logic may well supplant the old order of traditional scholarship. The phrase "ivory tower" is commonly used in the Western world to indicate the removed status of academics from "real world" concerns. I feel that there is a pressing need for sports scholars in the social sciences and humanities to politicise themselves. At a time when the stance of the traditional universities is no longer agnostic to economic concerns, the need to prove the instrumental value of our research may soon bear heavily down upon us. However, rather than make a futile attempt to show that our scholarship is scientific, according to positivistic criteria, we must both celebrate the different ways of knowing in sport and justify the centrality of our research as something which is inherently, and not merely instrumentally, worthwhile.

[Mike J. McNamee]
Reader in Applied Philosophy
Leisure and Sport Research Unit
Cheltenham and Gloucester College
of Higher Education
Cheltenham
GL 50 4 AZ
UK
Mmcnamee@chelt.ac.uk

④ 対話のための新しいパラダイムを「身体性」に求めて

1．体育・スポーツ科学のジレンマ

フランスの社会学者P. ブルデューは，1983年にパリで行なわれた国際スポーツ社会学委員会セミナーの開会講演「スポーツ，社会階級，サブカルチャー」において，スポーツ社会学者の二重の被支配的状況にふれ，それを「社会学者からは侮られ，スポーツ関係者からは軽蔑される」立場と評した．つまりスポーツ社会学は，科学的社会学というアカデミックな視点から見れば二流のジャンルにすぎず，現実的な利害を争うスポーツ実践の世界からは役立たずの批判理論を展開しているのみ，と見られていると言うのである[1]．

しかし，こうしたブルデューの評は，スポーツ社会学のみに対して言われるのではなく，恐らく体育・スポーツ（以下，体・スと表記）科学の営みの全体的状況に対して言いうるものと見なければならない．なぜなら，例えばアカデミズムに視点を当ててみると，大学における教養教育の大綱化は，大学というアカデミズムの制度的牙城であり知の生産拠点における体・ス科学の存在基盤を大きく揺るがし，一般体育関連授業の減少はたちどころに体・ス科学に関する研究者の職業的基盤を弱体化させている．一方，スポーツ実践に目をやれば，わが国の国際スポーツ競技力は，体育学会の会員が現在の数分の一にすぎなかった東京オリンピックを頂点とし，その後の学会会員の急増にもかかわらず相対的に衰退の一途をたどっている[2]．また確かに，スポーツの大衆化は著しく進展し，累積人口3億が年平均18回のスポーツ実践を享受しているが[3]，スポーツ環境汚染や事故等の内実を考えるとき，体・ス科学の成果が人々のスポーツ享受にどのように貢献したのかは極めて危ういのである．

「アカデミズムから侮られ実践界から軽蔑される」という，この体・ス科学の二重の疎ましさの現在的状況は，体・ス研究の営みそのものを規定している二重の社会的な構造化の力によって生じている．したがって，体・ス科学がこのジレンマを抜け出し，学問としての自己正当化と実践への現実的な貢献に向かうためには，この研究の営みを規定する構造化の二重の力を自覚し，対象化し，それを脱構築する戦略を求めなければならないと言えよう．（**チャート1参照**）

2．体育・スポーツ科学の二重の構造性

「研究」という社会的営みは，その存在妥当性を維持・増大するために，知への貢献としての学術的要請と実践的な問題解決への貢献としての現実的要請に対応しなければならず，したがってそれは常にこの二つの構造性を持つ．つまり，一つは研究の特殊専門的世界である「学術界」であり，もう一つはその現実的な意義を評価する世俗的領野である．前者は当該研究の学術的価値を審級し，それに正当性を付与する構造であり，後者は研究の知的成果を試し，その有効性を認証する構造である．体・ス科学について見れば，先の構造は大学・研究所－学会－学術会議等によって構成され

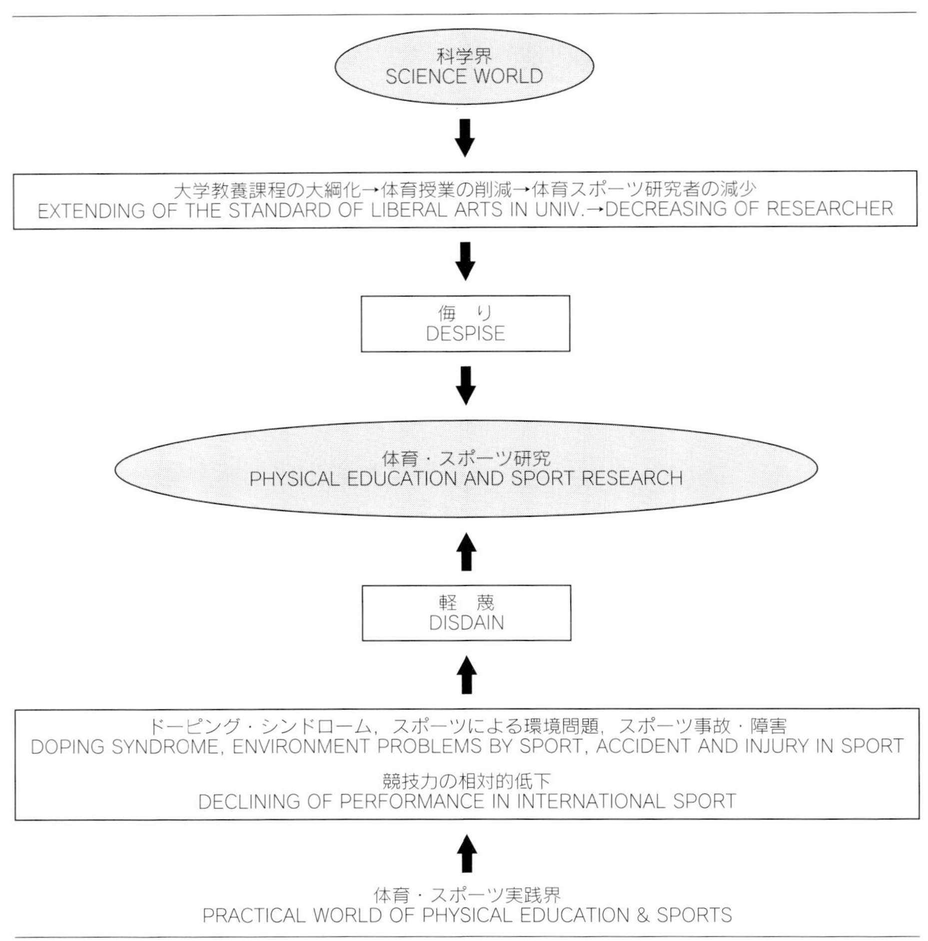

チャート 1　体育・スポーツ研究のジレンマ
DILEMMA OF PHYSICAL EDUCATION AND SPORT RESEARCH

ているアカデミズムの構造であり，後の構造は体・ス組織・団体ー体・ス行政体ー体・ス産業界等によって構成される実践を統制する構造である．

先の構造において，体・ス研究にはアカデミズムにおける支配的な理念としての「科学性」が要求され，その知的営みにおける科学諸規範の遵守と標準を満たすことが求められる．もちろんここでの科学性とは，19 世紀西欧に起源を持つ自然科学，すなわち「自然的世界は実在的かつ客観的なものであるとみなされるべきである」とする信念に基づいて「自然現象の世界のなかで起こる客体や諸過程，諸関係の正確な説明を供給する知的な営み」をモデルとするものである[4)]．体・ス研究がアカデミズムの仲間入りを果たし，知的権威を確立し，その研究を学術的に正当化するためには，何よりもこの構造において支配的な科学モデルに接近し，それを模倣し，その学術的な要請に応えることが求められるのである．

後の構造において，体・ス研究は現実の体・ス体制における実際的有効性が試され，現実的課題解決への貢献が求められる．もちろんここでの実際的有効性とは，体・ス実践をめぐる相克する理念のみならず多様な世俗的利害との関係で判断されるものである．例えばそれは，体・ス体制の理

科学・学術界の構造
SCIENCE AND ACADEMIC WORLD STRUCTURE

日本学術会議
SCIENCE COUNCIL OF JAPAN
各親科学学会（歴史学会，社会学会，物理学会，医学学会など）
MOTHER ACADEMIC SOCIETY（HISTORY, SOCIOLOGY, PHYSICS, MEDICINE ETC.）

日本体育学会　日本体力医学会
JAPAN SOCIETY OF PHYSICAL EDUCATION, JAPAN SOCIETY OF PHYSICAL FITNESS AND MEDICINE
スポーツ哲学会，スポーツ史学会，スポーツ社会学会，運動生理学会，バイオメカニクス学会
SPORT PHILOSOPHY, SPORT HISTORY, EXERCISE PHYSIOLOGY, BIOMECHANICS,
日本ゴルフ学会，日本テニス学会，日本スキー学会，ランニング学会等
JAPAN GOLF ACADEMIC SOCIETY, JAPAN TENNIS ACADEMIC SOCIETY, ETC.
大学，研究所等
UNIVERSITY, COLLEGE, RESEARCH INSTITUTION ETC.

審級：科学性・学術性からの研究業績審査
JUDGEMENT：JUDGING RESEARCH PERFORMANCES BY THE SCIENTIFIC AND THE ACADEMIC

体育・スポーツ研究
PHYSICAL EDUCATION AND SPORT RESEARCH

評価：実践的有効性からの研究業績評価
EVALUATION：EVALUATING RESEARCH PERFORMANCE BY THE EFFECTIVE

学校体育組織，スポーツ少年団，市民スポーツ組織，フィットネスクラブ等
SCHOOL PHYSICAL EDUCATION, CHILDREN SPORT ORGANIZATION, FITNESS CLUB ETC.
高等学校体育連盟，地域体育協会，スポーツ商工会
FEDERATION OF HIGH SCHOOL PHYSICAL EDUCATION, REGIONAL SPORT ASSOCIATION, ETC.

日本体育協会，日本オリンピック委員会，日本レクリエーション協会等
JAPAN AMATEUR SPORT ASSOCIATION, JAPAN OLYMPIC COMMITTEE, ETC.

スポーツ行政界，スポーツ産業界，メディア・スポーツ界
PUBLIC SPORT ADMINISTRATION WORLD, SPORT INDUSTRY WORLD, MEDIA SPORT WORLD

体育・スポーツ実践界
PRACTICAL PHYSICAL EDUCATION AND SPORT WORLD

チャート２　体育・スポーツ研究の構造性
STRUCTURIZATION OF PHYSICAL EDUCATION AND SPORT RESEARCH

念－体育における体力育成/運動学習,スポーツにおける高度化/大衆化の促進－を基準としながら，それをめぐる体・ス団体の組織的利害，体・ス行政体の政治的利害，体・ス産業界の経済的利害との関係で判断されるものである．体・ス研究が社会的支持を得,社会的正当性を確立するためには，こうした相克する世俗的利害を背景にして生じる体・ス実践をめぐる現実的な要請に応えることが必要なのである（**チャート２参照**）．

先に述べた「アカデミズムから侮られ，実践界から軽蔑される」という体・ス科学の二重の疎ましさの現在状況は，体・ス研究を規定するこの二重の構造性に内在する学術的要請と現実的要請とのダブルバインドによって生じている．21世紀体・ス科学のグローバル・スタンダード，とりわけ自然科学と人文・社会科学の対話の可能性を問うためには，この構造的矛盾について考え，そこから新しい体・ス科学の在り方についての構想を検討することが望まれよう．

３．体育・スポーツ研究と近代科学の矛盾

体・ス研究の制度的起源は，体育に関わる専門的な指導者養成と関わる教育制度に求められ，わが国では，1878年の東京師範学校における体操伝習所の開設である．その後，教育制度の拡充にともなって体育科教師養成の制度化も進展し，体育は専門職領域として確立して行くが，その役割は欧米先進国の体育的知識と方法の導入が主たるものであった．20世紀に入ると，普通体操，兵式体操，スエーデン体操，遊戯の教材価値をめぐる論争が生じ，文部省に「体操遊技調査会」が設置される等，わが国独自の研究の必要性が自覚されるようになり，それとかかわって解剖学や生理学的研究が行なわれ始めた．一方，1912年のストックホルム五輪への参加を皮切りに，スポーツ界は著しく躍進し，競技後のたんぱく尿や血色素尿検査等の生化学的研究も行なわれ始めた．こうした状況を反映して，1923年には解剖，生理，衛生，心理，教育，体操，遊戯，競技，運動医事相談の9部門から成る国立体育研究所が設置され，体・ス研究の体系的研究が始まる．そして1929年には，東京文理科大学の教育学科に体育学コースが開設され，体・ス研究は小さいながらも最高学府の中に位置を占めるものとなった．前川・片岡はこの時期の体育研究を，形態的，生化学的，生理学的，心理学的，運動技術学的，教育学的の6部門に整理しているが，それによるとこの時期における生理学的研究の著しい台頭がうかがえる[5]．

体・ス研究のこの成立過程を見ると，明らかにわが国の産業化・近代化に向かう教育的政策課題という現実的要請に対応し，身体の産業化・近代化のための方法的合理性を求めてきたことが判る．そこでの体・ス研究は，運動による身体の変化を主に生化学や生理学等の身体の自然科学的方法によって分析し，体育実践の方法的合理化に貢献しようとするものであった．しかし，実践的要請への対応から，対象としての体育現象には注目したものの，体育研究固有の方法論を確立することはできず，体・ス研究は身体の自然科学を中心とする関連諸科学の方法を適用したものに過ぎなかった．

今世紀の後半に入ると，体・ス研究は一見して著しい発展を見せる．わが国の産業社会としての成熟がスポーツの社会的需要を急速に拡張するとともに，1949年には大学に教養科目としての保健体育科の開設が義務づけられ，すべての大学に保健体育担当教官が配置されることになったからである[6]．こうして誕生した無数の保健体育の大学教官の大半は，その職務上の一つの義務として体・ス研究を志すとともに，その業績によって地位の維持と向上を図らねばならなくなった．とりわけ，一般教養科目としての保健体育科のポストについた体育者は，教養科目における自然科学や社会科学等の担当者と肩を並べ，その人事審査において共通の基準での研究業績を競い合わねばならなかったのである．ここから体・ス研究のアカデミズムへの編入・構造化が始まる．

1949年に日本体力医学会が，1950年には日本体育学会が創設され[7]，大学の保健体育教官を中

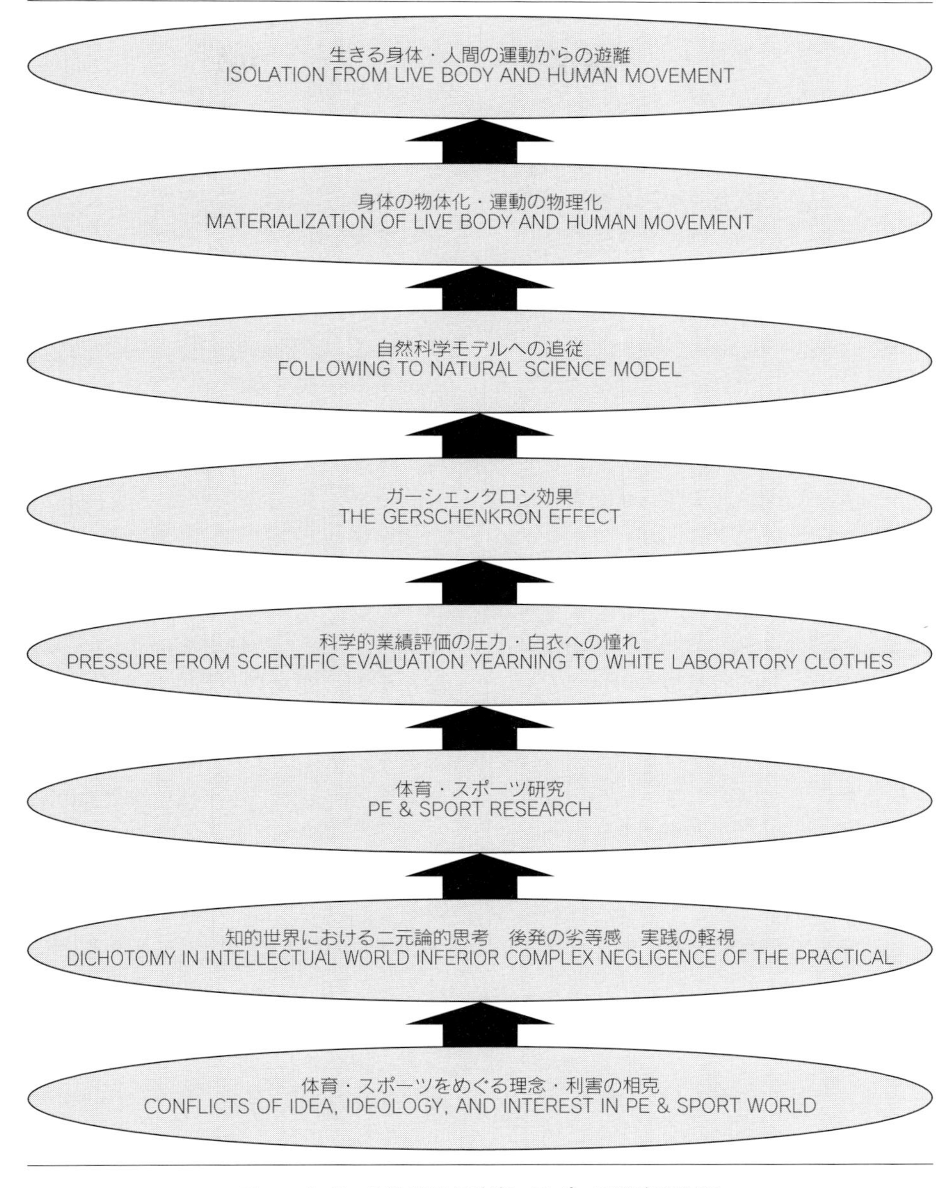

チャート3　これまでの体育・スポーツ研究の限界
LIMITATION OF PE & MODERN SPORT RESEARCH

心とする体・ス研究の専門家集団が組織された．1956年に，日本体育学会は，わが国学術界の最高権威を有する日本学術会議への加盟が認められ，1966年には学術会議会員を選出し，1978年には同会議に体育学研究連絡委員会の設置を見た．この間，1961年には体育学研究は文部省科学研究費補助金の対象領域としての分科が認められている．こうして，体・ス研究は学術研究団体としての社会的地位を順調に確立し，学術に関する一つの専門家集団の社会的組織化に成功してきたのである[8)].

たしかに，こうした学術的組織化の成功は，体・ス研究者の社会的地位の確立に寄与し，関係者の科学者らしさを保証してその自尊心を満たすとともに，研究成果の評価と対応する報酬のシステムを作りだすことによって，研究の意欲と機会を著しく高揚するものであった．しかしそれは，体・ス研究がアカデミズムにおいて圧倒的に優越する近代科学の思想と方法を受認し，その標準と諸規範を受容し,「科学」化してゆくことに他ならなかった．しかもそこでは，体育界に潜在する「白衣への憧れ」に象徴されるように，心身二元論に基礎を持つ知的営為と身体的営為のヒエラルヒーを越えることができず，理論と実践の対立を生み出し,「科学性」の聖化を結果する「ガーシェンクロン効果」が作用していた[9)].

したがって，体育学会は6千余の会員を有する巨大学会へ成長したわけであるが，その研究は，価値実現という実践的な現実的要請への対応と科学性という学術的要請を「生きる身体・人間の運動」という固有のテーマの中で統合化する独自の研究方法論を，依然として発明することができずいる．否，むしろ体・ス研究は，その道を求めるよりも，既存のアカデミズムに依拠し，その中で自らを確立し,「科学」の一員としての制度化の道を積極的に選び，邁進してきたと言えよう．現状における体・ス科学がいずれかの親科学に還元されうることがそのことを明白に示している．しかし，こうした体・ス研究の近代科学への傾倒と依存こそが，その限界性を露にする．

なぜなら，周知のように近代科学の認識論的基礎は，自然が法則性を内包する一様で恒常的な存在であり，事実の実験と観察によってその客観的把握が可能であるとする前提にある．そして，近代科学はこの認識論的前提に基づいて発達してきた自然科学をモデルとし，客観的な「真理」の探求を可能にするシステムとして制度化されてきた．しかし，体・ス研究はまさしく「生きる身体・人間の運動」を固有の対象としており，それは本質的に「原因と結果」の関係ではなく「目的と理由」の関係において理解されるべき営みなのである[10)]．村上陽一郎が「(メスによる）干渉なしに解剖が不可能であるとすれば，……『生体』の『常態』を解剖によって実証的に知ることは不可能である」[11)]と指摘するように，近代科学モデルに依拠する体・ス研究は，そのことによって自らの固有の対象を矮小化し，その根底的な意味を喪失するのである．先述した体・ス研究の二重の疎外状況とそのジレンマは，研究の本性と近代科学の性格とのこの矛盾に根ざしたものであるとも言えよう（**チャート３参照**).

4．体育・スポーツ研究と新しい知の探求

確かに，20世紀の学術界においては，知的成果の客観性・普遍性を主張する近代科学モデルがグローバル・スタンダードであった．しかし，トーマス・クーンの「科学革命」以後の科学哲学や科学社会学の諸知見が明らかにしてきているように，いかなる科学的実践も存在被拘束性を持つのであり，それなりの認識論的限界を有しているのである．例えば，自然科学的認識の基礎に措定されている「観察による事実の客観的把握」は論理的に不可能であり，すべての経験的言明は理論負荷的なものである．そして新しい法則の発見は，メンデルの遺伝の法則に見られるように，しばしば予言の自己成就なのである．しかもこうした科学的実践は，専門家集団としての科学者共同体の規範に拘束され，さらにより広い社会・文化的状況に拘束されている．こうした状況の中に存在する科学的実践は，例えば観察における情緒的中立性という規範はむしろ「強い思いこみと情熱」に支配されているという事実[12)]，また人類学におけるジェンダー・バイアスの事実によって[13)]，そして昨年米国の学術界を席巻したサイエンス・ウォーズによって示されているのである[14)].

こうした近代科学の脱神話化は体・ス研究者の間にも現われつつある．例えばそれは樋口聡他による「スポーツ科学論序説」にも見られ，その中で中村好男は「呼吸変量の測定・評価は,（グラフ

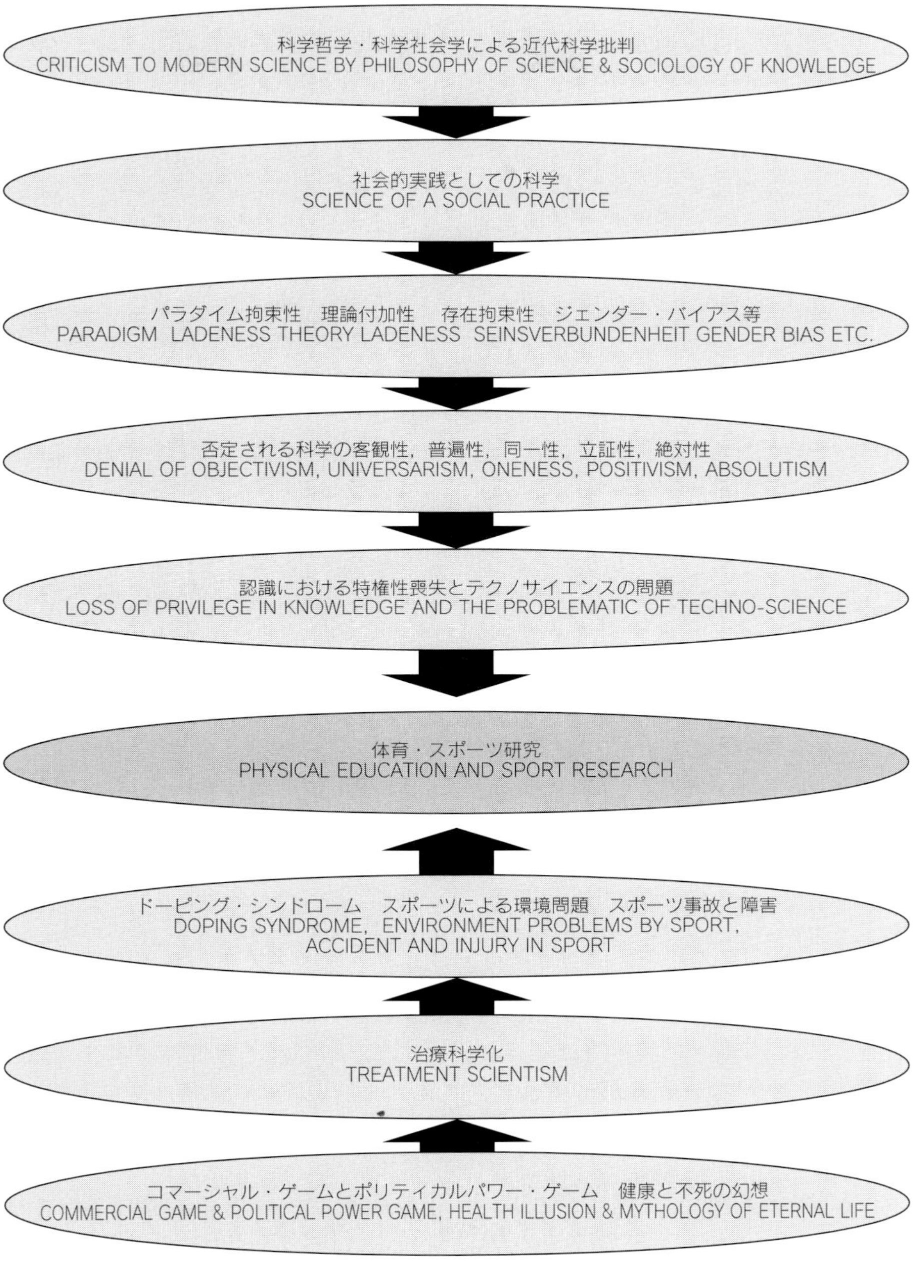

科学哲学・科学社会学による近代科学批判
CRITICISM TO MODERN SCIENCE BY PHILOSOPHY OF SCIENCE & SOCIOLOGY OF KNOWLEDGE

↓

社会的実践としての科学
SCIENCE OF A SOCIAL PRACTICE

↓

パラダイム拘束性　理論付加性　存在拘束性　ジェンダー・バイアス等
PARADIGM LADENESS THEORY LADENESS SEINSVERBUNDENHEIT GENDER BIAS ETC.

↓

否定される科学の客観性，普遍性，同一性，立証性，絶対性
DENIAL OF OBJECTIVISM, UNIVERSARISM, ONENESS, POSITIVISM, ABSOLUTISM

↓

認識における特権性喪失とテクノサイエンスの問題
LOSS OF PRIVILEGE IN KNOWLEDGE AND THE PROBLEMATIC OF TECHNO-SCIENCE

↓

体育・スポーツ研究
PHYSICAL EDUCATION AND SPORT RESEARCH

↑

ドーピング・シンドローム　スポーツによる環境問題　スポーツ事故と障害
DOPING SYNDROME, ENVIRONMENT PROBLEMS BY SPORT,
ACCIDENT AND INJURY IN SPORT

↑

治療科学化
TREATMENT SCIENTISM

↑

コマーシャル・ゲームとポリティカルパワー・ゲーム　健康と不死の幻想
COMMERCIAL GAME & POLITICAL POWER GAME, HEALTH ILLUSION & MYTHOLOGY OF ETERNAL LIFE

チャート４　近代科学の限界と体育・スポーツ研究
LIMITATION OF MODERN SCIENCE AND PE & SPORT RESEARCH

の読みとりというレベルではなく）先入見によって支えられている」のであり,「V-slope法で判定されたAT以外はATとは言えず，<AT理論>を前提とするV-slope法を用いる限りは<AT理論>は反証されないのである.」とし[15]，科学的観察や測定が事物と出来事の範疇による位置づけの営みであることを示している．

こうした自然科学モデルにおける科学的知の問題性と限界性は，それに学術界におけるヘゲモニーを与え，それをグローバル・スタンダードとすることを支えたその成果の実践的応用である近代テクノロジー神話の崩壊によっても示される．テクノサイエンスと呼ばれるこの科学と技術の蜜月関係は，環境汚染や生態系破壊に現象しているように，分化を意味する「科の学」による分断知による実践の問題を表わしているのである．体・ス科学におけるこの種の問題はまさしくドーピング・シンドロームに象徴化されよう．それは，テクノサイエンスとしての体・ス研究の実践的な典型事例であり，その成果による身体の技術的支配の象徴に他ならない．なぜならそれは，身体的能力の開発を装いながらそれを物理的機能に一元化し，その機能をポリティカル・パワーゲームとコマーシャル・ゲームの中で競わせるためのものとなっているからである．その意味で，応用科学化に志向する体・ス研究が，こうした身体の自然科学を中枢に置き，その応用領野として「健康」をコアにする治療的科学を配備しようとする現在の傾向は，消費社会における体・ス科学のテクノポリティク的構造化と見なければならない．したがって，こうした状況においては，極めて逆説的ではあるにしても,「科学界から軽蔑され，実践界から侮られる」と言われる体・ス研究は,「生きる身体・人間の運動」という固有の研究対象への真摯で誠実な志向によって，むしろ近代科学とその知の罠と袋小路を抜けだし，それを相対化し，新しい知を探求しうる豊かな可能性を持っているのである．

今世紀の後半から，近代科学の脱神話化の流れに沿って，新しい知の探求が台頭しつつある．それは，対象と主体という主客分離の二元論的認識論，リアリズムとイデアリズムの対立を超えようとする営みである．例えば，近代科学のグローバル・スタンダードを支えてきた機械論的自然観と，それに基づく要素主義を否定し，むしろ自然は自律的で自己形成的なホーリスティックなシステムであり，環境との密接な相互作用のもとで，自律的に自己を保存し，また適当な条件のもとででは新たな自己形成を遂げ，しだいに自己発展してゆくものとして自然をとらえる自己組織系としての自然観である[16]．あるいはまた，意味の生成をコードやコンテクストの中でそれとの関係において理解しようとする文化記号論等[17]，そしてまた科学知に対する「暗黙知」や「臨床の知」の主張もその流れにある．こうした新しい知の探求にこそ閉塞しつつある近代知の限界を超える大きな可能性があり，この可能性にこそ,「医学・医療」ほどの臨床性を持たないが故に二重に疎外されてきた体・ス研究の新たな道が開かれる手がかりがあると考えられよう（**チャート４参照**）．

5．21世紀の体育・スポーツ研究の視点

新しい知の探求は今始まったばかりである．したがって，これからの体・ス研究をその未完の方法論に基づいて構想することは極めて困難である．しかし，体・ス研究も一つの社会的・文化的実践に他ならないとするならば，それは新しいコードとコンテクストにおいて構想されねばならないことも確かであろう．つまり，それは従来の分化し続ける「科」という近代科学の脈絡にではなく，むしろそれを脱構築し,「生きる身体・人間の運動」という固有の対象に向けて統合化する脈絡において構想されねばならないであろう．この場合，対象としての「生きる身体・人間の運動」を「体育」の文脈に則させるか「スポーツ」の文脈に則させるかには，現状の体・ス科学の脱構築への戦略論を含む真摯な検討が必要であろう.「体育」が処罰の統治から治療の統治への移行に生じた限りなく制度負荷的文脈であることを考えるとき，

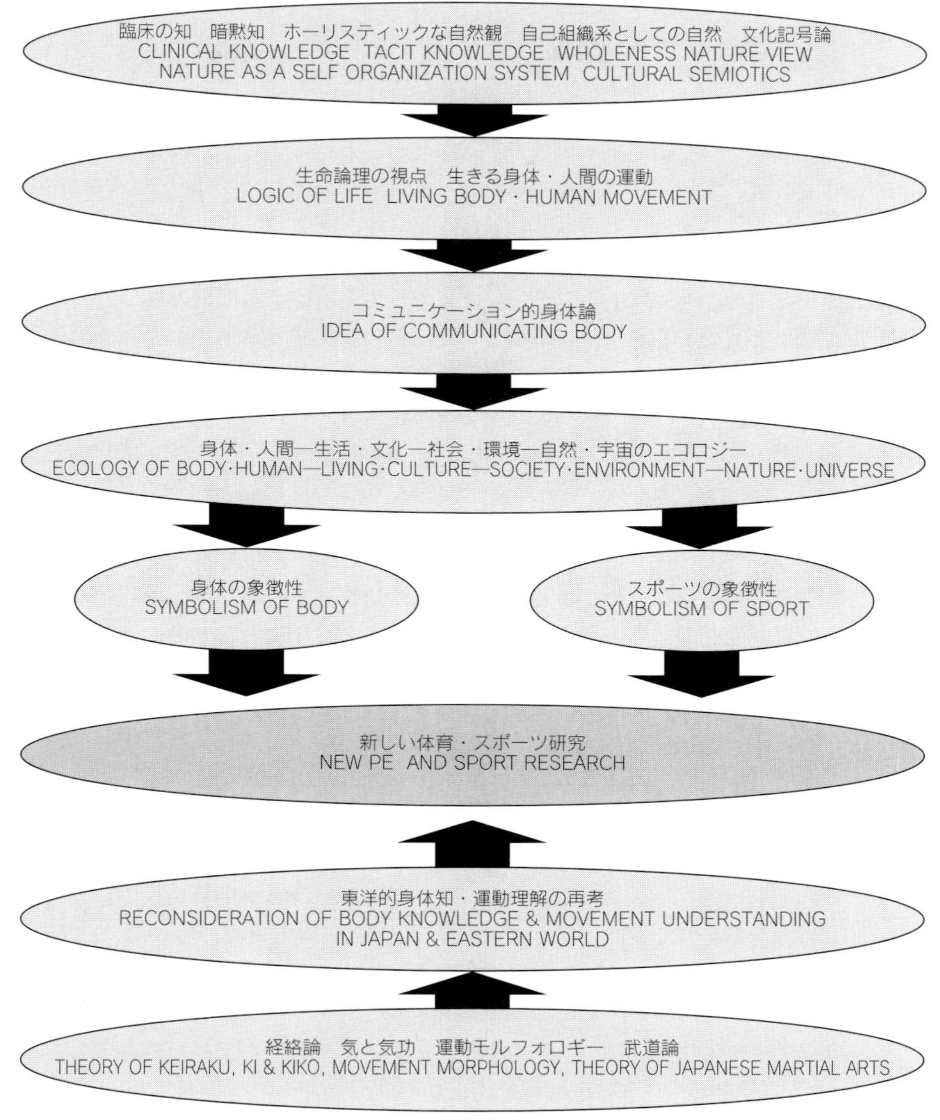

チャート5 体育・スポーツ研究と新しい地の探求
PE & SPORT RESERCHPE & SPORT RESEARCH AND THE SEARCH FOR NEW KNOWLEDGE

筆者は，それが近代文化負荷的であることを斟酌しながらもその徹底的な相対化の可能性の豊かさと象徴的意味生成の豊かさから見て,「生きる身体・人間の運動」を「スポーツ」の文脈においてとらえることが望ましいと考える[18]．

いずれにしても，これまでの身体のテクノポリティクと産業的編成を脱構築する新しい体・ス研究を希求するためには，その固有の対象たる「生きる身体・人間の運動」をどのようにとらえるかが肝要である．確かにわれわれの身体は対象化される物理的身体と主体的な生きる身体との二重性を持っている．これまでの体・ス研究が科学の名の下に主として対象としてきたのは前者であり，それは限りなく身体を分化し，部品化する流れに沿うものであった．その一つの帰結がバイオテクノロジーの身体的応用に示される生きる身体の疎外に他ならない．ジョン・オニールは，こうした身体認識を超えるために,「コミュニケーション的身体論」を提起している．彼は，メルロ＝ポンティ等の身体の存在論的意味を重視する現象学に依拠しながら，自分のうちとともに他者のうちにも感知しうるものとしての身体に注目し，それこそが人間を他者と社会と宇宙とに開き，結びつけるものだという．彼は，現代の機械的世界の編成は脱身体化した(あるいは物理的身体モデルによる)社会テクストの歴史であり，この状況を打破するためにはコミュニケーション的身体モデルによる生命テクストの歴史への再編成が求められるとするのである[19]．身体の論理とその象徴機能から人間－社会－宇宙を理解し，制度の再編に向かうオニールの身体論は，これからの体・ス研究にとって極めて魅力的なものであろう．このような身体への視点は，市川浩の「精神としての身体」[20]，市川・杉浦・多木・別役・渡辺・磯崎の「身体の宇宙性」[21]，そしてメアリー・ダグラスの「象徴としての身体」[22]等に共通するものであり，そこでは物質と精神，自然と文化をつなぐメディアとしての身体がまさしく注目されているのである．その意味で，そこにはスポーツ理解に関する Body Symbolism から Sport Symbolism への豊かな発展が予感される[23]．

こうした自然と交流する身体の認識は，生体内部を循環し，自然・宇宙と交流し，心理と生理を媒介する「気」の概念を重視する東洋的身体観と共鳴するものである．それはまた，人を含む万物が連続しあい一体をなす世界としての東洋的自然観や安藤昌益の自然真営道に見られる自律的で自己形成的な有機的自然観と通底するものでもある．このような身体観・自然観を基盤にする時，新しい体・ス研究は，客体としての自然の関係性を対象化するエコロジーではなく，人間とその暮らしを包摂し，身体・人間－文化・社会－環境・宇宙に連なる新しいエコロジー学の一つとなることができよう．

そして，こうしたコミュニケーション的身体論を基盤にして，そのような身体が生きられるゲシュタルトとしての「人間の運動」という体・ス研究のテーマを見るとき，これからの体・ス研究がとらえるべき人間の運動は，これまでの時空間における物体の移動という物理的運動把握と分析を超えることが求められる．そこでは，例えば人間の運動を心身と宇宙との交流の術とする「気功」に示されるような東洋的な運動の理解や，マイネルの運動学をわが国において継承・発展させている「運動共感を視点とする運動モルフォロギー」[24]，そして人間の運動に技術的合理性以上の意味を探求し続けている「武道」論[25]等に見られるような東洋的・日本的な運動理解の視点が,「人間の運動」に関する新たな体・ス的知の産出に大きく貢献する可能性を窺うことができる（**チャート５参照**）.

こうしてみると, 21 世紀における体・ス科学のグローバル・スタンダードは自然科学をモデルとする近代科学の延長に描かれるのではなく，コミュニケーション的身体を中核にしてその豊かなシンボリズムを生命テクストの脈絡において描こうとするトータルなエコロジーへの志向性の中に求められよう．つまりそこでは，方法論的意味でのスタンダードが求められるのではなく，目的論的意味におけるスタンダードが望まれるのである．それは体・ス研究が，現代スポーツに見られるようなまさにグローバル化する世界を統一的なシステムとして標準化する方向に向かうのではなく,「生きる身体・人間の運動」にかかわるそれぞれにローカルな知の個性を尊重し，それをエコロジカルな地平に位置づけることによってより豊かな知を産出しようとするものであることが望まれるからである. その意味で体・ス研究における「人文・社会科学と自然科学の対話」は，それぞれの科学的正当性の相互承認を前提とするよりも，一つの「認識論的断絶」を経た新しい地平で始まるものと思われる．

［佐伯　聰夫］

文献・資料

1）P. ブルデュー，石崎晴己訳：構造と実践．272，新評論，1988.
2）（財）日本オリンピック委員会：JOCの将来に向けて―オリンピックムーブメントと競技力向上―．28, 1997.
3）（財）余暇開発センター：レジャー白書 '99. 22, 1999.
4）マイケル/マイケル，堀・林・森・向井・大野訳：科学と知識社会学．49―51, 紀伊国屋書店，1985.
5）前川峯雄，片岡暁夫：日本における体育学研究の発展，前川他編：現代体育学研究法．41―48，大修館書店，1972.
6）岸野，成田，大場，稲垣編：近代体育スポーツ年表．190, 大修館書店，1973.
7）同上，192.
8）小林勝法：スポーツ科学の急成長と学術界からの認知．体育科教育 47（9）：53, 1999.
9）前出 1. 64―65.
10）J. カルファ編，今井邦彦訳：知のしくみ．1―18，新曜社，1997.
11）村上陽一郎：近代科学を超えて．26―27，講談社，1996.
12）前出 4. 65―203.
13）S. フルディー，加藤・松本訳：女性の進化論．思索社，1989.
14）池上善彦編：サイエンス・ウォーズ．現代思想：26―13, 青土社，1998.
15）中村好男：科学的データーの恣意性，体育科教育 47（2）：55, 大修館書店，1999.
16）伊東俊太郎；自然，岩波哲学思想事典．640，岩波書店，1998.
17）池上嘉彦：文化の解読と文化のコード．池上，山中，唐須著，文化記号論．69―74，講談社，1994.
18）拙稿：スポーツ学構想の冒険～体育の名称論議：人文・社会科学の立場から～，体育原理 26：131―134, 1996.
19）J. オニール，須田朗訳：語りあう身体．13―30 および 235―253, 紀伊国屋書店，1992.
20）市川　浩：精神としての身体．勁草書房，1976.
21）江　他編：文化の現在 2 身体の宇宙性．岩波書店，1982.
22）M. ダグラス，江河・塚本・木下訳：象徴としての身体―コスモロジーの探求―．紀伊国屋書店，1988.
23）拙　稿：Body Symbolism in Sport as a Medium―Sport as Physical Communication for a Fulfilling Society―，FISU/CESU Conference The 18 th Universiade 1995, Fukuoka, Keynote Adress, 1995.
24）朝岡政雄：運動モルフォロギー，体育の科学 49（6）：497―501, 杏林書院，1999.
25）例えば，中林信二：武道論考．中林信二先生遺作集刊行会，1988.，大塚忠義：日本剣道の思想．窓社，1995.，榎本鐘司：武道におけるコミュニケーション―“合気”の関係としての剣道．中村敏夫編，スポーツコミュニケーション論．145―173，創文企画，1995.

3 21 世紀の科学と体育・スポーツ科学の探求

本企画の趣旨

いま私たちは急速かつ根源的な社会変動の中で，大学や学問そのもののあり方について抜本的な変革を求められています．17 期（1998－2000 年）の日本学術会議では，「21 世紀に向けて，(1) 学術全体を俯瞰的に見る視点の重視，(2) 開かれた学術の構築，(3) 能動的活動の推進」など，新しい学術のあり方を求めて精力的に活動しています．日本体育学会でも，時代の要請に応える体育・スポーツ科学のあり方を求めて，「分化と統合」等の問題を討議してきました．

そこで，この学術会議の議論の中心で活躍され，数々の鋭い論文を発表され，議論をリードされている吉田民人教授をお迎えし，体育学会からは体育・スポーツ科学の理論と実践の領域で注目すべき業績をあげておられる小林寛道教授をお迎えして，21 世紀の新しい科学とそこでの体育・スポーツ科学についてのお考えを学び，私たちのこれからの研究・教育のあり方を考えたいというのが，本企画の趣旨でした．

企画の進行，内容の概要と展望

進行：本企画は学術会議体育学・スポーツ科学研究連絡委員長成田の司会で行なわれ，開会の挨拶（研連幹事片山）に続いて，両先生の発表の後，短い討議を行ない，閉会（挨拶・池田研連幹事）といたしました．この企画の詳細につきましては，当日，学会大会組織委員会のご配慮で「発表資料」として印刷配布されています．

概要：吉田民人教授が「21 世紀の科学について」で，近代科学の成立が大文字の第一次科学革命であり，その主要な成果は，1) 物質科学，2) 認識科学，3) ディシプリン科学に集約されるのに対応して，現代の第二次科学革命の成果を，1') 情報科学，2') 設計科学，3') 自由領域科学ととらえ，これによって理系と文系，認識と実践，科学と社会との統合を可能にする「新たな科学的世界像」を描こうとした点を特に注目すべきだと思います．体育・スポーツ科学に関しては，一方では親学問のディシプリン科学への分散・回帰と，他方では固有のトレーニング等を核とする科学への独立との間でゆらぐことは，学問創世期共通の現象であり，「体育学・スポーツ科学は，ディシプリン科学とは区別される［自由領域科学］として自らのアイデンティティーを確立する必要がある」と述べて，具体的な問題提起をしているところは，今後討議すべき深い問題を含んでいると思います．

小林寛道教授は「21 世紀の体育・スポーツ科学について」で，体育学会や体育・スポーツ科学の歩みと現状を述べ，体育・スポーツ科学のアイデンティティーの確立という課題から，人文社会科学的研究と自然科学的研究を統合する媒介として情報科学の重要性を指摘し，この領域の発展による人間の「脳と運動」の解明が，私たちの体育・スポーツ科学に新しい発展をもたらすことを予想しています．

展望：私たちの体育・スポーツ科学は，これまでの科学の分類では複合科学領域に位置づけされていますが，学問としてのアイデンティティーの確立を考える場合，吉田先生の「自由領域科学」の考え方は，21 世紀の科学そのもののあり方と，そこでの私たちの学問の確立を求める場合，示唆に富む指摘であったと思います．小林先生が強調されていますように，社会とのかかわりで体育・スポーツ科学の確立に私たち一人一人が勇気をもって立ち向かわない限り，社会と学術が抜本的に変動する 21 世紀において，私たちの学問に明るい展望は開けないことを痛感したシンポジウムでした．

［成田　十次郎］

日本学術会議企画シンポジウム

会場風景　2 階席まで一杯

① 21 世紀の体育・スポーツ科学について

はじめに

今から 10 数年前にある著名な国会議員から，次のようなことをいわれたことがある．

「小林先生，日本の体育・スポーツ科学は世界的水準にあるとおっしゃいますが，日本の選手はさっぱりオリンピックで勝てないじゃありませんか．強いスポーツ選手が生まれるような研究をもっとやってくださいよ.」

この言葉を聞いて，私は，研究そのものの水準が高いといえども，それが社会的需要というものとマッチングすることが必要なのだ，ということを感じさせられた．

名古屋大学から東京大学教養学部の助教授として転任してきた 1986 年頃，学内である教授の口から「体育に研究というものがあるのですか．体育科に研究設備があるということを全く知りませんでした」という率直な見解も聞かされた．さすがに，このようなことをいう東大教授は，少なくとも教養学部には存在しなくなったが，そうした認識をもっている他学部の教授は幾分か存在するかもしれない．いや，かなりの確率で存在するだろうと予想できる．

大学体育は，新制大学の発足以来およそ 10 年周期で危機に瀕してきたといえる．そうした折りに大学体育の果たす役割や研究成果が世界一流学術雑誌に論文として掲載され，高い水準で認められていることを説明するのに大きなエネルギーを費やしてきた．

体育・スポーツ科学の存在を世の中に知らしめる働きをしてくれた大きな媒体はテレビであると思う．テレビを通して一般の人たちが，体育・スポーツ科学の役割を知り，そうした学問分野に進みたいという若者が近年では増加してきている．また，大学院では，いわゆる他分野の学部を卒業した人たちが，スポーツ科学や運動生理学，運動生化学，バイオメカニクス，あるいはスポーツ医科学の分野に進みたいと希望してきており，東京大学駒場キャンパスに 1994 年にできた大学院総合文化研究科生命環境科学系身体運動科学研究室には，そうした他分野出身の人が約半数を占めるほどになっている．

昨今では，体育・スポーツ科学に関する研究領域が，世の中での認知度を高めてきたという段階にあるといえる．

1．日本体育学会の創立とその後の発展

1950 年に 356 人の会員をもって創設された日本体育学会も今日では約 7,000 人の会員を擁する大世帯となり，50 年を経て，ようやく社会的認知度を確立したかにみえる．しかし，体育・スポーツ科学は，今なお，その学問的基盤は脆弱な部分を多く含んでいるといえる．学問や学会として 50 年という長い歴史をもちながら，何故そのような脆弱な部分を含んでいるかについて考えておかなければならない．

日本体育学会の創設にあたって第 1 回の学会大会が東京大学本郷キャンパスで開催された．学会

創設の動機は，新制大学制度の中で，体育がカリキュラムの中で卒業の要件を満たすための必修科目として位置づけられ，体育の先生も他教科と同じように大学教授・助教授として大学教育の一環を背負うこととなったことである．当初体育科であったものの，後に保健が加わって保健体育となった教科目の担い手として，体育科の教師たちは体育学を学問として成り立たせるために学会活動を通じ，議論をたたかわせて学問的基盤の構築をはかろうと努力してきた．

しかし，その道のりは必ずしも平坦なものではなかったといえる．そして，学問を続ける中で，常に「体育学とは何か」といった問いかけに対する明確な答えを模索し続けるという状況が続いた．

2．体育・スポーツ科学の担い手

体育学会の学問研究の担い手である大学教員の存立基盤は大きく分けて三つの立場があったといえる．それは，教育学部に所属する教員と教養部に所属する教員，および体育学部に所属する教員の立場である．

このうち，教育学部保健体育科および体育学部の教員の使命は,「良き保健体育の教師を養成する」ことを第一義とした．

また，教養（学）部の教員は，大学1,2年生に対する一般教育・教養基礎としての体育教育を円滑に行なうことを第一の目的とした．

ところで，学生に対するカリキュラムという面からみると，教育学部および体育学部では，そのほとんどすべてが教員養成のためのカリキュラム，すなわち教職免許取得のためのカリキュラムということができる．

また，大学教員の組織も教職免許取得のための授業種目を教授する「一人一学」の体制となっており，極めて限られた制約の多い環境の中で卒業論文とかかわるかたちでの研究が進められた，という現実的状況があり，それらは真の意味で研究推進の力となり得なかったという場合も少なくない．

一方，教養課程担当の大学教員たちは，多人数の学生を相手に全学の1,2年生の実技・講義を数多くのコマ数消化せざるを得ず，研究活動といったことに対する予算的，設備的支援も学部の講座制と比較して一段階低いものにおさえられてきた．

また，学内的需要としては，教養教育の充実ということが表向きに求められ，研究への理解は必ずしも高いものではなかった．しかし，教育学部や体育学部の教員養成カリキュラムとは離れたかたちで,「研究テーマの自由さ」といった点ではむしろ恵まれていたということができるかもしれない．

すなわち，自由な発想に基づいた体育・スポーツ科学の研究は,「教員養成カリキュラム」にしばられなかった教養課程担当教員らによって，押しすすめられてきた部分が大きいといっても過言ではないだろう．

しかし，教養課程担当で研究熱心な体育教員には大きな危機がみまうことになった．それは，1993年に実施された「大学設置基準の大綱化」である．この設置基準の大綱化の影響をもろに受けたのが全国の国立大学の教養部である．もともとこの設置基準の大綱化とは，一般教育の担い手である教養部の解体を意図して策定されたものであるから，ものの見事に全国の国立大学の教養部は，2,3の例外を除いて消失するという状況となった．何故，このようにもろくも教養部は解体されてしまったのであろうか．今になって，崩壊した教養教育をどのようにするかといった問題が再び浮かび上がってきているという．

教養部所属の体育・スポーツ科学の研究者たちは，いろいろな学部に分属したり，新しい組織の中に組み入れられるなどして,「体育・スポーツ科学」という範疇ではなく，むしろより専門化した分野で生き延びようとしているが，将来は必ずしも明るいものではない．

一方，そうした教養部解体と引きかえのかたちで「大学院重点化」の構想が全国の大学を改革の大きな渦の中に取り込むことになった.

体育・スポーツ科学の分野では，日本体育学会設立当時には，東京大学教育学部に教育学研究科があり，全国唯一の博士課程をもつ大学院として長い間その立場を保った．筑波大学が設立され，博士課程をもつ二つ目の大学院が誕生した．そして，私立大学として中京大学に最初に博士課程をもつ大学院が設立され 10 数年が経た．今日では体育・スポーツ科学に関連する学位授与機関も数を増し，ようやく博士の量産体制も整ってきたという状況となってきた.

大学院では，在学期間中またはできるだけ短期間のうちに博士の学位を取得させるようにする教育方針がとられ，従来長期間をかけて取得する研究内容とは質的変容が生じ，より短期間に博士の学位が取得できるような極めて専門性の高い研究内容を目指す傾向に拍車がかかるようになってきた.

ところで, 2004 年には国立大を独立行政法人とする方針が行政改革のサイドから打ち出され，文部省はすでにこの方向に進むことが必須とされている．再び大学の機構改革が求められ，この流れの中で，体育・スポーツ科学にかかわる研究者の存立基盤はさらに大きく変革をせまられ，研究の成り立ちすらも予断を許さない状況となりつつある．したがって，体育・スポーツ科学の研究にかかわる人は，極めて重大な意識をもって，この問題に対処していかなければならないことになる.

大学設置基準の大綱化が全国の大学の教養部の解体がその根底の意図にあったように，次に来る独立行政法人化の隠れた意図の一つに全国の大学の教育学部の解体がある.

少子化傾向が続く中で，人口増加時代に構成された教員養成機関はすでに時代にそぐわないものになっており，実際に教員になれる人数は限られているにもかかわらず，その何十倍もの学生に対して多大な教育投資を行ない，教員免許取得のための教育を行なっているという事実を大きく改変しようとしても，通り一遍の方法ではあまりにも硬直化してしまった組織を改革しきれないのである．教育学部の中で教職科目担当として保障されていた大学教員のポストも，必然的に別のものにとってかわられることになろう.

こうした意味において，体育・スポーツ科学の研究者の存立基盤というものは，将来あまり明るいものとはいえないのである.

3．21 世紀の体育・スポーツ科学の評価

大学院重点化，大学院大学化が進められる課程で，体育・スポーツ科学にかかわる大学院生たちの就職先について必ずしも見通しは明るくない．少なくとも，社会的需要を喚起し研究者受け入れ基盤を拡充することは，責任ある立場の人たちにとって，最も早急になさねばならない仕事の一つであろう．国立大学の独立行政法人化が実現すると，そこでは厳しい評価の問題に直面せざるを得ない．何故なら，評価を厳しくすることが，法人化のメリットであると強く唱われているからである.

しかし，この「評価」というものは，大変曲者で，評価を行なう場合には適切な評価基準を設定する必要がある．この評価の方法を誤ると体育・スポーツ科学は自滅の方向をたどらざるを得なくなる．したがって，学会として，独自の評価価値というものをしっかりと考えておかなければならない．安易に，他分野の評価基準や評価価値をそのまま導入すれば，体育・スポーツ科学の本来有すべき特性を見失い，広い意味で社会的需要に応えられず，研究の水準は維持できても，それは一部の研究者の研究業績を満足させるためだけのものになりかねない．体育・スポーツ科学の評価基準として，その独自性の主張を含むものでない限り，学問の発展は望むべきもないということができよう.

「体育・スポーツ科学の独自性」すなわち「体育・スポーツ科学のアイデンティティー」を確立することこそが, 21 世紀の体育・スポーツ科学の発展をもたらすものであるといえよう．その主張を主張として認められる努力を研究に携わる一人

一人が行なわなくてはならないのである．

4．研究の経済効率

研究には，今後「研究の経済効率」の評価ということも問題となろう．それは，研究に対する「経済効率」概念の導入である．

これまでの研究をみてみると，「研究コスト」が高くつく研究と「研究コスト」が比較的低い研究とがある．

研究の性格といってしまえばそれまでであるが，莫大な研究費を用いるわりには，研究成果があまり判然としない研究も少なくない．いわば，研究費の浪費としかうつらないような研究もある．こうした研究者に対して，今日ではあまりとやかくいわれることも少ないが，21 世紀には「研究の経済効率」ということが大きな比重をもってくると考えられる．

そうした状況の中で，研究の内容にも大きな変容が生じてくるのではないかと予想される．研究には，社会的に本当に必要性の高いものゆえ，「研究の経済効率」が少々悪くてもしかたがないものもある．しかし，一般には「研究の経済効率」について，より敏感さが研究者に求められることになろう．

5．21 世紀における体育・スポーツ科学のアイデンティティー

日本体育学会は，支部組織と専門分科会組織の2 本立で成り立っている．研究分野にかかわる組織は 13 の専門分科会である．それらは①体育原理，②体育史，③体育社会学，④体育心理学，⑤運動生理学，⑥バイオメカニクス，⑦体育経営管理，⑧発育発達，⑨測定評価，⑩体育方法，⑪保健，⑫体育科教育学，⑬スポーツ人類学，である．

これらの専門分科会の領域は，それぞれ倫理学，哲学，歴史，社会学，心理学，生理学，物理学，医学，生物学，生化学，統計学，教育学，人類学など，いわゆる基幹科学の手法を取り入れたかたちで，体育やスポーツ，身体活動を研究対象とする学問として成り立っている．

これらの研究をすすめる一方で既存の学問体系の一部または派生的応用的な学問として体育学をとらえ，「親学問」に対する遠慮や精神的に自信をもつことができないといった意識をもつ研究者も少なくない．したがって，「親学問に通用するように」とか，「親学問にあなどられないように」といったあまり意味のないと思われることを強く意識する体育学分野の研究者の存在も否定できない．

一方，「体育」といういわば教育学的な枠組みを離れて，もう少し自由な立場からスポーツや運動についての研究をすすめたい，という思考も当然強い流れをつくっている．それは，「体育○○学」という名称から「スポーツ○○学」というかたちでの名称を用いて日本体育学会から独立の学会をつくり，親学問の人たちも参加しやすいかたちで学問研究を発展させてゆこうという動きである．

今回の「日本体育学会第 50 回記念大会/体育・スポーツ関連学会連合大会」において，スポーツ史学会，日本運動生理学会，日本バイオメカニクス学会が学会大会を開催し，日本体育・スポーツ哲学会，日本スポーツ社会学会，日本スポーツ心理学会，日本体育・スポーツ経営学会，日本スポーツ方法学会，日本スポーツ教育学会，日本レジャーレクリエーション学会，日本スポーツ産業学会，日本運動・スポーツ科学学会，日本スポーツ運動学会，日本体育・スポーツ政策学会，運動生化学研究会，などが共催シンポジウム開催団体というかたちで参加しているが，これらの学会や研究会は，それぞれの独自の活動を通して今後発展していく大きな可能性をもっていると考えることができる．それは，これらの学会が，体育学という複合的および統合的な学問体系とは離れて，より専門性の高い分野での研究水準を追究していこうとする意欲を内含した学術団体だからである．確かに，個々の学会や研究会において，専門性は高められ，学問の質的向上がはかられてゆくことは喜ぶべきことである．しかし，一方において，分化の進んだ専門的視点から事象を研究していく立場

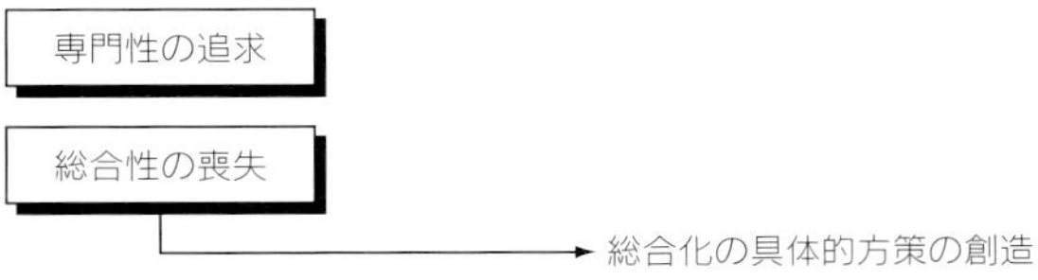

図 1　21 世紀の体育・スポーツ科学の危機

がとられることから，体育・スポーツ科学全般に対する幅広い統合的な視野というものは当然せばめられていくことになる（図 1）.

そうした視界の狭窄を防ぐ意味において，2000 年に予定されている「日本運動生理学会」と「日本バイオメカニクス学会」が合同の学会大会を開催するという試みは，21 世紀の新しい学会大会のあり方として，一つの望ましいモデルになると考えられる.

21 世紀の体育・スポーツ科学のアイデンティティーを確立することに有力な切り口をもつものが「種目別スポーツ科学」の発展であろう.「スポーツの科学」,「競技力・スポーツパフォーマンス向上のためのスポーツ科学」は，今後大きな発展が期待される.

今日，この分野の研究は，多くの研究者の興味を引くものであるが，その研究手法や研究成果に対する評価などについて，いろいろと議論の分かれるところがある．しかし，私自身は，21 世紀において体育・スポーツ科学のアイデンティティーを確立するための切り札となるものは「競技スポーツ科学」,「パフォーマンス向上のためのスポーツ科学」であると考えている.

1989 年に日本陸上競技連盟は，オリンピック大会で低迷状態に陥った状況を打破するため，強化本部を設置し，スポーツ科学を利用した強化策を導入する目的で，強化本部の中に「科学部」を新設した．新設された「日本陸上競技連盟強化本部科学部」(本部長　小掛照二，科学部長　小林寛道）は，1991 年の第 3 回世界陸上東京大会および 1992 年バルセロナオリンピック大会にむけて，スポーツ医学，体力科学，バイオメカニクス，運動生理学，スポーツ心理学，スポーツ栄養学，の若手研究者からなる「医科学サポートチーム」を構成し，マラソンの暑さ対策，高地トレーニング，コンディショニング，体力チェック，体調管理，栄養指導とサービス，および世界一流競技者の技術分析などを通して，日本陸上界の競技成績の向上に大きく貢献した.

これらの活動を基盤として，陸上競技の競技成績が向上しただけでなく，わが国の「陸上競技科学」の研究は，その質的，量的の双方で飛躍的な発展がはかられることになった.

1998 年には，アメリカ，ヨーロッパ，中国をはじめ各国の著名な研究者とコーチを多数招請して「第 1 回陸上競技の医科学・コーチング国際会議」が東京大学駒場キャンパスで開催されるまでになった．この国際会議に出席したアメリカ陸連のパトリシア・リコ会長は,「各分野の著名な研究者とコーチがこのようなかたちで一同に会して話し合う学会やシンポジウムは，アメリカでも例をみない」と驚きの評価を与えたほどであった.

今回の「日本体育学会第 50 回記念大会/体育・スポーツ関連学会連合大会」には，日本スプリント学会，ランニング学会，日本スキー学会，日本ゴルフ学会，日本テニス学会，バレーボール学会，日本武道学会，ボールゲーム研究会，日本冬季スポーツ科学研究会，日本水泳・水中運動学会，といったスポーツ種目別の学会・研究会が共催シンポジウムの開催に参加している．こうしたスポーツ種目別の学術団体による研究は，その研究対象のとらえ方や研究手法について，さらに工夫をしなければならない要素を大きく含んでいるが，それらの課題に積極的に取り組むことによって，これまでの体育学にはみられなかった「目的意識の明確である科学」として発展する余地が大きいと考えられる.

21 世紀の体育・スポーツ科学のアイデンティティーを確立するためのいわば王道は，国民の健康や体力に関する研究とその応用にかかわる分野である．国民の体力や健康にかかわる研究分野は，医学，健康科学とも深いかかわりをもっており，生涯スポーツや福祉の分野で活動の場が大きく広がっているということができる．

しかし，気をつけなければならないことは，研究が進むということと，社会的活動の場が広がるということとは，必ずしもイコールの関係にならないことである．体育・スポーツ科学の研究が分化の方向をたどればたどるほど，本当の人間の姿が見えなくなり，また研究者たちは，本当の人間をあつかう実践の場への理解を見失いがちになる．この分野での体育・スポーツ科学の学問的アイデンティティーを確立するためには，社会的需要に応え得る学問を積極的に押し進めること以外にない．すなわち，虚学と実学といわれる学問特性のうち，体育・スポーツ科学は，実学的価値をより一層発展させることが大切であると考えられる．

しかし，このことは簡単そうに見えながら，実は非常に難しい課題なのである．それは，本論の第一部で述べたように，研究に対する手法やその評価について，体育・スポーツ科学に携わる当事者たちの意識改革が必要とされる部分が大いに含まれているからである．

6. 21世紀に向かう体育・スポーツ科学の研究の流れ

わが国の体育・スポーツ科学は，自然科学的手法を用いて飛躍的に発展したということができる．体育学が教育学の一分野を形成するという認識に立てば，体育学はむしろ文科系の学問であるととらえることができる．しかし，自然科学的手法の導入により，体育学は「実験講座」として位置づけられ，予算措置も他の理系学問と同様のものと扱われて，その発展を著しいものとした．

一方，人間のさまざまな行為や行動，思想・哲学を研究し，文化としての「体育・スポーツ」を形成するという意味において，人文社会科学的手法は極めて有効であり，その果たしてきた役割は大きい．

しかし，「体育・スポーツ」という人間の営みが「人文社会科学的要素」と「自然科学的要素」を複

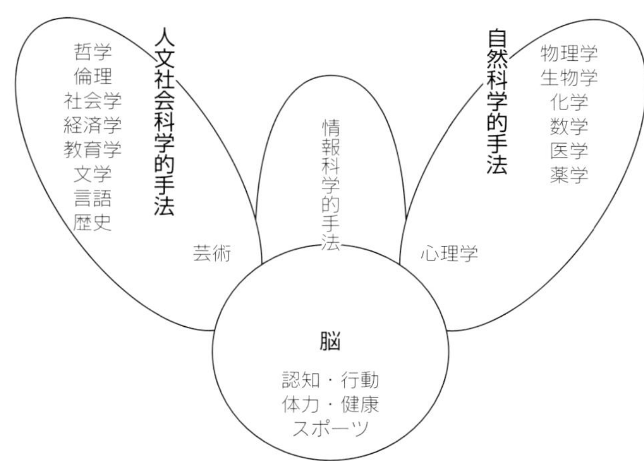

図2　21世紀の体育・スポーツ科学の多元性と独創性

合的に含んだものである以上，これらの営みをそれぞれ異なる視点からとらえることも必然的であるといえよう．

しかし，体育・スポーツ科学の研究に携わる研究者たちは自然科学や人文社会科学の研究に対してお互いにそのつながりを見い出しにくい感覚を保有している．

また，それぞれの研究内容の価値評価についても，自分の属する分野から離れてみると不明である場合が多い．

しかし，自然科学的手法と人文社会科学的手法を用いた研究は，人間を対象とする学問である以上，どこかでつながりをもって当然であろう．その橋わたしの役割を演じるのが情報科学的手法，すなわちコンピューターの導入による情報処理の手法であると考えられる．情報科学手法の導入によって，おそらく最大のテーマである脳の働きと身体活動や体育・スポーツ活動，健康との関係がさまざまなかたちで研究されていくことと予想される．21世紀の最大のテーマは「脳」と運動，スポーツ，身体活動とのかかわりであろう．「脳と運動」，「脳と心と運動」との関係が研究されていけばいくほど，人間にとっていかに「身体を動かす」という行為が重要な意味をもっているかが明らかにされ，そのことによって，体育・スポーツ科学分

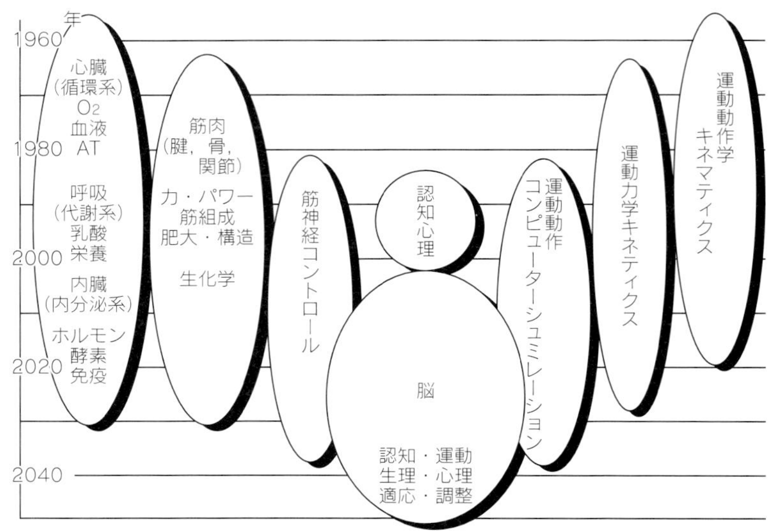

図３　体育・スポーツ科学の研究の流れ（自然科学領域）

野の研究は思わぬほど大きな発展が図られるのではないかと予想される（**図２**）.

これまでの自然科学的な研究の流れのうち，運動生理学とバイオメカニクスにかかわる内容を時代に即して描いてみた.

1960 年代は体力の新しい概念として「最大酸素摂取量」が注目され，東京大学教育学部の猪飼研究室では「酸素運搬系」にかかわる研究が盛んに行なわれた.

1970 年代は,「エアロビクス」に代表される有酸素運動にかかわる研究の全盛時代である．1980 年代には，70 年代後半から提唱された「無酸素性作業閾値：AT」の研究が盛んに行なわれた．そして 1990 年代は「乳酸閾値：LT」と「近赤外線」および「MRI」の時代ということができる．同時に「栄養学の発展期」と位置づけることができよう.

21 世紀は，さらに内分泌系の研究がすすみ，筋や神経コントロールの研究の進展とあいまって，脳とのかかわりがより重要なテーマとして取り上げられることであろう．その兆しはすでに随所にあらわれている（**図３**）.

一方，バイオメカニクス分野では，映像分析手法の発展に伴って，飛躍的進歩をとげたキネマティクス（運動動作学）および力学的アプローチをもつキネティクス（運動力学）の 2 本柱が 1960 ～1990 年代の研究を支えてきた．これらは，究極的にコンピューターシミュレーションの世界に収束される勢いにある．このコンピューターシミュレーションは，やはり「脳と運動」とのかかわりを具体的なかたちで表現し，それを実践に生かす働きをもつものと思われる．ここでも脳のかかわりは大きい.

すなわち，21 世紀の体育・スポーツ科学の自然科学的研究は,「脳」というものを強く意識した研究となることが予想される.

「運動と脳」との関係がより明らかにされることによって，体育・スポーツ科学の研究分野の独創性は高められていくことが期待できる．こうした研究を推しすすめるためには，一昔前ならば天才的な手法が要求されよう.

ルネサンス時代の万能天才はレオナルド・ダ・ヴィンチである．彼の幅広い分野での活躍と業績には驚嘆させられるものであるが，21 世紀には幅広い視野と豊かな手法を駆使して研究を進めるためには，レオナルド・ダ・ヴィンチを上まわるような「万能天才型科学集団」を形成することが必

「万能天才型科学者」から
（レオナルド・ダ・ヴィンチ）

「万能天才型科学集団」へ

図 4　21 世紀の体育・スポーツ科学への展望

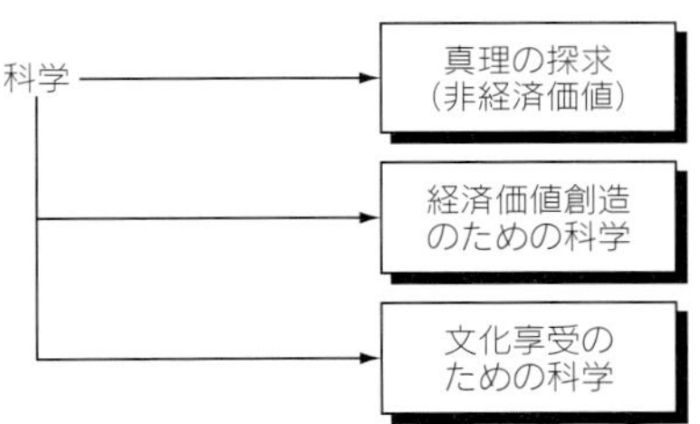

〈科学者の社会的価値の変容〉

図 5　21 世紀の体育・スポーツ科学の評価価値

要であろう．こうした「万能天才型科学集団」の形成とその活動が実現化するようになれば，これまで複合領域，広領域の研究ゆえに曖昧さを指摘されかねなかった体育・スポーツ科学の分野に新しい発展が保障されることになろう（**図 4**）．

科学は,「真理の探究のために存在する」という一面をもつとともに，21 世紀においては「経済価値創造のための科学」,「文化享受のための科学」という性格を求められることになろう．何故ならば，社会生活や人間生活を営む上において，科学は価値を生み出すものとして理解されるようになるであろうし，経済的価値の創造というものが今日よりより大きく求められるようになるだろう．

古い時代の科学者の姿と新しい未来型の科学者の姿とは大いに変化していくことが予想される．21 世紀には，科学者の社会的価値というものも，「経済価値」,「文化価値」という点から大きく変容してゆくものと考えられる（**図 5**）．

21 世紀は，あらゆる意味で既成の概念が打ち破られ，厳しい現実に直面する時代ということができるかもしれない．21 世紀の体育・スポーツ科学は，そのアイデンティティーを確立してゆくために，明らかな目標設定を行ない，課題解決型の学問研究を押しすすめていかなければならないであろう．

まとめ

21 世紀の体育・スポーツ科学は，ある面では崩壊の要素を含み，ある面では輝かしい発展の要素を含んでいる．その明暗を分けるものは，体育・スポーツ科学に携わるそれぞれの研究者の意識の中に存在するといっても過言ではないと考えられる．

[小林　寛道]

② 21 世紀の科学
―「大文字の第二次科学革命」という視点―

はじめに：大文字の第 2 次科学革命

17 世紀のニュートン力学に端を発するいわゆる大文字の科学革命（近代科学の成立）の中核的成果は，20 世紀末のこの時点で見れば，1)物質科学，物理科学，または法則科学（以下，情報科学に対して物質科学，生物科学・人文社会科学に対して物理科学，プログラム科学に対して法則科学と表記するが，同一の科学形態に対する視点の相違にすぎない），2) 認識科学，3) ディシプリン科学の三つに集約できるのではないだろうか．

それぞれに対して私は，1)′ 情報科学またはプログラム科学，2)′ 設計科学，3)′ 自由領域科学という三つの新たな科学形態を提唱し，理系と文系（物質科学と情報科学），認識と実践（認識科学と設計科学），科学と社会（ディシプリン科学と自由領域科学）とを架橋・統合することのできる新たな科学的世界像を描き出したい．それは「大文字の第二次科学革命」(The Second Scientific Revolution in capitals）と名づけるにふさわしい現代科学の歴史的動向を自覚化・理論化したものにほかならない．

ここで大文字・小文字の科学革命とは，科学史の用例に倣って，科学総体または準総体のパラダイム・シフトと個別科学のそれとを区別するためのものである．相対論や量子論が近代科学の大文字の正統派パラダイムのもとでの物理科学の小文字の科学革命に留まるのに対して，分子生物学ないし DNA 論は，生物科学の小文字の科学革命であるのみならず，現代の科学史家の通説的理解に反する解釈ではあるが，17 世紀以降の近代科学史上初めて，新たな大文字の科学革命―大文字の第二次科学革命―を触発したと見るのである．

1．物質科学と「情報科学」：理系と文系との統合

物理科学をモデルにする近代科学は，自然の唯一の根源的要素は「物質＝エネルギー」(以下，物質エネルギーと表記）であり，その唯一の秩序原理は「法則」であるという根本着想に支えられている．唯物論と法則科学イデオロギーである．この正統派科学論の立場からすれば，生命や心や精神，意味や意思，倫理や法，慣習や制度，タブーやマナーなどの生物科学・人文社会科学の対象もまた，最終的にはすべて物質エネルギー現象に還元され，それぞれを支配する法則が定立されると期待されている．生命現象の謎を物理学と化学の術語で解明したとされる 20 世紀中葉の分子生物学の登場が，この正統派を勇気づけ，いま脳科学が 21 世紀に向けて，残された最後の砦の一つ，心や精神の「物質科学」化に挑戦している．

しかしながら他方，その当の分子生物学は，同じく 20 世紀に登場したサイバネティクスやコンピュータ科学と，見方によれば軌を一にして，科学を支える新たな根本着想の登場を促している．すなわち，自然の根源的要素として，物質エネルギーの他に DNA 情報や神経情報や言語情報などの「記号的情報」(広義の情報），さらにはその基礎

にある「物質エネルギーの時間的空間的・定性的定量的なパタン一般」(最広義の情報）の存在を指摘し，「物質エネルギー空間」を支配する「法則」概念に対置して，「記号的情報空間」を支配する秩序原理としての「プログラム」概念を示唆している．

要するに，正統的な「物質エネルギーと法則」パラダイムを物理科学に限定し，生物科学・人文社会科学には「記号的情報とプログラム」という新たなパラダイムを採用しようという提案である．

もちろん，ここで伝統的な人文学的記号論はRNA・DNAから言語へといたる「記号進化論」(evolutionary semiotics）を踏まえて拡大再編成され，DNAやホルモンやフェロモンやリリーサーや感覚運動記号などの，すなわち，記号とその指示対象（対象的意味）とが物理・化学的に直結して意味表象(表象的意味，ソシュールのいう signifié，記号内容)をもたない「シグナル(signal)記号」と，アイコンや言語に代表される，すなわち，記号とその意味表象とが，学習の結果，脳内で物理・化学的に直結して指示対象をもつとは限らず，もつとしても意味表象を媒介にしてしか指示対象と結合しない「シンボル（symbol）記号」とが，二つの基本的な記号（sign）形態として区別される．

こうして「シグナル性情報科学」としての生物科学と「シンボル性情報科学」としての人文社会科学との差異と同一が基礎づけられる．一方，シグナル記号によって構成され，それゆえ物理・化学法則に従って作動し，それゆえ原則として違背のない遺伝的プログラムと，他方，シンボル記号によって構成され，それゆえ意味表象に媒介されて作動し，それゆえ解釈や違背がむしろ常態である文化的プログラムとが，二つの代表的なプログラム形態として類別されるのである．

この，DNA情報をプロトタイプとする各種の進化段階の「記号的情報」を対象にして，その秩序を規定する各種の進化段階の「プログラム」(記号的情報の一種）の解明を目指す科学が私のいう情報科学（information science）にほかならない．ここでは情報科学とその思想的・哲学的基盤とを合わせて，情報学(informatics)と呼ぶことにしたい．それは基礎情報学・生物情報学・人間情報学・社会情報学・人文情報学・計算機情報学の6大基幹部門からなり，高度情報社会の研究と computational sciences を主要な応用部門としている．とりわけ「人文情報学」は哲学・思想・宗教・文学・絵画・音楽・演劇，等々の研究という，「物質エネルギーの法則的振舞い」なる正統派科学論のもとでは科学の中での位置づけが困難な，したがってまた科学から撤退ないし科学を拒絶してきた人文諸学に，「純シンボル性情報空間（指示対象の有無・存否を必ずしも問う必要のない，あるいは問うべきでない，シンボル性情報空間）の科学」という新たな学問的アイデンティティーを提供することになる．「社会情報学」もまた，分子生物学が「生物科学の基礎ディシプリン」の位置を占めるのと同様の意味で「社会科学の基礎ディシプリン」の位置を占めるような，そうした新興の専門領域として構想されている．

人間レヴェルのいわゆるコミュニケーション論は，主に，「①伝達され，②その都度一回限りの，③認知的機能を担って，④個人的・集団的な意思決定に影響する，⑤外シンボル記号の集合」を扱ってきた．情報学は，この「最狭義の情報概念」，すなわち自然言語にいう情報を，つぎのように拡張する．

まず，①伝達に限らず貯蔵や変換を含む情報処理のすべての局面にまで，②認知に限らず指令や評価を含むすべての情報機能にまで，③一回的・単用的な機能に限らず反復的・耐用的な機能にまで，④意思決定に影響するものに限らず影響しないものにまで，そして⑤外シンボル記号（アイコンや外言語）に限らず内シンボル記号（心像や内言語）にいたるまで，それぞれ拡張して「狭義の情報概念」，すなわち人文社会系(人間情報学・社会情報学・人文情報学）の情報概念を創作する．

こうして，例えばニュースは単用的な認知情報，知識は耐用的な認知情報，命令は単用的な指令情報，規範は耐用的な指令情報，価値判断は単用的な評価情報，価値観は耐用的な評価情報，等々と位置づけるのである．

ついで，このシンボル記号を，シグナル記号を含む任意の進化段階の記号一般，すなわち神経記号やDNA記号にまで拡張して「広義の情報概念」が創作され，多彩な生物情報学の世界が開かれる．そして最後に，その生物的・人間的自然に固有の記号的情報概念の成立を可能にするものとして，全自然に遍在する「物質エネルギーの時間的空間的・定性的定量的なパタン一般」なる「最広義の情報概念」を導入するのである．

要するに，「情報」は，生物科学的・人文社会科学的な「記号的情報」(記号の集合＝最狭義・狭義・広義の情報）と物理科学的な「非記号的情報」(パタン一般＝最広義の情報)とに二分されるのである．そして，この一連の概念創作自体は，基礎情報学の一環をなすということになる．

全科学を物質科学と情報科学に二分するという，この大胆なダイコトミー―日本学術会議の吉川弘之会長にも同様の主張がある―の背後には，生命の登場以前の段階・累層に関わる唯物論的自然観と生命以後の段階・累層に関わる設計論的自然観という「二元論的一元論」なる自然哲学が控えている．ここで「設計論的自然観」(Designism)とは，生命の誕生以降の自然が，生命の誕生に先立つ自然，すなわち物理・化学的自然を素材として，その法則に拘束・支援される各種の進化段階の設計の産物であり，大きくは遺伝的設計に基づく「生物多様性」(biodiversity) の世界と文化的設計に基づく「文化的多元性」(cultural pluralism) ないし多文化主義(multiculturalism)の世界とが，外生的・内生的な選択（採択・淘汰）過程を経由して，それぞれの内および間で相互依存（単純明快な事例として食物連鎖）しながら重畳し，「地球規模の巨大な一つの設計物システム」を構成する，と解釈・主張する新たな自然哲学にほかならない．むろん文化的設計の場合には，上述の物質エネルギーに加えて，生物それ自体やシンボル情報のみ（文学や宗教的信念など）を素材とする設計現象が見られる．

17世紀の近代科学勃興期を彩る「神の設計」という設計思想が，18世紀の啓蒙主義とともに科学から放逐され，それが20世紀の分子生物学とともに「生物的・人間的自然それ自体による自己設計」という形で，換言すれば，国際的に膾炙したプリゴジン＝ハーケン流の「物質科学＝法則科学タイプの自己組織性」とは峻別された「情報科学＝プログラム科学タイプの自己組織性」として復権したのである．建造物や機械や農地に代表される物理・化学工学的な人工物のみならず，品種改良された動植物や加工食品などの生物関連人工物，家族，企業，国家，国連，等々の社会的な人工物，さらには文学や宗教や哲学，絵画や音楽などの精神的＝純シンボル情報的な人工物，そしてこれらの「文化的設計物」に加えて，各種の「遺伝的設計物」，すなわち各種の生物自体が，ここでいう「設計物」のカテゴリーに入る．

「人工物」(artificial) すなわち人間的・文化的設計物という思想はすでに馴染みのものであるが，それを一方の極で「神・超越者」を含み，他方の極で「生物的・遺伝的な設計物」を含む，すなわち生物的・人間的世界一般の基本特性へと普遍化するのである．それを可能にするのが進化史的に拡張解釈された記号的情報やプログラムの概念にほかならない．生物的・人間的自然に固有の「適応や進化や学習」といった特性は，記号的情報やプログラムなるキー概念を欠く通例の意味での自己組織性，すなわち法則科学的自己組織性によっては説明できない．神ならぬ生物的・人間的自然に独自の自己設計能力とは，まさに情報科学＝プログラム科学タイプの―それ自体が進化してきた―自己組織能力なのである．物理・化学的自然ではなく生物的・人間的自然に応用されたプリゴジン＝ハーケン系の自己組織理論も，子細に点検すれば，少なくともその要素的エイジェントの属性として，記号的情報やプログラムを暗黙裡ないし無自覚に前提していることが多い．適応・進化・学習とは，記号的情報やプログラムの適応・進化・学習以外の何ものでもない．プログラムの生成と維持と変容と消滅，すなわちプログラムのライフ・サイクルの研究は，法則科学＝物質科学には存在しえないプログラム科学＝情報科学に独自のテーマなのである．

この私の設計論的自然観は，1)細胞内情報機構や脳神経情報機構や間主観的情報機構など，それぞれの進化段階の「設計エイジェント」，2) DNA性プログラムや脳神経性プログラムや言語性プログラムなど，それぞれの進化段階の「プログラム」（計算機プログラムはむろんその一例である），3)各進化段階の「プログラム貯蔵」と「プログラム変異」，4)外生選択（exogenous selection，自然選択・性選択，あるいは市場選択）や内生選択（endogenous selection，事前・事後の主体選択，「主体性」はこの文脈で把握される）など，それぞれの進化段階の「プログラム選択」，5）包括的適応度（W. D.ハミルトン，外生選択基準）や欲求（シグナル性の内生選択基準）や価値観（シンボル性の内生選択基準）など，それぞれの進化段階の「プログラム選択基準」—といった進化論的カテゴリーから構成されている．

「遺伝情報－自然選択」型の自己組織性から「言語情報－事前・事後主体選択」型の自己組織性へと，まさにそれ自体が進化してきた生物的・人間的自然の自己組織能力を，包括的・体系的に枠組み化したものにほかならない．この諸カテゴリーを用いるなら，プログラム科学にいう「プログラム」は，1）一定の生物的・人間的システムの情報機構において生成され，2)当該情報機構に貯蔵されて，3)当該システムの構造と過程を制御し，4)変異と外生・内生選択によって変容・消滅する，5）一定の進化段階のシグナル記号またはシンボル記号の集合，と定義することができる．

それは，正統派科学論から拒否された悪名高い「目的論的自然観」のうち，その継承すべき良質の部分を，「シグナル性とシンボル性」の「記号的情報とプログラム」という基礎情報学の枠組みの一つを用いて復活・洗練・現代化したと評することもできる．したがって思想の伝承という観点からすれば，設計論的自然哲学は，既成観念に基づく誤解を招かないとはいいきれないが，ネオ・テレオロジーと称してもよい．

この報告にいう「自然」は「文化に対置された自然」ではなく，ビッグバンから人間的事象にいたるすべてを包摂しているが，一定の進化段階の情報機構によって指令的・認知的・評価的に情報化された「自然」，つまり情報機構によって設計された「自然」は，当該の情報機構にとっての「世界」と名づけられている．この，一定の情報機構にとっての「世界」という基礎情報学に独自の術語の背後にあるのが，ほかならぬ設計論的自然哲学なのである．分子生物学者が発見した遺伝的世界も，ユクスキュルの環境世界（知覚世界と作用世界）も，ハイデガーの世界内存在も，すべてこの文脈で統一的に把握することができる．

生物的・人間的自然にのみ固有の「記号的情報」（広義の情報）は，「記号として機能する＜物質エネルギーのパタン＞」として，全自然に遍在する「物質エネルギーのパタン一般」（最広義の情報）の特殊事例にすぎない．その意味で物質エネルギーと記号的情報の二元論は一元論化される．地球規模の巨大な設計物システム，すなわち生物的・人間的世界が，エントロピー増大の熱力学第二法則に抗してその定型的パタンを，つまり一定の低水準エントロピーを維持できるのは，第一に，記号的情報の—「認知」機能と区別された—「指令」機能の賜物であり，第二に，記号的情報を担う物質エネルギー（記号担体）自体のエントロピー増大を一時的に無効化ないし抑制する，その「反復複製」の賜物である．適切なタイムスパンでの反復複製によって自らのエントロピー増大を抑止する記号的情報の定型的パタンが，その指令機能を介して，設計物システムの定型的パタンを保障するのである．私が唯物論的自然観と設計論的自然観を合わせて「二元論的一元論」の自然哲学と規定する所以にほかならない．

ビッグバンから人間的世界まで全自然を貫徹する「物質エネルギーとそのパタン」なる一元論的＝唯物論的な要因が，RNA・DNAとたんぱく質の登場，すなわち生命の発生とともに，「意味する＜物質エネルギーとそのパタン＞」（DNAに始まる記号，すなわち指令・認知・評価の情報機能を担うもの）および「意味される＜物質エネルギーとそのパタン＞」(たんぱく質に始まる対象的/表象的意味，すなわち各種の設計物）なる二元論的要因に分化し，二層化したのである．唯物論と唯心論・観念論との積年の対立は，この「二元論的一元論」によって抜本的かつ最終的に止揚されるといってよい．唯心論・観念論とは，自然進化の人間的な段階・累層に固有の記号的情報論だったのである．

ちなみに，物理学と化学が物質科学，人文社会科学がシンボル性情報科学であるとすれば，シグナル性プログラム科学と規定される生物科学は両棲的性格をもっている．すなわち，生物科学はプログラム概念を秩序原理とする限りで人文社会科学と同類であり，そのプログラムの作動が物理・化学法則に支配される限りで物理科学と同類である．脳神経情報を例にとれば,「知覚」は物理科学と地続きのシグナル性情報機能であるが，いわゆる「こころ」は一般に物理科学から相対的に自立したシンボル性の情報機能である．物理科学と生物科学を合わせて「自然科学」とし，それに「人文社会科学」を対置する伝統的な思考の枠組みは完全に廃棄されなければならない．

最後に，人文社会科学でこれまで「法則」と誤認されてきたもの，例えば最適原理に基づく近代経済学の諸法則やクライン4元群というレヴィ＝ストロースの親族法則は，一定のプログラム的秩序の論理的・数学的定式化（およびその前提/帰結),さもなければプログラム的事象に関する経験的一般化にすぎなかったのではないか．効用や利潤の極大化は,「ホモ・エコノミクスを前提にした経済合理的プログラムの数学的定式化」であって,「経済法則の数学的定式化」などといえるものではない．経験科学としての計算機科学には，計算機プログラムと数学的な公理・定理以外の「固有の法則」はないという知見も，法則科学の射程をあらわにして興味深い．ちなみに，経験的秩序の論理的・数学的表現とそれに基づく論理的・数学的推論は，法則科学にもプログラム科学にも等しく要請される科学の基本課題の一つである．

2．認識科学と「設計科学」：認識と実践との統合

「対象のあるがままの姿を認識する営み」，すなわち「対象を記述・説明・予測する科学」を「認識科学」，そして「対象のありたい姿やあるべき姿を設計する営み」，すなわち「対象を計画・説明・評価する科学」を「設計科学」と名づけよう．むろん設計科学は，認識科学と異なって，かならず一定の実践論的な目標，目的，価値観などを前提にするから，ここで認識科学と設計科学を通底する「科学」それ自体の再定義が必要になる．差し当り，論理的整合性と拡張された経験的妥当性という二つの定義要件を指摘するに留めるしかない．

この用語法を採用するなら，科学はこれまで一般に「認識科学」とのみ了解されてきた．かつて「理論・歴史・政策」という三分法を採用したことのある社会科学の場合，設計科学は「政策科学」としてすでに定着している．けれども，工学は，その,「技術」と解釈されがちな「設計科学」としての側面よりも，公式には，むしろ「認識科学」としての側面を重視する傾きがあったのではないか．物理学・化学を「自然物の理学」と解釈し，工学を「人工物の理学」と位置づけたその絶妙な定義は，科学といえば「認識科学」のみで,「設計科学」という発想が未だ熟成していない歴史的状況のもとでの苦肉の策ではなかったか．

しかしながら，科学に社会問題の解決を期待する社会的要請の高まりは，その実現を可能にする認識科学の成熟と相俟って，前項の設計論的自然観にいう生物的・人間的世界の「設計」なる進化史的営為それ自体を「科学化」することを要求している．ニュートン以来の近代科学が「認識科学」に始まって「設計科学」に終るという超長期的な予測は，あながち荒唐無稽なものともいえないであろう．少なくとも設計科学の比重は，今後増大するに違いない．

設計科学はつぎの3タイプから構成される．第

一に，物理・化学法則が支配する物質エネルギー的世界の設計に関わる物理工学や化学工学，すなわち物理科学的設計科学，第二に，遺伝的プログラムや感覚/運動プログラムなど，シグナル性プログラムが支配する生物的世界の設計に与る生物工学，すなわち生物科学的設計科学，第三に，言語的プログラムその他のシンボル性プログラムが支配する人間的世界の設計に携わる社会工学や政策科学や規範科学など，人文社会科学的な設計科学である．政策科学は社会科学的設計科学の事例であり，昨今の生命倫理学や環境倫理学は，無自覚的な自生的設計とは区別される理論的・合理的な設計行為として，人文科学的設計科学の事例に属する．大文字の第二次科学革命は，これまで哲学＝非科学と了解されてきた倫理学それ自体に，「倫理的プログラムを対象にする認識科学ならびに設計科学」であれと要請するのである．

慣行的な用語法に因われない体系的・整合的な術語系を選ぶとすれば，「物質科学 対 情報科学」の軸と「認識科学 対 設計科学」の軸とをクロスさせればよい．すなわち，①認識科学としての物質科学，②設計科学としての物質科学，③認識科学としての情報科学，④設計科学としての情報科学，という新たな四分法である．情報科学をさらにシグナル性情報科学（生物科学）とシンボル性情報科学（人文社会科学）に二分すれば，計6タイプの科学形態がえられることになる．

人文社会科学的な設計科学に限らず，生物科学的なそれも物理科学的なそれも，すべての設計科学は等しく「何らかのシンボル性プログラムの設計」に携わることに注目してほしい．それだけに，研究対象の側に帰属するシンボル性プログラムを記述・説明・予測する「シンボル性プログラム科学」（認識科学の一つ）と，研究主体の側に帰属するシンボル性プログラムを計画・説明・評価する「設計科学」とを混同してはならない．また，物理科学・生物科学・人文社会科学にわたるこれら3タイプの設計科学は，ことごとく，一方で認識科学と，他方で技術とそれぞれ連係し，その技術は，一方で設計科学と，他方で技能とそれぞれ連係していることにも留意してほしい．より正確にいえば，認識科学・設計科学・技術・技能の4項目は，相互に浸透して相互に影響しあう4極ネットワークをなしている．いま科学に焦点を絞るなら，認識科学が現存の技術と技能の解明に努め，その成果を踏まえた設計科学が技術と技能の改善・開発を目指す．ここで技術や技能とは，もちろん物理工学・化学工学・生物工学的なものに限定されず，身体的，心理的，社会的，文化的な技術・技能をも含む広い意味で用いられている．

設計科学的科学論の最大のテーマの一つは，その設計目標や設計目的の妥当性を論証・実証するという課題であるが，私は設計科学の前提をなす目標や目的や価値観を，認識科学の基礎をなす「仮説的」事実命題（＜hypothetical＞fact-proposition または簡潔に hypothesis）に対置して，「仮設的」価値命題（＜provisional＞value-proposition または簡潔に provisional）と規定することにしたい．価値命題の妥当性を事実命題の妥当性に還元することはできないとするメタ価値論の成果に従うなら，仮設的価値命題の妥当性の論証・実証は，歴史的な文化的・社会的文脈と不可分のものでしかありえない．だが，その論証・実証がJ. ハーバーマスのいう自由な合理的討議を不可欠とすることはいうまでもない．

目的や目標が「仮設」されれば，物理科学的設計科学では法則（物理・化学法則）を，生物科学的・人文社会科学的設計科学では法則（物理・化学法則）ならびに「変容不能または変容不可と見なされたシグナル性・シンボル性の既成プログラム」を，それぞれ，拘束・支援条件として，設計の最適化・許容化が計画されることになる．

ちなみに，以上に記したプログラム科学や設計科学という私の主張は，異色のノーベル経済学賞授賞者ともいうべきH. A.サイモンが1969年以来主張してきた「人工物の科学」（*The Sciences of the Artificial,* 3 rd ed. 1996, MIT Press，稲葉元吉・吉原英樹訳『システムの科学第3版』パーソナルメディア，1999年）という問題意識に極めて近い．けれども，私見によれば，サイモンの「人工物の科学」は「人工物＝人間レヴェルの設計物」に限定されて，生物的・遺伝的設計物という発想がない．加えてまた，人工物に関する「シンボル性プログラム科学」(認識科学）と「設計科学」とを未分節のままに包摂・包括しているといわなければならない．

サイモンと私との根本的な相違は，つぎの３点に帰着するように思われる．第一に，生物科学と人文社会科学を貫通する，すなわち DNA 情報から言語情報へといたる「進化史的情報概念」の有無，したがって第二に，物理科学に固有の秩序原理としての「法則」と生物科学・人文社会科学に固有の秩序原理としての「プログラム」との識別の有無，そして第三に，認識科学と設計科学との明確な区別の有無（サイモンの場合にも「記述理論と規範理論」の区別はあるが，それが「認識科学と設計科学」の二分法にまで一般化されていない）であろう．

3．ディシプリン科学と「自由領域科学」：科学と社会との統合

「ディシプリン」(専門的学問）の概念は，19 世紀における科学の制度化とともに登場したと推定されるが，20 世紀末の今日，inter/multi/trans-disciplinarity は時代の掛け声である．その代表的な事例の一つは M．ギボンズのいうモード２の知識生産であろう（M．ギボンズ編著・小林信一監訳：現代社会と知の創造－モード論とは何か－，丸善ライブラリー p241, 1997)．しかしながら，inter/multi/trans-disciplinary な研究は，失敗すれば，一定のテーマをめぐる諸ディシプリンの寄木細工に終り，成功すれば，私のいう「自由領域科学」に落着する．その最大の岐路は，解決すべき inter/multi/trans-disciplinary な課題の明確な定式化の有無である．

ここで自由領域科学（free-domain science）ないし自由科学とは，ディシプリン科学（disciplinary science）に対置された新たな科学形態であり，ディシプリン科学が，1)科学内生的な学問的問題設定と，2）単一の説明原理，すなわち境界/初期条件と法則（物理・化学法則)，境界/初期条件とシグナル性プログラム，あるいは境界/初期条件とシンボル性プログラムを特徴とするのに対して，自由領域科学は，1)科学外生的な社会的問題設定と，2) 一般には複数の説明原理，すなわち「境界/初期条件と法則・シグナル性プログラム・シンボル性プログラム」のミックスを特色としている．学問内在的問題設定と区別される社会的問題設定においては，一般に，物理科学的・生物科学的・人文社会科学的世界のすべてが関与しうるからにほかならない．要するに，私見によれば inter/multi/trans-disciplinarity の掛け声は「ディシプリン科学を自由領域科学へと導く過渡期の声」なのである．inter/multi/trans-disciplinary な研究の，曖昧なままに置かれたそのあるべき着地点を，自由領域科学と規定したわけである．

ありとあらゆる社会問題を科学の内部に取り込む「自由領域科学」は，大小さまざまの規模のものを含みうるが（メイジャーな自由領域科学とマイナーな自由領域科学)，むろんすべて認識科学的視点を欠かすことはできない．だが，その前提にある科学外生的な社会的問題設定からして，最終的には設計科学であることを要請されている．こうして従来のディシプリン科学タイプの専門家に対して，新たに自由領域科学タイプの専門家，いわば「実践的専門家」ないし「イッシュー別専門家」が誕生することになる．目下のところ，ディシプリン科学の専門家に比べて自由領域科学の専門家の威信は高いとはいえない．しかし,「inter/multi/trans-disciplinarity」という単なる「過渡期形態」としてではなく，ディシプリン科学に対置される「自由領域科学」という確固たる科学形態が社会的に認知されれば，この点はいずれ改善されるに相違ない．そうなれば，今日ディシプリン科学に限定ないし傾斜しがちな研究者の学問的アイデンティティーも，各種の自由領域科学型のそれへと多様化することになるだろう．例えば「地球環境科学」や「女性学」や「安全学」の領域確立とは，ディシプリン科学としてのそれではなく，

まさに一つの自由領域科学としての領域確立なのである．女性学でいえば，sex と gender と sexuality の三つを基本術語とする新たな脱ディシプリン的研究領域の確立が目指されるわけである．

ディシプリン科学は自由領域科学にとって有力な一つの手掛かりを与えてくれる．それは，ときとして，不可欠の前提をなす場合もあろう．けれども，自由領域科学それ自体の成否は，第一に，解決すべき inter/multi/trans-disciplinary な社会的課題の設定と，第二に，その課題の解決に向けての固有のモデルの形成にあることを銘記すべきである．もちろん，自由領域科学の発展がディシプリン科学の発展に寄与することはありうるが，固有の実践論的課題と固有の認識科学的・設計科学的モデルをもつ自由領域科学は，諸ディシプリン科学の寄木細工に解消することはない．

ここでもまた，認識科学に限定される discipline の伝統的語義を離れて体系的・整合的な術語系を構成するとすれば，「認識科学 対 設計科学」の軸と「ディシプリン科学 対 自由領域科学」の軸とをクロスさせることができる．すなわち，①ディシプリン科学としての認識科学，②ディシプリン科学としての設計科学，③自由領域科学としての認識科学，④自由領域科学としての設計科学という四分法である．

おわりに：体育学・スポーツ科学との関連

さて，最後に，以上に述べた大文字の第二次科学革命と体育学・スポーツ科学との関連をめぐって，まことに僭越な非専門家の戯言であるが，二，三の愚見を述べてみたい．議論の大前提は，体育・スポーツを生物的・人間的な「設計の産物」と把握し，「既設計の認識と既設計の改善と新設計の開発」を目指すという設計論的自然観の視点，すなわち「法則科学」と区別された「プログラム科学」の立場，かつ「認識科学」と「設計科学」を統合する立場である．

まず第一に指摘さるべきは，「体育学・スポーツ科学」は，自らの学問的アイデンティティを一つまたは複数の「自由領域科学」として確立すべきだということである．体育学・スポーツ科学は，一方，関連する諸ディシプリンへの分散的な回帰・還元と，他方，体育・スポーツに固有の技術・技能を核とする独立性の維持・尊重との間で揺れ動くかに見える．だが，この揺らぎは地球環境科学にも女性学にも安全学にも見られる創成期の自由領域科学に共通の悩みであり，体育学・スポーツ科学は，ディシプリン科学とは区別される「自由領域科学」として自らのアイデンティティーを確立する必要がある．この点は，自由領域科学というネーミングを別にすれば，すでに実質的な合意がえられているかに見える．

第二に，そのためには，学会内外で合意可能な一つまたは複数の明確な実践論的課題や社会的目標を設定すべきであろう．人間のアクティヴィティづくり（アクティヴィティに富んだ人づくりとそれを支援する社会生活体制づくり），成長の促進と老化の遅滞，健康志向と競技志向の区別，コートの中とコートの外と実社会，等々の主張は，そのいくつかの事例といってよい．

第三に，その社会的・実践論的な課題解決のためのモデル—各種の認識科学的モデルと各種の設計科学的モデル—の中核に，体育・スポーツに関する各種の「シグナル性・シンボル性のプログラム」というプログラム科学の着想を導入してはどうか．身体技法は感覚運動性のプログラム，そのメンタル・トレーニングは心像性・内語性のプログラム，多彩なスポーツ種目は言語性の競技編成プログラム，体育・スポーツ関連の社会的仕組みは言語性の社会構成プログラム，等々，一見相互に異質な現象を統合的に把握しうる個別的/普遍的な「プログラム」概念によって，専門的・局所的な特殊モデルも総合的・包括的な一般的モデルも自在に構築することができる．

「プログラム」概念は，シンボル性プログラムを例にすれば，「本日の競技会のプログラム」など一回限りの個別的・具体的なものから，「サッカーという競技種目」や「オリンピック」などの反復作動する特殊なプログラムをへて，「老化の遅滞」

など一般的・抽象的なプログラムにいたるまで，あらゆるタイプ，あらゆる時間・空間スパン，あらゆる具象・抽象レヴェルのものを，すべてカヴァーしうる．加えて，「感覚運動プログラム」や感覚運動能力に関与する「遺伝的プログラム」などのシグナル性プログラムを包摂しうることも前述のとおりである．

第四に，各種のモデルに含まれる各種の体育・スポーツ関連プログラムの相互連関の中でも，一方，身体技法のような物理・化学的に作動するシグナル性プログラム(からだで覚えたプログラム)と，他方，映像・心像および/または外語・内語で表現されるシンボル性プログラム（知識としてのプログラム）との「相互変換」は，練習と指導の要をなすものといえるだろう．これを換言すれば，第二節で述べた認識科学・設計科学・技術・技能の 4 極ネットワークにおいて，一方，体育・スポーツに関する認識科学・設計科学と，他方，体育・スポーツに関する技術・技能との相互連関の要諦が，この「知識化されたシンボル性プログラム」と「身体化されたシグナル性プログラム」との「相互変換」にあるのではないか．

以上を要するに，「大文字の第二次科学革命」という視点を敢えて導入するなら，体育学・スポーツ科学は，一定の実践論的な社会的目標に向けて，認識科学的アプローチと設計科学的アプローチを統合しながら，各種のシグナル性/シンボル性の身体的・心理的・社会的，文化的な体育・スポーツ関連プログラムを解明し，その改善と開発を目指す，すぐれて学際的な一つの自由領域科学である，と規定することができるのではなかろうか．

プログラム科学の課題は，第一に，一定のシグナル性/シンボル性のプログラム集合それ自体の解明，第二に，そのシグナル性/シンボル性のプログラム集合の作動過程の解明，第三に，その作動結果の解明，そして第四に，一定のシグナル性/シンボル性のプログラム集合の生成・維持・変容・消滅，すなわちそのライフ・サイクルの解明の四つである．プログラム集合の作動過程は「一次の自己組織化」(primary self-orgaization) と呼ばれ，プログラム集合の生成・維持・変容・消滅の過程は「二次の自己組織化」(secondary self-organization) と名づけられている．上述した体育・スポーツ関連プログラムの解明とその改善・開発は，むろん，このプログラム科学の四つの課題のすべてに関わっている．**妄言多謝．**

［吉田　民人］

関連文献

1) 吉田民人：情報科学の構想—エヴォルーショニストのウィーナー的自然観—. 加藤秀俊・竹内郁郎・吉田民人共著，社会的コミュニケーション. 培風館，1967（拙著．自己組織性の情報科学—エヴォルーショニストのウィーナー的自然観—. 新曜社，1990, に再録）
2) 同上：システム・情報・自己組織性—知の情報論的転回—. 鈴木正仁・吉田民人編著，自己組織性とはなにか−21 世紀の学問論にむけて. ミネルヴァ書房，1995.
3) 同上：ポスト分子生物学の社会科学—法則定立科学からプログラム解明科学へ—. 社会学評論 46 (3)，日本社会学会，1995.
4) 同上：近代科学のパラダイム・シフト—進化史的＜情報＞概念の構築と＜プログラム科学＞の提唱—. 平成 8 年度・学術研究総合調査報告書，日本学術会議，1997.
5) 同上：“PROPOSING ‘PROGRAM SCIENCE’AND ‘DESIGNING SCIENCE’—A way of‘Opening the Social Sciences’—”, Keynote Speech at International Sociological Association Japan Colloquium, Tokyo, 1997.
6) 同上：21 世紀の科学—大文字の第 2 次科学革命—. 組織科学 32 巻 3 号（特集「プログラム科学—社会科学に＜法則＞はあるか」)．白桃書房，1999.
7) 同上：大文字の第 2 次科学革命とその哲学. 石川昭，奥山真紀子，小林敏孝編著，サイバネティック・ルネサンス−知の閉塞性からの脱却. 工業調査会，1999.
8) 同上：安全学事始—＜自由領域科学＞としての安全科学—. 学術の動向（日本学術会議広報誌）2000 年 2 号.
9) 同上：近代科学の情報論的転回—大文字の第 2 次科学革命—. 紀要社会学科 10 号（通巻 183 号）中央大学文学部，2000.

4 アウトドアスポーツと環境問題

このシンポジウムは，アウトドアスポーツにおける環境問題に焦点をあて，日本ゴルフ学会・日本スキー学会・日本体育学会の共同シンポジウムとして企画された．環境問題は，地球の存続に関わる重大な問題であることは周知の事実であり，われわれアウトドアスポーツに関わる体育・スポーツ界もこの問題を回避することはできない．自然との共生を模索する意図で企画された今回のシンポジウムは，アウトドアスポーツに限らず，スポーツ活動全般の健全な発展に向け，極めて重要な役割を果たすと考えられる．

シンポジウムでは，拙者から提案理由および問題提起を投げかけ，続いて３名の演者が登壇した．まず，拙者から，スポーツに関わる環境問題として，①施設建設およびインフラ整備に伴う開発，②間接的・直接的環境汚染，③生態系の破壊，④間接的・直接的な騒音問題を挙げ，環境問題対策が不可避であると提案理由を述べた．さらに環境問題における人口問題を援用して，スポーツ・フォア・オールや生涯スポーツ思想が実現すればするほど，環境破壊が進むジレンマを指摘した．そして，スポーツ世界も既存の人間中心主義の価値観では進めないことから，地球の有限性を自覚し，スポーツ参加者の数的拡大という理念を再考すべき時期にきていると問題提起した．

スキーとの関わりから藤木忠善氏（東京芸術大学）は，環境問題が，スキー場開発を初め，多くの分野を含むスキー産業に無関係なものはないと指摘した上で,「スキー至上主義」意識の改革が第一と述べられた．また，スキー研究も，技術偏向ではなく「スキー至上主義」を脱するための情報提供，自然環境とスポーツ倫理といった教育プログラム，環境分野の研究者との協同研究，等が必要であるとし，氏の専門である建築界でも,「サスティナブル」(持続可能な）という考え方が浸透しつつあることも紹介された．自然との共生には欲望の抑制が必要なことを前提に，勝者決定方式の変更，景観の保全，植林キャンペーンの提案が行なわれた．

続いて，マリンスポーツ（スキューバダイビング）との関わりから漆原光徳氏（四国学院大学）は，まず海洋環境を守るために，国際的関連団体の取組みが進行する中で，わが国の立ち後れを指摘された．そして，スキューバダイビングにまつわる環境破壊や汚染の問題には，初心者ダイバーの技術不足や大型ボートのアンカーによるサンゴの破壊，水中動植物の採取，海中へのゴミ，漁具等の投棄，等のあることが紹介された．環境保護へのさまざまな取組みとして，海洋環境保護のための組織の設立(日本環境潜水協会（JDCE），海洋環境文化協議会)，ダイビングポイントの一時的閉鎖(例：沖縄座間味地先)や休息海域の拡大が取り上げられた．スキューバダイビングと環境保護の共生には，技術指導に偏向しない環境教育カリキュラムの導入が不可欠とまとめられた．

自然教育の視点から福岡孝純氏（日本スポーツ文化研究所）は，アウトドアスポーツへの消費文明型ライフスタイルの導入が環境への負荷や共生を阻害している点を指摘された．そして，環境との共生のためには，環境倫理思想の遵守，つまり，自然環境（含生物）に対する配慮，次世代の人々に対する配慮（世代間倫理），人間生存の平等性（地域間倫理）が義務になるとした上で，自然教育（自然の体験，自然の正しい認識，自然状況下での適正な行動能力）の重要性，および今道が唱える生圏道徳学に倣い，技術によるエコ・ヒューマニズムの達成を求めた．最終的に長期的視野に立った戦略と日常の個々人や組織のアクションプログラム策定行動を起こすべきと結論づけられた．

アウトドアスポーツに限らず，スポーツ活動においてはさまざまな価値対立が生じる．その際，公共の場における，思慮深く，熟慮ある（prudent and deliberate）討議を介した，正義に叶った公共的決定が不可欠である．このシンポジウムを契機として，今後，各学会の環境問題への取組みがますます盛んになり，体育・スポーツ界の取組みや啓蒙運動が，一般社会から指標的，模範的活動として高く評価される時代を願っている．

［近藤　良享］

4 ① スキースポーツと環境問題

人間の行為と自然との共生について，今までは科学技術の進歩がそれを解決してくれると安易に信じてきたが，地球環境の危機が叫ばれる今日では，あらゆる分野の人間が何かを我慢しなければならない時代が来ている．これは哲学的な問題で早急に答えがでるとは思えないが，スキースポーツという範囲のなかでこの問題を考えてみたい．

1．スキースポーツの新しいバランスが目標

人間にとって必要だといわれるスポーツ行為ですら，何らかの地球環境の破壊をともなうという．私たちも何かを我慢して快楽優先の消費型スキーから脱しなければならない．競技場などで行なわれる都市型のスポーツにおいても地球環境の問題と無縁ではないが，自然のなかで行なわれるスノースポーツ，マリンスポーツ，スキューバ，ゴルフ，登山，キャンプ，釣りなど各種のアウトドアスポーツは自然保護の立場からみると，動植物の生態系を破壊し，海や川を汚染する人間活動として認識されている．これらのアウトドアスポーツは，かつては一部の人達の楽しみであったのが，マスレジャー化してから問題が顕在化してきたものである．

このなかで，森に覆われた山や丘陵のなかにゲレンデやカントリークラブという広大な活動の場を必要とするスキーとゴルフは特に注目されている．バブル期に，内需拡大，地域振興，余暇活用などを目的につくられたリゾート法（総合保養地域整備法）の施行（1987 年）によって，スキー場やゴルフ場の乱開発が進み，国土の荒廃や災害を招く原因になったといわれている．そのため，スキーとゴルフは亡国のスポーツと呼ばれた．現在，民間，自治体，第 3 セクターの経営による約 600 カ所のスキー場があるが，バブル期にはさらに約 200 カ所の計画の申請が存在していた．当時，私はこのような投機的な開発に対して「スキー場も地球環境の一部分である」という論文で，スキー人口の推移からみてスキー場の数はそれほど必要なく，これ以上の開発は自然破壊につながると警告したが顧みられることはなく，あらゆる業種がスキー場開発へ乗り出した[注1]．

その後，バブル崩壊によって，それらの健全な維持が困難になり，結果はさらに悪い方向に向かった．そして，生涯スポーツの一つとして，あるいは自然教育の一環としてスキーを推進してきた私たちの立場は理解され難い状況に立ち至っている．

現在，環境問題として提示されているのは大気と水，土壌と地盤，廃棄物とリサイクル，化学物質の影響，動植物の保護，さらに地球規模の問題として，地球温暖化，オゾン層の破壊，酸性雨，熱帯雨林，砂漠化などがある．これらのどの部分をとっても，スキー場開発を始めとして，直接，間接に多くの分野を含むスキー産業にとって無関係なものはない．

これからは地球に優しいスキースポーツの在り方，自然との共生の道を積極的に探って行く必要がある．それには**地球環境をまもりながらスキースポーツの快適性を追求し，しかも，それがスキー**

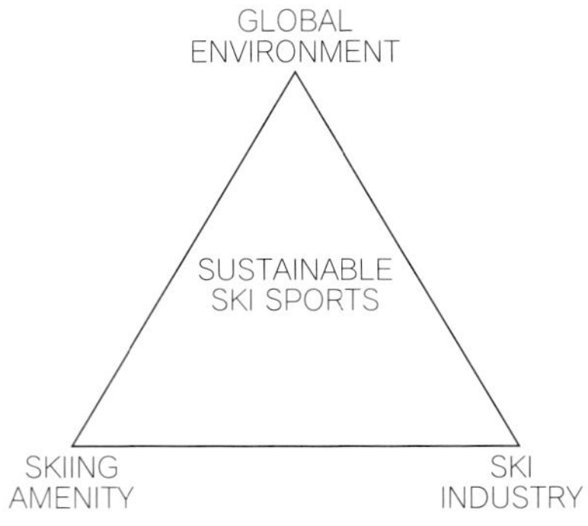

図　1

産業として成立するという，持続可能（sustainable）なスキースポーツの新しいバランスを創りだすことを目標にしなければならない（**図 1**）．

2．アクションプログラムが課題

そもそも，地球環境の問題が国際的に取り上げられたのは，1972 年のストックホルム会議が最初である．その 10 年後にナイロビ宣言があり，1992 年にいわゆる「地球サミット」と呼ばれる国連会議が開かれ，地球環境に対する危機感が各国共通の認識になった．それを受けて，日本でも環境基本法が成立し，循環・共生・参加・国際協力の四つの方向が確認された．1998 年のバーミンガム・サミットでは，さらに「環境犯罪」という概念が提示され，ダイオキシン，環境ホルモン，産業廃棄物処理などについて罰則が設けられるようになった．これらの経緯を総括したのが「アジェンダ 21」で，そこでは 21 世紀のための持続可能な発展を実現するための国レベル，地方レベルのアクションプログラム（行動計画）が要求されている．私たちは，このような要求をアウトドアスポーツ界のレベルで，あるいはスキー界のレベルでと読みかえ，考えてみる必要がある．

アクションプログラムとは，例えばゴミ問題でいえば，リサイクルのための分別収集，それを促進するための透明ゴミ袋の採用などを指す．私たちも市民として何ができるかの次に，スキーヤーとして何ができるかを自らに問い掛け，実行可能なアクションプログラムの策定に向けて行動を起こすべきである．

そのためにはスキー界の環境問題についてのコンセンサスをつくりだすことが必要になる．スキー界にもさまざまな組織，団体があるが，それらを横断する常設機関としては全国スキー安全対策協議会（日本スキー連盟，地方索道協会など）ぐらいであり，世界スキー教育会議の開催や代表派遣などについては団体間の協力の実績はあるものの，**アクションプログラムを策定し，環境問題へ取り組むためには，関係官庁も含め，スキー団体を，さらにはアウトドアスポーツ界を横につなぐ常設の組織づくりが急務**であろう．

3．スキー至上主義との訣別

1994 年のスキー学会の第 4 回大会において，私は「スキーと環境」と題してスキー至上主義について指摘した[注2)]．特にアルペンスキーが，80 年の歴史のなかで商業化により極端に先鋭化してきたこと．規格の定められた競技場で行なうスポーツと異なり，自然のなかで行なうスキー競技では絶対的な世界記録は存在しないにかかわらず，標高差，斜度などの国際的なコース基準を各国の自然（地形）に無理に当てはめてきたことを批判した．そして，1976 年，冬季オリンピック開催地として決まっていたデンバー市が，それを返上した行動をそのようなスキー至上主義へ抵抗した例として紹介した．これは 1969 年から始まっていたアルペン会場となるビーバークリーク（コロラド州）の開発に対して，環境アセスメントが十分でないため，植生や野性動物の生態系を壊すおそれがあるとして反対運動が起こり，市民投票により返上が決められた事件である．会場は急遽，インスブルックが引き受けることになった．ビーバークリークはその後，12 人の科学者による環境アセスメントの結果，自然との共生可能な範囲で開発され，1980 年からアスペン，ベイルとともにワールドカップの会場となりスキーヤーに親しまれている[注3)].

1900年代もあと僅かになり，地球環境への関心が高まるなか，スキー界では相変わらずのスキー至上主義が罷り通っているように感じられる．長野オリンピックに際して，当初，アルペン滑降コースとして志賀の奥山である岩菅山の開発が予定されていたが，自然保護団体の反対で中止になった．その後，滑降コースは白馬の八方尾根に決まった．ここで前述した国際的なコース基準が押しつけられた結果，環境破壊の問題が指摘されたにもかかわらず，コースの上部を国立公園内に設けるという，スキー界の問題意識の低さを象徴する事件が起こった．これは動植物への影響の他，コースを固めるための薬剤や圧雪が土壌と陸水に影響を与える可能性がある．この場合，国立公園であるその区域が，ゲレンデとしてすでに利用されていたこと自体が問題にされるべきであった．

このような事件はスキー競技界，IOC（オリンピック委員会），FIS（国際スキー連盟）だけの問題だと思われがちだが，一般のスキーヤーに「スキー至上主義」が「善」であるという誤った認識を与える点で影響が大きい．それはオリンピックで勝ったブランドの用具が売上を伸ばすことからも容易に想像できる．したがって，**スキー界全体に環境に対する意識を高め，スキー至上主義に替わる新しい価値観を求めるならば，まず，影響力の大きいスキー競技界の意識改革が必要**であろう．そのために，少し乱暴だが，まず，スキー競技の計測単位を1/100秒から1/10秒に変えることを提案する．前述した通り，スキー競技には絶対的な記録は存在しないのだからよいのではないか．現在の競技レベルは，わずか1/100秒のなかに同着選手がいるぐらいであるから，さらに沢山のメダルが必要になると思うが，これで環境破壊の問題と何処かで通底していると思われる技術と記録の最優先という思想から発するドーピングというスポーツ倫理の問題も解決されるであろうし，何よりも，スキー至上主義への最も効果的な疑問の提出となる．また，こうすることによって，自然を傷める無理なコースづくりをして国際コース基準への適格を自慢するスキー場もなくなり自然環境保護につながるに違いない．

4．スキースポーツ研究の拡大が必要

スキー至上主義はスキーに関する研究分野の偏りにも見られる．スキー学会はじめスキー関連団体には多く研究者がいる．その研究テーマは，スキーの技術，指導法，工学理論，用具および製造，ロボット開発，バイオメカニクス，運動生理学，体育社会学，体育心理学，安全と障害予防，救急法，医学，解剖学，歴史，事故と法律など多岐にわたる．しかしながら，スキー場開発や環境問題関連の研究は比較的少ない．特に，これからの環境問題の研究に必要な基本的なデータとなるべきスキー統計の研究者は極めて少なく，スキー人口統計やスキー場統計については信頼できるものが少ないのが現状である[注4)].

スキーと環境問題への意識改革のためにはスキー研究の分野を拡大して，環境分野の専門家との協同研究をより増やし，スキー界として自然教育，環境倫理などの教育プログラムの確立を目指し，どういう「我慢」が効果的なのかを見いだしていく必要がある．産業界においても，いろいろな「我慢」が現実に見られるようになった．自動車産業界ではスピードを競う時代から，燃費，安全性の時代を経て，あらゆる技術や研究を統合して部品のリサイクル化や低公害車の研究開発の時代を迎えている．建設業界でも従来は構造や不燃化など機能性の研究が中心であったが，資源の有効利用と産業廃棄物の減量化のためのリサイクル技術，太陽熱利用などの省エネ技術の研究などが盛んになり地球環境に優しい持続可能な建築の実用化の時代に入りつつある．

5．スキーヤー１人１本の植林キャンペーン

私の提案する行動計画は，スキー界が協力して資金を集め，ゲレンデに植林をして自然の回復に

寄与することである．

かつてのスキー場は蛇行状のコースが多く，森が沢山残され，山の景観が保たれていたが，今では防火帯やハゲ山状のゲレンデが普通になった．これを私は皆伐型ゲレンデと呼ぶ．森を傷める量も大きく，土地の保水力がなく災害を招きやすくなるうえ，スキーをしない人達からは，山の景色を悪くしたと非難されている．日本のゲレンデがこうなってしまった原因は，一つにはヨーロッパの森林限界より高い土地で誕生したウェーデルンという直降技術が移入され，幅の広いフォールライン沿いのコースが必要になったこと．第二は，高速デタッチャブルリフトの発達によって大量のスキーヤーが山頂から滑降するようになったため危険回避のため広いゲレンデが必要になったこと．第三は，スキーヤーの自己責任を問えない日本のスキー場の安全策のためである．欧米ではゲレンデに入れば，そのスキー場のルール[注5)]に従う義務があり，コース内の立木に衝突しても自己責任である．したがって変化のあるコースづくりが可能になる．アメリカではゴルフ場の設計や開発においても自然の景観や地形を生かすことが目標とされていると聞くが，スキー場の設計においても，1970年代から「ビジュアル・マネージメント」と呼ばれるコンピュータによるコース伐採の景観シミュレーションが行なわれ，山の自然と景観の保全に注意が払われてきた．また，ゲレンデが森林限界以下にあるため，森を守るためコース型伐採が主流で，その伐採も所々に樹木を残すなど変化に富んでいる[注6)]．アメリカではフォレストサービス（林野庁）の自然教育活動の力もあって，**山や森はその資源や景観をも含めて国民の財産という認識がある．スキー場やスキーヤーの都合だけで山を伐採することは許されない**こととされている．

日本では相変わらず皆伐型ゲレンデが主流であるが，一部のスキー場では皆伐型ゲレンデへの反省が見られ，ゲレンデに植林を始めた例もある．その理由は，スキーヤーの減少傾向によりゲレンデ面積に余裕ができたこと．木を伐りすぎたために風道ができて雪付きが悪くなったこと．暖冬のため必要になった人工降雪の面積節約などが考えられる．このようなスキー場の動向にスキー団体がもっと敏感になり，時を得た指導力を発揮して「スキーヤー１人１本」といった植林キャンペーンをして応援してはどうであろうか．

6．今日の問題

最近の懸念は，競技スキーから生まれたカービングスキーが普及して，スキー産業が活性化し，スキースポーツが再び元気になるのは大変結構であるが，いくつかの心配な点がある．

一つはスキー板の廃棄処理の問題である．欧米スキー生産国の最大の顧客であった日本において，従来から大量の前年モデルの処理などについての情報が公開されず，どのような方法で処理されるのか疑問であった．ここにきて，粗大ゴミ置場におかれたスキーを見かけた人も多いと思うが，カービングスキーが出現して，スキーヤーの手元やメーカー側の在庫となった従来のスキー板の廃棄処理については地球環境問題の点から，スキー界として，業界として，一般スキーヤーに対して，そのリサイクルや回収の方法について研究がなされるべきである．第二は，カービングスキーの販売促進のために，マスメディアを通して極端なカービングターン技術の情報が流されていることから，一般スキーヤーが混雑したゲレンデで急停止が困難なカービングターンを行なう危険性が生じている．その危険性を避けるために，再び，皆伐型のゲレンデが推奨され，新たな伐採が行なわれたり，折角の植林ムードやコース型ゲレンデへの転換の方向を失わせ，地球環境に優しくない方向に逆もどりすることが心配される．

いずれにしても，**環境問題への素早い対応のためには，スキー団体やスキー業界からの新しい技術とその指導法，用具などについてのより客観的でスピーディーな情報の伝達が強く望まれる**ところである．

以上，述べたことについて，スキー界全体が正面から取り組むことができなければ，スキースポーツが社会の支持を得て，大自然のスポーツ，生涯スポーツとして誇りを保つことは難しくなり，衰退を招くことになりかねない．そうなる前に，スキーヤーにたいする自然教育，環境倫理教育などの啓蒙活動を推進し，行動プログラムを策定し，環境問題に配慮したスキースポーツのあり方と地球環境保護との調和点を見いだす必要がある．この低成長時代ではバブル期に比較してスキー人口が減少し，スキーを真面目に考えるコア層のみとなった今こそ，前進する好機ではなかろうか．

[藤木 忠善]

注 1) 藤木忠善：ソフィスティケイテッド・スキーリゾートをめざして連載第 2 回日本のスキーリゾート 90 年代の展望．索道協会報 16 (12)，新潟地方索道協会刊，1989.

注 2) 藤木忠善：スキーと環境．日本スキー学会第 4 回大会基調講演，日本スキー学会誌 4 (1)：21—29, 1994.

注 3) 藤木忠善：ラスト・リゾートへの道—理想のスキー場実現のために．レジャー産業 172 : 218—223, 綜合ユニコム，1982.

注 4) スキー場の統計的資料には「全国スキー場総覧（藤木忠善・坂倉海彦監修）学習研究社 1991.1992.1993」がある．これは私が月刊スキージャーナル（1980 年 9 月号）にスキー文化の高さを示す資料としてスキーアトラス (独)，ホワイトブック（米），シャスタノール（仏）を紹介したところ，新潟地方索道協会の田巻女史が関心を寄せ，同協会発行のガイドが全国版に改められ，より専門的な内容となって誕生したものである．このスキー場総覧は，その後，「スキーリゾート年鑑」となって綜合ユニコムに引き継がれ，1998 年からは「スキーリゾート＆ウィンタースポーツ年鑑」となり続刊されている．この他，スキー関係の統計資料は (財) 余暇開発センター，新潟地方索道協会，(株) エボンによる資料が参考になる．

注 5) 藤木忠善：理想のスキー・リゾートを求めて連載第 10 回安全なスキーのために．スキージャーナル 185 : 145—149, 1981.

注 6) 藤木忠善：ソフィスティケイテッド・スキーリゾートをめざして連載第 9 回マウンテン・プラナーはアーチスト．索道協会報 17 (7)：28—33, 新潟地方索道協会刊 1990.

②マリンスポーツ(スキューバダイビング)と環境問題

はじめに

1998年は，海洋の環境を守ることをアピールする国際海洋年（International Year of the Ocean）であった．これは，ユネスコの政府間海洋学委員会（IOC =Intergovernmental Oceanographic Commission）が，1994年の国連総会に提案し承認されたもので，リスボン（ポルトガル）での海をテーマとした万国博覧会を契機に「1998国際海洋年」として定められたものである．

日本は，いうまでもなく四方を海に囲まれた海洋国家であり，われわれの生活はその貴重な資源によるところが非常に大きい．しかし，残念ながらわが国においては，海洋環境に対する認識や関心はあまり高くないのが現状であろう．果たして，1998年が国際海洋年であったことをどれくらいの人々が認識していたであろうか．

ちなみに，国際海洋年の目的は，以下の3点であった（ユネスコのホームページ http：//www.unesco.or.jp より抜粋）．

①有限の資源としての海洋及び沿岸域に対する人々の認識を高めること
②各国政府から行動を起こし，十分な資源を提供し，海洋に対し相当の優先順位を与えるという約束を取り付けること
③地球規模の学術協力を促すこと

1．スキューバダイビングおよび海洋環境の現状について

現在，スキューバダイビングの初歩的な認定カード（Cカード）を保有するダイバーは，国内に約70万人いるといわれている．この中で実際にダイビングを続けている人は，約5分の1の13～14万人ほどのようであるが，それでもこの数字は，全国にダイビングポイントとして容認されている数からすると極めて多い愛好者数であるといえる．実際，この十五年間で数倍から十数倍に膨らんできたダイバー人口の急増を裏付けるように，人気の高いダイビングポイントでは，シーズンになるとエントリー待ちの行列ができるほどの盛況ぶりとなり，ダイビングボートは多くの客を乗せたいがために，年々大型化してきている．

このような状況から近年では，当然のごとくダイビングポイントにおける環境破壊，環境汚染の問題が叫ばれるようになってきた．具体的には，初心者ダイバーの技術不足によるサンゴの破壊，一部の心ないダイバーによる水中動植物の採取，あるいは大型ダイビング船のアンカーなどによるサンゴならびに根の破壊，また海中へのゴミや漁具等の投棄などである．しかし，海面（地上）からは見えないことだけに，これらの問題がこれまで，表だって議論されることは少なかった．

筆者は，この十数年間，瀬戸内海および沖縄慶良間諸島近海のダイビングポイントにおける定点観測を続けてきているが，環境破壊・汚染の現状

はかなり深刻であり，場所によっては生態系が変わってしまったのではないかと思われるほどに，生息生物が一変してしまっているところもある．また昨年は，沖縄近海や九州の一部海域においてサンゴの白化現象[1)]が見られたが，これは遠く南半球のオーストラリア，グレートバリアリーフ海域においても確認，報告されている．これらの原因がすべて人為的なものであるとは言い切れない．しかし，われわれの住む地球の7割を占める海洋が，大きな環境変化，そして破壊の状況に直面しているという現実を見つめる必要があるだろう．

以下の写真（**スライド**）は，筆者あるいは筆者に同行した潜水士が，1998年5月～1999年11月にかけて，沖縄本島周辺海域（恩納村真栄田岬周辺，北谷町砂辺周辺）および慶良間諸島周辺海域において撮影したものである．

スライド1
崖下の海底に投棄されている空き缶．ダイバーや釣り人などが，陸あるいは船上から投げ捨てたものと思われる．この周辺には，空き缶や空き瓶のみならず，プラスチックやビニールなど食品の空容器も多数見られ，まさに海底のゴミ捨て場と化していた．とりわけ，海水によって腐敗や酸化を起こさず，いつまでも原形をとどめるような廃棄物は，海中の動植物に深刻な影響を与える可能性がある．

2．環境保護のためのさまざまな取り組み

近年になって，スキューバダイビングの関係者からも，さまざまな海洋環境保護のための施策が行なわれ始めている．

1）海洋環境保護のための組織の設立

海洋環境を守るための団体・組織にもさまざまあるが，スキューバダイバーに直接関わるものとして以下のようなものがあげられる．

・日本環境潜水協会
(JDCE : Japan Divers for a Clean Environment)

1996年5月に，ダイバー，サーファー，ボート&ヨットマン，釣り人，芸能人などを中心に設立された民間団体．現在会員は全国に約900名．海浜，海中の清掃・浄化活動，ボランティア活動，地球環境を守るための啓蒙活動（なぎさシンポジウムの開催など）を行なっている．芸能人や著名なプロダイバー達のボランティアによる情宣活動により，マリンスポーツを愛好する一般の人々の間に支持・支援の輪を広げつつある．

スライド2
海中投棄されたトラックの古タイヤ．この近くには，真っ赤にサビた自動車のシャーシも捨てられていた．また，古くなった網やロープなどの漁具が投げ捨てられている場合もあり，これにダイバーが絡みついてしまういわゆる水中拘束により，ときとして生命の危険にさらされることさえある．

・海洋環境文化協議会

1998年7月20日（海の日）設立の非政府組織(NGO)．この法人は，「広く社会に対して，水域環境とそこから育まれた文化，歴史を大切にし，今

スライド３

サンゴに絡み付いた釣り糸．釣り場の海底には，驚くほどたくさんの釣り具が投棄されている．特に，サンゴに絡み付いた釣り糸は，容易に外すことができず，力任せに引っ張ると，簡単にサンゴを破壊してしまう．この周辺には，釣り糸によって折られ死滅した枝サンゴが散在していた．

スライド４

海底の岩やサンゴに絡んでいる釣り糸を外す筆者．このように，いわゆる根掛かりした糸を取り除くのは，容易なことではない．特に，枝の先端が細く複雑なミドリイシ類のサンゴは，釣り糸によって簡単に折れてしまうため，その取り外し作業は慎重さと根気が要求される．最近では，海水に溶ける釣り糸[2)]が開発され販売されているが，全体の 1% にも満たない使用率だといわれている．

スライド５

潜降がうまくできず尻モチをつき，背負っている空気ボンベで，テーブルサンゴを破壊してしまったダイバー．初心者の潜るポイントでは，よく目にする光景である．特に沖縄のダイビングスクールでは，講習用のプールを持っていないところが多数あり，技能練習は最初から海で行なうしかない．したがって，海中でうまくバランスのとれないビギナーが，このようにサンゴを意図せず破壊してしまったり，フィン（足ひれ）で海底の砂を巻き上げ，これがサンゴに被ってしまい光合成を阻害するなど，生息する動植物に多大な影響を与えている．

スライド６

あるダイビングスクールの初心者講習の様子．インストラクターが水中のサンゴ，あるいは水中生物の生息が少ない場所を選び，ガイドロープを海底に這わせている．ビギナーのダイバー達は，それに沿って移動しているため，海中の環境破壊への影響は軽減されている．見習うべき指導法の一つであると思われる．

スライド７
沖縄本島のダイビング安全対策協議会によって設置されたガイドチェーン．ダイバーは，このチェーンを辿り，エントリーあるいはエキジットすることにより，安全かつ確実に，またサンゴ等を破壊することなくダイビングポイントまで到達することができる．環境保全の一つの取り組みとして有効であると思われる．

の生活に生かすとともに，より良い状態で後世に伝えるべく保全活動を行なうことで，海洋環境文化の発展に寄与すること」を目的として作られた．今後，初歩的な資格を持つダイバーに海洋環境の調査技術を指導し，世界中の海を舞台に環境や沈没船の調査などに協力してもらう計画を立てている．また，環境教育プログラムを行なう予定もあるという．

・ダイビング安全対策協議会

海上保安部の呼び掛けにより，1988年，沖縄に設立されたのを初めに，現在では全国で45の協議会が発足している．設立目的は，スキューバダイビングの安全対策に関する事項を協議することにより，事故の防止および迅速な救助活動の遂行を図ること，また，ダイビングマナーの向上に寄与することとなっている．近年では，前述の沖縄本島ダイビング安全対策協議会の例（**スライド７**）のように，ポイントにガイドチェーンやロープを設置することにより，環境の保全活動並びに啓蒙活動にも努めている．

2）ダイビングポイントの一時的閉鎖（沖縄県座間味村の例）

・沖縄座間味地先でのダイビング休息区域の設定

1998年7月，座間味漁業協同組合は，ダイビング休息区域を3カ所設定し，各ダイビングサービスに協力を求めた[3]．現在，この休息区域にはブイが設置され，ダイビングのみならず漁業も禁止されている．3年間を目安として，サンゴ等の自然回復状況を観察し，今後の対応を決めるという．

また同年3月，座間味村は「エコツーリズム推進協議会」を設立し，海外での環境保全策などを参考にしながら，自然と人との関わりについて検討を始めた．

・ダイビング休息海域の拡大

この沖縄座間味地先の休息措置後，沖縄慶良間諸島の他区域（沖縄県渡嘉敷島周辺など）においても，同様の措置が見られるようになってきた．このような取り組みに対して，地元のダイビング業者達は，概ね賛成はしているものの，さまざまな意見もだされている．例えば，「一部のポイントを休ませても，今度は別のところにダイバーが集中し，そこが同じように荒れてしまう．」という意見，あるいは「港湾工事などで出た赤土が，大量の雨水とともに海に流れ込み，海を汚染している．」[4]という意見，また「生活排水や沖縄本島からの汚染された潮によって海が汚れてきている．」など他の原因を指摘する意見もある．

いずれにしても，直接海に関わる人々から，この座間味地先のような海洋動植物の保護区，すなわちサンクチュアリを作るという考え方および方策が示されたことに大きな意義がある．今後，ダイビングポイントの保護施策として全国に波及していく可能性があると思われる．

3．スキューバダイビングと環境保護

1）ダイビング（マリンスポーツ）と環境教育

2003年からの高校の新教育課程では，専門高校のカリキュラムに，海洋レジャー関連の人材育成

を想定した「潜水」すなわちスキューバダイビングが導入されるという．また，保健体育科目としても,「水辺での活動」すなわちマリンスポーツとして，カヌーやボート，スキューバダイビングがあげられている．このような野外種目（アウトドアスポーツ）の学校現場への導入は，多様化するスポーツ種目と，時代のニーズに応えるものと言えるであろう．

ところで，これまでは，ともすれば技術論ばかりが教えられてきた体育・スポーツの分野であるが，今後は，環境保護の側面からの倫理的・道徳的カリキュラムを導入していく必要があると思われる．特にアウトドアでのスポーツを学校現場で教える場合,『環境』は,『安全』とともに，中心をなす非常に重要な概念となるであろう．

ちなみに，野外教育を早くから導入し注目しているオーストラリアでは，幼少期より Nature Education（自然教育）が授業の中に組み込まれている．これは，単に写真やビデオを観て動植物を知るといったレベルにとどまるものではない．実物の標本，あるいは生きた動物を見たり，触れることによって，その動物の生態，人間にとって危険か否かの判断，また自然の中でどうかかわっていくべきかの知識，等々を学んでいく．このようなプログラムは，今後，わが国において野外教育を導入・発展させていく時の，一つの手本となるのではないかと思われる．

2）自然と人間との共存・共生
～watching から inter-acting へ～

人間が自然の中で動物とかかわるとき，これまでは watching という言葉が使われてきた．例えば，バードウォッチングあるいはホエールウォッチングなどがそれである．鳥を遠くから，双眼鏡や望遠鏡で「覗く」場合，つまり鳥たちに対して，かれらの生存を脅かしたり生活環境に影響を与えず，単に「覗き観る」場合は確かに watching という用語は正しいであろう．その意味において，星空を観るとか,植物などを見て楽しむというのも，watching といっていいと思う．しかし，ホエールウォッチングのように，船で海洋に出て，肉眼で確認できるほどに近寄って「見る」もの，あるいはイルカウオッチングのように，直接動物のからだに「触れる」ことをも意図したものは，あきらかに watching の範疇を超えている．それらは，そこに生息する生き物に対して，おそらく何らかの影響を与えてしまうことになる．実際，クジラやイルカの観察ツアーにおいて，かれらと船とが接触事故を起こしたり，また，一度に多数の船が生活圏内に入ってくることによって，かれらの繁殖行動が正常に行なわれなかったり，あるいはまた寿命が短くなる場合もあるという．

このようなことから,最近では watching という用語を禁止し，inter-acting すなわち動物と「お互いに影響しあう」という言葉を用いるところが諸外国においては見受けられる．これは，その動物の生活圏内に立ち入る人間に，その行為が，そこに住む動物あるいは植物に対して，なんらかの影響を与えてしまう可能性があることを認識させる意味あいを持つ．ただしそれは，マイナスの関わりだけではないであろう．ときとして双方にとってもプラスになる関係性になるべきであり，そのことこそが「自然との共生」ということにつながっていくと考えられる．その意味において，watching という言葉にはあまり含意されない「観る側の責任」が，inter-acting という言葉には込められているといえよう．

スキューバダイビングというスポーツは，この inter-acting 抜きに語ることはできない． それは，クジラやイルカのような大型生物のみに対してではなく，小魚類やサンゴなどの水中生物，また植物にもあてはまる．さらにそれは，自然界の動植物だけにとどまらず，海を生活の場や糧とする人々，例えば漁業関係者とのかかわりにおいても同様に関係するのである．前述した沖縄慶良間のダイビングポイントにおいて，スポーツダイバーと海人（うみんちゅ＝漁師）との協力関係によって，水中動植物のために休息措置をとりサンクチュアリ（保護区域）を設けたということは，まさに inter-acting の一つの実践例と捉えることができよう．

環境問題が叫ばれる昨今，特に自然とかかわるスポーツ実践を考えた場合，この inter-acting という考え方は，非常に重要な概念となるであろう．そして実は，これが海だけではなく，たとえ山であったとしても，例えばスキーなどにおいても，そこに生存する動植物，あるいはまた土地の人々とのかかわりにおいて相互の影響とかかわり方を考えていく必要があると思われる．

以上のようなことから，体育・スポーツ教育に携わる者は，単なる技術指導に終始することなく，人間と自然との共存・共生という側面からも自ら考え教えていく必要があるであろう．

[漆原　光徳]

注 1）サンゴは刺胞動物であり，その細胞内には，単細胞性の毛藻類である「褐虫草」という植物が共生している．サンゴは，褐虫草へ窒素，リン，二酸化炭素を提供し，それをもとに褐虫草は光合成を行ない，栄養分と酸素を逆にサンゴに供給する．しかし高海水温，海水の濁り，強度の紫外線，低塩分濃度などのストレスにより，褐中草はサンゴの体外に出てしまい，その結果，サンゴの骨格は白く透けて見えるようになる．これをサンゴの白化現象と呼ぶ．しかし，これが即，死を意味するのではなく，環境の回復が早ければ，再び褐虫草はサンゴの体内で増殖し，サンゴが回復することもある．ちなみに，1999 年 3 月時点で，沖縄県阿嘉島周辺海域のサンゴのうち，約 25 パーセントが白化により死滅したと報告されている（阿嘉島臨海研究所の調査報告による）．

注 2）東レフィッシング（大阪市）が，1996 年より「フィールドメイト」という製品名で販売している釣り糸．99 年版のギネスブックにも掲載された．この釣り糸は，水や土の中に無数に生息するバクテリアの作用で一酸化炭素と水に分解される分解性繊維でできている．水中に放置されると強度が失われて簡単に切れ，最後には完全に分解されてしまうことから，動物や環境への影響を最小限にとどめるといわれている．

注 3）座間味村漁業協同組合から，各ダイビングサービスに配布された資料の写し（一部抜粋）．

注 4）沖縄では，日本に復帰した 1972 年（昭和 47 年）以降，「本土並み」を合い言葉とする沖縄振興開発計画により，公共施設の整備あるいは農地整備のために，ブルドーザーで山を削り，谷を埋める作業を行なった．このため，広大な裸地から，雨が降るたびに土砂（赤土）が海に流出するようになった．これにより，大量のサンゴ礁が死滅したと言われている．沖縄県は，1995 年（平成 7 年）に「赤土等流出防止条例」を施行し，罰則を設けたが，国・県・地方公共団体の行なう事業は適用除外となっているなど，さまざまな問題点が指摘されており，未だ沖縄の赤土流出問題は解決されていない．

資　料[3)]

ダイビングサービス各位

座間味村漁業協同組合
代表理事組合長　金城忠彦

座間味地先（共同漁業権 18 号）での環境保全と
ダイビング休息区域設定における協力依頼について

皆さんご存知の通り座間味村は悪天候にもあまり左右されず魚，サンゴが多く自然環境に恵まれた海．これが座間味村漁協の昔からの財産であり座間味村の宝です．20 数年前から少しずつダイビング客が来るようになり，今では座間味観光の目玉とも言える程多くのダイバー客が来島しています．

ダイビングサービスの増加に伴い（現在約 35 軒）ダイビングガイドの質の低下が目立ち 4・5 年前からは同じ場合に多くのダイビング船，大勢のダイバーが入ることにより，急速にダイバーによる環境破壊が起きています．（再生には相当時間がかかります）

当漁協では現状のダイビングのやり方に危機感を持ち，理事会で再三取り上げ漁場管理，環境保全の為，平成 10 年度通常総会にて回復を目的とし休息場所を設定しました．

今後ダイバーやダイビング船による環境破壊が見受けられる場合は早めに休息させる予定です．同じ場所に集中しない，アンカーでサンゴを壊さないなど自然環境に配慮していただきたい．

尚，漁協組合員も下記の 3 ケ所の場所での漁業は自然回復するまで禁止します．

1．休息期間　平成 10 年 7 月 1 日より 3 年を目安とし回復状況を観察する．
2．スキューバダイビングの休息場所
　1．ニシバマ
　2．アゲナシク枝サンゴ
　3．ウフタマ周辺（安室東）

＊漁業で休息区域を示すブイを設置しますので皆様のご協力をお願いいたします．

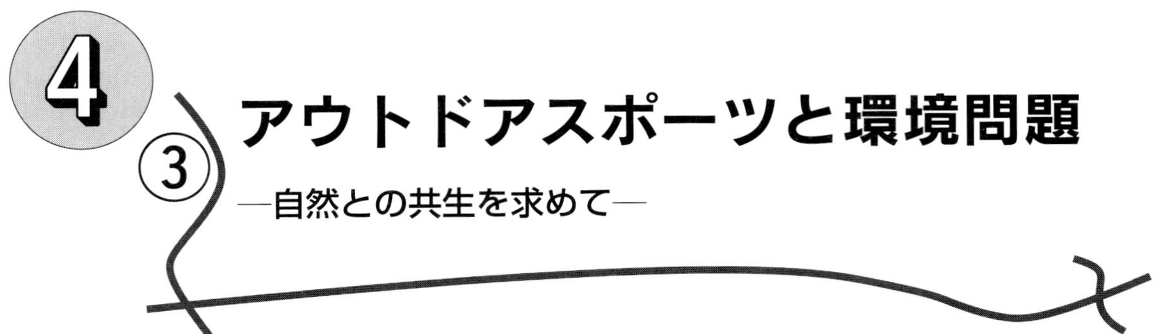

4 ③ アウトドアスポーツと環境問題
—自然との共生を求めて—

1．基本的状況

最近のわが国のアウトドアスポーツの発達は著しい．交通機関（鉄道，自動車，飛行機など）の発達により，誰もが手軽に自然環境との交流，接触が可能となったのである．

ところで，すでに先進諸国では都市化地域におけるスポーツやレクリエーション施設の量的，質的充足により，人々は手軽にスポーツを居住地域の近くで，日常楽しめるようになってきている．

わが国はこの分野では，必ずしも「市民は誰でも各々が希求するような形式でスポーツを行なう権利を有する（ヨーロッパスポーツ憲章，1975年）」というような環境が確立されていない．それはわが国の都市が生産，流通，管理機能中心に発達し，生活や文化環境の領域の都市計画への位置づけが極めて貧困であったことにもよる．残念ながら，人々はドイツの黄金計画（ゴールデンプラン）のように居住地（コミュニティ）に各種のスポーツ・フォア・オール施設を持ち得ず，割高で種類にも偏りのある民間施設に依存しなければならなかった現実がある．しかし，一方でメディアスポーツ，大会スポーツの為の巨大施設は，官とゼネコン主導により，十分すぎるほど整備されてきた．そして，人々が日常生活において，自由時間スポーツ施設が自由に利用できる環境がないままに，バブルが崩壊して不景気となり，スポーツ・フォア・オールの環境は遠くへと去っていったのである．

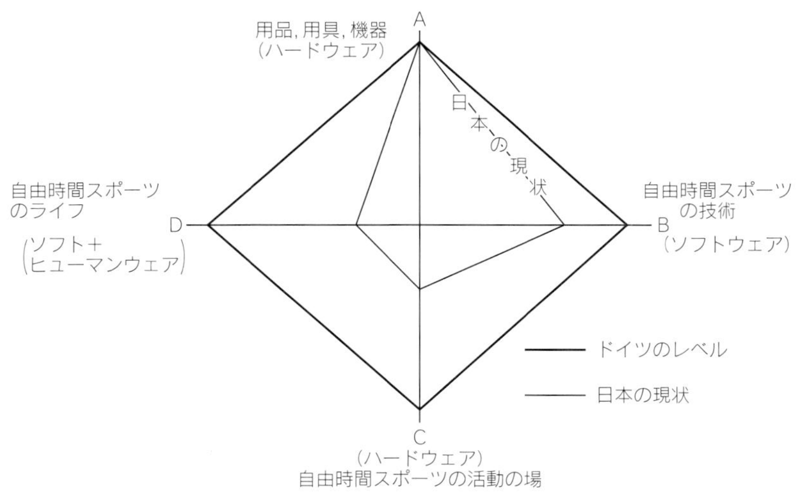

図１　スポーツ活動の充足度比較（ドイツと日本）（福岡）

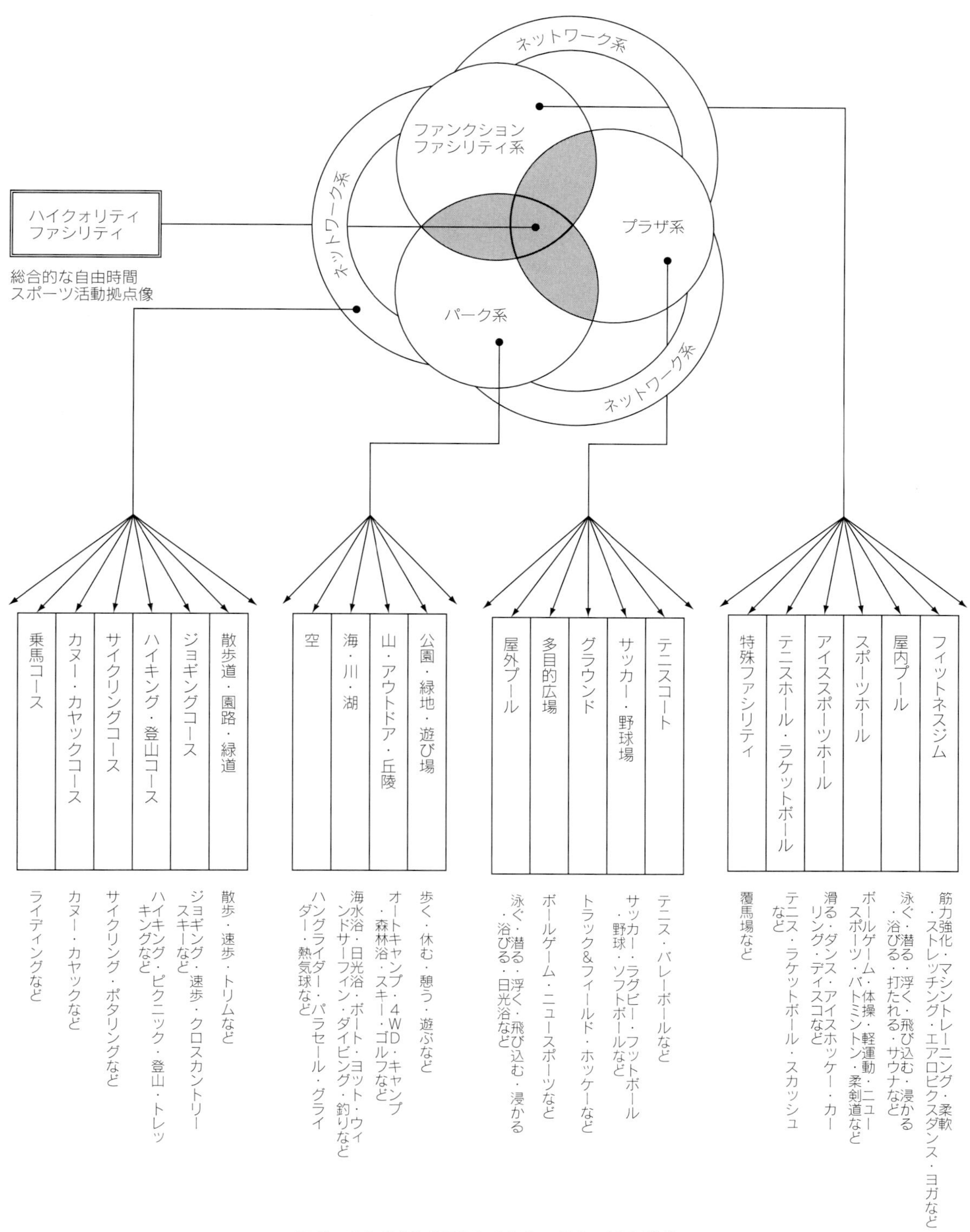

図2　21世紀に整備すべきハードウエアの総体

21世紀におけるスポーツ・スポーツ的健康づくり活動を実践する場の用途は，利用者のニーズに応えるため多岐にわたることが予想される．おのおののハードウエアは，それ自身の機能を十分に果たすとともに，相互間の連携を図り，またネットワーク系施設で結び，有機的に機能していくことが重要である．

トリム＆フィットネス国際スポーツ・フォア・オール協会
[The Trim and Fitness International Sport for All Association(TAFISA)]
国際オリンピック委員会(IOC)のスポーツ・フォア・オール委員会
ユネスコのスポーツ・体育委員会[ユネスコ—CIGEPS]
国際スポーツ科学＆体育協議会
[International Council on Sport Science and Physical Education(ICSSPE)]
国際スポーツ医学連合[International Federation of Sports Medicine(FIMS)]
国際健康・体育・レクリエーション委員会
[International Committee on Health Education and Recreation(ICHER)]
国際大学スポーツ連合(FISU)
国際余暇スポーツ施設研究協会(IAKS)，の各代表者は，
第13回　国際トリム＆フィットネス会議(Trim and Fitness International) 11/10～14
千葉(日本)での機会に際して次のことを宣言するものである．

○ スポーツ，体育が人類の幸福に寄与するとの認識をもつ
○ スポーツを行なうすべての人の権利を保証する
○ スポーツ・フォア・オールの奨励に関係する機関の相互協力の必要性の強調
○ スポーツ，体育への参加呼びかけのサポート
  ● 体育，スポーツを人間の基本的欲求，人類の文化的資産と捉える
  ● オリンピックスポーツとスポーツ・フォア・オールの一致，相互援助を目指す
  ● 関連するすべての分野における科学的研究と，その具体的応用の推進
  ● 生涯スポーツを目指し，教育機関での適当かつ十分な体育，スポーツを提案する
  ● 健康教育，スポーツでの病気予防，リハビリテーションのプログラムを提案する
  ● 適当かつ十分なスポーツ・レクリエーション公共施設を提案する
  ● 大学において，スポーツ・ファア・オールのプログラムを提案する
  ● 適当なプログラムの創出，指導者間の知識交換をサポートする
○ 研究の達成に寄与するべく，協会に提唱する

図3　スポーツ・フォア・オール千葉宣言 1993

図1はドイツと日本のスポーツ活動の充足度を比較したものである．**図2**は21世紀に整備すべき施設の総体を示したものである．また，**図3**はスポーツ・フォア・オールの千葉宣言（アジェンダ）の内容を示したものである．わが国は，ドイツのようにすべての人々が手軽にスポーツを楽しむような施設を十分に作り得ないうちに，これらを整備し得ないような社会的状況を迎えたのである．

このような中で，人々は何とか明るく楽しくということもあり，大都市圏よりは遠いが自然が豊かで，また利用料金のいらない地域を求めて高次生活圏へと殺到するようになる．

RVやワンボックスカーは，このようなニーズに対応して出現した車輌である．これらの人々は必ずしもすべての人々がアウトドアスポーツ活動を求めているのではない．むしろ，日常のスポーツ・フォア・オール活動環境の不足に対する代償行動として週末レクを求めている人々であるとの理解が必要である．しかし，残念なことにこれらのマス・ムーブメントが新たに自然環境破壊や汚染を引き起こしているのである．すでに，既存のスキー場，ゴルフ場，マリンリゾート，山岳ルートなどや新しいプレジャースポーツ（エコスポーツ）としてのカヌー，パラグライダー，スキューバダイビングなどにより，自然環境に対する負荷量はかなりのものとなっているが，これに加えて日常圏活動の代償行動による環境負荷が加わるのである．**図4**は，わが国の状況が本来と異なり，日常圏の施設が都市計画内に組み込まれておらず不足し，週末圏，休暇圏がこれらの代償的な機能を果たしている病的な状況を示している．

これらのアクティビティすべてを包括したものが，わが国のアウトドア活動となっている．わが国のアウトドア活動の特徴は，年末年始，週末，連休にそのアクセスが集中し，滞在期間が短く，

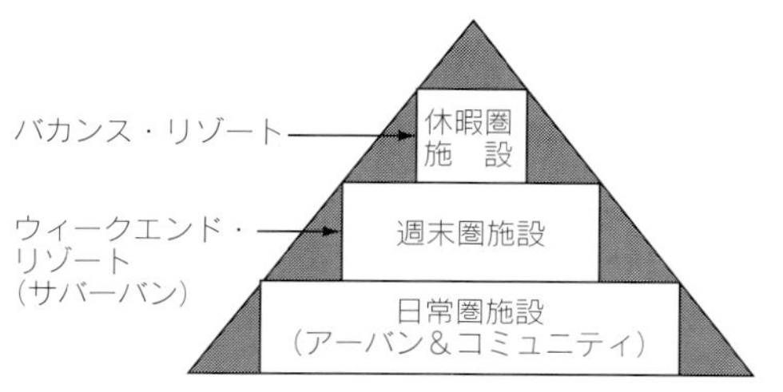

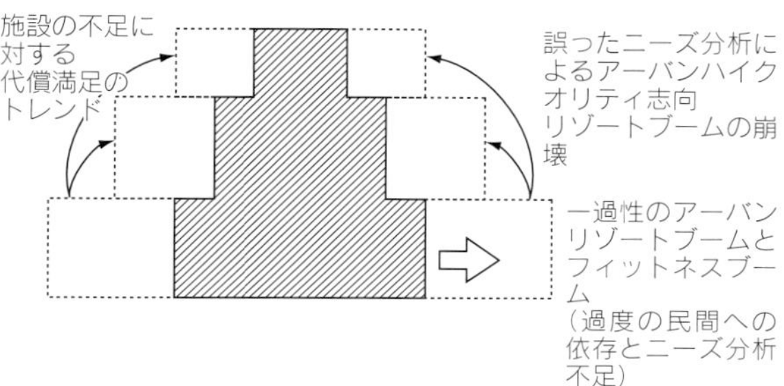

図４　自由時間活動施設の構成

ほとんどが日帰りであり，2泊以上の連泊がまれなところにある．短期滞在型では全体のコストの中に移動エネルギーの占める比率も大きくなり，ワン・トリップあたりの環境への負荷も大きい．これは主として，国の施策としてまだ計画的な個人レベルでの年次休暇制度が確立されていないことによる．休暇制度の実質的不在により，たとえ週末に人々が殺到してラッシュとなっても，レジャーや観光産業の収支は年間のアベレージでは赤字となり，採算がとれない．したがって，いつまでも自由時間活動のインフラが整備されず，大都市の肥大が続く．よく考えれば，当然の帰結である．本格的なアウトドアライフ時代をもたらすには，先進諸国のような個人が真に活用できる長期休暇制度の導入が必須であろう．

このようなアウトドアのライフパターンに，現代の消費文明（例えばコンビニ文化）がそっくり持ち込まれてきているところに，現在の各種の環境問題がある．すなわち，機能性，利便性を優先した使い捨て消費文明を反省する必要がある．環境にも配慮した新しい人間のエトスが早急に必要とされている．それには，今までのような人間の構成員同士の倫理学ではなく，環境にも配慮する，いわゆる環境倫理学の立場に立つ必要がある．環境倫理の立場では，

①自然環境（含生物）に対する配慮（現実にはノアの箱舟的だが生物種および態の保存）
②次世代の人々に対する配慮（世代間倫理，次世代へ負の遺産のツケ回しをしない）
③人間生存の平等性（地域間倫理，他地域へツケをまわさない）

ということが前提になる．

自然環境にとって必要なのは，エコロジーとシンバイオシス，そしてサスティナブル・ディベロップメントという理念である．しかし，人間サイドに関してもWHOの憲章でも「人は健康について，身体的，精神的，社会的に良い状態であることが必要である」としており，1986年のオタワ憲章で,「健康は身体的な能力であると同時に，社会的，個人的資源であることを強調する積極的な概念である」としている．すなわち，ウェルネスライフが希求されているのである．次に，スポーツや遊びの社会的意義であるが，情報化社会の進展で，人間行動が情報処理型に偏してゆく中で，せめて自由時間活動においては，情報処理型のバーチャルなカリキュラーワーク一辺倒でなく，力の行使と制限により，人間が生命の確証を得られる自由時間活動としてのライブなフィールドワークが極めて重要になりつつある．

スポーツ的活動を通じて，人々は健康，遊び，能力などの動機的行動，あるいはチームワーク，フェアプレー，環境適応力，交流性，自己実現行動の構成力，生活の文化化などを学び，自己の人生を創造的に構築していくことができる．これは技術文明の中で，人間疎外を避けるためにも必須の要素である．それは，人間の本質的行動といっても良い．

これに加えて健康スポーツ的役割がある．わが国における国民総医療費は，ついに98年度に30

兆円を突破し，その内，生活習慣病の占める比率は実に30％を超えているという現実がある．このような状況では，国民経済学的視点から見ると，運動不足の克服により，医療費の軽減を図るためにも生涯（ライフロング）を通じてのスポーツやプレイ，レクリエーションが極めて重要な意味を有してくる．健全な身体があって初めて，人間は全き人格を保有し，実りある人生を享受できるからである．本来，人道的立場に立つと，地球上のすべての人々のウェルネスライフが指向されねばならない．それを限られた地球環境の中で自然環境とどうバランスを取っていくかが21世紀において私たちの困難な，また必須の課題として浮かび上がってくるのである．

2．自然教育の必要性

自動化，機械化，機能化，分業化など人間の生活様式が技術文明に大きな影響を受けている中で，私たちの日常生活の中には自然に接する機会であるとか，自己の身体を動かす機会が急速に少なくなりつつある．

しかし，人間の遺伝子が1万年前とまったくといっていいほど変わっていないという事実は，私たちが日常生活の中に自然や身体運動を積極的に取り入れて技術化による人間疎外を防いでゆく必要性を示している．これらの具体化には，自然教育やこれを含む広い概念である環境教育を積極的に行なっていく必要性がある．通常，自然教育を考える場合，三つの視点がある．まず第一に，自然体験学習である．これは具体的に，自然と共生する生活意識を育んでいくことを目的とする．人間は自然の一部であり，源始の自然から生み出されたのだという認識を持ち，自然と共にあるという生活体験，生活様式を生涯自然教育という視点から確立してゆく必要性がある．キーワードとしては，関係性や気づき，共感，交流，思いやりなどである．

この自然体験学習の方法論を考えると，体験，認識，行動のそれぞれのレベルでの対応が必要となる．

①自然体験レベル：

まるごとの自然環境に包まれる体験をすること．それによって，自然と出会い，関心や興味を持たせること．

②自然認識レベル：

自然に対して，正しい知識を持ち，自然環境を意識的に，また理性的にとらえさせること．

③自然環境内での行動レベル：

自然を利用，活用し，積極的に行動する時のあり方．自然環境を把握し，自然の中で正しく行動していくこと．

すなわち，地域の自然，人文，社会，環境を知ることから始まり，その地域の植生や動物に関し，基礎的知識を持ち，行動していくこと（1人またはチームで行動すること，各種交通機関を適切に利用すること，ポイ捨てをせず，ゴミの持ち帰りや処理を適切にすること，ルートから外れた時の行動の仕方を学ぶこと，環境の大切さを知ることなど）をマスターしていく必要がある．これには，原則的に理性人としての人間の戦術的行動が求められるといっても良い．

第二の視点は，生活文化や芸術の対象としての自然である．つまり，真善美や夢，ロマンの対象である．これは，自然芸術主義といってよいが，自然が観察や思考の対象となり，人間の知力を生み出す潜在力となるという考え方である（ラスキン，モリスなどによる）．いうまでもなく，わが国には古代の『万葉集』,『古今和歌集』,『新古今和歌集』から『奥の細道』へとつながる自然を美の対象としてみる考え方が存在する．これは人間の生命と生活の文化的価値として考えられる自然環境教育である．ここでは，機械的，機能的な消費文明とは異なった唯一無二性を有する別の価値観が必要とされる．ジャン・ジャック・ルソーの「自然にかえれ」という発言は，かかる意味も含まれているのである．

第三の視点は環境教育としての自然教育である．これは最近フットライトを浴びている環境倫理的視点に立って，生命の尊厳を中核とするコス

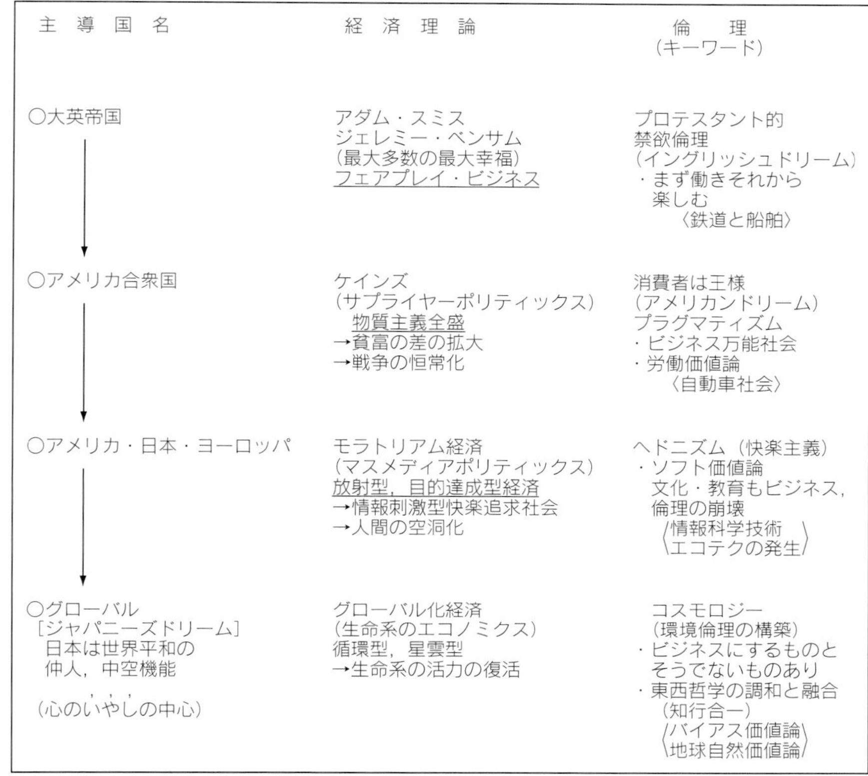

主導国名
経済理論
倫理
（キーワード）
○大英帝国
アダム・スミス
ジェレミー・ベンサム
（最大多数の最大幸福）
フェアプレイ・ビジネス
プロテスタント的
禁欲倫理
（イングリッシュドリーム）
・まず働きそれから
楽しむ
〈鉄道と船舶〉
○アメリカ合衆国
ケインズ
（サプライヤーポリティックス）
物質主義全盛
→貧富の差の拡大
→戦争の恒常化
消費者は王様
（アメリカンドリーム）
プラグマティズム
・ビジネス万能社会
・労働価値論
〈自動車社会〉
○アメリカ・日本・ヨーロッパ
モラトリアム経済
（マスメディアポリティックス）
放射型，目的達成型経済
→情報刺激型快楽追求社会
→人間の空洞化
ヘドニズム（快楽主義）
・ソフト価値論
文化・教育もビジネス，
倫理の崩壊
〈情報科学技術
エコテクの発生〉
○グローバル
［ジャパニーズドリーム］
日本は世界平和の
仲人，中空機能
（心のいやしの中心）
グローバル化経済
（生命系のエコノミクス）
循環型，星雲型
→生命系の活力の復活
コスモロジー
（環境倫理の構築）
・ビジネスにするものと
そうでないものあり
・東西哲学の調和と融合
（知行合一）
〈バイアス価値論
地球自然価値論〉

図５　歴代の経済エポック（福岡による）

モロジー的価値観を主張していくものである．基本原理はエコロジーとシンバイオシスであり，倫理学の領域の自然への拡大とも考えられる．現状では，ある意味で，アニミズムとしている考え方が多いが，基本は「我も良く，彼も良し」という「彼」を対人間だけでなく，対自然にも適用するという考え方に立たねばならない．ここには，根本的に人間の力の行使と制限という問題がある．いわば人間原理の自然環境への適用とも考えられる．しかし，現状のこの領域の学問は，総論的には理想的で明解であるが，各論となると多くの矛盾や特異解が存在している．今後，この領域における学問的深化が必要である．この領域は，いわば理性人としての人間が，いかに戦略的な行動をとっていくかという命題でもある．

以上のような三つの視点を踏まえて，思考を展開させていくことが現状では必要とされる．よく行なわれているように，近視眼的にアウトドアスポーツと環境とを対比させるのではなく，人間の生活と環境ということに対して環境汚染，ツーリズム，地球学，野生動植物学，生物学，地学，歴史学，芸術学，宗教学，倫理学，社会学，文化人類学などのような広い範囲で問題をとらえていくことと共に，それらの根底にある共通の原理としての環境倫理学をどう深化していくかが重要な課題である．

3．技術によるエコ・ヒューマニズムの達成

理想論として，自然環境を大切にしつつ，ウェルネス的志向のもとに多くの人間のアウトドアスポーツ活動や，利便，快適な都市生活をも可能な

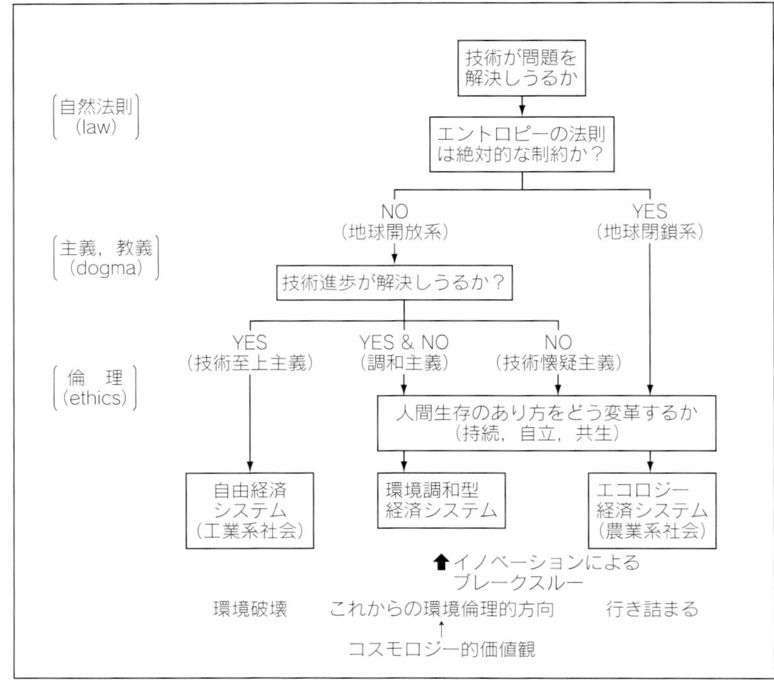

図6　環境理念の検討プロセス（内藤正明氏（国立環境研究所）によるものに福岡が加筆）

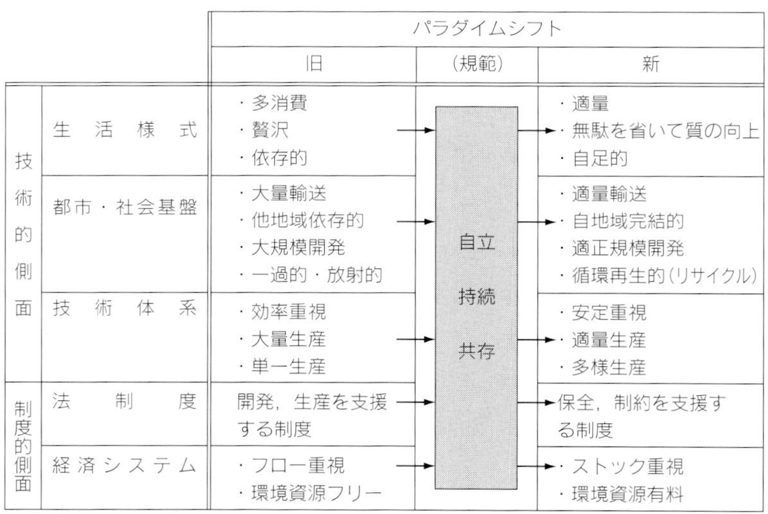

		パラダイムシフト		
		旧	（規範）	新
技術的側面	生活様式	・多消費 ・贅沢 ・依存的	自立 持続 共存	・適量 ・無駄を省いて質の向上 ・自足的
	都市・社会基盤	・大量輸送 ・他地域依存的 ・大規模開発 ・一過的・放射的		・適量輸送 ・自地域完結的 ・適正規模開発 ・循環再生的（リサイクル）
	技術体系	・効率重視 ・大量生産 ・単一生産		・安定重視 ・適量生産 ・多様生産
制度的側面	法制度	開発，生産を支援する制度		保全，制約を支援する制度
	経済システム	・フロー重視 ・環境資源フリー		・ストック重視 ・環境資源有料

図7　社会のパラダイムシフト（内藤正明氏（国立環境研究所）による）

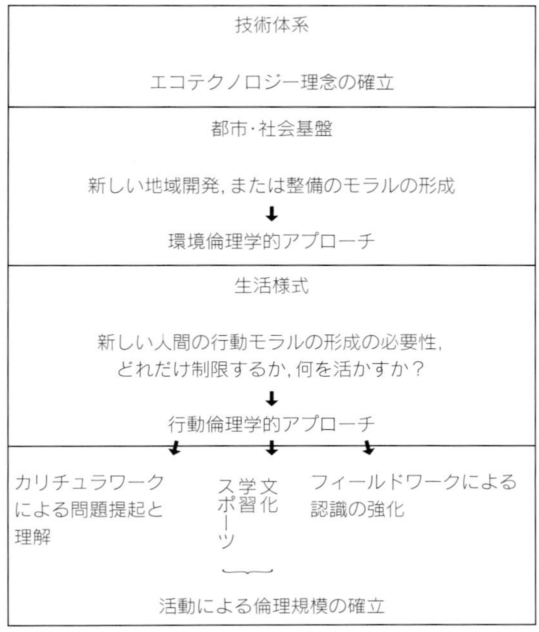

図８　工学技術的対応（エコテクノロジーの展開）と生活文化への展開（福岡による）

らしめるには，人間が理性人として振る舞い，システム的指向によるイノベイティブな技術介入を行なうことが必要である．一般に人工的な都市環境と自然環境とのインターフェィスバランスを取ってゆく技術をエコテクノロジーと総称しているが，これはミクロの視点（タクティクス）的なバイオトープを作るといった考え方のみならず，バイオネットワーク，さらにはバイオスフィアといったような地域を越えたグローバルな戦略としての自然環境の創造へとつながるようなマクロの視点（ストラテジック）に立ったスーパーシステムの制御的な発想が必要となってくる．これらについて今道友信は「哲学思想的に見た場合，今までの古典的なアリストテレスのニコマコス倫理学は成立せず，技術倫理学がなりかわった」と主張している．これは技術という手段が人間生活にとって不可避の環境として規定していくということである．今道は，これらに対応し，今までの哲学が自然（physis）を越える学として哲学（metaphysica）があるように，環境が技術（technica）に

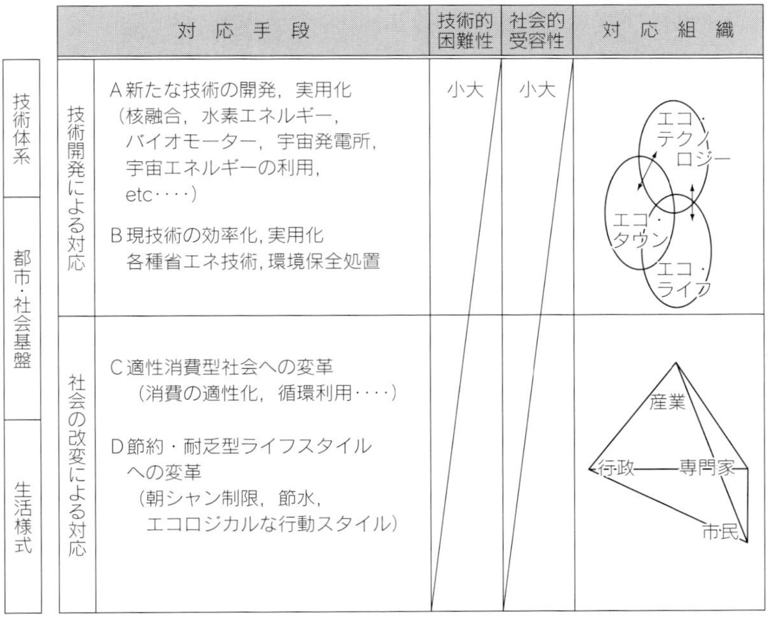

		対応手段	技術的困難性	社会的受容性	対応組織
技術体系 都市・社会基盤 生活様式	技術開発による対応	A 新たな技術の開発，実用化 （核融合，水素エネルギー，バイオモーター，宇宙発電所，宇宙エネルギーの利用，etc・・・・） B 現技術の効率化，実用化 各種省エネ技術，環境保全処置	小 大	小 大	エコ・テクノロジー エコ・タウン エコ・ライフ
	社会の改変による対応	C 適性消費型社会への変革 （消費の適性化，循環利用・・・・） D 節約・耐乏型ライフスタイルへの変革 （朝シャン制限，節水，エコロジカルな行動スタイル）			産業 行政 専門家 市民

図９　テクノロジーと社会（待ち，見守り，チャレンジの精神）（内藤正明氏の図を基本に福岡が加筆）

なった世界では技術哲学（metatechnica）を考えていく必要があると主張している．そして，これらを包括する倫理学として，いわゆる生圏道徳学としてのエコ・エティカ（eco-ethica）が必要となってきたと述べている．この概念は環境倫理学を包括した概念と考えられる．なぜならば，環境とのかかわりを人間が有する時，技術が介在するからである．このような考え方は，東洋哲学でいえば，老子のいうところの「無為自然」でなく，孔孟の思想をも含めた「有為自然」の概念であり，二宮尊徳が天道でなく，人道の追及と主張したものと共通点が多い．

人間は今までのような無為自然としてアウトドアスポーツを行なうのではなく，有為自然として行なっていくような生活態度を身につけていくことが必須となっていくのである．エコ・エティカを私達の努力目標として行動をしていくことが必要となるのである．どのように，「力の行使と制限」をしていくかということは，（自然）環境に対する人間の永遠の課題である．これらについて理論的確立を図るとともに，一刻も早く長期的視野に立った戦略と日常の個々のアクションプログラム策定へ向けた戦術的行動が起こされねばならない．パンドラの箱が開いた今，私たちにとり猶予の時間はほとんど残されていないのである．

図5は歴代の経済エポックを示したものである．現状から脱皮したグローバル化された中で，どのようにして新しい秩序を構築してゆくかが急務である．

それには，**図6**のような中の調和主義を取り，**図7**に見るような社会のパラダイムシフトをし，**図8**に見るようにエコテクノロジーの生活文化への溶け込みを至急はかっていかなければならない．その時に，**図9**に示したように，A, B, C, Dのどのようなオプションを取るかは，これからは討議され，コンセンサスをとらなければならない問題である．

［福岡　孝純］

21 世紀における体育学研究の方向

1．シンポジウム企画の意図

地球的規模での危機を迎える 21 世紀の人類には，人間としての生き方に大きな変革が強く求められている．

人間生命体としての身体を目指す方向で，積極的に育成することに大きく寄与することのできる体育・スポーツには，この変革に独自な先駆的な役割を果たすことが期待できるのではなかろうか．そのためには，体育・スポーツ学界に見られる基本的なことに関する著しい混迷，曖昧，閉塞などの問題点の発展的な打開を図ることが必要不可欠であろう．

本シンポジウムは，21 世紀における体育学研究の方向を，発想の意図的変換を図るようにして追求する強力な契機の一つになることを期待し企画した．

2．各演者の提案内容

①人文・社会科学系の友添秀則氏（体育科教育学会・香川大学）からは，以下のような内容が示された．第一は「体育学からの脱皮」を，第二は「実践イデオロギーからの脱却」を，第三は「これからのスポーツ科学」と題してテクノロジーの飛躍的な進歩に伴い，研究の世界に倫理を考えないモラルハザードを招き入れること．

②自然科学系の野坂和則氏（運動生化学研究会・横浜市立大学）からは，以下の内容が示された．第一は「体育学」とは何かを明らかにすること，第二はわが国においても「運動・スポーツ科学」がサイエンスとして大学教育に位置づけられること，第三は「体育学」は高度に専門化していく知識を統合する場，また情報交換の場，研究チーム作りの場とすること．

③実践系の立場からの提言を願った金原勇氏（日本スポーツ方法学会・武蔵野体育研究所）からは，以下の内容が示された．体育学に関する課題として，一つには体育学の研究対象になる独自性・普遍性のある体育の捉え方，二つには体育学の学特性に即した学体系を確立すること．この二つの課題に関する成果を基礎にし，21 世紀が求める体育学研究の方向は，体育（体育・スポーツ）学研究に求められる発展的変革を明らかにすること．

3．討議およびフロアーからの意見の概要

フロアーからの質問項目は，①学と科学の使い分けについて，②科学的研究では客観的なもののみを受け入れることとしているが主観的なものは排除されるのか，③共

通善とはどんなものか，④体育とスポーツの区別はできるのか，などがあり討議が行なわれた．また，フロアーからの意見として，体育指導者は，実践指導をしながら科学の研究に取り組んでいる．いわゆる「体育学」の研究をしているという発言があった．

4．今後の展望

3 人の演者各位の提言およびフロアーとの討議を通して明らかになったことは，21 世紀における体育学研究においては，何よりもまず体育学に存在する混迷，曖昧，閉塞状態が生まれてくる原因の解明に向け，学会全体が総力をあげて真剣に取り組むことの重要性が再確認できたことである．

したがって，今後体育に関しての独自性・普遍性のある捉え方の追求と併せ体育学の学特性に即した分化と総合，学会体制の発展的な在り方を追求すること，さらに21 世紀が要求する人間の生き方の変革に体育が果たし得る役割・使命を明らかにすることが急務であろう．

［廣橋　義敬］

① 21 世紀が求める体育（体育・スポーツ）学研究の方向

―主に体育・スポーツ学の分化と総合に着目して―

1．研究目的

体育・スポーツ学界には，体育（体育・スポーツ）学に関する諸基本的なことに，今日なお問題点が多い.[1～4,8] というよりは，**表 1** に示唆したように，著しい混迷・曖昧，閉塞などが感じられる.

著者には，1952 年以来，断続的ではあるが追究してきた体育学に関する二つの根本課題がある．その一つは，体育学の研究対象になる独自性・普遍性のある体育の捉え方である．他の一つは，体育学の学特性に即した学体系である[2,11].

本研究の目的は，主に二つの課題に関する成果を基礎にし，問題点の打開とも関連づけて，21 世紀が求める体育（体育・スポーツ）学研究の方向を探ることにある.

2．本研究に内在している研究方法

本研究に内在している研究方法といえることには，次の二つがあげられる.

その一つは，冒頭に示した根本課題についての，長期にわたる主に総合理論的研究成果を基礎にして，本テーマを考察していることである.

二つの根本課題の追究をも含めて，本研究における考察の特徴には，①体育（体育・スポーツ）学界にみられる，体育・スポーツ学に関する諸基本的なことに関する諸問題点の打開と関連づけたこと，②21 世紀が体育（体育・スポーツ）に求める役割・使命と関連づけたこと，③諸体育・スポーツ学会・研究会などでの発表を通して検討してきたこと，などがあげられる.

他の一つは，体育・スポーツ学研究に寄与する，超長期にわたる多様な体験を基礎にして考察していることである.

幅広い体験には，①体育・スポーツ学の多分野にわたる研究体験，②諸体育・スポーツ学会，隣接諸分野の諸学会などへの幅広い出席体験，③体育・スポーツの多様な実践体験，④体育・スポーツの多様な指導体験，⑤体育・スポーツ学研究の指導体験，⑥体育・スポーツ事象の多様な観察体験，などがあげられる.

3．体育（体育・スポーツ）学研究に求められる発展的変革

ここでは，考察成果を，体育・スポーツ学研究の諸基本的なことに着目して，それぞれの発展的変革への提言という形で示すことにする.

提言 1

その第一の提言は『偏狭なスポーツ型および保健型の体育観を包み込む，独自性・普遍性のある体育観を確立するようにして，21 世紀が求める研究を進めること』である.

例えば，著者が提唱している活動生活・休養生活・食生活の 3 本柱によって構築する全生活にわたる生活・生存型体育の場合のように，体育を文字が示す意味そのままに『人間生命体としての身体を目指す生き方ができるように積極的に育てる

表 1　体育・スポーツ学界にみられる混迷・曖昧，閉塞

主にみられる混迷・曖昧		主に感じられる閉塞
1．体育観，スポーツ観などに着目して	(1) 体育とスポーツとの区別 (2) 体育と保健との区別 (3) 体育と体育教育との区別 (4) 体育教育とスポーツ教育との区別	① 体育・スポーツ観，特に体育観に感じられるタブー ② 体育・スポーツ学界，特に日本体育学会に感じられる，学特性に即さない研究体制の固定化 ③ 体育・スポーツに関する職域の拡大につながらない，特に体育・スポーツ系大学の研究・教育体制の固定化
2．体育・スポーツ学，体育・スポーツ学会，体育・スポーツ系大学などの在り方に着目して	(1) 体育・スポーツ学の学体系，特に実践系分野の混迷 (2) 体育学会専門分科会，諸独立体育・スポーツ関連学会などの置き方にみられる混迷 (3) 体育・スポーツ系大学における学部，学科，大学院などの置き方にみられる混迷	

こと』として捉えると，21 世紀が求める体育を自由に考えることができる[5～10]．

体育をこのような広い目的事象として捉えると体育とスポーツとは『体育的スポーツ』を通して，また体育と保健とは『攻めの保健』を通して，それぞれ相補的関係にある事象として明確に区別できる．著者には，**表 1** に示した体育・スポーツ学界にみられる根本的なことに関する問題点打開の主な鍵は，何よりも広い捉え方による共通理解の得られる体育観の確立にあると考えられる．

提言 2

その第二の提言は『日本体育学会から日本体育・スポーツ学会へと名称変更をして，21 世紀が求める研究を進めること』である．

この変更によって，相補的関係にある体育事象とスポーツ事象とを区別できる条件が整うことになる．また，行なう人の生涯段階・生き方などに即した形で総合する『生涯体育・スポーツ学』の確立ができることにもなる[8]．

このような行なう人の実践に直結した生涯体育・スポーツ学は，体育・スポーツ学の学特性からみて，その中核的研究領域として位置づけられよう．

保健学は，本来，体育学ではなく医学の枠組み内の事象として位置づけられている．したがって，体育学の研究では，体育が不在になるような『健康（保健）・スポーツ科学』ではなく，攻めの保健を含む体育事象とスポーツ事象とを研究領域にする，独自性のある『体育・スポーツ科学』の確立を目指すことが不可欠ではなかろうか．

表 2　体育・スポーツ学の科学特性

特性のとらえ方	科学特性
1．科学の階層的位置づけに着目して	① 応用科学性 ② 多角的学際科学性
2．科学の寄与性に着目して	① 生活科学性 ② 実践科学性（実用科学性） ③ 哲学的総合性（当為科学性，教育学的総合性）

提言 3

その第三の提言は『学特性に即した学体系を確立するようにして，21 世紀が求める体育・スポーツ学研究を進めること』である．

体育・スポーツ学の諸基本的なことに問題点が多い現状のもとでは，学特性に即した学体系の確立は，そのこと自身が研究の方向を決める最も重要な鍵になる．

体育・スポーツ学の学特性には，**表 2** に示すように，人間への寄与に着目すると，生活科学性，実践科学性，哲学的総合性などがあげられる．また，**表 2，3** に示すように，科学の階層的位置づけからは，人文・社会・自然にわたる諸基礎科学的視点からの研究が必要な多角的学際的応用科学として特徴づけられる．さらに，実践学的分野にも

表３　体育・スポーツ学の理論体系(その１)
—学特性に即した階層構造性に着目して—

体育・スポーツ学の階層段階性		階層段階に対応する体育・スポーツ学
２ 学際的 応用的階層	2—3 実践的階層	2—3 実践系体育・スポーツ学
	2—2 実践的基礎的階層	2—2 実践系基礎体育・スポーツ学
	2—1 応用的基礎的階層	2—1 基礎系体育・スポーツ学
１ 基 礎 的 階 層		１ 基 礎 科 学

表４　体育・スポーツ学の理論体系(その２)
—細分化と総合化に着目して—

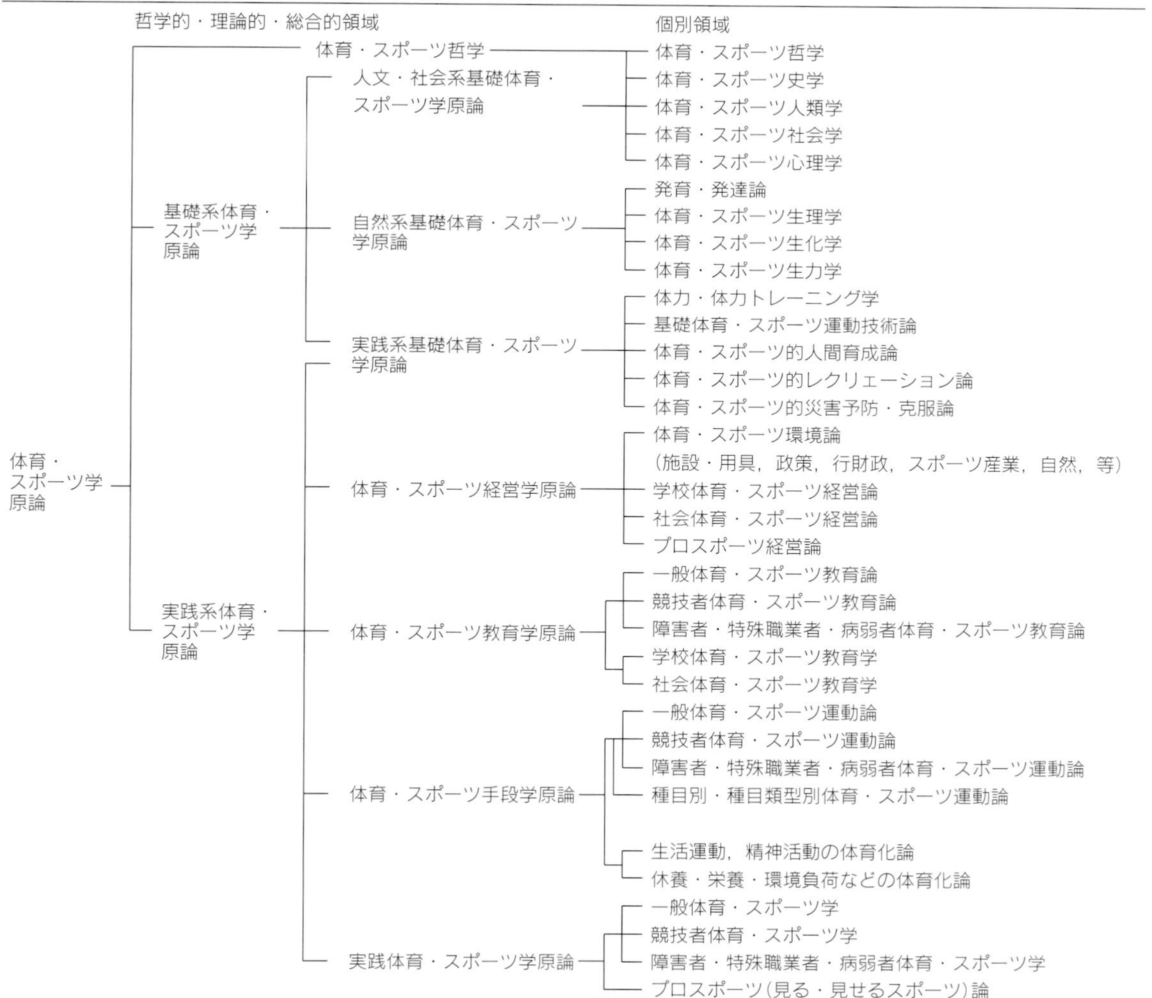

表5　体育・スポーツ学に関する学会体制の問題点
—学特性に即した学体系を基礎にして—

問題点をとらえる視点としての学体系 ＼ 学会体制の現状		日本体育学会専門分科会	諸個別学会・研究会
1 基礎系体育・スポーツ学	1 人文・社会系基礎体育・スポーツ学	1 体育原理 2 体育史 3 スポーツ人類学 4 体育社会学 5 体育心理学	1 日本体育・スポーツ哲学会 2 スポーツ史学会 3 日本スポーツ社会学会 4 日本スポーツ心理学会
	2 自然系基礎体育・スポーツ学	1 発育発達 2 運動生理学 3 バイオメカニクス 4 測定評価	1 日本運動生理学会 2 運動生化学研究会 3 日本バイオメカニクス学会
2 実践系基礎体育・スポーツ学	3 実践系基礎体育・スポーツ学	1 保健 2 体育方法	1 日本運動・スポーツ科学学会 2 トレーニング科学研究会 3 日本スポーツ運動学会 4 日本レジャー・レクリエーション学会 5 日本スポーツ方法学会 6 日本学校保健学会 7 NSCA ジャパン
3 実践系体育・スポーツ学	4 体育・スポーツ運動学		1 体操研究会 2 ランニング学会 3 日本スプリント学会 4 日本ウォーキング学会 5 日本水泳・水中運動学会 6 大学スキューバダイビング研究会 7 日本スキー学会 8 日本冬季スポーツ科学研究会 9 日本武道学会 10 ボールゲーム研究会 11 日本ゴルフ学会 12 ソフトテニス医科学研究会 13 日本テニス学会 14 日本バレーボール学会 15 野外運動研究会
	5 生涯体育・スポーツ学		1 女子体育連盟
	6 生涯体育・スポーツ教育学	1 体育科教育学	1 日本体育科教育学会 2 日本スポーツ教育学会 3 日本学校体育研究連合会 4 全国大学体育連合 5 大学体育教育研究会 6 日本野外教育学会
	7 体育・スポーツ経営学	1 体育経営管理	1 日本体育・スポーツ経営学会 2 日本体育・スポーツ政策学会 3 日本スポーツ産業学会 4 日本スポーツ法学会

わたる学際性が要求される.

このような学特性をもつ体育・スポーツ学には実践に直結した分野に寄与する知見が組織的に蓄積されていくような，全体としての学体系（分化と総合）を確立することが必要になる[2]．そのためには，**表3**に示すように，学体系を基礎系，実践的基礎系，実践系の3階層構造的に捉えることが役立つと考えられる．ここに，実践的基礎系とは，実践系の諸分野・諸領域に広く活用できる諸基本的課題を取り上げる分野である．この分野は基礎系にとっての基本研究課題にもなることとして位置づけられる．

表4は,**表3**に示した階層構造的な捉え方を基礎にした理論体系（分化と総合）を，必要な領域を落ちこぼしなく取り上げるようにして示したものになっている．それだけに，体育・スポーツ学界の現状には即さない示し方になっている．

ここに示す理論体系では，第一には，体育・スポーツ学の全領域を，大きく哲学的理論的総合的領域と個別領域とに分けている．第二には，全体を大きく基礎系体育・スポーツ学と実践系体育・スポーツ学とに分け，それぞれをさらにいくつかの分野に分けている．その上で，両者の中間に実践系基礎体育・スポーツ学を位置づけている．

総合的な日本体育（体育・スポーツ）学会以外の諸独立体育・スポーツ学会および研究会は，**表5**にも示すように，3階層のいずれかに位置づけられる．特に，この理論体系のなかの実践系基礎体育・スポーツ学および実践系体育・スポーツ学に含まれる多くの独立学会および研究会の誕生は，体育・スポーツ学を学特性に即した学体系を確立するようにして研究していくべきことを訴えている．

提言4

その第四の提言は,『体育・スポーツ学の学特性に即した学界研究体制を確立するようにして，21世紀が求める研究を進めること』である．

表5は，**表3**と**表4**に示した理論体系を基礎にして，わが国にみられる体育・スポーツ学に関する学会研究体制の問題点を検討するために掲げた．

表5のなかの問題点を捉える視点としての学体系は，**表4**に示した理論体系に即しながらも，日本体育学会専門分科会の現状および数多くの細分化された独立学会・研究会などにも対応できる弾力性のある示し方をした．実践系基礎体育・スポーツ学を，基礎系と実践系の中間階層分野として明確に位置づけた．その上で，基礎系を大きく二つの分野に,実践系を四つの分野に分けている．

表5を基礎にすると，日本体育学会専門分科会，諸個別学会・研究会の現状には，主な問題点として，次のいくつかのことが指摘できよう．

その第一には，基礎系体育・スポーツ学分野における専門分科会の置き方と諸独立学会・研究会の置き方とでは，運動生理学とバイオメカニクスを除いて,不統一になっていることがあげられる．

このことは，日本体育（体育・スポーツ）学会が，基礎系体育・スポーツ学分野の研究においてさえも，中核的総合的な役割を果たせない体制にあることを示している．

その第二には，実践学系には，体育・スポーツ教育学およびスポーツ経営学を除く広大な分野に，保健と体育方法という曖昧な名称をもつ専門分科会が置かれているにすぎないことが指摘できる．

日本体育学会における専門分科会のこのような現状の放置は，数多くの独立学会・研究会のなかにあって，日本体育学会が中核的総合的役割が果たせない最大の原因になっているといえよう．

その第三には，保健および体育方法専門分科会に含まれると考えられる諸独立学会・研究会の現状は，主にスポーツ学に関する領域の乱立になっており，しかも体育学に関する領域の欠如していることがあげられる．

このようにみてくると，体育・スポーツ学に関する全体としての学会体制問題点打開の主な鍵は，特に体育方法専門分科会の発展的な分化と総合を図ること，対応する諸独立学会・研究会の体系的な置き方を配慮することにあると考えられ

表6　体育・スポーツ学に関する学会体制の在り方
—学特性に即した学体系を基礎にして—

発展的なあり方 ／ あり方をとらえる視点としての学体系	日本体育・スポーツ学会の体制		諸個別独立学会
	日本体育・スポーツ学会専門分科会の連合体	日本体育・スポーツ学会専門分科会	
1 基礎系体育・スポーツ学	1 人文・社会系基礎体育・スポーツ学	1 体育・スポーツ哲学 2 体育・スポーツ史学 3 体育・スポーツ人類学 4 体育・スポーツ社会学 5 体育・スポーツ心理学，など	1 専門分科会の独立学会化 2 専門分科会の細分化に伴う独立学会 3 その他
	2 自然系基礎体育・スポーツ学	1 発育発達学 2 体育・スポーツ生理学 3 体育・スポーツ生化学 4 体育・スポーツバイオメカニクス，など	
2 実践系基礎体育・スポーツ学	3 実践系基礎体育・スポーツ学	1 体力・体力トレーニング学 2 基礎体育・スポーツ運動技術学 3 体育・スポーツ人間形成学 4 体育・スポーツレクリエーション学 5 体育・スポーツ的災害予防・克服学 6 体育的保健学，など	
3 実践系体育・スポーツ学	4 体育・スポーツ運動学	1 体操学 2 個人スポーツ学 3 格技学 4 球技学 5 舞踊学 6 野外運動学 7 生活運動の体育化論，など	
	5 生涯体育・スポーツ学	1 発育期体育・スポーツ学 2 生産年齢期体育・スポーツ学 3 高齢期体育・スポーツ学 4 障害者・病弱者体育・スポーツ学 5 競技者体育・スポーツ学，など	
	6 体育・スポーツ教育学	1 体育科教育学，学校体育・スポーツ教育学 2 生涯体育・スポーツ教育学 3 障害者・病弱者体育・スポーツ教育学 4 競技者体育・スポーツ教育学，など	
	7 体育・スポーツ経営学	1 学校体育・スポーツ経営学 2 社会体育・スポーツ経営学 3 体育・スポーツ政策学 4 体育・スポーツ産業学，など	

る．

その第四には，日本体育学会では，広大な体育・スポーツ教育学の分野に，体育科教育学専門分科会が置かれているにとどまることがあげられる．

その第五には，日本体育学会では，体育管理経営という曖昧な名称をもつ専門分科会が置かれているにとどまることがあげられる．

この分野には，体育・スポーツ経営学を柱にした分化と総合が求められる．

このように検討してくると，わが国における体育・スポーツ学会の全体にわたる研究体制を整える鍵は，何よりも日本体育（体育・スポーツ）学会における専門分科会の発展的な置き方にあるといえよう．

表6には，**表4**で示した理論体系に即した，しかも**表5**で示した学会体制の問題点が打開できると考えられる，学会体制の全体としての在り方を示そうとした．

その在り方の第一には，研究対象にする体育とスポーツとを，体育的スポーツを通して相補的関係にある事象として，2本立てによる体育・スポーツ学の学会研究体制をつくることがあげられる．

その在り方の第二には，日本体育・スポーツ学会が，わが国における体育・スポーツ学研究に中核的総合的役割を果たせるような体制をつくることがあげられる．

このためには，原則として日本体育・スポーツ学会専門分科会が同時に独立学会にもなるような体制の確立が要求される．

その在り方の第三には，必要性・独自性のある体育・スポーツ学に関する研究領域は，原則として専門分科会にすることがあげられる．

表6には，基礎系に九つ，実践的基礎系に六つ，実践系に 20 の専門分科会をあげている．**表4**のなかで示した生活運動，精神活動，休養，栄養，環境負荷などと関連づけた専門分科会なども考えられる．

その在り方の第四には，体育･スポーツ学の全体が強力な協力体制のもとに研究が進められるように，専門分科会の連合体を置くことがあげられる．

これらの連合体は，**表4**に示した哲学的理論的総合的領域としても位置づけられる．専門分科会の数を，強力な研究体制の確立とも関連づけて減らすには，連合体を専門分科会にすることが考えられる．

その在り方の第五には，諸個別学会は原則として専門分科会の独立学会化という形で置くことがあげられる．

このほか，専門分科会のさらに細分化された領域，**表4**のなかで示した哲学的理論的総合的領域，異色のある課題などを取り上げる学会・研究会があってよい．

提言5

その第五の提言は『地球的規模で人類に要求される人間の生き方の変革に体育・スポーツが果たし得る役割・使命を確立するようにして研究を進めること』である．

21 世紀の人類には，少子化・高齢化に対応できるように，一般に逞しい長寿型人生の実現，逞しい長寿社会の育成に寄与する，著者の提唱している生活・生存型の体育実践が求められる．環境に着目すると，自然・社会・人工にわたる環境の健全化に，生活に着目すると，浪費なき生産性，消費性，安全性などを重んじた豊かな生き方に貢献する体育・スポーツ実践が求められる．

このほか，第六の提言として『体育・スポーツ学系大学が研究・教育体制の発展的変革を図るようにして，21 世紀が求める研究を進めること』があげられよう．

健康（保健）学とスポーツ学があって，体育学が不在になっている研究体制のもとでは，21 世紀が求める体育・スポーツ学研究の効果的な推進は望めないのではなかろうか．

日本学術会議会員の吉田民人氏は，日本体育学会第 50 回記念大会時に開催された日本学術会議企画シンポジウム『21 世紀の科学と体育・スポーツ科学の探求』において,『21 世紀の科学について』というテーマのもとに，卓越した説得力のある内容による科学の発展的な在り方を示された．その上で,『体育学・スポーツ科学』についても，極めて示唆に富む，いくつかの提言をされた[12]．

著者には，21 世紀における科学を全体として論ずる資格はない．しかし，本研究のなかで示した提言，関連づけて示した体育・スポーツ学の未来像は，吉田氏による貴重な示唆の多くを実質的に先取りした，体育・スポーツ学界の現状にみられる問題点の発展的な打開に寄与できるものになっているのではなかろうか．

［金原　勇］

［文　　献］

1）金原　勇，廣橋義敬：学校体育論．建帛社，東京，1991.
2）金原　勇：日本体育学会の発展的な在り方を考える．体育の科学 47（1）：36―42, 1997.
3）金原　勇，廣橋義敬：究極の体育―アイデンティテー・普遍性・究極性を具備した体育観の追究．体育原理研究 25：71―74, 1994.
4）Isamu Kinpara, Gikei Hirohashi : Physical Education and Sport toword the 21 th Century-A proposal of physical education for human life and existence. ICHPER 36 th WORLD CONGRESS Proceedings, The Organizing COMMITTEE ICHPER 36 th World Congress : 275―279, 1994.
5）金原　勇：生活・生存の基礎的動きと体育運動．体育の科学 45（3）：181―185, 1995.
6）金原　勇，廣橋義敬：休養の積極的体育性．体育原理研究 26：81―84, 1996.
7）金原　勇，廣橋義敬：精神活動の積極的体育性．体育原理研究 27：95―98, 1997.
8）金原　勇：人間の生活・生存と生涯体育・スポーツ研究．体育学研究 42（5）：387―393, 1998.
9）金原　勇，廣橋義敬：生活運動の積極的体育性．体育原理研究 28：117―120, 1998.
10）金原　勇，廣橋義敬：スポーツの積極的体育性．体育原理研究 29：83―87, 1999.
11）前川峯雄：体育学研究の分野．現代体育学研究法．79―84, 大修館書店，東京，1972．このなかで，金原　勇の体育学の学体系を紹介し，批判している．
12）吉田民人：21世紀の科学について，21世紀の科学と体育・スポーツ科学の探求．日本学術会議体育学・スポーツ科学研究連絡委員会：2―12, 1999.

② 21 世紀における体育学研究の方向性

—人文・社会科学的立場からの提言—

はじめに

1960 年代中半以降，欧米の研究動向に影響され[5,7]，われわれの知の営みやその成果の体系を「体育学」と称することから,「スポーツ科学」(Sport Science, Sportwissenschaft）へと変更することが提案されて久しい．この名称変更はもちろん，単に学問名辞の転換を意味しているだけではなく，クーン（T. Kuhn ;[11]）がいう意味での学問的パラダイムの転換を含んでのものでもあった．しかし,「スポーツ科学」への名称変更とその定着は，後述するように遅々として進展しない．ところが他方では，われわれのうちの少なくない人達が，われわれの知の営みの領域（アカデミックフィールド）やその成果の体系を「体育学」と呼称することの限界とその誤謬に気づいている現実も存在する．このような問題を内包した「体育学」の現実は，例えば，日本体育学会の過去 3 年来（第 47 回～第 49 回大会）の本部企画シンポジウムの「体育学の分化と統合」[注1]という共通テーマにみてとれるし，異例ともいえる複数年にわたるテーマ設定の背景にわれわれのアカデミックフィールドの知の揺らぎを看取できる．また他方，近年の一連の大学改組による，学部学科名称の「体育学部・体育学科」から「スポーツ科学部・スポーツ科学科」への転換動向[10,12,19]も，われわれのアカデミックフィールドの学問的パラダイム転換の表われとみるべきであろう．

このように「体育学」は，21 世紀を眼前にして，上述の，あるいは以下に述べるようなさまざまなアポリアを内包している．別言すれば，21 世紀に向けて，われわれの知の営みの在り方を考察したり，そのアウトラインを素描するためには，その前提として解決しておかなければならない多くのアポリアが存在していることを，われわれ自身が自覚しておくことが必要なのである．

本稿では,「体育学」をめぐるこのような問題意識に立ち，人文・社会科学的立場から，21 世紀におけるわれわれの知的営為の体系とその学問領域（アカデミックフィールド）を構築していくために必要な問題の整理とその批判的検討を行なう．そして，われわれの知的営為の体系と学問領域（アカデミックフィールド）を,「スポーツ科学」と措定し，総合科学（Interdisciplinary Science, Querschnitts-wissenschaft）としての在り方への若干の提言を行なう．

1．議論の前提

1）ポストモダンと「知」の解体

本稿は人文・社会科学的立場から，21 世紀における体育学研究の在り方に対して提言を行なうことを目的としているが，まさに今後の「体育学」研究の在り方への提言を提示するのは，以下の理由から非常に難しいと思われる．

まず第一に，1980 年代以降，人文・社会科学では，特に思想的にはポストモダンが叫ばれてきたが，世界の冷戦構造の崩壊がそれに拍車を掛ける形で，1980 年代以降，デリダ流にいえば，ポストモダンの思想的潮流が既存の価値観やパラダイムを脱構築（deconstruction）してしまい，「知」の解体と再編が進行しつつある[4]．そういう人文・社会科学の「知」の解体の最前線にある現時点では，人文・社会科学のアカデミズムの全体を見通す視点が消失してしまっており，このようなある意味では人文・社会科学の固定的パラダイムが消失してしまったような状況下で，まさに基点となる思想的軸足が消失してしまっている地点から，来たるべき 21 世紀の「体育学」を素描することは極めて困難だといわざるをえない．

第二に，後述するが，筆者自身は，現状では「体育学」という学問名辞自体が，この名辞で指示する現実の学問的営為たる「内包」を表わしておらず，現実のわれわれのアカデミックフィールドの「外延」も正確に指し示していないと考えている．換言すれば，現状の「体育学」という名辞の下で展開されている学問的営為は，すでにその「体育学」という名辞の範疇を明らかに越え出ており，仮にこの名辞を取りつつ学問的営為を今後も継続するのであれば，アカデミズムが果たすべき社会的使命や来たるべき社会の社会的ミッションに応答できず，早晩アカウンタビリティーを果たし得なくなると考えられる．このことをあえて挑発的にいえば，「体育学」という学問名辞の下で，現状のような身体形成に関わる実用的な学問を標榜するかぎり，われわれのアカデミックフィールドには未来がないといわざるをえないように思われる．

したがって，21 世紀におけるわれわれのアカデミックフィールドの在り方への提言を素描するためには，まず何よりも，学問名辞の変更を含んだ「体育学」というフレームの解体こそが先決であると考えられる．しかし，本稿で，筆者に与えられた表題通りの「体育学」というフレームを前提とした，そしてそのフレーム内での提言が要請されるのであれば，「体育学」の限界や誤謬を痛感している筆者自身，自己矛盾に陥らざるを得なくなってしまうであろう．したがって本稿では，「体育学」というフレームの解体こそがまず先決であるという前提に立って議論を進めていくことにする．

2)「21世紀社会」をどう構想するか

次に，上述の本稿の目的を達成するためには，21 世紀という社会と時代をどう捉えるのかということの共通理解を図っておくことが必要であろうと思われる．21 世紀の社会像を描くにあたって，21 世紀という時間的スパンをどのように設定するのか．あるいは未来予測につきものの悲観論に立脚してそれを構想するのか，それとも楽観論に立って構想するのか等など，21 世紀のわが国の社会像の構想に際しての準拠すべき基点は多く考えられるが，その準拠すべき基点が異なれば，超近未来予測も大きく異なってくるであろう．そこで本稿では，とりあえず暫定的に，現時点で 21 世紀社会の「社会像」に関して予測可能なものに限定して，来たるべき 21 世紀の社会像を私見という形で以下に示しておきたい．

端的にいえば，まず第一に，21 世紀の日本社会は，欧米先進諸国と同様の脱工業化型の低成長社会であろうと推察できる．第二に，物理的世界の縮小，つまり一層の国際化の進展と情報機器の飛躍的発達に伴う高度な情報化社会が予測されるであろう．そして第三に，現時点でも社会問題となっているが，未曾有の超高齢化社会と少子化がなお進行すると思われる．第四に，産業構造の多角的変化に伴う労働形態の多様化（例えば，裁量労働制の一層の浸透などによる）が進むであろうと思われる．第五に，個人の価値観が一層相対化し，それに伴いコミュニティーの解体などが進行し，逆に，ネットワーク型社会が出現するのではないかとも思われる．そしてこのような 21 世紀の日本社会の想定の中でも，スポーツ文化は益々多様化しながらも，社会的・公共的存在として，その意義や意味はさらに重要なものとなっていくであろう．

このように 21 世紀の社会像を想定しつつ，以下では 21 世紀の体育学の方向性について考察するために，予備的作業として体育学をめぐる問題について整理しておきたい．具体的にはまず，体育学のアイデンティティーや独自性がなぜ問われてきたのかという経緯を整理しながら，体育学の学的問題性について言及することにする．

2．「体育学」からの脱皮

1）「大学体育不要論」と「体育学」

周知のように，教育内容の大綱化をうたった 1991 年の大学設置基準の改訂は，大学体育を必修科目から選択科目に変えた．この設置基準の改訂とそれに伴う「必修科目」から「選択科目」への変更は，別言すれば，なぜ，大学という高等教育機関に「体育」という「授業科目」が制度として必要なのかという論拠を問われたことでもあった．そして，「必修」から「選択」への「後退」は，大学というアカデミズムの現場で，「体育」なるものの必要性の賛同を得られなかったことの証左でもある．

大学体育の存廃をめぐる論議が全国の大学で行なわれた当時，大学というアカデミズムの現場で，教育内容の大綱化を巡って交わされた「大学体育不要論」の論理の背後には，保健体育科目の存在根拠への疑念のみならず，保健体育科目を成立させる基盤であるところの，「体育学」なるものへの他教科ないしは他のアカデミックフィールドの研究者による不信が伏在していたことを看取しておくことが何よりも重要であろう．このように大学設置基準の改訂は，皮肉にも体育学なるものの学的根拠の脆弱性をあらわにさせてしまった．

また，その後の大学改組に並行・随伴した教員養成系学部での全国的な学部改組・改編，教育職員免許法（教免法）の改訂，あるいは少子化に伴う教員需要の減少で，教科専門科目，つまり専門科学としての体育学の独自性が，もっとあからさまに問われる制度的状況が現出した．また今，国立大学の独立行政法人化の議論と共に，国立の教員養成系学部では，義務教育諸学校の従来の教師養成システムの大幅な変更を迫られ，同時に教科専門科目の大幅削減とそれに伴う抜本的なカリキュラム変更を施行する中で，制度としての体育学はアカデミズムとしての内実を問われつつ，その存立を巡って一層危機的状況にあるともいえよう．

このような危機的状況を別言すれば，今まで制度的に擁護されてきた体育学はそのアイデンティティーや独自性が一切問われずにくることができたが，今，このわれわれの知の営みの対象であるアカデミックフィールドの独自性やアイデンティティーが厳しく問われねばならない状況にあるともいえる．そして，このような「体育学」への「問い」への模索が，具体的には，先述した日本体育学会での三年来の本部企画シンポジウムだったと推察できるが，そこでは残念ながら，われわれの学的領域へのアカデミックパワーを獲得できるような深まりのある議論がなし得たとは思えない．というのも，このように体育学が一定のアカデミックパワーを持ち得ないのは，先に若干触れたが，体育学という学問自体に構造的な問題があるからとも思われ，まずその問題点を抽出することが，21 世紀のわれわれのアカデミックフィールドの在り方を描く前提になるのではないかと考えられる．

2）「体育学」の構造的問題性

1960 年代中半以降のわれわれのアカデミックフィールドに関する著しく進展する研究の総体は，周知のように欧米では「スポーツ科学」と呼ばれてきた．われわれのアカデミックフィールドをスポーツ科学と呼ぶ背景には，何よりも社会的・文化的現象としてのスポーツの社会的認知があることはいうまでもないが，別の視点からすれば，このスポーツの社会的認知という現実的な理由とは別の，以下に述べる研究上の要請があったと推察できる．つまり，教育学を親科学とする体育学は，論理的かつ厳密にいえば，「機能（function）」としての教育の下位概念である体育（physical education）を対象として，教育学的方法論をとる身体教育学（physical pedagogy）ということになるが，われわれの現実の知の営みの対象や方法は，体育，つまり「身体の教育」（あるいは「身体に関する教育」ないしは「身体を通しての教育」)に限定されるものでもなければ，方法（methodology）も教育学に限定されるものでもない．むしろ，現実になされつつあるわれわれの知の営みの対象や方法は，もっと多様かつ複雑であろう．そういう意味では，ことわれわれのアカデミックフィールドはすでにラベルとその内実（中身）はまったく違うということになってくる．

ところで，今から11年前の1989年の第40回日本体育学会で，「体育学会」から「スポーツ科学学会」への学会名称の変更が提案され，総会で否決されたことがあった．また1992年の第43回日本体育学会では，学会機関誌の英文表記の“Japan Journal of Physical Education”から，“Japan Journal of Health and Sport Science”への変更提案も否決された．たしかに，体育学というネーミングへの愛着も理解できるし，またわれわれのほとんどが，身体に関わる教育を表現する「制度としての体育」授業の担い手たる「体育」教師として，学校内に職域を確保してきた歴史的経緯を考えれば，学問領域名も「体育」から派生する体育学であるとする考え方にも一理あると思われる．しかし，この領域の独自性とアイデンティティーを確立するためには，教育事象としての名称である「体育（physical education)」と学的名称とを明確に区分して考えることが必要であろう．そして21世紀のわれわれのアカデミックフィールドを展望していこうとする時には，現実の学的な営みを一番表現できる，つまりラベルと中身が少なくとも大きく違わない「スポーツ科学」という名称を，今さしあたってはとるべきであると思われる．というのも，このようにスポーツ科学の名辞をとることのより重要な意味は，この名辞をとることによってはじめて，総合科学としてのスポーツの「科学論」が展開できるということにある．と同時に，文化・社会現象としてのスポーツやスポーツに関わる人間を対象とした総合科学の本質を認識論のレベルで考察できるということにもある．このことを別言すれば，スポーツ科学のディシプリン（discipline 専門諸学）がどのような意味でどこまで総合化されるべきかが，学的対象の規定によって，はじめてアカデミック・ディスカッションの俎上に乗せることができるようになると考えられるからである．このような名称変更は，先述したように，大学レベルでは，職業的アイデンティティーの喪失どころか，学内でアカデミックパワーを発揮する上でむしろ必要なことだと思われる．

社会学者の上野千鶴子は，ある本の中で，「なぜわたしが社会学するのか？」という問いを立て，「もちろん，注文があるから」と自答する．さらに，「もし注文がなくても，社会学し続けるだろうか」との再度の問いに，「大いに疑わしい」と答える[17]．このような上野の問いかけを，われわれの領域に置き換えれば，体育学も制度や法に守られて「共同幻想」を維持することができたのではないか，つまり注文があるからこそ，この実体のない「共同幻想」に依存できたのではないかと思えてくる[注2]．ここで，これまでの論述をロールプレイを交えてあえてラジカルに総括すれば，次のようにいうことができよう．つまり，「体育学」なるものは，「体育人」といわれる職業集団の地位保全のための「共同幻想」でしかなかったのではないかとも思え，21世紀の新たなアカデミックフィールドの構想を描こうとする今，このような幻想こそ，まずもって解体されなければならないのではないか，といえるのではないであろうか．

ところで，21世紀のスポーツ科学の在り方を考える時，その存立の可能性を決定するのは，先程の上野の言い方を借りて逆説的にいえば，たとえ目先の注文がなくとも，体育学し続けるか否かということになる．そして，このことを換言すれば，スポーツ科学が真に成立するか否かは，ヴェーバー（M. Weber）がいう意味での「職業としての学問」として成立するかどうかにかかっていると思われる．この「職業として」という意味は，本稿の冒頭で述べた，21世紀という想定されるべき社会が要請する社会的ミッションに応答可能な，つまり来たるべき21世紀社会に対してレスポンシビリティー（責任）やアカウンタビリティー（説明責任）を果たし得るという意味でであって，単に皮相で断片的な社会の実用主義や刹那的な要請に答えるということではない．つまり，スポーツ科学はそういう社会的ミッションに対応できる知の体系性と総合性，系統性を備えることこそが肝要であるということである．

3．「実践イデオロギー」からの脱却

1）「実践イデオロギー」との決別

上述の問題意識は例えば，「体育学はよい体をつくるばかりではなく，よい人間性を育成していくという，大きい命題のもとに立っている」[注3]という言説や，あるいはまた「実践と無関係に進められる体育科学の研究は，真の意味での体育学の研究とは言えないであろう」というディスクールの中に含み込まれている実践イデオロギーとの決別を意味している．

つまり，この種のイデオロギーに拘泥している限り，体育学は有用性や実践性に学問的重心を置かざるを得ず，そこからはせいぜいが，各種スポーツ教材の解釈や健康・体力育成に貢献する一種の養生法，あるいはまた各種スポーツ技術のコーチング法の探求といったレベルを超えるものとはなり得ないと思われる．そして，そのような所では学問構成の論理は必要とされないばかりか，むしろ不要であるだろうし，各種論争が展開されることもなく，したがってまた，種々の学説が生まれるということも絶対にあり得ないであろう．

「実践イデオロギー」の呪縛から解放されて初めて，われわれのアカデミックフィールドは「科学論」の対象となることができるわけであるし，スポーツ科学は何よりも，狭小で薄っぺらな「実践イデオロギー」の呪縛から解放されていること，そうあることが21 世紀のわれわれのアカデミックフィールドを構築していくための必要条件であろう．

2）「体育学」相対化の試み

さて，体育学を相対化する試み，もっと挑発的な言い方をすれば，体育学の解体は，もうすでに至る所で始まっている．例えば，先述したように「体育学部」から「スポーツ科学部」などへの名称変更がそのことを端的に表わしているし，そこでカリキュラムとして用意される教育内容は，もはや既存の体育学ではない．

また他方では，スポーツ科学の分化はさらに一層進展しており，例えばスポーツ科学を構成するディシプリンの一つであるスポーツ哲学（Sport Philosophy）を例に挙げれば，そのブランチとしてスポーツ倫理学，スポーツ現象学，スポーツ美学などが重要な領域として立ち上げられてきている．このようにスポーツ哲学がさらに分化され，スポーツ倫理学やスポーツ現象学やスポーツ美学として成立していくのは，学問の宿命であろうし，それを分裂だと嘆くというネガティブ（否定的）な方向に考えるのではなく，この再細分化の有り様にこそ，21 世紀のスポーツ科学のあるべき方向性，つまり総合科学としての成立の可能性が潜んでいると考えられるのではないであろうか．そして，この可能性を積極的に引き出すためには，例えばスポーツ倫理学を倫理学の一つのディシプリン（ブランチ）として位置付けてみること，あるいはまた，例えばスポーツ社会学なら社会学の，スポーツ美学なら美学の一つのディシプリンとして，それらを積極的に位置付けてみることが何よりも必要で，このような意図的な試みの中で，親科学と重複しつつ，親科学とは異なる独自の方法論が見えてくるのではないか，あるいは親科学との認識論的なズレが明確化されるのではないかと思われる．

つまり，細分化されたディシプリン（例えばスポーツ○○学－この○○の中には，方法論として採用される親科学の名称が入るが）の再構築とスポーツという文化現象や，その文化現象に関わる人間，つまり「スポーツ文化」と「人間」という対象の共有化によって，各ディシプリンの理論的独自性を担保しつつ，新たな複合領域が，認識論的な脱構築を経て立ち上げられてくるのではないかと考えることができる．

4．これからのスポーツ科学研究のために

最後に，本稿でのこれまでの論述を踏まえて，これからのスポーツ科学研究の在り方への若干の提言を行ないたい．

周知のように，テクノロジーの飛躍的進歩は，われわれのアカデミックフィールドにも多大の影響を及ぼしてきた．このような科学技術の進歩を背景として，従来の研究がめざしてきたものは，例えば競技力向上研究に代表されるように，スポーツを分析の対象として分断化することによって，効率の増進や時間の圧縮を至上命題とするものであった．

このような研究におけるスポーツの分断化は，効率の増進や時間性の圧縮に研究の方向を向かわせ，必然的にわれわれ研究者自身の意識の圧縮を招来するようにもなってきた．まさに研究における意識の圧縮こそは，倫理的思考の圧縮にほかならず，研究の世界を倫理の欠如したモラルハザードの世界に変えてしまってきたともいえる．また，文化がその中に倫理を含んだ一つの統一体であるとすれば，同様にスポーツ科学がその対象たるスポーツ文化の分断化を常態化し，固有の統一体としてのスポーツ文化を必要としない時，そこでなされる研究は，研究に関する一定の価値理念の不在をもたらすようになろう．

21世紀を眼前にして，このような現今の研究をめぐる状況を変革するには，今までわれわれが当然のこととしてきた研究のパラダイムを，まさにモダンからポストモダンへと脱構築しなければならないと思われる．そのためには，スポーツ科学研究の各ディシプリンを貫徹する研究のための「共通善」が模索され，確立されねばならないだろう．当然，この「共通善」への模索は，先述した各ディシプリンの理論的独自性を担保しつつなされなければならないし，総合科学としてのスポーツ科学が認識論的な脱構築を経て立ち上げられる，まさにそれと並行してなされねばならないと考えられよう．こうはいっても，スポーツ科学研究の「共通善」確立への道は，なかなか遠く，また険しいというのが実感であるが，少なくとも，21世紀をどのような時代と考え，どのような社会が構築されねばならないのかと考えることを，最低限，個々の研究者が自問する必要があるのではないだろうか．と同時に，われわれのアカデミックフィールドの社会的使命（ミッション）とは何かを常に問わねばならないし，長いスパンを見通しての社会的貢献を研究者個々が模索しなければならないことはいうまでもない．

スポーツ科学研究の現在は，巨大で多様な研究手段がひとり歩きしている現状にある．例えば，そのような研究手段が活用され，身体加工技術，つまりさまざまなドーピングの手法が開発されてきた．もう遺伝子工学がスポーツ科学研究に適用されるのも時間の問題だと思われる．このような研究の現在は，アリストテレス以降の人間の行為の三段論法を逆転させる結果を生じさせている．元来，人間は，大前提として，一定の願いを「目的」として定立し，その目的に達成するための最適の「手段」を小前提として行為してきた．しかし現状では，まず巨大で莫大な手段（多額の研究資金や高度な研究設備，多数の研究スタッフなど）があり，それを使うという大前提のもとに，小前提としての可能な複数の目的の選択が行なわれるという事態が進行している．換言すれば，目的不在のまま手段だけがひとり歩きしているという状況の中で，人間にとってのスポーツとは何か，あるいはスポーツ科学研究の大前提たる目的とは何か，そのような重要な事柄が探求されずに不問に付されてきている．

スポーツにおける科学技術の飛躍的進歩が，果たしてわれわれにとって幸福か否かは不確定だが，ますますこのような事態が進行することだけは確実に予測できればこそ，これからの研究は，その研究の公開性と開放性の原則を定めることが必要であろう．と同時に，研究者個々人は，自己の研究の結果やその結果が及ぼすであろう影響までもを含めた責任倫理（Verantwortungsethik）を持つ必要があろう．また，各ディシプリンを基盤

とした共同の知の営みに対しては，個々の研究者という個人レベルではなく，関係者の英知を集約するために，公開の議論を採用した「委員会の論理」によって，スポーツ科学研究の大前提たる目的の構築や「共通善」の模索がなされる必要があると思われる．

［友添　秀則］

注1）「体育学の分化と統合」という共通テーマの下に展開された各年度のサブ・テーマは，以下のものである．ちなみに筆者は，1998年度の第49回大会のシンポジストとして参加した．
　＊第47回大会（1996年度）「体育学のアイデンティティーとは何か」
　＊第48回大会（1997年度）「基本概念の検討」
　＊第49回大会（1998年度）「体育学の分化と統合を越えて」

注2）ここでの考察は，菊幸一氏の論文[8]からの示唆に負っている．

注3）この言説は，「体育の科学」誌，初代編集長・久松栄一郎氏の同誌の編集後記からのものである．文献13から引用した．

文　献

1）阿部　忍：分化と総合の構造．体育原理研究会編，体育学の分化と総合．57, 不昧堂出版，1972.
2）阿部　忍：日本体育学会と私．体育の科学47（1）：43―47, 1997.
3）S.J. ボール編著：稲垣恭子他訳，フーコーと教育．勁草書房，1999.
4）J. デリダ：若桑毅，野村英夫訳，エクリチュールと差異．法政大学出版局，1977.
5）Erbach, G. : Sportwissenschaft und Sport Soziology, in Theorie und Praxis der Körperkultur. H.10―11, 1965.
6）片岡暁夫：新・体育学の探求．不昧堂出版，1999.
7）Kenyon, G.S. : Sociology of Sport-On Becoming a Subdiscipline, in Brown and Cratty, New Perspectives of Man in Action. 1969.
8）菊　幸一：体育学における『知』の存在構造に関する歴史社会学的考察：体育・スポーツ社会学を事例として．奈良女子大学スポーツ科学研究1．奈良女子大学スポーツ科学教室，1999.
9）岸野雄三：スポーツ科学とは何か．朝比奈一男他編，講座・現代のスポーツ科学1 スポーツの科学的原理．77―133, 1977.
10）岸野雄三：転換期を迎えた体育学会の底にあるもの．体育の科学47（1）：11―17, 1997.
11）T. クーン：中山茂訳，科学革命の構造．みすず書房，1971.
12）増原光彦：「生涯スポーツ学科」設置の意義．体育の科学48（6）：456―460, 1998.
13）松井秀治：体育学を考える．体育の科学47（1）：29―35, 1997.
14）杉本厚夫：体育学の分化と統合―体育学のアイデンティティーとは何か―．体育の科学47（2）：92―95, 1997.
15）友添秀則：「体育理論」をめぐる諸問題．体育科教育創刊45周年増刊号．41―45, 1998.
16）友添秀則：「態度」「学び方」を育てる知を考える．体育科教育47（15）：26―28, 1999.
17）上野千鶴子：<わたし>のメタ社会学．井上　俊他編，岩波講座現代社会学1 現代社会の社会学．岩波書店，47, 1997.
18）M. ウェーバー：出口勇蔵他訳，社会科学論集．河出書房新社，1982.
19）山下和彦：福岡大学体育学部の改革．体育の科学48（6）：451―455, 1998.

③ 21世紀における体育学研究の方向
―自然科学系の立場から―

はじめに

19世紀末に，いったい誰が20世紀を正確に予測しえたであろうか？　ここ10年間の社会におけるさまざまな変化を見ると，今では，5年先の予測すら困難であると思える．科学やテクノロジーの進歩はめざましく，自然科学における研究は日進月歩である．たとえば約10万種あるヒトの全遺伝子配列を解読するヒトゲノムプロジェクトもあと3年足らずで，最近では，2000年中にも完了するといわれている．DNAチップなどの新しいテクノロジーが開発され，短時間で効率的にcDNAが分析できるようになった遺伝子研究によって，今までとは比べものにならないスピードで発育・発達，恒常性，分化，老化，発病などのメカニズムが明らかにされていくであろうし，それが社会的にも大きな影響を与えることが予想される．また，パーソナルコンピューターがもたらしたインフォメーションテクノロジーの急速な進歩は，社会を大きく変え始めている．

これまで50年かかった変化が，この先は10年，5年，あるいは1年で起きてしまう可能性すらある．テクノロジーの進歩は体育学研究の方法や内容にも大きな変化を生じさせており，今後その変化は加速していくと考えられる．この先，さまざまなブレイクスルーがあることも予想され，21世紀を展望することは不可能である．果たして，これまで半世紀にわたって発展してきた「体育学」が，21世紀を通して淘汰されずに残っているかも不安である．

しかし，少なくとも，現在の「体育学」の研究者が引退するまでの，これから4半世紀間は，「体育学」を存続させ，仮に「体育学」という名称とは異なったものになったとしても，「体育学」を発展させた形で次世代につなげていけるようにしたいものである．本稿では，21世紀においても体育学研究を発展的に存続させ続けたいという立場から，現状の問題点を明らかにし，体育学を支える体育・スポーツ・運動に関連する研究をどう発展させたら良いか，その方策を考えてみたい．特に，今回のシンポジウムには運動生化学研究会（「運動が生体に及ぼす影響について生化学的に探求し，生物学，医学，体育学的な意義を明らかにし，その進歩発展を促進するために，国内外で相互の情報交換を積極的に図る」＜運動生化学研究会会則より＞ことを目的として1986年9月に発足された研究会）を母体として参加した関係上，自然科学系の立場から「体育学研究」の在り方について私見を述べることにする．

1．体育学とは何か？

本シンポジウムのテーマにも「体育学研究」という言葉が使われているが，そもそも「体育学」とは何なのであろうか？　「体育学」とは何かは，これまでも体育学会において繰り返し問われてきてはいるが，未だ明確な答えは出されていない．というよりも，明確な答えを出すことを避けているようにすら思える．生化学は「生命現象を化学的に解明していこうとする学問分野」というように定義されるが,「体育学」には，このように端的な定義はない.

「体育学」の英訳は，日本体育学会が“Japanese Society of Physical Education”であり，その学会誌の体育学研究が“Journal of Physical Education”であることから考えると,“Physical Education”であることになる.「体育」も一般的には”Physical Education”と英訳されるので,「体育学」と「体育」は結局同じものということになるが,「学」はどこにいってしまったのか？　今から 10 年前の第 40 回日本体育学会大会では,「学会改革の方向を探る」というテーマでシンポジウムが開かれているし，それに先立ち,「日本体育学会改革に関するアンケート調査」が実施され，日本体育学会の名称についても検討されている[1]．浅見[2]は，日本体育学会第 40 回大会の特別シンポジウムにおいて,「体育学とは何かを改めて問い直し，一体どういうテリトリーをわれわれの学問の対象範囲とすべきか」と問いかけている．結局，その後 10 年たった今でも，この問いかけに対する答えは導かれていない．体育学会の中には現在 13 の専門分科会があり，分科会の多くは独自の学会を組織しているが，その名称では「体育」に換えて「スポーツ」を用いているものもある.「体育」は無条件に「スポーツ」と置換しうるものなのであろうか？　あるいは,「体育」と「スポーツ」はどう区別できるのであろうか？

1)「体育」と「スポーツ」

佐藤[3]は,「体育」の概念的内実の理解は十分ではなく,「スポーツ」と概念的に混同されていると指摘している．それは,「体育」の英訳を見ると一目瞭然である．日本体育協会は Japan Amateur Sports Association，国民体育大会は National Sports Festival，体育の日は Health Sports Day であり,「体育」=「スポーツ」であることになる．しかし,「体育」と「スポーツ」を区別する考え方も多く存在する．たとえば，阿部[4]は，スポーツは体育の上位概念としてとらえ,「体育の名称を学校体育に限定し，スポーツは教育の枠を越えた総ての人間の文化活動」と位置づけている．また，宮下[5]は，健康志向型運動を主体とするものを体育，競技志向型運動を主体とするものをスポーツとしている．このような理解の多様性が存在することは，決して悪いことではなく，多くの考え方が存在するのは当然であり，それをある考え方に統一することは不可能であろう．しかし，現実的に「体育」と「スポーツ」の関係を曖昧にしていることから派生している問題は多く，言葉の問題とは片づけられない側面も多く含んでいる．

「大学設置基準の大綱化」に端を発して，大学における保健体育教育の見直しが行なわれた中，名称を従来の「保健体育」から,「スポーツ」を含んだ名称に変えた大学は多い．しかし,「体育」と「スポーツ」はどこがどう異なるのか明確にしないまま名称変更だけを行なっても，結局混迷を招くだけであろう．玉木[6]は,「日本では，長いあいだ体育（身体教育としてのスポーツ）とスポーツが混同されつづけ，スポーツは，それ自体を楽しむ(そして人生を豊かにする）ものではなく，身体を鍛えて，その身体を他の目的のために活用するもの，と考えつづけられた.」と指摘している．私は，スポーツを「人間の身体に依拠した文化」であるという玉木[6]の考え方とほぼ同様に捉えており，体育は，身体教育であり，体育は場合によって，スポーツを教材として用いていると解釈している．

2)「体育学」の理解

「体育」と「スポーツ」が概念的に明確に区別されていないという事態は,「体育学」が専門学としての対象性を特定し得ていないということを意味する[3]．1996 年から 3 年間にわたり，日本体育学会大会において「体育学の分化と統合」が本部企画シンポジウムで開催されてきたが,「体育学」とは何か,「体育学」独自の研究対象は何なのかは曖昧のまま進んでいたように思う．そこで，このシンポジウムに望む私の「体育学」の解釈を明らかにしておきたい．

私は,「体育学とは運動やスポーツに関連する基

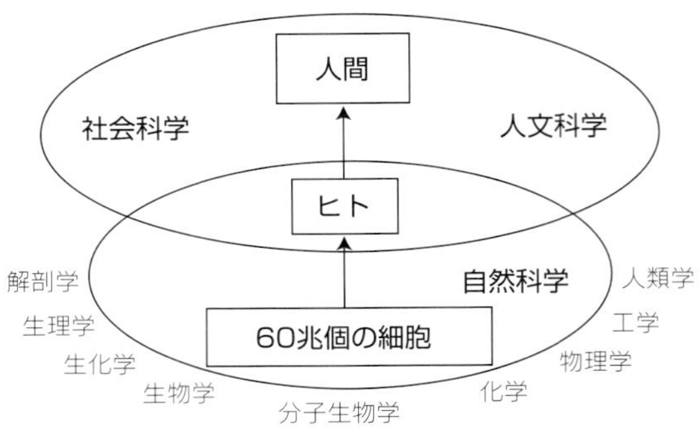

図１　自然科学と社会・人文科学との関係

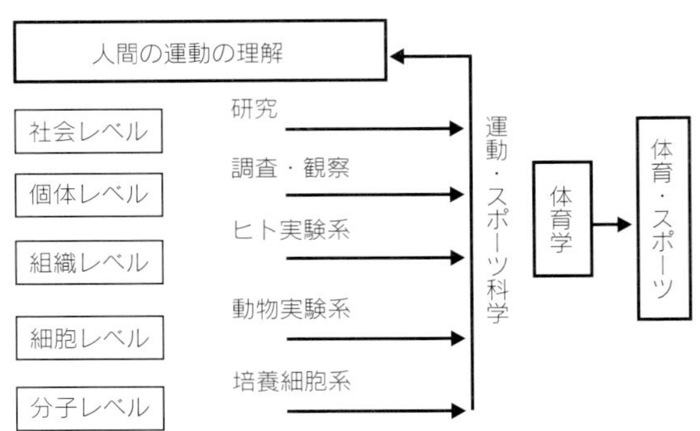

図２　運動・スポーツ科学と体育学との関係

礎・応用科学の知見を統合し，身体活動＝運動を人間の幸福に貢献できるように体系化する場」と考えてみたい．医学が生理学や生化学などの基礎医学と内科学，外科学などの臨床医学，さらには公衆衛生学やさまざまな医事関連領域の統合として存在し，その実践が医療現場で行なわれているのと似ている．ある人への運動指導は，体育学会の専門分科会が扱うすべての側面を統合させてはじめて可能となるのである.「体育学」の使命は「体育・スポーツ・運動」に関係のある個別な科学で明らかにされた知見を統合し，身体活動に関わる教育（学校における教育，社会における教育）を実践するための理論と実際を具体化することであると私は考える．

図１に示したように，60 兆個の細胞からできているヒトのからだを理解するためには，さまざまな自然科学分野からのアプローチが必要である．しかし，生物としての「ヒト」の理解は「人間」の理解であるとは言えない．人間を理解するには人文科学的，社会科学的なアプローチも必要である．これは，人間の運動を理解する場合にも当てはまる．私は，人間の運動を理解していこうとするのが，運動・スポーツ科学であると考えている．人間の運動の理解は，社会のレベルから分子のレベルまで，さまざまなレベルで考えることができ，各レベルでの知見を統合してはじめて可能になると思う．これら運動・スポーツ科学で明らかにされたことを，体育・スポーツの実際の場に役立つ知識体系としてまとめ，現場に生きる形に組み立て直して提供していくのが「体育学」ではないかと考えている（図２参照）.

2．運動・スポーツ科学の現状と課題

1）運動・スポーツ科学と体育学

ここでは，運動やスポーツに関連する基礎・応用科学を「運動・スポーツ科学」と定義する．運動・スポーツ科学という学問領域は，日本においてはまだ広く受け入れられてはおらず，運動・スポーツ科学学部というような運動・スポーツ科学を専門とする研究・教育機関も少ない．日本において,運動・スポーツ科学の研究をするためには，多くの場合，まず「体育」の教員となることが要求される．それに対し，欧米各国では，運動・スポーツ科学が一つの学問領域として，生物学，物理学，経済学，社会学といった他の学科と並列に“Exercise and Sports Science” などの名称で存在している．そこに所属する研究・教育者は”scientist”であり，保健体育教育を担当する「体育」の教員であることは少ない．

10 年程前，私がアメリカ合衆国のマサチューセッツ州立大学の “Department of Exercise Science” で研究の機会を得た折，驚いたことは，大学院生の出身学部が生物学，生化学，分子生物学，生理学，物理学，栄養学などである者がほとんどで，体育あるいは教育学部出身者は１人もいなかったことである．何故,「体育」出身者がいない

のかの問いには,「体育」は「サイエンス」ではない,というような答えも返ってきた.Exercise Science の学部生は,物理学,有機化学,生物学などの教科を,それぞれの専門学部で受講し,Exercise Science を専攻している.日本の教育学部の「体育」専攻では習うことのないような理学的な基礎的知識や実験・研究テクニックを身につけた上で,運動やスポーツに関する専門の研究に入ることができる彼らに対し劣等感を抱いたこともある.

私は「エクセントリック運動に伴う筋損傷・筋肉痛」を研究テーマのひとつとしているが,私と同様な研究テーマに取り組んでいる各国の研究者にも,体育の教員は私の知る限りいない.国際学会などで会った折,「学会後には体育実技の授業が待っている」などと話すと非常に驚かれる.「何で,physical activity のクラスなんか担当しなければならないのか?」と.「お前は,scientist ではないのか?」と.私は,体育の教員であることに誇りを持っているが,scientist でもありたいと思っている.しかし,体育の教員と scientist を両立させることは時として難しい.体育学会の会員で,自分を「scientist」と位置づけている人はどの位いるのであろうか?

アメリカ合衆国をはじめとする英語圏の国々では,1980年代にはすでに身体運動の研究を表わす名称から「体育」(physical education)の語が減少し,学問としての体育が kinesiology や sports science, human performance, human movement などの名称に変わった[7].現在では,大学院(graduate school)を持つ多くの大学の身体運動を研究する学部の名称には,physical education は用いられていない.

小林[8]は,『体育学は,今日では教育という範疇におさまりきれない部分も多く,教育的価値観をはなれて「人間の身体活動に関する科学」というとらえかたが必要になっている.このとき,体育をあくまでも教育の範疇としてとらえる立場に固執するか,教育という内容を含みながらも,必ずしもそれにこだわらない立場に立つかによって,将来の学会のありかたは大きく左右されることになろう.もし,後者の立場をとるとすれば,体育学は「身体運動の科学」を意味することになるが,学問領域をあらわすイメージを明らかにするためには,「体育・スポーツ科学」という名称を持つことが望ましい時代になったのではないかと思われる.』と今から10年前に述べているが,私もこの考えに賛成である.

2) 運動・スポーツ科学の位置づけ

運動・スポーツ科学の研究者が,自らの立場をどう位置づけようとしているのか,重要である.位置づけとして考えられるのは,山口[7]が記述しているように,

①親学問の中,

②複合的かつ固有な構造を持った,人間の運動を中核にすえた学問的研究職として,

③明確な実践的課題を持つ,特別な知識や技能を駆使する専門職として,

の三つが考えられる.自らの学問をどう位置づけるかによって,研究目的も,研究対象も,研究方法も異なってくる.仮に親学問の中に位置づけようと考えた場合,たとえばそれが生化学であるなら,生化学会で発表しても認められる内容となっていなければならない.現在,運動生理学や運動生化学の研究者の中には,明らかに親学問を中心に考えている者が増えてきている.その現われは,体育学会や運動生理学会での研究発表よりも生化学会や分子生物学会に重きを置いたり,研究成果の発表をどのようなジャーナルを目標におくかでも,いわゆる体育学,運動・スポーツ科学を中心にした雑誌ではなく,Physiology 系や Cell Biology 系などのジャーナルを目標する,かつて(?)の「体育学」出身の研究者が増加していることにも見られる.

私の周りの「運動・スポーツ科学」の研究者の中にも,Nature, Science などといったインパクトポイントの高い雑誌に研究論文を載せることを目標にしている者も少なからずいる.残念なことは,このような研究者の多くは,「体育学会」を退会し

てしまっている．それは,「体育学会」に，そのような研究を受け入れないような雰囲気があるためか,「体育学会」には相応しくない内容であると研究者自身が判断しているかであろうか．しかし，考え方を変えれば,「体育学」の分野からも，Nature, Science級の研究論文が狙えるということは，すばらしいことであり，そのような可能性のある研究者をメンバーとして持っていることは，財産でもあるのではないだろうか．一方，インパクトポイントの高いジャーナルの論文だけがよい研究であり，それ以外の研究は価値がないというような考え方に対しては，注意が必要である．人間の運動を理解し，その研究成果を運動・スポーツの現場や，体育の授業に生かしていくことは，インパクトポイントの高いジャーナルに掲載されている研究だけでは達成できない．もっと，現場的な泥臭い研究や，Nature や Science からは見向きもされない研究も必要である.「運動・スポーツ科学」を広く捉え，その研究成果を統合する「体育学」の役割は，今後ますます重要になっていくと思われる．

体育学会において，たとえば,「ラット骨格筋のエクセントリック運動に伴う損傷と再生」というテーマでの研究発表があったとする．この研究発表に対する評価は,「体育学」をどう捉えているかによって異なると予想される．たとえば,「体育学」を教育的価値観を主として考える立場からは,「体育とは関係ない」という評価になるかもしれない．また,「体育学」を「身体運動の科学」と考える立場では,「ヒト骨格筋のエクセントリック運動に伴う損傷と再生を知るのに参考になる」と評価されるかもしれない．あるいは,「科学(Science)」の一領域として骨格筋の損傷・再生現象に興味を持っている立場からは,「興味深く，おもしろい現象である」と評価されるかもしれない．星川[9]は,『「スポーツ科学はスポーツの現場に役に立ててこそ，その存在意義がある」という考え方は，いうなればば「スポーツ科学」を「スポーツのための科学」として認識していることになろう．スポーツ科学を「スポーツのための科学」として捉える立場がある

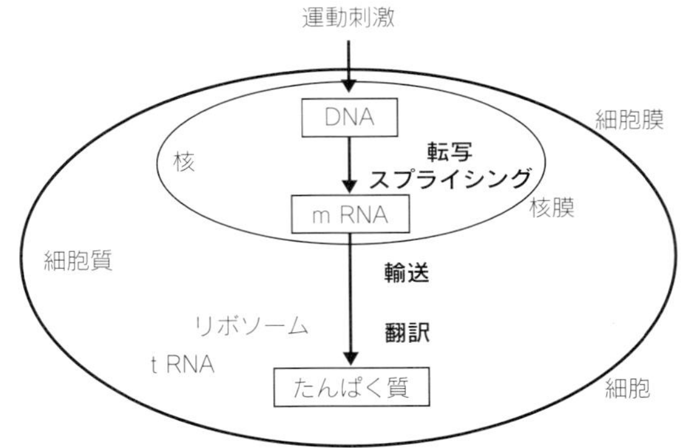

図３　運動の細胞への作用

一方で,（研究の結果が役に立つかどうかはどうでもよくて）純粋にスポーツの世界で見られる現象に興味をもち，その現象を分析，解明していこうとする立場の「スポーツ科学」も存在してもよい.』と述べている.「科学」を，純粋にものの原理を解明していこうとする営みであると考えると，何らかの実利的な目的とは離れていてもよいことになる.「体育」に直接結びつく研究だけが「体育」に役立つとは言えない．

3）運動・スポーツ科学の対象

運動・スポーツ科学の研究対象は,「運動」,「スポーツ」である．運動生理学や運動生化学では,「運動刺激がからだにどう作用するのか」を個体，組織，細胞，分子レベルで解明しようとする学問領域である（**図２参照**）．運動に対するからだの適応変化を研究するにあたっては，運動刺激の本質は何なのかを明らかにしていく必要がある．最終的には，運動刺激がどのように細胞の核に伝わり，遺伝子が発現し，たんぱく質が合成されるかが解明されなければならない（**図３参照**）.「運動とは何か？」は，さまざまな角度から考えることができるが，行き着く先の一方は,「運動が細胞にどう作用するのか？」ではないだろうか．もう一方には,「なぜ人は運動するのか？」などどいった哲学的なものがあるかもしれない．

運動は筋収縮によって組み立てられている．**図４**に示したように，筋収縮は脳からの指令が脊髄，

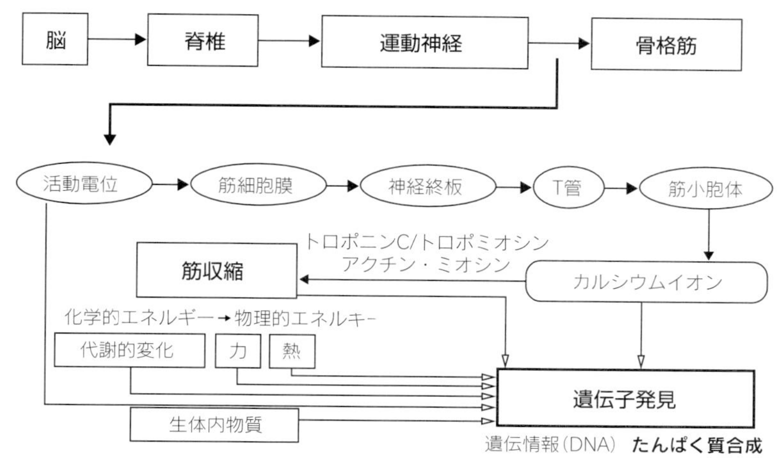

図４　運動に伴う遺伝子発現に関与する因子

運動神経を伝わって骨格筋に達し，神経衝撃が筋細胞内膜系に伝わり，筋小胞体からカルシウムイオンが放出されることによって，アクチンとミオシンが結合し，ATP をエネルギー源として生じる．このように運動をとらえると，ヒトの運動も，その他の動物の運動も基本的に同じである．動物種が異なっても，細胞や組織や器官の構造や機能には共通性が高く，動物を用いた研究がヒトの運動を理解するためにも役立つ．運動の継続的な実施は病気の予防に役だったり，疾患の治療的効果を生んだり，体力を向上させたりするなど，からだにさまざまな変化を生じさせる．それは，筋収縮に伴う，あるいはそれを引き起こす過程でもたらされる体内環境の変化が遺伝子発現を引き起こし，さまざまなたんぱく質が合成されることによって起こるのである．したがって,「運動とは何か」を理解することは，運動刺激によってどんな遺伝子がどう発現するかを明らかにすることになる．この遺伝子の発現は，たとえば気持ちよく運動した時と，嫌々ながら運動した時では異なるかもしれない．しかし，精神現象も含めて，あらゆる生命現象が根本的には物質的基盤の上に立っており，そして物質的生命現象は基本的に DNA によっていると考えることができるのである[10]．

このように，運動・スポーツ科学の研究対象である「運動」の本質を徹底的に解明していくことは，運動・スポーツ科学研究のアイデンティティーであると思う．そのアプローチとして，生化学的，分子生物学的テクニックは必須であり，ヒトや動物を用いた実験を行なうにあたっては生物学的,生理学的知識やテクニックも要求される．ヒトゲノムプロジェクトが進展している現在，運動の遺伝子レベルでの研究も大きく発展している．仮にその最先端の研究に携わっていくことはなくとも，そこから明らかにされることに対して理解できる基礎的能力は，運動・スポーツ科学に携わる者すべてが持っていなければならないのではないかと思う.「体育」が人間のからだと密接な関係を持った領域である以上，現在の生命科学研究の新たな知見を随時吸収していかなくてはならない．

3．体育学研究の方向と体育学会の役割

1）体育学研究の分化と統合

いうまでもなく「体育学」を支える運動・スポーツ科学はますます分化し，専門化，細分化していくであろう．一見「体育学」とは無関係に思えるような基礎的研究を行なう「体育学」の研究者も増えていくに違いないし，そうであってよいと思

う．たとえば運動を分子レベルで理解していこうとする研究は,「体育」には直接結びつかないという考えもあるかもしれないが，それは誤りであると私は思う.「運動」は「体育学」独自の研究対象のひとつであり,「運動とは何か」は,「体育学」がさまざまな角度から徹底的に追及していくべきであると思う．運動の分子生物学的研究を行なう研究者も増えつつあるが，彼らへの期待は大きい．しかし，運動を分子レベルで理解することだけでは不十分である．分子レベルから細胞レベル，組織レベル，個体レベルへと遡り，また社会・文化的な側面までも考慮しなければ人間の運動が理解できたとはいえないだろう.「体育学」は今後，高度に専門化した知識を統合する場として益々重要になってくると思う．分子から社会までの各専門領域の研究者がチームを組んでいくことも必要であろう．体育学会は，情報交換の場，チーム作りの場として重要なのではないかと思う．

そして，21 世紀における体育学研究の発展のためには，まずその担い手である将来の研究者を育てていく教育制度の見直しが重要である．体育学研究を志す学生や大学院生たちに，基礎科学が学べるカリキュラムを提供できるようにしていくことも必要ではないだろうか.「運動とは何か？」を突き詰めていくには，生命科学のさまざまなテクニックが必要となり，生理学，生化学，分子生物学，物理学，化学・・・などの基礎的な学力，研究方法の習得は必須であろう．

21 世紀における体育学研究の発展を考えれば，日本においても,「運動・スポーツ科学」がサイエンスとして大学に位置づく道を考えていかなければならないと同時に，運動・スポーツを科学するテクニックを持った研究者を育成するシステムが確立されていくことを願う．さらに，運動・スポーツ科学に関する研究が「体育学」や「運動・スポーツ科学」の領域だけでなく，基礎科学からも注目されるようでなければならないし，たとえば生化学会や分子生物学会でも運動やスポーツに関するテーマで発表し，議論ができるようになっていかなければならないだろう.「体育学」に，いわゆる「体育」の教員だけでなく，積極的にさまざまな他分野の専門家も入れていくことが必要ではなかろうか．

2）自然科学研究のあり方

運動の遺伝子レベルでの研究で世界をリードする研究者である Booth ら[11]は，ヒトゲノム情報の利用や新たな研究テクニックの開発，さらには社会的な要請・期待によって，21 世紀が運動生化学にとって「ゴールデンエイジ：A Golden Age」となると述べている．時代に乗り遅れないようにしたいものである．運動に伴う組織や細胞の変化を詳細に捉えたり，メカニズムを追究していくには，ラットなどの実験動物を用いた研究は必須である．しかし，ヒトの運動に近い動物の運動モデルを確立することはかなり難しい．仮に，そのようなモデルが確立できても，動物に運動させる（してもらう）だけでも，非常に労力が必要であり，専門的な知識や特殊なテクニック，コツが要求される．また，生化学的，分子生物学的な実験方法は，簡単に身につけられるものばかりでなく，また実験環境のセットアップには多くの時間や予算が必要になり，研究を進めていくのは容易なことではない．このような状況にあって，1 人あるいは少数の研究者でできることは，ごく限られており，潤沢な予算があり，多くの研究スタッフを抱える研究室にはかなわない．

そこで，21 世紀への展望として，共同研究体制の確立が望まれる．たとえば，運動させたラットの各組織を共同研究プロジェクトとして用いれば，ある面では労力や時間や予算を削減でき，より多くのことが分かるであろうし，研究も発展できるであろう．たとえば，共通のラットの運動モデルを確立し，そのモデルで，ある研究者は骨格筋を，ある研究者は心臓を，ある研究者は脳を，ある研究者は血液を・・・というように，1 匹のラットの組織を分け合って研究していく．そうすれば，ラットも実験動物として成仏（？）できるのではないだろうか．また，プロジェクト研究などを積極的に進めていくことも必要であろう．個人でできることは限られており，また一研究室でもすべてカバーできることは少ない．研究者間の競争も必要であるが，共同協力体制を確立することも，もっと考えていくべきであろう．

まとめ

日本体育学会第50回記念大会のメインテーマは,「体育学・スポーツ科学の領域専門化と統合化の両立を目指して」であったが，今後も常にこのテーマを掲げながら，体育学会を開催して行くべきであろう．大会のサブテーマに明確に示されている通り，体育学，スポーツ科学は総合科学である．体育学会，体育学会大会が，総合科学的な視点で活動し，プログラムが企画されることが望ましい．

体育学会としても，世界をリードする運動・スポーツ科学者の育成法を積極的に考えていくと同時に，他領域との交流をすすめ,「体育学」を人間の幸福に貢献する重要な学問として位置づけていかなければならない．懐を広く，基礎的な研究，応用的な研究，現場での指導者，教育者などすべてを大きく包み込んで，かつ，それぞれの立場の人が魅力を感じるような,「体育学」,「体育学会」にしていきたいものである．

21世紀まであと1年を切ってしまったが，21世紀の幕開けとともに，突然今までと異なった時代になるわけではなく，恐らく，現在も進行している変化が続いていった結果として，変化として感じられるようになるだろう．今，課題となっていることを一つ一つ解決しながら，次世代へよい状態で繋げていくことを考えればよいのではないかと思う．そこで，本稿のテーマである，21世紀における体育学研究の方向を考えるにあたって，早急に行なうべきだと思われる2点を提言をしたい．

①「体育学」とは何かを確認し，共通理解を深める
②「運動」.「スポーツ」.「体育」などの言葉の定義を明確にする

最後に，松井[12]が紹介している，今から50年近くも前に書かれた，体育の科学の初代編集長である久松栄一郎の次の言葉をもう一度噛みしめてみたい．

「体育学は，よい体をつくるばかりでなく，よい人間性を育成してゆくという，大きい命題のもとに立っているのであり，その学的基盤も，狭義の体育，医学，心理学，社会学，美学，力学，工学等あらゆる文化科学，自然科学にわたっているのであり，今後新しい国家形成の大きな分野を占めるものと思われる．これらの学が人を人らしく，活き活きとした能動的，創造的，共同一致的の人として育成していく為に,新たな立場に立って総合,分析させられていくならば，体育学の前途は洋々と拡がるものと思われる.」この考え方を実現できれば，体育学の21世紀は期待できるし，それを実現するための「体育学研究」が望まれる．

［野坂　和則］

引用・参考文献

1) 日本体育学会機構検討委員会：学会改革に関するアンケート調査結果. 体育の科学 40(2)：148—156, 1990.
2) 浅見俊雄：学会改革の方向を探る. 体育の科学 39(9)：676—678, 1989.
3) 佐藤臣彦：体育学の対象と学的基礎．体育学研究 44(6)：483—492, 1999.
4) 阿部忍：日本体育学会とわたし．体育の科学 47(1)：43—47, 1997.
5) 宮下充正：体育学とスポーツ科学. 体育の科学 47(1)：4—6, 1997.
6) 玉木正之：スポーツとは何か. 184, 講談社, 東京, 1999.
7) 山口順子：英語圏における体育学・スポーツ科学の理論的枠組みの検討．体育の科学 41(9)：727—736, 1991.
8) 小林寛道：日本体育学会の将来に向けて．体育の科学 39(9)：679—683, 1989.
9) 星川佳広：競技志向型運動を考える—スポーツの現場とスポーツ科学のギャップをうめる—．体育の科学 47(2)：61—67, 1997.
10) 立花隆，利根川進．精神と物質．258，文藝春秋，東京，1990.
11) Booth, F.M., Tseng, B.S., Hamilton, M.T., and Fluck, M. : Beyond Exercise Biochemistry 2000 : A New Golden Age. In : Biochemistry of Exercise X, Hargreaves, M. and Thompson, M. (Eds)，9—15, Human Kinetics, 1999.
12) 松井秀治：体育学を考える—日本体育学会の半世紀を振り返り更なる発展の為に—．体育の科学 47(1)：29—35, 1997.

地域とスポーツ活動

地域スポーツの指導者や行政担当者の間で，現在，最も関心を集めているのが,「地域スポーツクラブをいかに育成・再生するか」である．平成７年度から，文部省が始めた「総合型地域スポーツクラブ育成モデル事業」の影響で，全国で多様な形態でのスポーツクラブづくりの実験が始まっている．

本シンポジウムにおいては，現在，その推進が課題となっている「総合型地域スポーツクラブは，新しい地域社会や地域スポーツを拓くことが可能か？」を課題にし，育成事業の行政担当者である高橋良光氏(岩手県金ヶ崎町)，日本スポーツ社会学会から中島信博氏，日本体育・スポーツ経営学会から清水紀宏氏の３名のパネリストを中心にして，司会を日本体育・スポーツ経営学会の野崎武司と日本スポーツ社会学会・日本レジャー・レクリエーション学会の山口泰雄が担当した．

シンポジウム会場は満席で立ち見参加者もあり，体育学会会員においても，このテーマに強い関心をもっていることに驚かされた．パネリストの発表要旨は，それぞれ報告されるので，ここでは，シンポジウムのディスカッションにおける争点と総括を行ないたい．ディスカッションにおける質問は，金ヶ崎町のクラブの立ち上げや運営に集中した．金ヶ崎町では，六つの生活圏があり，各地区にスポーツ施設をもつ生涯学習センターが設置されている．それゆえ，総合型地域スポーツクラブ事業も，六つの生活圏に立脚し，割合とスムーズに展開できたこと．また，事業の推進にあたっては，行政担当者が綿密な説明や勉強会を繰り返し，地区ごとに体育指導委員たちが中心になり，運営規約などを作成したことが確認された．行政が一律的に運営規約などを押しつけたのではなく，各地区において，体育指導委員や関係者が高橋氏と協議を重ね，事業を進めてきたことが成功の要因であることがうかがえる．シンポジウムを通じて，総合型地域スポーツクラブによる，地域スポーツの振興を考えるとき，次の三点が重要になってくるだろう．まず第一点は,「クラブづくりは人なり」に集約される．金ヶ崎町だけでなく，中学校の部活動を３日間に限定し，週末は地域スポーツクラブ会員として活動することが全国的な注目を集めている「半田市成岩スポーツクラブ」においても，強力なリーダーシップと熱いスピリットをもつコーディネーターが存在している．そして，コーディネーターが継続して存在することが大切である．というのは，３年間の総合型補助事業が終わると，予算基盤が弱くなり，クラブが逆に衰退しているところもみられる．その一つの要因は，行政担当者の移動である．２年か３年で担当者が他の部局に移り，新しく配置された担当者は知識や経験，そして地元関係者との信頼関係も無いことが事業そのものの発展の阻害要因になっている．

第二点は,「住民主導」である．総合型地域スポーツクラブやドイツ型スポーツクラブといっても，住民や行政担当者においても，その理念と形態，運営を知っている人は少ない．それゆえ，行政担当者の中にも，拒否反応や否定的な意見を持つ人が少なくない．行政からのトップダウン式には，決して進まない．総合型地域スポーツクラブの先駆けである,「垂水団地スポーツ協会」や「向陽スポーツ文化クラブ」では，行政の補助なしに，住民主導で発展してきた．新しく立ちあげるためには，いかに行政からの支援と体育指導委員などのリーダー，そしてリーダーのまわりに多くの住民リーダーが集まり，住民主導体制を築くことができるかが課題であろう．

第三点は,「地域スポーツクラブづくりの単一モデルは存在しない」ことである．文部省の補助事業だけでなく，県独自の補助事業，市独自の補助事業，日体協の補助事業など，多様な試みが始まっている．また，地域には歴史と伝統，そしてスポーツ組織が異なることから，地域の特性に合わせた展開が求められる．また,「多種目・多世代型」という特徴をもつ総合型であるが，ヨーロッパや北米では「単一種目・多世代型」も多い．ヨーロッパのスポーツクラブの形態である総合型という表現は誤りである．今後は，地域特性にあった多様な実験から，日本型地域スポーツクラブを作り上げることが求められるだろう．

最後に，今回は三つの関連学会による初の合同シンポジウムであったが，ふだんの分科会主催シンポジウムには見られない参加者の顔ぶれと熱気が感じられた．これまで，スポーツ科学の自然科学領域の研究者たちが，選手やコーチを支援するという形で応用研究が進められてきた．その成果は，広く認知されるようになり，体育学会やスポーツ科学研究の地位を高めてきた．今後は，社会学や経営学といった社会科学領域においても，地域スポーツへの支援が求められており，地域スポーツ研究という応用研究によって，体育学会やスポーツ科学の地位向上が期待されるだろう．

［山口　泰雄・野崎　武司］

総合型地域スポーツクラブ育成モデル事業の成果と課題
―岩手県金ヶ崎町の実践―

1．金ケ崎町の概略

金ヶ崎町は，県南部に位置し，人口約16,000人の農業と酪農を中心とした町である．近年，大手有力企業の立地・操業により若者の定着と人口の増加が見られ,「農業と工業の調和の取れた田園都市づくり」を進めている．

昭和54年，全国に先駆けて『生涯教育の町』を宣言し,「ひとり　いち学習」「ひとり　いちスポーツ」等の目標を掲げ，とりわけ，生涯スポーツの推進は，直接町民の健康保持・増進にかかわることから，重要施策として取り組んでいる．平成5年には，生涯スポーツの拠点施設として森山総合公園内に生涯スポーツセンターを建設し，町内外の人々に利用され利用者数は年間11万人にものぼっている．

また，平成7年度から国庫補助による「総合型地域スポーツクラブ育成モデル事業」を導入し，地域スポーツクラブによる活動を中心としたスポーツの振興を図っている．

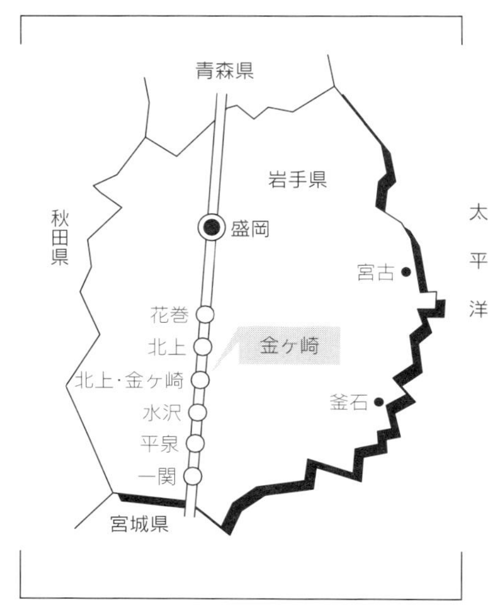

図　1

2．総合型地域スポーツクラブ設立の経緯について

本町では，生涯教育の町宣言を機に「いつでもどこでも　だれとでも」をスローガンに，スポーツを含めた学習の機会や場を提供してきたが，近年，町民の健康・体力づくり，スポーツ・レクリエーション等への欲求が高く施設設備の充実を図るなど，町民の要望に応えてきたが，ハード面の充実に伴い，ソフト面での充実が求められてきた．

町民のスポーツの機会は，行政主導によるスポーツイベント，各種団体によるスポーツイベント，体育協会（種目別協会）所属のクラブやチーム加入による活動などがあるが，クラブやチーム加入による活動以外は，一発型のイベント参加であり，クラブやチーム加入により継続的にスポーツ活動を行なっている者は限られている現状にあった．したがって，多くの町民にとってスポーツはイベントへの参加が中心であり，まして，チームに加入してまでスポーツを行なうことは,「特殊

表 1

番号	施 設 名	設 備
1	金ケ崎町文化体育館	アリーナ・会議室・シャワー・柔剣道場（別棟）
2	金ケ崎町民運動場	多目的運動場・相撲場・ゲートボール場
3	街地区生涯教育センター	研修室・体育館・多目的運動場
4	三ケ尻地区生涯教育センター	研修室・体育館・多目的運動場
5	南方地区生涯教育センター	研修室・体育館・多目的運動場
6	西部地区生涯教育センター	研修室・体育館・多目的運動場
7	永岡地区生涯教育センター	研修室・体育館・多目的運動場
8	北部地区生涯教育センター	研修室・体育館・多目的運動場
9	森山総合公園	温水プール・アスレチックジム・スカッシュコート・ラケットコート・エアロビクススタジオ・シャワー・サウナ・ラウンジ野球場（照明付）・陸上競技場（全天候型．芝生サッカー場・芝生ラグビー場併設．照明付）・テニスコート（人工芝．照明付）
10	和光ドーム	ゲートボールコート・テニスコート・バレーボールコート（人工芝）
11	荒巻公園	ソフトボール場・テニスコート（人工芝）

な人」との意識があったといえる．また，クラブやチームに加入している者も，現役を退くとスポーツから離れるため，メンバーの減少と高齢化，チームの衰退化という現象もみられている．

しかし，町民の意識調査の中では，スポーツに対する欲求は強いものがあり，しかも，継続的に行ないたいとする意識が強い半面，競技的な活動（いわゆる選手になることや対外試合）までは望まず，仲間とのコミュニケーションの場や趣味的なスポーツ活動を望む傾向が見られた．

このような現状の中で，本町における生涯スポーツの新しい方向性を模索していたとき，総合型地域スポーツクラブ育成モデル事業が文部省より提案され，実施することにした．

3．金ケ崎町の社会体育施設について

本町では，町民の生活圏域を6地区に分け，各地区に体育館，多目的運動場を備えた地区生涯教育センターを設置している．町民は，それぞれが居住している生活圏内の地区生涯教育センターを利用して日常的なスポーツ活動を行なっている．また，それぞれの生活圏には小学校が地区生涯教育センターの近くにあり，地域住民に開放されている．

このほか，町営の体育館，運動場，多目的ドーム，官設民営による森山総合公園等があり，社会体育施設は充実しているといえる．

4．総合型地域スポーツクラブの設立と運営について（表2）

1）クラブ設立の基本的考え

国の総合型地域スポーツクラブ育成モデル事業に対する補助期間は3年間であり，補助事業終了後の自主運営を考慮した立ち上げを考え，以下の点に留意した．

①行政は，指導や助言はするものの，運営形態・活動形態などについては基本的には各クラブの自主性に委ね，支援・援助する立場にある．

②クラブ数は7クラブとする（本町は6生活圏に分かれており，それぞれ体育館，グラウンド，研

表２　金ケ崎町総合型地域スポーツクラブの現状

（1999・10・1 現在）

			森山 スポーツ倶楽部	街地区 スポーツクラブ	三ケ尻地区 スポーツクラブ	南方地区 スポーツクラブ	永岡地区 スポーツクラブ	西部地区 スポーツクラブ	北部地区 スポーツクラブ	計
1	会員数	計	120	45	97	57	50	65	57	491
		男子	60	13	28	26	25	37	38	227
		女子	60	32	69	31	25	28	19	264
2	施設	利用施設名	森山総合公園	街地区 生涯教育センター	三ケ尻地区 生涯教育センター	南方地区 生涯教育センター	永岡地区 生涯教育センター	西部地区 生涯教育センター	北部地区 生涯教育センター	
		利用状況		日中／ 月～金　２時間 夜間／ 毎日　２時間	日中／ 月～金　２時間 夜間／ 月～土　２時間	日中(冬以外)／ 火・木３時間 夜間／ 月～金　２時間	日中／ 月～金　3～5 時間 夜間／ 月～金　２時間	夜間／ 月・水・木・土 2時間	夜間／ 火・木　２時間	
3	運営	構成	種目別代表者・スポーツセンター職員	種目別代表者・体育指導委員・その他	地区センター所長・小学校校長・自治会長及び副会長・体育協会支部長・体育指導委員・スポ少代表	会員(体育指導委員会)	体育指導委員・自治会連合会代表・体育協会代表老人クラブ連合会代表・スポ少代表・学識経験者	会員 (体育指導委員含)	会員・体育指導委員・体協会支部役員・種目別代表者・運動推進員・スポ少指導者・自治会連合役員・老人クラブ連合役員・身障協関係者・子供育成会役員・PTA 役員・学校教員・学識経験者・地区センター職員	
4	活動	活動 プログラム	①ジョイコース エアロビクス・水中運動 スカッシュ・ラケットボール・水泳・テニス アスレチックジム グランドゴルフ ②トップコース ソフトボール・ソフトテニス・サッカー ③スポーツ教室 ④コース別種目別交流会 ⑤指導者育成事業	①水中運動 ②ビーチボール バレー ③登山交流会 ④ゴルフ教室 ⑤全体交流会 ⑥定期的活動	①スポーツ教室 ②ニュースポーツ教室 ③種目別交流会 ④全体交流会 ⑤各種交流会 ⑥定期的活動	①各ライフステージに応じた交流会 ②スポーツ教室 ③ニュースポーツ教室 ④指導者育成事業 ⑤定期的活動	①スポーツ教室 ②全体交流会 ③各種交流会 ④定期的活動	①各種交流会 ②各種スポーツ教室 ③選手強化練習 ④定期的活動	①各種交流会 ②ニュースポーツ教室 ③指導者育成事業 ④定期的活動	
		種目数	エアロビクス・水中運動・スカッシュ・ラケットボール・水泳・ソフトボール・テニス・サッカー・アスレチックジム	ビーチボールバレー・水中運動・登山・ボーリング・ゴルフ	ビーチボールバレー・社交ダンス・グランドゴルフ・ゲートボール・ウォーキング・ヨーガ，卓球，ソフトボール・サッカー・ペタンク	ビーチボールバレー・グランドゴルフ・ゲートボール，リズム＆レクダンス・卓球・バドミントン・ラージボールピンポン・ソフトバレーボール	社交ダンス・卓球・ゲートボール・剣道・グランドゴルフ・マラソン・バドミントン	ビーチボールバレー・卓球・登山・マラソン・ソフトボール・綱引き	ハイキング登山・グランドゴルフ・ゲートボール・ビーチバレー・ソフトバレー・スポーツチャンバラ・ボウリング・ペタンク	
		指導者数	水泳アシスタント３名，エアロビクスインストラクター２名，スポーツプログラマー３名，健康運動士２名，スポーツ指導員２名，健康運動実践指導者２名	登山指導者１名，ビーチボールバレー指導者２名	ゲートボール4名(有資格)，グランドゴルフ1名(無資格)，ビーチバレー２名(有資格)，ウォーキング1名(無資格)，ダンス１名(有資格)，ヨーガ１名(有資格)，ティボール・ソフトボール2名(無資格)，ペタンク１名(有資格)，運動指導者１名(体育指導員)	ビーチボールバレー・ソフトバレー１名，グランドゴルフ１名，ゲートボール２名，卓球・ラージボールピンポン４人，バドミントン１名，リズム＆レクダンス１名	社交ダンス１名，卓球１名，ゲートボール１名，グランドゴルフ１名，マラソン１名，バドミントン１名，剣道１名	卓球２名，登山１名，マラソン２名，ソフトボール２名，綱引き２名	ビーチバレー１名	

修室が完備した地区生涯教育センターがあり，町民の日常的活動はこの生活圏で行なわれているので，まとまりやすい．また，本町生涯スポーツの拠点施設として，専門的指導者や設備が整備されている生涯スポーツセンターを加えて7クラブとした）．

③複数の種目からなるクラブとする（従来の単一種目型，メンバー固定型を排除し，新しい観点に立ったクラブをつくる）．

④誰もが加入でき，楽しくスポーツができるクラブとする（競技性にのみとらわれない）．

⑤計画的・継続的活動と多彩なプログラム展開ができるクラブとする．

⑥地域に開放されたクラブとする（会員中心のクラブ活動のみにこだわらず，地域住民のニーズにも対応する）．

⑦地域の特性を生かした活動ができるクラブとする．

⑧会費を徴収し，財政基盤を確立する（会費による自主運営を目指す）．

⑨森山スポーツ倶楽部については，施設および指導者等の特殊性から競技力向上をも視野に入れた倶楽部とする．

2）活動内容（表3「スポーツクラブ通信」の抜粋参照）

(1) 定例活動（日常的なクラブ活動）

・生活圏単位の6クラブは，基本的には楽しむことを中心とした趣味的スポーツ活動を行ない，気軽に何種目でも楽しめるプログラムで活動している．

・森山スポーツ倶楽部は，「お楽しみコース（ジョイコース）」と「競技力向上コース（トップコース）」からなり，ジョイコースは施設を利用した趣味的スポーツ活動，トップコースは種目別チームが加入し，選手育成や対外試合出場を目的とした活動を行なっている．

・活動形態は自由（種目毎に活動している場合が多い）．

・活動回数は，週2回各2時間程度が一般的である．

(2) スポーツ教室

ニュースポーツの普及や拡大，定例活動の充実を図るためにクラブごとに実施（会費で賄えないときは，町費で講師を招聘）．対象者は基本的には会員（メンバー）が中心であるが，会員外（ビジター）の参加も認めている（新会員獲得の機会となっている）．

(3) 親睦交流会

・クラブ内親睦交流会（年に数回，登山やハイキングなど全体で親睦行事を持ち，行事終了に飲食を伴った親睦会を行なう）

・全町親睦交流会（各クラブで行なっている共通種目を中心に年間数種目を開催している．当番で交流会の主管をしたり，交流試合等については，金ケ崎ルールをつくり競技性だけにとらわれないように組み合わせや賞の工夫をし，皆が楽しめるようにしている．また，参加費についてもメンバー料金とビジター料金を設定し，会員外の参加も認めている）

(4) その他

・体力診断，情報提供，指導者講習会等

3）運営（図2）

(1) 運営委員会

・全クラブに設置．運営委員会のメンバーはクラブにより異なる．

(2) 全町連絡協議会

・各クラブ代表により随時開催され，情報交換や研修，全町親睦交流会の提案など行なっている．（各クラブへの強制力は持たない）

(3) 体育指導委員会

本町の体育指導委員は18名任命されており（各生活圏から3名づつ），原則的に担当地域のクラブに加入し，運営委員となってクラブのコーディネーター的役割を担ったり，実質的な運営指導を行なっている．また，定例の体育指導委員会で事例研究等を行ない，より良いクラブ運営のあり方について研究や協議を行なっている．

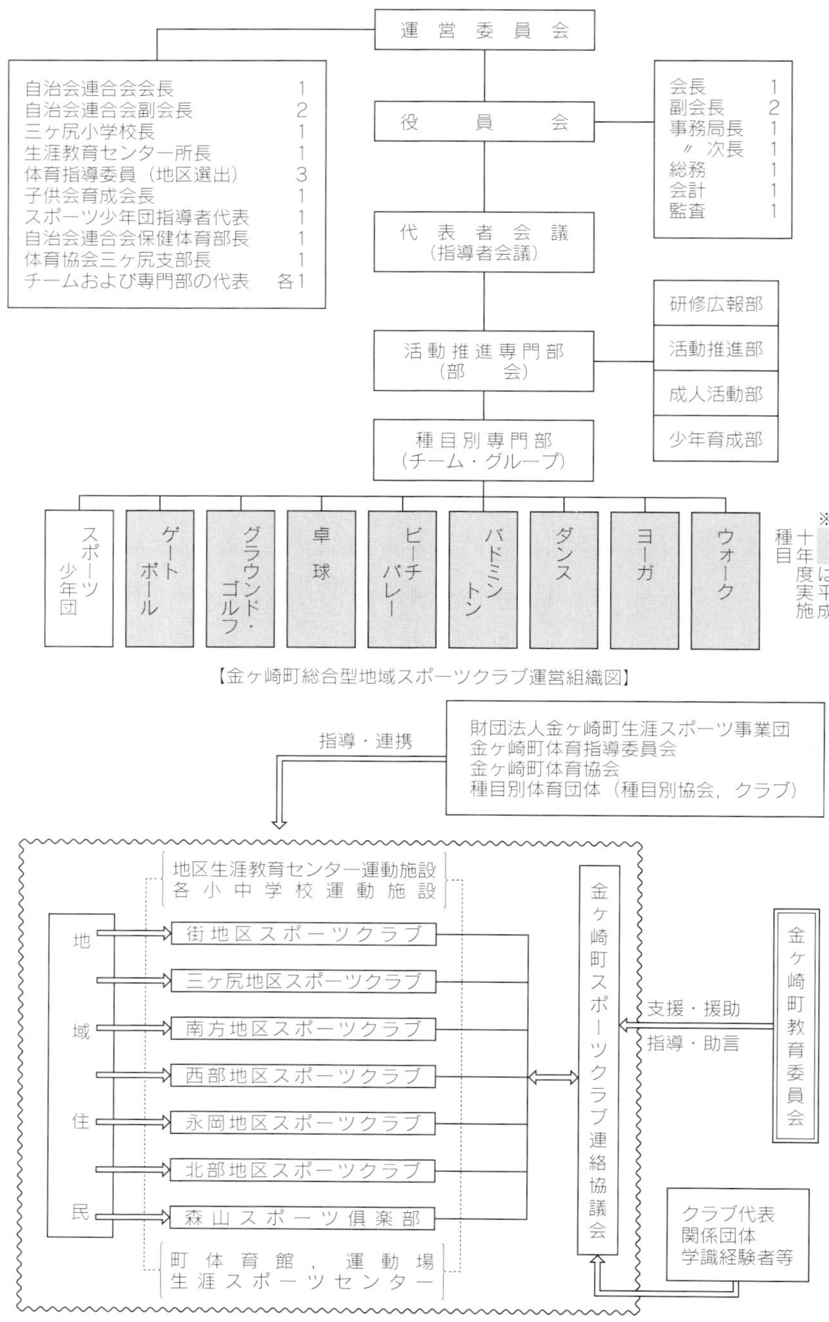

運営委員会
自治会連合会会長 1
自治会連合会副会長 2
三ヶ尻小学校長 1
生涯教育センター所長 1
体育指導委員（地区選出） 3
子供会育成会長 1
スポーツ少年団指導者代表 1
自治会連合会保健体育部長 1
体育協会三ヶ尻支部長 1
チームおよび専門部の代表 各1
役員会
会長 1
副会長 2
事務局長 1
〃 次長 1
総務 1
会計 1
監査 1
代表者会議
（指導者会議）
活動推進専門部
（部会）
研修広報部
活動推進部
成人活動部
少年育成部
種目別専門部
（チーム・グループ）
スポーツ少年団
ゲートボール
グラウンド・ゴルフ
卓球
ビーチバレー
バドミントン
ダンス
ヨーガ
ウォーク
※ は平成十年度実施種目
【金ヶ崎町総合型地域スポーツクラブ運営組織図】
指導・連携
財団法人金ヶ崎町生涯スポーツ事業団
金ヶ崎町体育指導委員会
金ヶ崎町体育協会
種目別体育団体（種目別協会，クラブ）
地区生涯教育センター運動施設
各小中学校運動施設
地域住民
街地区スポーツクラブ
三ヶ尻地区スポーツクラブ
南方地区スポーツクラブ
西部地区スポーツクラブ
永岡地区スポーツクラブ
北部地区スポーツクラブ
森山スポーツ倶楽部
町体育館，運動場
生涯スポーツセンター
金ヶ崎町スポーツクラブ連絡協議会
支援・援助
指導・助言
金ヶ崎町教育委員会
クラブ代表
関係団体
学識経験者等

図２　総合型地域スポーツクラブ運営組織図の例（三ヶ尻地区スポーツクラブ）

表３ スポーツクラブ通信

森山スポーツ倶楽部

森山スポーツ倶楽部は森山総合公園施設を拠点として，年間を通じてスポーツをエンジョイする倶楽部です．倶楽部の会員数は142名です．

スポーツを楽しみ健康づくりを目指すジョイコース（水泳，水中運動，エアロビクス，アスレチックジムなど）と，専門種目のみの活動でスポーツを楽しみ，更にレベルアップを目指すトップコース（サッカー，テニス，ソフトボール，陸上競技，グランドゴルフなど）で実施しています．また，ジョイコースの会員は自由にトップコースの種目にも参加できるシステムになっています．

三ケ尻地区スポーツクラブ

当地区スポーツクラブは補助事業として発足以来，地域全体へのスポーツの場の提供をモットーとして活動を展開する中で，地区センターと，自治会との連携に重点を置いています．

現在，ゲートボールチーム（4チーム），グランドゴルフ，ウォーク＆健康体操，ダンス，ビーチボールバレー（2チーム），少年サッカーを中心に体育指導員に直接事務運営を担っていただくことにより，情報の提供と，ニュースポーツの紹介で更なる部会および，クラブ会員の発掘をすすめています．

北部地区スポーツクラブ

北部地区スポーツクラブでは年１度，ペタンク，グランドゴルフ，ビーチボールバレー，ソフトバレーなど各スポーツクラブ交流会を開催しています．今回は，老若男女を問わずさまざまな顔触れが揃い屋内ペタンクなどで汗を流し楽しんでいました．柔らかい玉に手慣れたおじいちゃん，おばあちゃんには若者会員も「こりゃ参った」と参加者も大笑いするなど，終始和やかなムードで行なわれていました．また，競技終了後には食事をしながらの懇談会もあり，これが楽しみでという方々も多数いらっしゃいます．

永岡地区スポーツクラブ

当地区では，マラソン，ビーチ，ダンス，ソフトボール，卓球，グランドゴルフ，剣道，ゲートボールの８つのスポーツクラブが，健康維持，運動不足・ストレス解消，老化予防などさまざまな目的をもって活動しています．

各クラブとも楽しく，和やかに活動しつつも，ルールやマナーを守ることも重要としています．また，各大会に参加し，仲間との交流を深めるだけでなく，上位入賞を果たしているクラブもあります．

街地区スポーツクラブ

街地区スポーツクラブが結成されて，今年で三年目になります．活動内容は，森山スポーツセンターを利用してのスカッシュ・ラケットボール交流会・水中運動教室・ソフトボール交流会．ゴルフ教室・登山交流会等クラブ会員の要望を聞きながら交流会主体で実施しました．参加者も定着しつつあり，会員どうしの仲間も増え，自分達のやりたい事業を出し合い計画をたてて実施しています．街地区スポーツクラブは無理なく楽しく活動できるスポーツクラブとして今後も末永く継続していきたいと思います．

南方地区スポーツクラブ

南方地区スポーツクラブは，４種目，会員数57名です．

「リズム＆レクダンス」は10名程度のグループで，街の運動指導士の方と毎週木曜日に活動しています．

「卓球」のグループでは基本練習を中心に毎週木曜日の夜活動しています．会員は９名です．

「グランドゴルフ」では，会員15名が週２回南方地区センターのグランドで練習を続けています．

「ビーチボールバレー」は，会員29名．南方地区センターを中心に他の地区との交流も含め活動しています．

今後さらにすばらしい活動ができると確信しています．

西部地区スポーツクラブ

西部地区スポーツクラブでは，総合型地域スポーツクラブを，スポーツ面から展開される生涯に渡っての地域づくりへの参加，として位置づけています．多くの人にスポーツをと願いはするも，興味のない人に「運動しよう」と勧めても至難の技ですので，機会を捉えて軽スポーツの普及を積み重ねていこうと考えています．

現在活動中の方々には現役はもちろん，裏方や指導者として学校現場との係わりをもち，より永く楽しみを味わえれば，やがては底辺の広い地域活動に結びつけられると確信しています．

（金ケ崎町中央生涯教育センター，平成11年３月発行より抜粋）

5．各種団体とのかかわりについて

（1）体育協会

・体育協会は，基本的に競技力向上を目指し，対外試合での勝利を目指す団体であることから，総合型地域スポーツクラブを普及・拡大する現段階では，当面，体育協会あるいは体育協会加盟のクラブやチームとは一線を画すこととしている（原則として，チームとしての加入を認めない．体育協会加盟のクラブやチームに加入している者は，個人として加入する．ただし，クラブ員が体育協会加盟のクラブやチームに加入することは自由）．

・指導者の派遣を受ける．

（2）既存のクラブ・チーム

・体育協会と同じ扱いにしている．

（3）財団法人金ケ崎町生涯スポーツ事業団

・指導者の派遣を受ける．

・指導者講習会や体力診断等の専門的な分野について協力を依頼している．

6．指導者について

指導者については，本町の場合，公的資格を有している者が少ないのが現状であり，現在のところ種目についての熟練者や種目別協会などからの推薦を受けた者を指導者として依頼している．また，専門的な指導者（ダンスの先生等）を必要とする場合は，プロの指導者に依頼している．

7．成果と課題

1）成果

・単発的にスポーツ活動をする機会が多かった人々が，クラブ加入による継続したスポーツの楽しさを知ることができるようになってきた．

・スポーツに親しむ機会の少ない人に，スポーツ種目の紹介や活動の機会を提供したことにより，スポーツにあまり積極的でない人がクラブへ加入し活動するようになってきた．

・種目の選択が多様にできるようになり，個人が楽しむスポーツやレクリエーションの幅が広がった．

・夜間の活動が中心ではあるが，地区生涯教育センター運動施設（体育館，運動場）の利用が多くなってきている．

・一部ではあるが,「個人で楽しむ（参加する)」ことから「家族で楽しむ（参加する)」世帯も出てきた．

・「勝ち負け」をも大切にしながら，交流や楽しみを大事にしたルールの工夫（金ケ崎ルールや交流会限定ルール）や賞，大会運営方法の工夫がなされるようになり，皆でスポーツを楽しもうという意識が出てきた．また，大会運営についても，従来は一部の人に負担をかけていたが，当番を決めて皆でやろうとする意識が出てきた．

・「スポーツを楽しむ(スポーツ中心の楽しみ)」から「スポーツで楽しむ（スポーツをきっかけとして，それから派生するいろいろな楽しみ)」意識の変化が見られるようになってきた．

2）課題

・従来,多くの人々が持っていたスポーツ観(スポーツは勝敗を決めなければ面白くない）や活動スタイル（固定したチーム員による練習や特定種目のみの練習，技術偏重の練習等）から，参加者のニーズや技術，体力にあったスポーツ活動への意識変革をさらに進めていく必要がある．

・「総合型スポーツクラブ」の認識がまちまちであり，ある程度，共通の認識なり理解が必要である．

・指導者の育成が必要である．技術を指導できる指導者も必要であるが，スポーツの楽しさやクラブ運営の指導，状況により臨機応変な対応ができる柔軟性のある指導者が必要である．

・初心者と，ある程度レベルが向上してきた者とのバランスを図ることも必要になってきた．

・将来的な課題として，他団体，特に体育協会や競技会出場を目的に活動しているチームとの協調(というより，融合)を図る必要がある．スポーツの楽しみの一つは，技術の向上や競技性にあることも事実であり，将来にわたって単なる楽しみのみを追及するクラブではクラブの発展は望めない．競技者，単純にスポーツを楽しみたい者，スポーツを見学することに楽しみを見出している者等を包括して活動してこそ，スポーツクラブは発展・定着するものと思われる．また，少年スポーツクラブやスポーツ少年団，学校部活動を含めたクラブにしていく必要がある．

・活動拠点となるクラブハウスの整備が必須である．

終わりに

総合型地域スポーツクラブ育成モデル事業導入を一つの契機として，本町ではクラブ加入によるスポーツの振興を図ってきた．

しかし，地域的な特性（稲作世帯，酪農世帯，会社員世帯など）により，生活パターンが極端に違っており，まだまだスポーツより仕事が中心の地域であり,定着化を図るには難しいものがある．

総合型地域スポーツクラブの結成・育成にあたっては，行政が中心となって進めてきた経緯があり，町民にとっては「自分達がやっている」という意識は薄く,「行政がつくったものに乗っかった」という意識の方がまだまだ強く，自主運営を行なっているとはいうものの，行政に依存する体質は本質的には変わっていない．クラブ会員数を全町民の2〜3割にしようとの目標を掲げてはいるものの，まだまだ及ばないのが実態である．

また，補助事業終了後の育成についても，昨今の自治体財政事情が悪化している折り，町単独補助もままならない状況にある．しかし，少しずつではあるが，町民に総合型地域スポーツクラブの活動が理解され，支持されてきている状況も出てきており,ここに光明を見出し,総合型地域スポーツクラの推進を図っていきたいと考えている．

従来のスポーツクラブとは違った，新しいタイプのスポーツクラブを育成し定着させることは困難が付き纏うことも事実であるが，地域の特性を考慮しながら魅力あるクラブづくりを行ない，町民がスポーツを生活の一部として楽しめる町づくりを目指したいと考えている．

［高橋　良光］

② 総合型スポーツクラブの展開と地域社会の基盤
―岩手県金ヶ崎町での聞き取りから―

はじめに

総合型地域スポーツクラブ（以下では「総合型」と略称する）について共催シンポジウムの計画があり，スポーツ社会学の立場から報告するように要請があったとき，実践例としては岩手県金ヶ崎町から報告がなされると聞き，私には一つの案が浮かんだ．それは私自身が事例として取り上げられる地域でなんらかの調査を行ない，そこで得られた知見を報告することで，シンポジウムを盛り上げられないか，というアイデアであった．行政の立場から実践や指導に携わっている高橋良光氏の報告に対して，研究者の立場からの現地報告を対置すれば興味深いのではないかと考えた次第である[1]．そこで，急いで金ヶ崎町を訪問し，総合型を推進してきた主要な担当者から聞き取りを行なってみた．十分な時間をかけたわけではなく，その意味では調査とよぶのもおこがましい程度ながら，この経験は私にとって非常に有益であったと思っている．なぜなら，ある種の反省も込めていえば，総合型を考えていくにあたって，それまで，ともすれば農村的な地域を視野に入れず，むしろ都市的な文化なり仕掛けとして総合型を議論しがちであったことに気付かされたからである．

総合型の先駆的な「成功」事例としてしばしば言及されるのは，愛知県半田市成岩の取り組みである．NHK テレビが番組で取り上げたのを観て，私も，これまた急いで訪問して視察を試みたひとりである[2]．そして，そこで強烈ともいうべき印象を受け，多くの教示も得たが，金ヶ崎と比較すれば成岩は都市的な地域における試行であるといえるだろう．

大会号でも述べたように，総合型という文部省のスポーツ政策は，サッカーのＪリーグという歴史的事件をインパクトとし，ドイツのスポーツ・クラブをモデルとして構想されたと思われる．この意味では，欧米先進事例に範をとり，キャッチ・アップを目指すという従来の方法が再び繰り返されたともいえる．こうした経緯からして，先に指摘したように，総合型のイメージは，中央から発信される西欧的都市文化という色彩が，今のところ強いのではなかろうか．もしそうだとすれば，農村において総合型という政策が実践された場合，地域ではどのような対応がなされるのかを問うことは，極めて重要な課題でもあることに気付くであろう．本稿は，金ヶ崎町という東北農村において，当該政策がどのような「衝撃波」を地域において生じさせるのかをみようとするものである．この意味では，総合型が「成功」しているのか否かを直接的に問うという問題設定を行なっていないことを，あらかじめお断りしておきたい．

1．総合型のイメージ

文部省体育局生涯スポーツ課が，総合型のモデル事業を開始したのは平成７年度である．そこでいわれているスポーツ・クラブとは「スポーツを愛好する者の自発的・自治的団体で，規約などの一定の規範のもとにスポーツ活動を行なうとともに，会員相互の親睦を深める社交的な団体」であるとされる．また，日本における従前のスポーツクラブは①学校，②職場，③地域，④民間の四つに分類できるとし，①と②を中心としてこれまでは推移してきたと捉えている．そして，総合型とは「主にヨーロッパに見られる地域スポーツクラブの形態で，地域において，子どもから高齢者までさまざまなスポーツを愛好する人々が参加できる，総合的なスポーツクラブ」であると定義する[3)]．

またその後の説明によれば，①地域住民の自主的運営，②拠点施設の存在，③複数のスポーツ活動の実施，④有資格の指導者の配置，⑤幅広い年齢層の参加，⑥交流の場の存在，⑦既存クラブや学校部活動との連携などが，特徴として列挙されている[4)]．

先にも述べたが，以上のような内容が盛り込まれている国家レベルのスポーツ政策として総合型が登場してくることについては，サッカーのJリーグ開幕時における盛り上がりが背景となっていると推察される[5)]．

Jリーグがスタートしたのは，総合型の事業が開始される2年前の平成5年であり，その流行現象のような興奮もさりながら，Jリーグが提示した理念が世論にアピールした側面も看過できないと思われる．特に，ドイツの地域スポーツクラブをモデルとし,「地域密着」,「ホームタウン」,「スポーツ文化」といったキーワードを配置することで，日本のスポーツがもつ歴史的特性をあらためて浮き彫りにして見せた．すなわち，明治以来このかた，日本のスポーツは学校や企業に依存して展開されてきたという事情を，あらためて国民に自覚させたのである．Jリーグの一定の反響を注視しつつ，文部省としても地域において受け皿を作っていく必要性を認識し，また他方での学校をスリム化する要請をも考慮しつつ，スポーツ政策に取り込んだのが総合型であったと推量されるのである．

2．金ヶ崎町における総合型の導入

文部省という中央官庁レベルでの政策の説明が以上のようであるとしても，地域の現場では実際に総合型をどのようにとらえているのであろうか．財団法人金ヶ崎町生涯スポーツ事業団の事務局次長であり，またみずからも体育指導委員として地区での指導にもあたっている黒沢一男氏は，指導者のなかでも中心的な立場にある．氏はインタビューに応えて，総合型のイメージを，次のような五つのポイントから説明した．それは，①地域の全戸が加入するのではなく，②日常的に活動を行ない，③仲間づくりを大切に，④普段やれないスポーツなどを，⑤自分でお金を出してやるような活動である．

それぞれが含意するところを読み込めば，①個人で加入し，②行事中心型でなく，③勝敗にこだわらず，④いろいろな種目を，⑤自己負担の原則で行なうというように受け取られているように思われる．政策を導入して5年になる金ヶ崎町では，指導者層において，おおむねこのようなイメージがもたれており，これに沿って地域住民にも「普及/啓発」がなされてきているといえよう．

総合型のイメージが現時点において上記のようであるとしても，留意すべきは，これが説明を受けての戸惑いと，その後の実践を通した模索の結果であり，いわば落ち着き所として提示されている点である．そしてさらに，結論的に述べれば，現場指導者たちの涙ぐましい努力にもかかわらず，依然として戸惑いはみられるのであり，いわば曖昧なまま，しかし現実には進行しているのが実態である．しかし後にふれるように，ここで問うべきは，その曖昧さではなくて，曖昧なるものを咀嚼しようとする住民の努力であり，その結果として生じてくるユニークな姿であると思われる[6)]．

金ヶ崎は昭和54年に「生涯教育の町」宣言をした町として全国的にもその名を知られている．この意味から，総合型を町へ導入することは，なによりも，約20年間にわたる生涯教育の実践を土台として，その延長線上に行なわれたものであることに留意すべきであろう．その実践のなかでも，総合型に直接的に関連しているのは，「生活圏構想」という体制づくりである．金ヶ崎町では，まず町民の生活を三つの領域に区分し，①基礎生活圏，②第一次生活圏，③第二次生活圏とした．①は行政区ないし自治会/部落会の範囲であり，自治集会施設や広場が整備されてきた．②はおおむね小学校区と考えてよく，6つの「地区」に地区生涯教育センター（地区公民館）がある．③は町内全域が想定されており，中央生涯教育センター，文化体育館，運動場などが設置されている[7]．

総合型のクラブが設立されたのは，③のレベルでの「森山総合公園」と，②の六つの地区においてであった．本稿の主要な関心は，住民に対するインパクトという点であることから，以下では②の第一次生活圏（「地区」）を扱うこととする．

3．地区における葛藤

総合型が導入される以前にも，体育・スポーツに関連する組織が地区レベルにも置かれていたことはいうまでもない．聞き取りによれば，地区には①連合自治会の体育部があり，②体育協会の地区支部が置かれており，③地区の生涯教育センターも事業を行なっていた．そうした三つの組織に加えてさらに，④総合型クラブが新設された，という事態となったわけである．①の事業のなかで重要な行事としては運動会があり，その他，球技大会（これは全町大会の予選を兼ねている）など，各地区においてかなり活発な活動が実施されている．②は駅伝大会が大きなイベントである．③は主要には高齢者むけに事業が展開されている（さらに付言すれば，基礎生活圏である自治会のレベルでも，運動会やその他の活動が行なわれており，これらの世話役はかなり多忙な役職といわねばならない）．総合型が導入されたことにより，地区には4種のスポーツ関連組織が存在する状況となり，それらが互いに折り合いをつけながら事業が展開されている点を，ここではさしあたり指摘しておきたい．

さて，筆者は各地区の体育指導委員に面接し，総合型の設立や運営の状況をたずねてみた．その結果まず第一に指摘しなければならないことは，地区が違えば総合型の具体化にバリエーションがみられることである．上記のように地区には3種の既存組織があり，かなり活発に活動してきた状況があった．そこに，総合型が新規に参入することについては，既存組織との関係の付け方をめぐって，戸惑いや葛藤があったことがインタビューにうかがわれたのである．あえて大別すれば，街地区，北部地区，永岡地区のように，既存の活動団体には手を付けず，それらとは別に（どちらかといえば行事中心に）活動を始めたようなところと，他方で，南方地区，三ケ尻地区，西部地区のように，既存のサークルが集合したようなところに分けることができるように思われる（もっとも，この分類はかなり強引なもので，実際は，活動の内容は6者6様の多様性を示しているという方が適切であろう）．

ここで戸惑いや葛藤の幾つかを紹介しておきたい．たとえば，町で説明を受けた体育指導委員は，その場では理解したつもりでいても，担当地区に帰って住民に説明をはじめて質問を受けているうちに分からなくなったことが多かったという．地区においてもともと取り組んでいたことに対して，総合型はどこが違うのか．「ヨーロッパ型」といわれてみても，住民にはイメージの持ち合わせがなかったことがうかがわれる（後にふれるように，こうしたギャップこそが当該地域の特性を表わしており，それを「遅れ」とみるのではなく直視することこそが社会学的な重要課題であるとみるのが，本稿の立場である）．補助金をめぐる住民の見解も興味深い．国から補助がきたのに，なぜ会費が要るのか，という素朴な疑問が住民から出されたという．また，「スポーツ公害」という言葉もインタビューに登場した．これまでにもかなりのスポーツ行事が組まれており，「また何か増えるのか」という負担増に関する危惧である．これ以外にも多くの葛藤を抱えつつも，現場の指導者たちは「ノミニケーション」を行ないつつ模索していったというのが実態であった．

4．全戸加入とその問題化

さて，地区ごとの多様な対応は，とりもなおさず，それぞれの地域の特性が示されていることを含意しており，これじたいが興味深い研究課題であるといわねばならない(残念ながら現時点では，こうした地域差について十分に分析を深めうるだけの調査に達していないといわなければならない)．しかしそうした地区ごとの多様性にもかかわらず，共通してみられた「全戸加入」と「個人加入」という問題に，ここでふれておきたい．先に，総合型のイメージがどのようなものとしてもたれているのかについて紹介したが，その最初に回答された項目が，この「全戸加入でなく」というものであった．筆者もインタビューのなかでこの言葉に接したとき，とっさに「違和感」のような感情を抱いたのが正直なところであった．

文部省の説明でも明らかなように，総合型は「アソシエーション」としてのクラブとして想定されており，地域住民の全員が加入するということは，考えてみればそれじたいが「矛盾」である．個人が一定の目的のために，個人の資格において加入することが想定されており，「コミュニティ」のように居住者全員の所属による組織とは異なるからであろう．しかし，政策立案者や研究者の側の違和感はともかく，ここでは，住民がまずは「全戸加入」という形が自然であるという受けとめ方をしたということに注目しておきたい．住民はそれが「問題」であるということを，後に指導者から説明，説得されて気付くという情況であったことに，まさに地域の特性が浮き彫りにされているのではなかろうか．

住民はなにゆえに「全戸加入」を自然と感じたのか．筆者の推測も加えれば，総合型が地区に持ち込まれようとしたとき，当初は連合自治会の活動と受けとめられたことによるものと思われる．第一次生活圏に総合型を置くという方針が示された時，住民は連合自治会の活動として位置づけることを直ちに想起したものであろう．しかし，それが政策にそぐわないという「行政指導」がなされて，苦肉の策として地区ごとに知恵をしぼったのが，上記のような「多様な」対応となったと考えられるのである．

総合型はこうして各地区において順次，個人加入形式となっていくのであるが，その結果はどのようなことが起こったか．一例のみをあげるが，地区において，現在でも住民が楽しみにしている大きな行事の運動会は，総合型クラブが開催するのではなく，連合自治会が開催するということになる．なぜなら，運動会は伝統的に全戸が参加する行事であるがゆえに，総合型にはそぐわないとみなされるからである．

まとめ

以上にみたような地域の具体的対応が意味するところは何であるのか．金ヶ崎町においてわずかな日数のフィールドワークを試みただけではあるが，粗略ながらスケッチをしてみたい．筆者のみるところ，金ヶ崎は伝統的に水稲単作を基盤としてきた農村地帯であるがゆえに，現在においても基本的に47の自治会/部落会が重要な生活の組織として機能していると思われる．まさに自治会を「基礎生活圏」と名付けている所以である．連合自治会/第一次生活圏というのは，こうした自治会の集合であることを，念頭に置くべきであろう．行政的には地区のレベルにセンターを置き，数々の施策がここにおいて実施されているが，連合自治会の運営は自治会/部落会の代表によって担われている．会費も自治会を通じて徴収されている．

先に着目したところの「全戸加入」という方式も，自治会の伝統が現在においても基本的に重要な原則として通用していることをうかがわせる．水稲単作という形態で生業を営む家が生活の重要な単位として存在し，その家を継承していくこと，そのためには村との付き合いをなによりも優先させるという原則が踏襲されている．そこでの単位は家であって個人ではなかった事情も理解されるであろう．しかし，こうした「共同性」を強調することは，ただちに封建的であるとか，非民主的，前近代的との非難を浴びそうにも思われる．また，農村の住民自らもそのように思う傾向すらみられる．

他方で，ご多分に洩れず金ヶ崎町においても，兼業の深化は著しく進行し，生活は個別化し，自治会の変化も激しい．また，工業化も一定程度の進行をみせており，新興住宅地も隣接して建設されていて，いわゆる「混住化」もみられる．したがって，上記のように地域の共同性を基盤にしつつも，生活や意識の個別化とでもよぶべき現象が噴出している．こうした文脈での例をインタビューのなかから一つあげておきたい．それは女性の体育指導委員の話であった．彼女は自分の居住する自治会/部落会や連合自治会/地区でのスポーツ活動では，どこか堅苦しい思いがあり，相当の気遣いをする必要があるという．そこで，自ら「気兼ねなく気楽にやりたい」として仲間を募り，全町レベルでのサークルを作ったところ当人も驚くほどの盛り上がりをみせているという．実は，こうしたサークルの方が，総合型と呼ぶにふさわしい要素を有していることも興味深いが，少なくとも当事者たちはそれを意識することはない．この例は，村の重要性を尊重しつつ，しかし他方で村を離れたところで，個人として参加する契機も現に存在することを示している．

以上かなり粗っぽい把握ではあるが，金ヶ崎町での総合型の「衝撃波」をとらえてみれば，農村的な地域では，そうでない都市的な地域とはまたその様相を異にしていることが了解されるであろう．自治会が強固であり，しかし，同時に，生活の個別化も深化しているような地域において，総合型がどのように受け取られたかについて一例を示すことができたのではないか．総合型でうたわれている，住民の「自発的・自治的」側面にはふれなかったが，地域にはそれぞれの様態において発揮されてきた自発性や自律性があり，こうした伝統的な論理とどうすり合わせるかが今後とも大きな課題となると思われるのである．総合型が展開するのは地域においてである以上，地域社会を基盤とせざるをえないわけであり，その地域社会は長年にわたる伝統を継承している．総合型という新しい政策が伝統とどのように折り合いをつけて具体化されていくのか，そこにみられる住民の創造性に注目すべきであろう．

［中島　信博］

注

1）金ヶ崎町は仙台から約100 kmであり，距離的に「近い」ということと，さらにはかつて東北大学の社会学者が調査に入っていたという心理的な「近さ」もその背景にはあった．

2）成岩スポーツクラブの実践は，NHKテレビの「未来派宣言」という番組で放送され（平成11年2月22日）話題となった．

3）文部時報，1995年11月．44—45.

4）文部時報，1999年6月．45.

5）日本体育学会第50回記念大会（平成11年10月7日，東京大学）大会号．132.

6）金ヶ崎町で総合型を立ち上げるための説明会がもたれるのは，平成7年の秋からであり，翌8年の春にかけて準備委員会が結成され地区での話し合いがもたれた．

7）金ケ崎町：金ケ崎町史：近・現代編，1991.

8）岩手県公民館史編集委員会：岩手県公民館史（社教連創立20周年記念誌），1993.

9）金ケ崎町中央生涯教育センター：金ケ崎町生涯教育活動記録：人づくりまちづくりを求めて20年，1999.

10）塚本哲人ほか：21世紀への人づくりまちづくり：岩手県金ケ崎町—生涯教育の実践，1984.

11）武田共治：生涯教育構想の現状と問題点—岩手県金ケ崎町の事例．日本社会教育学会紀要17：1981.

12）古城利明：地域社会計画と農村コミュニティー—金ケ崎町の場合．庄司興吉編著：地域社会計画と住民自治，梓出版，1985.

③ 日本のスポーツシステムと総合型地域スポーツクラブ

1．日本のスポーツシステム

学校・企業・地域社会のスポーツ現場において新しい問題が生じているという．しかし，新しい問題を考える以前に，古い問題すら全然片づいていないのではないか．例えば，学校運動部の過熱，体罰，勝利至上主義などである．問題は何も変わっていないし，一つも改善されていない．結局，部活の問題であれば，それにかかわっている関係者個人個人の良心とか努力に頼ってきたのではないか．やはりシステムそのものの在り方を問わざるを得ない．つまり，今現在指摘されているようなさまざまな問題を必然的に生じさせるシステム，また，問題が生じてもそれをシステム内で解決する力を持たないシステムなのではないかと考えるのである．

ここで，スポーツシステムという用語についてだが，スポーツを普及したり，推進するための仕組み，つまりスポーツの供給システムという程度におさえておきたい．具体的には，学校の体育を推進するシステム，種目別のスポーツを普及したり強化するシステム等であり，最近では高齢者や障害者といった特定の住民層を対象としたスポーツシステムも整備されつつある．ここ 30～40 年の間の特徴は，スポーツ活動に参加する人たちが増えたこと，その人たちの価値や要求というものが多様化したことはよく指摘されるところだが，この多様化に応じて供給セクターとしてのサブシステムも増えてきた．これも大きな特徴ではないかと思う．

では，このスポーツシステムの何が問題だったのか．要するに，上に挙げた諸システムは，本来サブシステム，つまり部分であるはずなのに，部分を統合するトータルなシステムが不在であったことに問題の根がある．トータルシステムが想定されるためには，サブシステムの機能を包括する全体的なビジョンがあり，サブシステムへの資源配分の意思決定や調整機能を司る働きを何らかの形でもっていなければならない．しかし現在，本当の意味でのスポーツシステムと呼べるようなものが不在であり，部分だけがあって，部分と部分の間に関係性はない．他のサブシステムに対してその体制や体質に批判的な視野をもつこととか，その批判をぶつけてみるといったルートが存在しない．孤立したサブシステムが互いに干渉し合わず勝手に行動し相手の行動に対しては無関心，各々のサブシステム内で問題が生じればその内部での解決力に頼るしかない．縦割り行政などという言葉があるが，スポーツシステム全体も分断されたサブシステムが孤立的に存在してきたといえる．こういうスポーツシステムの限界が露呈しているのが，昨今の状況なのではないのか．

総合型地域スポーツクラブの登場は，決して新しいサブシステムの追加を意味しない．ただでさえ多数のサブシステムが乱立している現状にまたさらに総合型というサブシステムが加われば，一層過激な対立や競合状態を起こす危険性がある．むしろ，スポーツのトータルシステムをナショナルレベルではなく，地域レベルで，しかも上からでなく下から生活者の自律性と共同によって自生的に創り上げていく構想が総合型なのではないか．

2．スポーツ生活者協同組織としての総合型地域スポーツクラブ

今，設立が推奨されている総合型地域スポーツクラブ，これをスポーツ経営学の立場から捉え返してみよう．結論的にいえば，総合型地域スポーツクラブは,「スポーツクラブ」という用語を使用しているが，それはスポーツ事業とかスポーツサービスの範疇に含まれる「クラブ」ではなく，スポーツ生活者からなる経営組織，経営体の樹立を意味する．つまり,「スポーツ生活者協同組織」である．

スポーツ経営学は，さまざまなスポーツ経営体の営む経営事象を研究する学問分野である．経営体は事業を通してスポーツ環境を整備する目的を有するから，スポーツ経営学は環境整備の学ということになる．また，スポーツ経営学は，実践科学・応用科学としての学的性格を強くもつために，より経営実践に近い立場から理論化を図り，これを実践現場に返していこうと努めてきた．その一つの現われが，学校体育経営，地域スポーツ経営，職場スポーツ経営等々といった経営体別各論の定立である．この各論の中では，当然，各経営領域の個別性や特殊性というものが考慮されるから，その応用性も高められることになる．しかし，この経営体別領域論は，現実に合わなくなりつつある．その理由は，生活者の側が単一の経営体と関わるのではなく複数の経営体と関わるようになっているためである．経営体別の研究は，必然的に経営体の成果に関心が向けられる．結果として経営体の存続や繁栄を考えるあまり，スポーツ生活者にとっての真の意味での望ましいスポーツ環境を考えるという大切な視点がどこかにいってしまう．現実に，経営体間で資源の取り合いや運動者の獲得をめぐって競合状態が起きている．そうならないためには，経営体の方から環境整備を考えるのではなくて，まず生活者の側から考える．例えば,障害者という特定の生活者たちにとってはどんなサービスが必要なのか，どんな環境を整えればいいのか，これを考えた後に，それでは，そういった環境整備はどこがどんな風に分担し合って供給したらいいのかを考える．

要するに，学校のスポーツ経営とか地域のスポーツ経営といった経営体別の各論を展開するだけではなく，子どものスポーツ経営，障害者のスポーツ経営，高齢者のスポーツ経営というように生活者の類型別の各論を展開する必要がある．そして，この双方からアプローチしていくことが大切ではないのか．これからは，生活者を基礎においたスポーツ環境を考究していくことが必要になる．そうすれば，それぞれの生活者にとって望ましいスポーツ環境が整備され，すべての人間の豊かなスポーツライフが保障されるようになる．しかし，この考え方にも一つ問題がある．その問題のもとは，資源には限りがある，ということにある．子どものスポーツ環境が望ましい形で整備される，障害者のスポーツ環境が整備される，競技スポーツ志向者のスポーツ環境も整備される，というようにどんな生活者の要求にも応えられるように無限に資源があるならば，問題は生じない．しかし現実には，例えば，子どものスポーツ振興が大事だといってこれに資源を投入すれば，当然のことながら高齢者の取り分は少なくなる，つまりある特定の生活者の環境整備に資源を配分するということは，別の生活者たちには我慢をしてもらうということになる．この場合，どこかで調整機能の役割を果たし，すべての生活者のスポーツ権が保障されるように合意を形成する場がつくられなければならない．さらに，生活者別のサブシステムが別々に環境を整備するよりも，共有できる資源は一緒に使ったほうが効率的である．こうした理由から，生活者別のサブシステムを包括し調整機能を働かせて合意形成を図る場としての総合型地域スポーツクラブが想定できるのではないかと考える．別な表現をすれば，総合型のクラブづくりは,「すべての人」のスポーツを中心とする

生活権をみんなで守り合う運動組織であるといってもいいであろう．

3．スポーツ政策のアカウンタビリティ
―フィードバック回路の切断―

さて，一定の地域社会を基盤とするトータルシステムとしての総合型が，現存するサブシステムの統合に成功するか，そして，従来のスポーツシステムを変えるかどうかは，それを形成していくプロセスマネジメント如何にかかっている．そこでここからは，総合型のマネジメントについて論及したい．ただその前に，スポーツ行政やスポーツ政策の問題に触れねばなるまい．

先に，総合型地域スポーツクラブは地域内にスポーツ生活者による経営体，経営組織を設立することだと解釈したが，実はこのアイデアは過去に一度失敗している．わが国のスポーツ政策は，あまりに経営的でないといわざるを得ない．経営的でないとは，プラン，ドゥ，シーのマネジメントサイクルが回っていないという意味であり，特に，シー（評価）をプランに生かすというフィードバック回路がほとんど機能していない．昭和62年度から平成6年度まで8年間，生涯スポーツの推進策として「地域スポーツクラブ連合事業」が実施された．この連合組織は，クラブの問題を自分たちであるいはクラブ間で協力しながら解決することが意図された組織，つまり当事者自らが問題解決にあたる組織であること，それまでのクラブの閉鎖性を解消して他のクラブと交流することによってクラブ活動の質的な転換を目指すものであり，最終的には地域の活性化に役立てようとするものであること，そしてさらに，最初は行政が組織を作るが将来は住民の主体的な運営に移行することなどがその趣旨であった．このように連合組織構想は，めざすビジョンや方向性の点では総合型とかなり共通したアイデアであった．しかし，現在ではこの時つくられた連合組織が実質的に機能している地域は少ないし，組織そのものが消滅したところもある．また，連合組織が維持されている地域でも，自分が連合組織の一員であることすら知らない住民もいるという．つまり当事者意識がまったくない．一体この事業によって住民の意識や生活はどう変わり，住民にはどんな力がついたのか．ほとんど明らかにされていない．

また，中には，かなり優れた連合組織の事例もあったはずだが，結局，他の市町村には波及しなかった．そんなに素晴らしいものならどうして他の地域も補助金がなくても自分たちもやるといわなかったのか．そもそも連合組織をつくるという施策はどうして打ち切らなければならなくなったのか．こうしたことの原因をきちっと分析してそれを生かしていかなければいけない．

また，筆者らが最近実施した調査によると，総合型地域スポーツクラブについても，すでに運営委員会がなく，クラブが有名無実化しているような町もある．このように，アカウンタビリティ（結果責任）の考え方が非常に弱い．多額の資金を使って指定事業をしながら，それがなぜ失敗に終わったのかほとんど分析されていない．組織科学の知見によれば，あるプロジェクトの進行プロセスで得た知識（プロジェクト知識）を後に行なわれる別のプロジェクトにうまく移転できることが企業の資源力の強みとなる[1)]といわれているが，そうした知識やノウハウの移転ということが行なわれないから，同じ過ちを何度も繰り返す．地域スポーツクラブ連合事業を行なったある市の社会体育課長は，事業終了後ある雑誌の中で，本質的な課題は「どうしたら自主運営や自主的活動が可能なのか」,「補助事業として取り組むとどうしても行政主導型になってしまう」[2)]と訴えているが，総合型でもすでに，まったく同じような問題や課題が再び浮上している[3)]のである．

4．スポーツにおける住民自治の停滞

総合クラブという発想の原型は，約30年前に宇土[4)]によって提起されている．また，住民参加の地域スポーツ振興という考え方も，決して新しいものではなく，八代[5)]が総合型とほぼ同じアイデア

を提案したのは昭和58年のことである．

しかしこれが浸透していない．浸透するどころか，住民参加や住民自治については事態はむしろ悪くなっている傾向にあるのかも知れない．例えば，学校体育施設開放や公共スポーツ施設を地域住民中心に運営しているケースはむしろ減少している．このように，住民の自主管理とか自主運営，スポーツにおける住民自治の問題は非常に根が深い．しかし，地域スポーツの分野だけが特にスポーツ生活者の自治が貧弱だというわけではない．例えば，企業の実業団チームが廃部になっても，選手には何の対抗力もない．プロスポーツの試合運営に選手はまったくかかわらない．バレーボールでは，世間から改悪だといわれるほどのルール改正がなされてもこれに対し選手の発言権はない，だからといってその権利を確立するために取り組もうという選手側の動きもみられない．これらは，競技スポーツ界における競技者の自治や経営力の弱さを露呈した出来事であろう．わが国においてはスポーツ界の最高峰であっても，選手はプレーに専念しているだけでいいという観念が支配しているのである．日本のスポーツ界は，「プレイ」することと「マネジメント」することが完全に分断されている．ここにも大きな特徴がある．

では，運動者や生活者の経営参加や自治がなぜ進まないのか．その原因の一つに，行政の姿勢があることはよく指摘される所である．モデル事業の指定地域では，天からの指令で，決められた期間に補助金を消化して，国の意向に沿うクラブをつくることが半ば義務づけられる．細部にわたって手かせ足かせをつけられたプランは，現場の主体性を削いでしまう．住民主導が大切なのはわかっていても，住民にとっては突然ふってきたようなもので，クラブをつくらねばならない「必然性」が自覚できず，自前でクラブをつくろうなどという意識と力量を持った住民を育てている余裕などないから，結局住民には熱心に説明して理解と協力を得るというスタンスをとらざるを得ない．こういうことだから，指定事業が成功するかどうかは，地域の力ではなく，指定事業を中心になって取り仕切る行政担当者の熱意と力量という極めて個人的なファクターによって左右されてしまう．そういう行政マンがいない場合は，本来クラブや組織を作ることは住民のスポーツ生活を保障するための手段であるはずなのに，クラブを作ること自体が目的になってしまい，そのことによってどんな問題が解決されるのかに関心が注がれなくなってしまう．このようなことはスポーツだけでなくてさまざまなコミュニティ行政の分野でも指摘されていることである．

5．総合型地域スポーツクラブの形成と定着に向けて

総合型地域スポーツクラブの形成と定着に向けた幾つかの課題を提案したい．

1）行政施策の総合性と継続性

総合型地域スポーツクラブの育成事業は，国がやっていることだから，行政主導だから悪いんだという立場に立とうとは思わない．問題は，行政が主導してクラブづくりを進めることにあるのではなく，そうした行政主導を容認し，行政から提示されたアイデアを主体的に捉え返すスポーツ生活者の力量があまりに乏しいというところにある．したがって，スポーツ生活者の主体形成，当事者意識，経営的力量・自治能力を時間をかけて地道に高めていくというプロセスがどうしても欠かせない．

国の指定事業を同じように受けても，事業を進めていく過程で，地域差というものが表われてくる．大部分が住民の力で行なわれる地域もあれば，行政の強いリードで何とか体裁を整えるだけの地域もある．そんな中で，総合型の指定を受けた地域の中でも，愛知県半田市成岩地区のスポーツクラブが注目されている．成岩地区がどうして全国から注目されるようなスポーツクラブをつくることができたのか．それはおそらく，愛知県においては住民が主体的にクラブづくりを始める広い意味のインフラ整備ができていたということが大き

な理由だと感じている．中田[6]によれば，愛知県では，自治省が1971年からコミュニティ政策に着手して以来，数十年にわたり継続的に，また県と市町村が一体となってコミュニティづくりに努めていた．1990年には，県内に678のコミュニティ地区ができあがり，各コミュニティ地区では，まずコミュニティセンターが建設され，住民をメンバーとするコミュニティ活動推進組織が作られている．この組織には，地区内の団体をヨコにつなぐことを意図してさまざまな団体の住民各層が加わっており，この組織によってコミュニティセンターの運営費を賄うと共に，施設の管理運営も行なっている．また，コミュニティ活動については，地区のすべての住民の参加によってコミュニティ推進計画が作成され，住民組織の行なう調査や研究にも補助金が支払われている．さらに注目すべきところは，県や市からモデル地区として設定された地区だけでなく，モデル地区のコミュニティづくりに触発されて自発的にコミュニティづくりに取り組んだところもかなりあるということである．このように，成岩スポーツクラブの成功は，約40年にわたる地道な行政の取り組みとその間の住民の工夫や努力を経て培われた当事者意識や自治能力が背景にあったのではないかと予想してみることもあながち間違いではなかろう．要するに，住民主導でクラブづくりを進められる土壌・体制を継続的・総合的に醸成することが必要である．

2）総合型地域スポーツクラブのマネジメント

二つ目は，総合型地域スポーツクラブのマネジメントに関することであり，ここでは特に，「住民から生活者[注1)]へ」転換するためのマネジメントが問題となる．

(1) 総合型地域スポーツクラブと学校体育

学校運動部の再生が，10年20年後の総合型クラブを成功に導く大きな鍵だと考えている．総合型を将来にわたって地域社会に定着させるためには，次世代に期待する．これが，最も有力な方法ではないかと思う．逆に言えば，スポーツの住民参加・住民自治を長らく唱えていながら，それが浸透し定着しない大きな原因は，学校教育と連動していないことにある．総合型は，人々に新しい生活様式を要求する．総合型が新たなスポーツシステムとして成立するためには，このシステムに加わる人たちに単なる消費者・利用者としてではない，生活者としての生活様式へ転換することが求められる．それは，単に与えられた場でスポーツを行なうのではなく，場そのものをつくることに参加すること，そしてそこから自律性や協同性の喜びを得ていく生活である．このような総合型におけるクラブライフを営むためには，それに必要な生活能力や生活技術を身につける体験や学習が積み重ねられていなければなるまい．しかしながら，現実の運動部活動は，生徒の自治的な運営の場であるといわれながら，それはせいぜい個別のクラブ内に限定された閉ざされた自治ではなかったか．野球部とかサッカー部という個別の集団内ではかなり自主的な活動を行なっているところもあるようだが，生徒の自治はせいぜいこの個別クラブのレベルにとどまっている．例えば最近，運動部のあり方やその改革をめぐって盛んに論議されているが，その議論の場に子どもが参加していない．運動部のあり方も新しいビジョンやモデルも大人たちが考えてしまうために，子どもの側はまさに自分たちの問題であるのに，何が問題であるのかさえもわからず，当事者としての自覚が出てこない．大人たちは専門職ぶって常に子どもたちに優位性を誇示し，支配統制する．どんなに子どもの立場に立ってといいながら，結局考えるのは大人．だから，多くの子どもたちは，自分の学校の運動部をどのように再編したらよいかなどということには無関心なのではないのか．運動部の地域社会への移行を云々する前に，まず，学校という生活コミュニティの枠内でいいから，当事者による自治を確立することが必要である．

(2) 異質で継続的な対話的情報相互作用

次世代に期待するだけでなく，もちろん今の大人たちも育たなければならない．では，住民の当事者意識を高め，住民の力で総合型というイノベーションを起こさせるためにはどうしたらいいのか．そのポイントになるのは，クラブづくりを住民代表として推進するマネジメント集団において「異質な背景をもつ住民同士が時空間を共有し，継続的な対話的情報相互作用を行なうこと」であると考える．異質な人たちが時空間を共有して対話をすることの意味は何なのか．

総合型の運営委員会に召集される人たちは，「ただの住民」として参加するわけではなく，それぞれバックに組織を背負った組織の利益代表者である．したがって，自分たちの組織にマイナスの影響がなければ消極的に協力するが，もし少しでも自分たちの利害に絡むことに感づけばたちまち反対，あるいは無視の態度に向かう．特に，競技スポーツを志向する人とそれ以外の人との対立は避けられないであろう．スポーツに対する価値観がはじめは互いに相容れず，価値観の衝突がコンフリクトを生む．しかし，古い硬直したシステムを抜け出て，新しいシステムを作る，あるいはシステム変動を起こすためにはこのコンフリクトが積極的な意味あいをもつ．集団変動論[7)]によれば，一つの集団に，旧来の価値観と相容れない別の価値観をもった少数派が参入してきた場合に創造的な集団変動が起きるという．コンフリクトが発生しなければ変動は起こり得ない．つまり，異質な人との時空間の共有と相互作用が創造的な革新[注2)]を生む原動力になるのである．よって，行政が事前に根回ししたり，対立が起きないように同質の人たちだけで物事を進めていけば，コンフリクトは避けられるが新しいシステムは生まれない．

特に運営のための会議や委員会は，スポーツ生活者たちの合意形成の場である．その意味で，クラブづくりの場にどのようなメンバーを選ぶか．これは大きなポイントとなる．本当の意味で地域住民の合意であるといえるためには，さまざまな立場，考え方の住民の参加を取りつけなければならない．しかし現実はそうなっていない．総合型の運営に関わるメンバーの選出にあたって次の三点を提案したい．

一つは，総合型クラブにも，子どもを含めた若年層の経営参加を実現すること．特に，子どもの経営参加は，「子どもの権利条約」以降もスポーツ界ではあまり進展していない．そして，若者を取り込むためには，総合型から競技スポーツを排除することはマイナスであり，生涯スポーツ体系の中に競技スポーツ部門をきちんと位置づけることが必要である．

二つめは，スポーツに対してむしろ否定的な態度や価値を持っている人を取り込むことである．学校時代のスポーツ経験と卒業後のスポーツ活動の関係に着目した研究がある．そこでは概ね運動部に加入していた者，体育の授業が好きだった者ほど卒業後もスポーツを継続する傾向にあるという．こういう報告から考えれば，これまでのスポーツシステムは学校体育の勝者・成功者がスポーツ資源やスポーツサービスを独占する仕組みになっていたのではないか．さらにもっと成功した一部の者が，このスポーツシステムを運営し支配する仕組みになっていたのではないか．スポーツの得意な専門家たちが，多数派となってスポーツシステムをつくり上げてきたために，そのシステム内にマイノリティは入っていけず，システムは変わらなかった．集団変動論においても，マイノリティの活用が集団変動の有効な方略であるとされているが，総合型のマネジメント集団にスポーツにおける少数派の参加をいかに取り付けるか，これは大事な課題である．

三つめは，学校教員の積極的な参加を促すことである．体育の授業研究に真剣に取り組んでいる教師たちは，少年団の指導者のやり方に不満を抱いている．一方，少年団の指導者は学校でどんな授業がどんな目的を持ってどんな風に行なわれているのか知らない．今，教科体育と運動部の関係が問題視されているが，授業と地域における少年スポーツの隔たりはもっと大きい．また，教員の加入によって，学校でしかできないことを考える契機にもなる．その結果，教員も地域の指導者も共にかかわっていくことを可能にする．

このような人たちは，スポーツ界の閉ざされたリアリティー，誰もが前提にしている思い込み，慣れきった日常知に疑問を提示してくれる．そしてこの疑問が新たな気づきを生み，別のリアリティの可能性を開く．このような異質な他者が共存しているのが地域社会の良さなのである．そしてさらに，異質な人たちの間に対話が生まれ，価値観の対立・ぶつかり合いを通じて新しい価値が生まれるためには，継続的な相互作用が必要であり，年に数回の会議ではとてもその成果が期待できないといわねばなるまい．

(3) 全員参加の経営方式

しかしさらにその上で問題なのは，一部の住民に運営の負担が偏ってしまうことである．その結果，運営をする住民と今まで通りスポーツをするだけの住民の隔たりは大きくなり，住民の自主運営といいながら，その内実は少数の献身的なボランティアと多くのお客様に大別され，スポーツ生活者としての当事者意識も高まらず，クラブの維持さえ困難になってしまう．

総合型はスポーツ経営体であるが，総合型の理念型はこれまでの経営組織とは大きく違うと思う．その違いは，直接民主主義，全員参加型経営方式をとるということではないか．どこにでもいる住民すべてが当事者なのであり，どこにでもいる住民がクラブの経営資源になる．誰もがクラブの経営資源となって全員参加を可能にするためには，相互サービス方式をとる必要があり，そのためには,「スポーツ」クラブでは限界がある．自分がサービスの発信者となれる機会を豊富に容易にしていくこと．サービスを受ける人が同時にサービスを提供する相互サービスの仕組みをいかに作っていくか，今後の研究課題になるであろう．

［清水　紀宏］

注 1）ここでいう生活者とは,「時代の支配的な価値から自律的な，言い換えれば対抗的（オルターナティブ）な生活を隣り合って生きる他者との協同行為によって共に創ろうとする個人」[8]という人間の「理想型」を指す．

注 2）創造的革新とは,「既存の知識に照らして新規性と有用性をもつと同時に，それが既存の知識の修正や否定をせまるもの」[9]である．

文　献

1）青島矢一，延岡健太郎：プロジェクト知識のマネジメント．組織科学 31（1）：20—36, 1997.
2）若田部次郎：地域スポーツクラブ連合組織の育成．健康と体力 22（1）：30—33, 1990.
3）地域スポーツ推進研究会：スポーツクラブのすすめ．48—153, ぎょうせい，東京，1999.
4）宇土正彦：体育管理学．78—79, 大修館書店，東京，1970.
5）八代　勉：スポーツクラブと行政．健康と体力 15（4）：9—12, 1983.
6）中田　実：地域共同管理の社会学．135—157, 東信堂，東京，1993.
7）古川久敬：組織研究におけるフレイミング．組織科学 24（1）：60—70, 1990.
8）天野正子：「生活者」とはだれか．236, 中央公論社，東京，1996.
9）加護野忠男：創造的組織の条件．組織科学 19（1）：11—19, 1985.

7　賭けとスポーツ

賭けとスポーツとの密接な結びつきの歴史は古い．近代以降，スポーツは社会的に高く評価され広く奨励される活動となり，賭けはむしろ社会的に貶価され罪悪視される活動となったが．だからといって賭けやギャンブルの魅力が薄れたわけではなく，それらの一部は公営ギャンブルとして制度化されている．こうした歴史をふまえ，また最近の「スポーツ振興くじ制度」導入の動向などをもふまえて，賭けとスポーツとの関係を広い社会・文化的視野から再検討してみよう，というのが本シンポジウムの趣旨であり，以下の３氏にそれぞれの立場から報告をお願いした．

(1)　賭けとスポーツの人間学（亀山佳明）

人間は動物と異なって，環境世界との直接的な結合を喪失してしまった．その代わりに言語によって分節化され，構造化された世界に住む．しかしこの世界は人間から生きる力を次第に磨滅させる．そこで，人は祝祭という象徴的な次元において社会＝構造を支配する有益性の原理を破壊することを通して，再度環境世界との連続性を回復しようとする．遊びはこのような祝祭の性格を強く維持しているが，なかでも賭けの遊びは最も至高性を体験させる活動である．なぜなら，それは社会＝構造の外部の力に接触させる好運をたのむからである．そして，前近代的なスポーツはこの好運(至高性）と深く結びついていた．スポーツの近代化とは遊びの世界からこのような力を排除していく過程であった．賭けも一時的に排除されてきたが，産業社会の成立とともに再び近代スポーツと結合する．賭けが大衆化することにより，その危険性が縮小化されたためである．大衆はスポーツと結びついた賭けを経験することで「至高性の影」に触れ，労働力を再生させるのである．

(2)　スポーツの歴史における賭けの取り扱われ方―全米テニス選手権大会の事例―（小椋　博）

米国における近代テニスの誕生と制度化の歴史をたどると，ピューリタニズムに倫理的基礎を置く新興ビジネス階級がスポーツ（この場合はテニス）の純化を主張して旧来の上流階級と対抗し，勝利を収めていったことがわかる．この「純化」の主要な論点のひとつが賭けであった．社会から酒，競馬，カジノなどを閉め出そうとする運動に歩調を合わせて，それまでニューポート・カジノで行なわれていたテニス大会の開催地がニューヨークへ移され，カジノというギャンブルの場から切り離されていく．カジノでのテニスが賭けの対象であったという確証は得られていないが，少なくとも象徴的に（そしておそらくは実質的にも）米国のテニスは賭けから切断され，近代スポーツとして確立されていくことになる．この過程はまた，賭けと共存していた上流階級の貴族的スポーツを攻撃し,「純化された」スポーツを社会的に構成していった新興ビジネス階級の勝利，つまり権力構造の変動の過程を示すものでもあった．

(3) スポーツ振興くじ制度とわが国のスポーツ振興政策のゆくえ（黒須　充）

今回の「スポーツ振興投票制度」の導入は，ある一部の機関に依存した形のスポーツ振興から，住民を主役とし，広く市民に開かれたスポーツ振興への転換を図る上で，またとないチャンスである．くじの収益金は，たとえばニュージーランドの制度にみられるように，明快でわかりやすい仕組みによって身近なスポーツ環境の整備に還元されることが必要であり,「生きたお金」として使われなければならない．そのためには，助成を受ける側の主体的・能動的姿勢と，助成する側の適正な評価と支援の態勢が大切である．両者の関係の一例として，スポーツの振興のみならず地域社会全体の活性化にも貢献するような「総合型地域スポーツクラブ」の組織化，そしてこのようなクラブの育成・支援・定着を図るための「広域スポーツセンター」の設置などが考えられるであろう．このようなシステムが実際にうまく稼働することによって，財源となるくじ制度の意義も認められていくことになろう．

以上のような報告に対し，フロアから多くの質問やコメントがあり，報告者の応答を含めて活発な議論が展開された．報告と討論を通じて，賭けとスポーツをめぐる問題の広がりと深さ，意見の対立点，今後検討すべき論点などが明らかになったことが，本シンポジウムの成果といえよう．

［井上　　俊］

① 賭けとスポーツの人間学

1．賭けの人間学

賭けはすぐれて人間学的な事象といえよう．というのも，賭け事を知らない，あるいはしない民族や社会がかつて存在していたとはとても思えないからである．おそらく人間が社会的・文化的存在として出現しえた，その当初から，賭け事は人間に付随して誕生していたと思うほかはあるまい．それほどに人間にとって普遍的な事象である．

他方において，人間以外の動物の間に賭け事の遊びがはたしてあるのか，が問われる．彼らは生まれついての本能にしたがって行動しており，環境世界と直接に結び付いている．この意味において，社会的・文化的存在である人間が有する，環境からの切断から無縁であるがために，動物は存在の不安を抱え込むことはなかった．それゆえにまた彼らは存在の偶然性を確認するための遊びである賭け事を必要とすることもなかった．

われわれは人間と賭け事との関係について考察を試みた，数多くの文献が存在していることをよく知っている．プラトンに始まってホイジンガやカイヨワにいたるまで，その数は多数をきわめる．それらはそれぞれ独自な観点から，賭けの有する意味について論じている．その一方で，われわれは賭けと人間との関係において，いくつもの疑問を抱いている．たとえば，次のような問題群が思い浮かぶだろう．

①人はなぜあれほど熱心に賭け事に打ち興じるのか．

②そこにおいて賭けられる金銭には一体どのような意味があるのか．

③世俗化の進行した産業社会において賭け事が隆盛なのはなぜなのか．

④人はなぜ賭け事の究極において破滅に取り込まれてしまうのか．

このような四つの疑問に理論的な一貫性をもって答えることが可能なのであろうか．ここでは，G.バタイユの＜祝祭＝供犠論＞の立場からこれらの問いに答えていきたい．もちろん，これらに対しては，他の立場からの説明が可能であり，そのことを否定するものではない．

先に動物は世界と直接的な関係にあると述べた．バタイユはこのような関係を連続性（continuité）と呼ぶ．行為の対象と行為者である主体とが明確に分節されておらず，それらはともに一体化していると想定できるからである．これに対して人間は主体と客体とが分節された世界に住んでいる．この世界では自と他，環境と主体，目的と手段などのさまざまな分節が成立している．このことは，人間は社会＝文化という構造化された世界に住んでいることを意味している．言語に代表される記号はこのような分節を可能にする．こうした事情のために，社会＝文化的存在である人間は対象と常に切り離された不連続的（discontinuité）な存在であることを余儀なくされる．

このような分節の境界を打破して，世界を自己の内奥において連続的に感覚できるようにする文化装置を，バタイユは「供犠」sacrifice と呼ぶ．そこでは供犠対象の破壊（消尽）を介して人々はその対象と象徴的な次元において同一化し，自らの境界をこれまた象徴的な次元で破壊する．このことによって，自己の内奥と世界とが溶解しあい，連続性がもたらされる．この一瞬こそが「至高性」souveraineté であり，それはまた好運の刻でもある．言い換えるなら，人は供犠を介していわば社会＝文化という構造を脱し，その外部にあるカオス＝力に接触するのである．つまり，不連続的な存在から連続的な存在へと移行するわけである．賭けとはこのように至高性（好運）を求める遊びであるといえよう．

このときに賭けられる金銭は，いわば供犠の際の供犠対象といえるかもしれない．金銭とは世俗界の有用性を代表するものであり，それをあたかも湯水のように消尽することによって，人は自らが世俗的な存在であることを破壊しているととらえられる．有用性を剥奪されるなら，金銭は何ほどの意味をももたない．賭博者は金をもうけるために賭け事に興じるのではない．先の至高性の瞬間を経験することを目指しているのであって，一財産をつくることを目的にしているわけではない．

ところで，われわれはどのような社会にも賭け事の遊びがあったと述べてきたが，おそらく現在われわれが住んでいる産業社会ほど，賭け事の遊びが盛んな社会はなかったのではないか，と考える．産業社会において，人間はその内奥性を喪失してモノと化している．たとえば，M.ヴェーバーはそれをプロテスタントたちの世界として描いてみせた．彼によれば，人間は神の道具にすぎない．そこにおいては，余剰な生産物は無目的に浪費されることなく，すべて再生産へと回収される．事物と化した人間は，対象との不連続性を克服するために，つまり連続性を求めて，賭け事の遊びに走ることになる．言い換えるなら，人間がその内奥性から疎外される度合いが強ければ強いほど，彼はその疎外の克服を求めて遊びに熱中せざるをえない．わずかではあっても，至高性の縁暈に触れることで生命の輝きを取り戻したいのである．しかしながら，産業社会においては賭け事の遊びはそのシステムの一部として組み込まれており，消尽するはずの金銭はすべてシステムに回収され，再生産へと役立てられる．この社会では消費はあっても消尽は成立しない．人々が賭け事に打ち込んでくれればくれるほど，産業社会は拡大・繁栄していく．

この仕組みは悪循環を構成している．疎外の克服を求めて賭け事に打ち込めばますます疎外が貫徹するからである．疎外とその克服であるはずの賭け事がいわばスパイラルをおこし，破局に向けて無限に後退していく．その究極の局面において賭博者は最後の大勝負に挑まずにはいられなくなる．彼は自己の有用性を破壊し尽くすために，全財産を賭けるのである．乾坤一擲，最後の勝負に出るとき，一瞬，女神（好運）の後ろ姿を垣間見ることがある．そのとき，彼は自己が再生する瞬間を感じる．「実際，祖国や友人たちから遠く離れたよその国で，今日何を食べられるかもしらぬまま，最後の1グルデンを，それこそ本当に最後の1グルデンを賭ける，その感覚には，何か一種特別のものがある！」（ドストエフスキー，『賭博者』．原卓也訳，新潮文庫，1979，p248）．『賭博者』の主人公のイワノーヴィッチがこう述べたことにわれわれは納得できるのである．

以上で，われわれは先に提示した四つの疑問には一応答えることができたと思う．

2．スポーツと賭けの関係

次には，スポーツと賭けの間にはどのような関係があるのか，が述べられなければならない．これについては，社会や文化によって事情が異なるはずだが，ここでは英国社会における両者の関係を瞥見（べっけん）することですませておきたい．

周知のように，“sport”という言葉は英語から由来している．もともとは古フランス語やラテン語を語源にするといわれているが，いずれにしても，当初から長い間使われていたその意味は，現在の意味とは随分と異なっていたようである．英語でのこの言葉の成立は16世紀とされており，そのころの使用では,「義務としての真面目な行為からの気分転換，休養，娯楽を意味し，次第に気晴らしのためのある特定の形式を指すようになるが，それは主として戸外で楽しまれるある程度の身体活動をともなった遊びのことであった」(増田靖弘『スポーツ語源散策』．東京書籍，1989,9頁).

ところで，前近代的な要素を強く残した社会では，スポーツ（気晴らし）は祝祭を構成する催し物であった.というよりも,このような社会にあっては，聖なるものが社会に根差していて，季節の変わり目において,それは祝祭として祝われ,人々を強く引き付けていた．前近代的な英国の社会では，バタイユのいう＜破壊＝消尽＞をともなう＜祝祭＝供犠＞が制度化されていた．当然ながら，そこでは賭博が民衆の気晴らしをなしており，それは祝祭の破壊＝消尽という性格を構成する重要な要素をなしていた（R.W.マーカムソン『英国社会と民衆娯楽』川島昭夫他訳，平凡社，1993)．この点は，ジェントルマンを中心とする上層階級においても例外ではなかった．民衆以上に，彼らこそ何事も賭け事の対象にするという英国人の気質を代表していたというべきかもしれない．これら上下の両階層がともに楽しんだスポーツ（気晴らし＝賭け事)が闘鶏であったといわれている(フィリップ・メイソン『英国の紳士』金谷展雄訳，晶文社，1991)．

ところが，賭博（消尽）と強く結合していたスポーツが近代化されるにいたる．各地方に散在していたスポーツという民衆娯楽がしだいに全国的に統一され，明確なルールにもとづく競技へと洗練される．たとえば，祝祭日に行なわれていた民俗的なフットボールが近代的な運動競技へと進化させられる過程に，このような近代化が典型的にみられるはずである．

このような洗練を行なう場がパブリックスクールであった．そこは旧来の上層階級と新興の中産階級の出会う場所であり，両者が文化的意味において妥協しあう場所でもあった．あのトマス・アーノルドが校長を勤めたラグビー校は，フットボールの洗練に大きく貢献したとされている．19世紀のパブリックスクールでは，キリスト教的紳士を養成することが目指されていて，その手段としてスポーツが注目されたのであった．しかし，プロテスタントを主流とする中産階級が押しかけたということと，またそこが教育の場であったということとがあいまって,そこにおいては,スポーツと賭博との緊密な関係は緩められずにはいなかったのである．このことはスポーツの近代化の要請として暴力が排除されていくこととパラレルな関係にある．前節で述べたように，賭博は人々に至高性を経験させるものであり，それは破壊＝消尽という性格を強く蔵していたからである．スポーツの近代化とは，この意味において賭博の排除でもあった．しかしながら，ここでわれわれが注意しておかなければならないのは，スポーツの近代化は賭博によって準備されたということである．というのは，賭博は何よりもフェアネス（公正さ）を要求するからである．それはできるだけ条件を等しくし，また共有されたルールを要求する．こうした要求がスポーツにおける公正さの追求，ルールの整備を用意したのである（中村敏雄『スポーツルールの社会学』．朝日新聞社，1991)．

ところで，近代化されたスポーツは再び賭博と結び付く．というのは，賭博それ自体にも近代化が行なわれるからである．産業社会の成立にともなって労働者階級が出現してくるが，資本家たちは労働者が賭博に親しむことを警戒していた．賭博は彼らから労働意欲を奪い，生活の基盤を破壊しかねない危険なものと考えられていたからである．ジェントルマンたちは賭博はあくまで自分たちの娯楽であり，自己コントロールに欠ける労働者には無縁なものと判断していた．しかし，フットボールにくじが導入されるにおよんで，彼らの杞憂とも思われる心配がむだになる．サッカーくじでは賭けられる金額は少額であり，これによって労働者が破産する恐れは少ない．また,「昔から繰り返しいわれてきた労働意欲の喪失，怠惰の助長という点にしても，サッカーくじの場合にその危険性は少ないといえる」のである（小林章夫『賭けとイギリス人』．筑摩書房，1995，p181)．こうして，サッカーくじに典型的にみられるように，スポーツと賭けとは再び結合するのであるが，それはレクリエーションとしてであり，それによって労働意欲の喚起に役立つとされたのである．

前節でもみたように，産業社会ではスポーツからも賭博からも危険性（至高性）が排除されていくのであるが，そうなるなら，われわれはますます至高性に飢えることになりはしないだろうか．

［亀山　佳明］

②スポーツの歴史における賭けの取り扱われ方

Jリーグ・サッカーくじ法案を巡る議論において，サッカーくじに反対する人々の意見の中に，それが文部省の利権の拡張手段に過ぎないとか，天下り先の確保である，あるいは収益金の使途が明確でないといった制度的な点に関する反対意見以外に，賭けは本質的にスポーツの発展とは逆行するという意見も述べられ，重要な点をスポーツの議論に投げかけていたように思われる．

承知のように，エリアスはスポーツと文明化の過程の議論において，暴力の抑制の高度化とともに，スポーツの暴力的エキサイトメントではなく，楽しみをより長く持続させるための工夫として賭けがあったことを指摘している．暴力によらずにスポーツにおけるエキサイトメントを保証するために賭けを導入することで，楽しみを増大させたというわけである（ノルベルト・エリアス『文明化の過程』訳，法政大学出版局，1990）．それと共に，暴力的で，かつルールの整備もまだ整っていなかった前近代的なスポーツが，文明化の過程でフェアネスの確立とルールの明確化あるいは記録の整備を果たすようになる．ここにスポーツの近代化，文明化に果たした賭けの役割がエリアスによって明らかにされた．ここでは先ほどのJリーグ・サッカーくじ法案の反対論とは異なって，スポーツに賭けを持ち込むことで，スポーツの近代化が達成されたという見方が示されている．

本稿はスポーツにとって賭けが本質から離れた，あるいは近代化の過程に逆行するものであるとか，反対にスポーツの根源的，本質的要素として，賭けを擁護するための議論を展開するものではない．スポーツに賭けを絡ませることについて，賛否いずれの議論も成り立つことを前提に，ここでは米国における近代テニスの成立の過程で，賭けがどのように扱われたかを検討する．

スポーツが社会的に構築される文化であるとすれば，米国の近代テニス成立の過程で，賭けをめぐってどのような社会的力（権力）が階級や宗教を背景として近代テニスを構築していったのかを探る試みである．具体的には歴史的，社会的な産物として近代テニスが形成される過程を，賭けの要素を絡ませながら見ようとするものである．イギリスではスポーツと賭けの歴史は古く，すでにヘンリー8世の16世紀ころからテニスやその他のスポーツに賭けが行なわれていたとされる（中村敏雄「スポーツルールの社会学」，朝日選書，1991年）．

新大陸においては1880－1920年代にかけてスポーツを舞台に「白人による逆流的なスポーツの再構築」(Jay Coakely「Sport in Society」)が行なわれていた．アメリカを建国し，いまだイギリス的な文化や生活様式（スポーツのしかたやギャンブルへの態度も含めて）を受け継ぐ上流階級と，次の時代をきり開いていったピューリタン的ビジネスエリートの間のヘゲモニー闘争がこの時期，展開された．その文化的ヘゲモニー闘争の場にテニスおよび賭けがあったのではないか，というのが仮説である．

1.「賭け」とは何か

1）生と賭け

「賭博者」の著者，ドストエフスキーが自ら賭博に熱中していたことは，有名である．フロイトは「ドストエフスキーと犯罪」の中で，賭博者とは父の死を願うために強い罪悪感を抱いている人間であるといっている．ネチャマ・テックは，フロイトの賭博者論を要約して，父の死を願う自分を罰するために，またその罪悪感を緩和させるために賭博を行ない，無意識のうちに負けることを願うのである，という解説を行なっている(『スエーデンの賭け事』．全国競輪施行者協議会，1969年)．勿論これは無意識の内に行なわれるのであるが，精神分析学的には賭博者は精神疾患の状態にあるということになる．またこのような賭博行為は，自己懲罰的な機能を果たす行為になるが，すべての人が罪悪感からギャンブルを行なっているとも考えられない．もっと他の説明が必要であろう．

バタイユのように，幸運を求める意思，幸運を追い求めて賭けつづけることが生活そのものだ，という思想家もいる．「幸運への非合理な信仰，幸運への燃え立つ情熱は，幸運を引き寄せる．生きるとは，狂気のように，だが，回帰することなく，さいを投げることだ」(『無神学大全』出口裕弘訳，現代思潮社，1975年）とバタイユは述べる．フロイトの原罪説以外に，生きる力としての賭けの側面をもっと考える必要があろう．賭博行為者にとっての幸運は，賭けるたびごとに新たな生命力を燃やしつづけるエネルギーそのもの，と考えられるのである．

2)「賭ける」と「懸ける」

日本語の「かける」には通常,「賭ける」が用いられる．遊びとしての「賭け」は，カイヨア(『遊びと人間』．多田道太郎・塚崎幹夫訳，講談社，1973年）の遊びの分類ではアレア，偶然の遊びに属する．運に身を任せて幸運が己の身に訪れるのを，ただ待つ．あるいはそれを楽しむ遊びである．主体的な判断，努力を伴う行為の側面よりも，意思の放棄，受動的態度がカイヨアのアレアでは支配的である．ピューリタニズムの倫理から言えば，努力や勤勉なくして金を儲けることは許されないということになる．したがって道徳的には賭けのこの側面に対して否定的な判断が下されることが多い.「賭ける」にはこのように，確かに人々の拒絶反応を引き起こす何かとして，考えられてきたことは事実である．

これ以外に「かける」には「懸ける」の記述法もある．一生懸命の語法があるように，何かを思い切って主体的に為す，主体の放棄ではなく主体的な行為に強い意味がこめられている．運にもてあそばれるというよりも，運を切り開いて行く主体の「力」が前提にされている．そこではカイヨア的な，偶然の前の人間的弱さ，受動性と言うよりも，主体性，能動性が読み取れる.「かける」のこの積極的，主体的，能動的な人間の行為の側面を言い表わすとき，特に「懸ける」が使用されるように思われる．

「かける」にはこのように二通りの意味あいがあり，ギャンブルを含め通常用いられる「賭け」の語法においても実際にはこの両面の意味合いが含まれていると考えられる．したがってギャンブルを意味する「賭け」においても，単なる受動性を超えた能動性，選択性，そして決断性が内包されている．主体的な判断，選択が要求される点では,「賭ける」の中に「懸ける」が存在すると考えるべきであろう．

「かける」の両義性は，英語にも見られる.「賭ける」は動詞 bet で，通常,「賭け」を意味する名詞は betting である．この動詞 bet は,「賭ける」を意味する以外に,「間違いなく何々をする」, あるいは「確かに何々である」という具合に，はっきりした明確な意思や可能性を示す語でもある.「賭ける」の蓋然性が示すものよりも,「懸ける」の必然性を示していると考えられる．

これ以上の，詳しい語源的意味や，語法の歴史的変遷についてはまったく無知であるが，日本語の「賭ける」にしても英語の“bet”にしても，いわばプラス・マイナス，肯定的・否定的，能動的・受動的,等の相反するような意味合いが含まれる．語源的には両義的な意味を含む「賭ける」であるが，今日的な用法では徐々に否定的な使用法が多くなってきていると言えるかもしれない．

「賭ける」の語法の両犠性が示しているようにギャンブルをポジテイブなもの，あるいは逆にネガティブなものとして認識し，道徳的に判断するとき，その認識・判断の根拠はギャンブル自体の属性にあるのではない．ギャンブルを認知的，道徳的に構成する人間の側の，いわば「社会的なもの」の投影の結果として，ギャンブルの社会的「肯定」やあるいは逆の「否定」が社会的に構築される．例えば西洋キリスト教の伝統の中においても，カトリックは比較的ギャンブルに寛大な態度をとってきたが，ピューリタンは強く反対してきた(谷岡一郎「ギャンブルと法」．谷岡・仲村編，前掲書)．ここからいえることは，ギャンブルはそれが存在する社会的・文化的な文脈において如何様にも認知的に構築され，規範的に解釈されてきたということだろう．

人間にとって賭けとは何か，人間はなぜ賭けるのか，といった哲学的・人間学的な賭けの本質論をここで展開するものではない．そうではなくて，賭けと深いつながりを有してきたスポーツの歴史において，賭けがどのように扱われてきたか，具体的にいえば，近代スポーツの成立と完成の過程で賭けはスポーツとどのような緊張関係におかれてきたのか，このことの考察を通して賭けの社会性を論じたい．

全米アマチュアローンテニス大会は，1881年アメリカ東部，ロードアイランド州ニューポートのニューポート・カジノで始められ，その後ニューヨーク・フォレストヒルズに移されるまでの34年間，カジノの中のテニスコートを舞台に繰り広げられた．1915年に開催地が移されるまでの間，社会階級を背景として，新興のビジネス階級と貴族的な上流階級，あるいはテニスの近代化・商業化路線と賭けを含む伝統的スポーツ路線の対立・葛藤の興味深い歴史がそこには存在している．

2．米国・近代テニスの成立と賭け

1）全米ローンテニス選手権大会の成立

ここで簡単に，米国におけるテニスの歴史と全米ローンテニス選手権成立までの過程を振り返っておきたい．ここでは主として，Gary Schwatz「The Art of Tennis—1874—1940」(Wood River Publishing, 1990)と，Digby Baltzell「Sporting Gentlemen」(The Free Press, 1995) を参考にした．

- 1870年代にイギリスからローンテニスが持ち込まれ，70年代後半には，全米各地でテニスクラブが結成された．
- 公式な記録で残っている限り，米国で最初にテニスをやったのはフレッド・シアーズとジェイムズ・トワイトで，彼らは1874年8月，ボストンに近い別荘地でプレーしたとされている．(ハイナー・ギルマイスター「テニスの文化史」．大修館書店，1993)
- イギリスでは1877年にオールイングランド・クロッケークラブ主催の第1回ウインブルドンテニス選手権が開催．この大会で興味深いのは，参加資格はもちろん「アマチュア」であったが，優勝者には12ギニーの賞金と25ギニー相当の銀カップが，2,3位のプレイヤーには少なくとも7ギニーと3ギニーの賞金が出されたことである．まだこの当時,「アマチュア」が賞金を受け取ることは「アマチュア」の資格に違反しなかったのである（ハイナー・ギルマイスター，前掲書)．
- 1880年，ニューヨーク州ステイトンアイランドにおいて,最初の米国テニス大会が開催された．
- 1880年，ロードアイランド州ニューポートにニューポート・カジノがオープン．
- 1881年5月，33のテニスクラブ代表が集まり，全米ローンテニス協会を設立．
- 1881年8月，第1回全米ローンテニス選手権大会開催．

2）ニューポート・カジノでのテニス選手権大会

1881年5月，全米ローンテニス協会は，当時地方のクラブ毎に異なったルールが採用されていたのを統一するため，全米33のクラブの代表者が集まり設立された．それと同時に，1880年にロードアイランド・ニューポートに建設されたばかりのカジノで第1回のローンテニス選手権を，1881年8月に開催することを決定した．

アメリカを建国した新上流階級（New Upper Class）は，1880年代，権力の絶頂にいた．彼らはボストンやニューポートなどの東海岸にリゾートを建設，ヨーロッパ風の社交の場をそこに建設した．その一つが，ニューポートのカジノである．

ニューポート・カジノには選手権用のコートが1面，それに夏のリゾート生活を楽しむ上流階級の人々のレジャー用コートが何面か用意されていた．このニューポート・カジノにイギリスから来たトム・ペチットがプロ・テニスプレーヤーとして雇われていた．彼は1880年，このカジノの創設時に雇われ，1885年，ハンプトンコート選手権でプロとして優勝している．プロ選手としての彼がニューポート・カジノで具体的にどのような役割についていたのか詳細は不明であるが，彼は1946年に死亡するまで，ニューポート・カジノにいたことになっている．

第1回の大会は25人の男性選手が参加，多くはハーバード，イエール，プリンストン，ペンシルバニアなど東部の大学の学生，もしくは卒業生であった．結果はハーバード大学2年生のリチャード・シアーズがシングルスに優勝している．

有名な東部リゾート地のニューポート・カジノで始まった全米テニス大会は，1915年にニューヨークのフォレストヒルズに移されるまでの34年間，ヨーロッパ的社交界のサロンとしての，あるいはカジノという大いに階級的な意味合いを示す場で開催されていたことになる．このことに対する他の社会階級からの反撃がこの後，起きることになる．

3）ニューポート・カジノでのテニス

ここでニューポート・カジノで行なわれていた全米ローンテニス選手権大会のいくつかの特徴をまとめておきたい．ひと言で言えば，ここでのテニス大会は選手権とはいうものの，イギリスの貴族的な伝統を受け次いだ上流階級のリゾート地でのテニス大会だということができる．細かく見れば次のような点が指摘できよう．

・ニューポートでは貴族社会の慣習により，ゲームは午前中のみであった．競技というよりも，社交としてのテニスと考えられる．

・社交としてのテニスであったために，厳格な選手権大会の開催という観点から多くのクレームが主催者に出されていた．たとえばはなやかに着飾った女性の振る舞いが試合の進行の妨げになるとして，コート脇に高い壁が作られたりした．また参加選手のなかにはテニスの技術は大いに劣るが，テニス以外の目的（例えば社交界に顔を売るため）で参加する者もいたという．

・この大会に女性が参加したという記録は見当たらないが，クラブのメンバーとしては登録され，大会以外のゲーム，例えばミックスダブルスなどをプレーしたことは明らかである．

・ニューポートでの選手権への参加者の中心は，東部エリート大学の学生が占めていた．さらにこの大会にも，オッズをつけるハンデキャッパーが採用されていたが，イギリスにおけるほどの経験が彼らになく，正確なハンデをつけることができないという，苦情が出ていた（Parmly Paret「Lawn Tennis, Its Past, Present, and Future」，The Macmillan Company, 1904）．プレーヤーに対してランクづけがされており，試合のときには技術のギャップを埋めるために専門のハンデ師がオッズをつけていたということで，興味を引かれる．彼らの試合に賭けが行なわれていたのかどうか，これ以上の記録がないので断定はできないが，この大会に賭けがあったと考えても不自然ではない．カジノというギャンブルのための場所で行なわれていたテニスであり，むしろそう推測するのが自然であろう．正確にハンデをつけるハンデ師がいないという苦情は，やはり賭けのために不可欠な勝利の平等性が確保されていないという不満と考えられる．また選手権大会とは別の試合でも，テニスに賭けられていたことは十分考えられる．

・ニューポートでのテニス選手権は社交としてのテニスとして，厳密な意味での大会というには程遠い雰囲気であったため，後にこの大会をニューヨークへ移すことを計画する新興勢力から「貴族的スポーツが大会の本質をネジ曲げた」(Baltzell, 前掲書)と批判されるようになる．彼らの主張は，厳格なピューリタン的倫理に基づく「アマチュアスポーツ」としてのテニスであり，テニスの「純粋化」がニューポートでの貴族的テニスに対してつきつけられた．

4) 米国におけるピューリタニズムとカジノ廃止運動

ピューリタンは他の社会制度と同じように，ギャンブルやスポーツにおいても純粋型を求めた(Steven Overman「The Influence of the Protestant Ethic on Sport and Recreation」, Avebury, 1997)．精神的な完全主義(Spiritual Perfectionism)を求める彼らは，ダンス，劇場，ギャンブル，たばこ，そして飲酒の害を説いて歩いた．社会の，そしてスポーツの純化が目的であった(Steven Overman, 前掲書)．その中でいくつかの，スポーツ(テニス)の純粋化と関連すると思われるピューリタニズムの影響を見よう．

・1911年までに米国の全州でカジノの廃止．
・1900年から1914年の間に，95の競馬場が閉鎖．
・1911年までに競馬の禁止．ただし六つの州で，現金を賭けない競馬が残った．
・1919年，禁酒法
・1931年廃止されていたカジノがラスベガスで再開された．

3．ニューポートからニューヨークへ：近代テニスの完成

1) テニスの純粋化

ニューヨーク・フォレストヒルズにあったウエストサイド・テニスクラブを拠点とする全米ローンテニス協会の新興勢力は1900年代に入って，1881年以来続いてきた全米テニス大会をニューポートからニューヨークへ移すことを画策する．このことは1911年の総会までは正式の議題に乗ることはなかったが，1912年にウエストサイド・テニスクラブがアメリカで始めてデビスカップ大会を開催して以来，ニューヨーク派の運動は勢いがついた．1911年はちょうど，全米でカジノが廃止された年であった．

1913年に国際テニス連盟が設立され，総会で厳密なアマチュアの定義が審議された結果，テニスにおいてもアマチュアリズムが確立するようになった．それまでのテニスの大会では明文化されたアマチュア規定はなかったため，慣習的な規則で運営されていた．しかし1894年に設立された国際オリンピック委員会は，委員会自体がアマチュア規定を作成する一方，各国際競技連盟にも規定の作成とアマチュアリズムの確立を要請した．

東部の貴族主義的上流階級とは宗教的，経済的なバックグランドが異なるニューヨークを中心とする新興勢力の倫理の基本はピューリタニズムであった．彼らは上で見たような競馬，カジノ，飲酒などを悪徳として社会から一掃する社会の浄化運動を展開，それはスポーツの世界にも及んで，スポーツの浄化が1910年代に始まった．オーバーマンはスポーツの浄化の結果を次のように記している.「この時期，スポーツはプロテスタントの世俗的倫理の価値や規範を吸収する装置として組織化された．その価値とは合理的禁欲主義，目標志向的行動，競争性，勤勉の倫理，そして個人的達成であった．こうしてスポーツは社会制度の一部となり，他の社会制度，例えばビジネスや産

業，学校や教会などと密接に統合されることとなる.」(Steven Overman, 前掲書) 全米ローンテニス協会内のプロテスタント派はニューポートでの大会は「ゲームであってアスレチックスではない」というい方で，ニューポートでの貴族的テニスを批判，ついに1915年の総会にニューヨークへの開催地移転を正式に提案した.

2) ニューヨーク移転

ニューポート・カジノでの貴族的テニスの批判を受けて，全米ローンテニス協会は総会において全米選手権の開催地の移転を検討する．もちろんこの開催地の移転には，ニューポートを初めとする東部地域の上流階級から猛烈な反対が予想されるため，1910年ごろから話題には上っていたものの，総会の正式な議題にはならなかった.

1915年の総会で，ニューヨーク派のジュリアン・ミリックが移転を決定するよう，画策を始めた．彼は猛烈なロビー活動を展開，総会に先だち，「テニスプレヤーズ委員会」をつくってニューヨーク派を中心とするメンバーに移転に賛成するよう，各委員に説得に当たらせた．彼らの移転の理由は次のようなものであった.(D. Baltzell「Sporting Gentlemen」)

①テニスは今や国家的イベントであり，単に東部地区だけのスポーツではない.

②今日ではテニスの中心は，ニューヨークに移っている．トップランクの選手100人のうち58人がニューヨークのクラブ所属，13人が東部地区，13人が中西部，8人が南部である.

③地理的にもニューヨークは鉄道の中心にあり，ニューポートに比べてはるかに便利である.

④ニューポートのテニスクラブは，選手権を開催するにはふさわしくない．本格的な大会用コートはたった1面で，クラブには社交界の女性が出入りし，スポーツの雰囲気を壊す.

⑤ニューヨーク・フォレストヒルズのウエストサイド・テニスクラブは，良好な選手権用コートが6面，観客席も大きく，12,000人収容できる．ニューポートは4,000人である.

⑥選手権大会は9月の天候のよい時期に移すべきである.

⑦出場選手をもっと厳選する．ニューポートでは社交界に顔を売るために，テニス大会を利用する者がいる．ランキング選手中心の大会にすべきである.

⑧フォレストヒルズはテニス中心の環境で，ホテルの環境も優れている．ニューポートは社交界の場に過ぎない.

⑨テニスの大衆化のために，もっと若者が集まる会場が望ましい．ニューヨークは，若いテニス愛好家が集まりやすい．ニューポートには，若者は来なかった.

⑩より多くの人がテニスをプレーし，かつ観戦する権利がある．それにはニューヨークがふさわしい.

1915年の総会には248人の会員が集まり，午後5時に総会は始まったが，午後11時になっても結論は出なかった．午前1時近くになって，決戦の投票が行なわれ，ニューヨーク派の移転賛成が129票，移転反対のニューポート派が119票で移転が可決された．ニューヨーク派は，テニスの民主化の勝利と叫んだ．1914年にはヨーロッパで第一次世界大戦が始まり，アメリカは1917年に参戦した．移転に勝利したニューヨーク派の役員は，テニス協会の戦争貢献を積極的にうち出した．選手達は募金のため，エキジビションマッチを開催した.

3) ニューヨークでのテニス選手権

ニューポートから全米選手権が移されたニューヨーク・フォレストヒルズのウエストサイド・テニスクラブは，ニューポート・カジノのテニスクラブが結成された翌年の1882年に設立された．このテニスクラブはニューポートといろんな点で異なっているが，最も大きな相違点はアマチュア資格に厳格な，白人中産階級のテニス（しかも男性中心）の場という点であろう．当時，フォレストヒルズは白人プロテスタントのコミュニティとして，また宗教的な意味合い以外においても「同質的な人種が集まっている」(Steven Overman，前掲書）ことで有名な場所であった．

ニューポート派に対抗してニューヨークのテニス新興勢力は，1882年，ここに初めてのテニスの本格的なクラブを結成，12,000人の観客を収容するスタンドを持つ施設を建設した．ニューポート・テニスクラブがカジノの一部として運営されていたのとは対照的に，ウエストサイド・テニスクラブはテニスのための施設として作られた．さらにニューポート・カジノのテニスクラブと異なっていた点は，ニューヨークでは女性のメンバーシップが認められなかったことである．全米ローンテニス選手権は商業の中心地，ニューヨークへ移ることでニューポートと大きく性格の異なる大会へと変容した．主要な点を列記してみると，

- カジノというギャンブルの場から，伝統的なテニスが引きはなされ,「純粋化されたテニス」が誕生したこと．
- テニスの中心が東部の貴族的な場と伝統から，ニューヨークのプロテスタント的な新興地域に移されたこと．
- テニスが社交的なゲームから，テニス競技に変わったこと．
- 大観衆の前でプレーする，見せるテニスに変わったこと．
- 出場選手は全員，アマチュア化されたが，大会そのものは大いに商業化された．

もしニューポート・カジノでの全米ローンテニス選手権大会やその他のゲームに賭けが行なわれていたとすれば，そこでの胴元は開催地のカジノであっただろう．大会に関していえば，選手権大会の主催は全米ローンテニス協会であったが，主催者と胴元が分離していたことが，ニューヨークへの開催地の移転の真の理由だったかもしれない．1915年に開催地がニューヨークへ移ってから，大会は大いに商業化され，賭け金とは別のコマーシャル活動による大金がテニス協会に入り込むことになる．これがスポーツの”純化”の，ヘゲモニー闘争とは異なるもう一つの真相であり,”アマチュア・スポーツ”確立の一面と考えることはできないだろうか．

4．スポーツにとって賭けとは

1）近代スポーツの成立と賭け：ルールの整備と賭け

エリアスが指摘したように民俗スポーツあるいは伝統スポーツなどと呼ばれる前近代的なスポーツが近代化される過程で賭けが果たした役割は大きかった．賭けの導入がスポーツにおけるルールの整備やフェアーな戦いを促進し，暴力によらずにスポーツのエキサイトメントを持続させる一つの装置であるならば，なぜアマチュアリズムにおいて賭けスポーツが廃止され，今日見られるような賭けスポーツに対する根強い拒否反応が生まれたのだろうか．先のサッカーくじ法案が審議されている過程で，反対論の強力な論拠となった「賭けは純粋なスポーツを壊す」というその純粋なスポーツとはなにか,を明らかにする必要があった．

スポーツと賭けの関係を考えると，賭けの登場が近代スポーツを準備したと同時に，賭けのスポーツからの切り離しが近代スポーツのアマチュアリズム的完成の時期に存在したように考えられる．

2）近代スポーツの完成と賭け：スポーツの純粋化と賭け

米国における近代テニスの誕生と制度化の歴史をたどれば，ピューリタニズムを倫理的基礎に置きニューヨークを拠点とする新興ビジネス階級がスポーツの純化，このケースではテニスの純化，を主張することで旧来の上流階級と対抗し，勝ちを収めたことが分かる．

スポーツ，あるいはテニスの純化の主要な論点の一つに賭けがあった．社会全体から競馬やカジノを占め出そうとする運動に歩調をあわせて，テニスがカジノというギャンブルの場からきりはなされた．これまでの調査で，ニューポート・カジノでのテニスに賭けが行なわれていたという確証は得られなかったが，あるいは賭けの対象であっ

たかもしれないニューポート・カジノでのテニスから賭けを切りはなそうという意図が，ニューヨークへの開催地の移転であり，テニスの浄化の真のねらいであったといえるかもしれない．

その後，厳格なアマチュアリズが確立され，近代スポーツの発展と制度化が完成されるが，賭けからスポーツが切りはなされることでそのプロセスは完成したといえるだろう．賭けからきりはなされたテニスの誕生は，近代スポーツの完成の一過程であったと同時に，アメリカ社会での権力構造の変動の過程でもあった．新興ビジネス階級は旧来の上流階級の賭けと共存していた貴族的スポーツと貴族的テニスを攻撃し，それとは違った”純化された”スポーツとテニスを社会的に構成することで，自分達の社会階級を差異化を通して形成していったと考えることができる．双方の階級とも，自分達が何者であるのかをテニスやテニスの賭けを通じて物語ったということができよう．

［小椋　　博］

参考文献

1）ノルベルト・エリアス（桑田禮彰訳）：スポーツと暴力．身体の政治技術．新評論，1986.

2）中村敏雄：スポーツルールの社会学．朝日新聞社，1991.

3）谷岡一郎，仲村祥一：ギャンブルの社会学．世界思想社，1997.

4）ジョーン・ハーグリーヴズ（佐伯聡夫・阿部生雄訳）：スポーツ・権力・文化．不味堂出版．1993.

5）J．Parmly Paret : Lawn Tennis, Its Past, Present, and Future. The Macmilan Company, 1904.
Gary Schwartz : The Art of Tennis, 1874—1940. Wood River PUblishing, 1990.

6）E．Digby Baltzell : Sporting Gentlemen, Men's Tennis from the Age of Honor to the Cult of the Superstar. The Free Press, 1995.

7）Steven Overman : The Influence of the Protestant Ethic on Sport and Recreation. Avebury, 1997.

③ スポーツ振興くじ制度とわが国のスポーツ振興政策のゆくえ

はじめに

現在，われわれを取り巻くスポーツ環境をみた場合，生涯を通して，年齢や所属に関係なく，継続的にスポーツに親しむ環境が十分整備されているといえるだろうか.「学校スポーツ」や「競技スポーツ」を含む広義の観点から「生涯スポーツ」の振興を考えた場合，これまでのように，ある一部の機関に依存した形のままではなく，住民が主役となって運営する自立した組織（地域スポーツクラブ）をベースとした新しいシステムを構築することが必要である．もちろん，こうした考え方は以前からも提唱されており，決して目新しい構想ではないが，残念ながら，わが国の社会の中に組み込まれるまでには至っていない.

今回の「スポーツ振興くじ制度」の導入は，限られた人たちだけのスポーツ振興から，本当の意味での市民に開かれたスポーツ振興への転換を図る上で，またとないチャンスである．なぜならば，住民にとって，目に見える形でスポーツ環境が改善されなければ，くじの売り上げに支障をきたすことは十分考えられることであり，新たな財源で何をどこまで行ない，これまでの仕組みをどう変えていくのかといった明確なビジョンとしっかりしたデザインを住民に示すことが求められるからである．

1．スポーツ振興くじの概要

1）趣旨および法制定の経緯

スポーツ振興くじは，誰もが身近にスポーツに親しめる環境整備や国際競技力向上のための環境整備など，新たなスポーツ振興政策を実施するために必要な財源確保の手段として導入されたものである．

Jリーグ発足(平成3年11月)を機に，ヨーロッパ等において広く国民の間に定着し，その収益をスポーツ振興の財源に充てる「スポーツ振興くじ」制度導入の気運が高まり，平成4年1月,（財）日本体育協会と(財)日本オリンピック委員会から，各政党およびスポーツ議員連盟等にスポーツ振興くじの導入の要望書が提出された．

平成6年5月，スポーツ議員連盟のプロジェクトチームにおいて「スポーツ振興くじ制度の大綱」がとりまとめられたが，この間，政権交代等，紆余曲折を経て，ようやく平成9年4月，法案を国会に提出した．

そして，平成10年第142回通常国会において，参議院(3/20)，衆議院(5/12)でそれぞれ可決し，成立に至った（**表1**参照）．

2）スポーツ振興くじが目指すスポーツ振興政策

スポーツ議員連盟では,「スポーツの構造改革—生活に潤い，メダルに挑戦」といったキャッチフレーズのもと，地域のスポーツ環境づくりと同時に世界で活躍する選手を育てる環境づくりを目指

表 1　「スポーツ振興投票法」等成立経緯

平成 3 年 11 月	J リーグ発足を機に，「スポーツ振興くじ」制度導入の機運が高まる
平成 4 年 1 月	(財)日本体育協会，(財)日本オリンピック委員会から，各政党およびスポーツ議員連盟等に要望書提出
平成 5 年 10 月	スポーツ議員連盟にプロジェクトチームを設置し，具体案の検討を開始
平成 6 年 5 月	プロジェクトチームにおいて「スポーツ振興くじ制度の大綱」をとりまとめ，各党に提案
平成 7 年 5 月	スポーツ議員連盟からの要請により，衆議院法制局において法案作成
平成 8 年 12 月	スポーツ議員連盟総会において，法案の次期通常国会提出，成立を目指すとの方針を確認
平成 9 年 2 月	推進体制の充実のため，従来のプロジェクトチームを拡大し，推進委員会を新たに設置
平成 9 年 4 月	共産党を除く各党・各会派の正式手続きを完了し，国会に法案を提出
平成 9 年 5 月	衆議院において可決，参議院送付(継続審議)
平成 9 年 12 月	参議院において継続審議
平成 10 年 3 月 20 日	参議院において一部修正の上で可決(賛成 138 票，反対 64 票)，衆議院送付
平成 10 年 5 月 12 日	衆議院において可決(賛成 346 票，反対 114 票)，成立
平成 10 年 5 月 20 日	公布
平成 10 年 11 月 19 日	施行

（スポーツ議員連盟資料より作成）

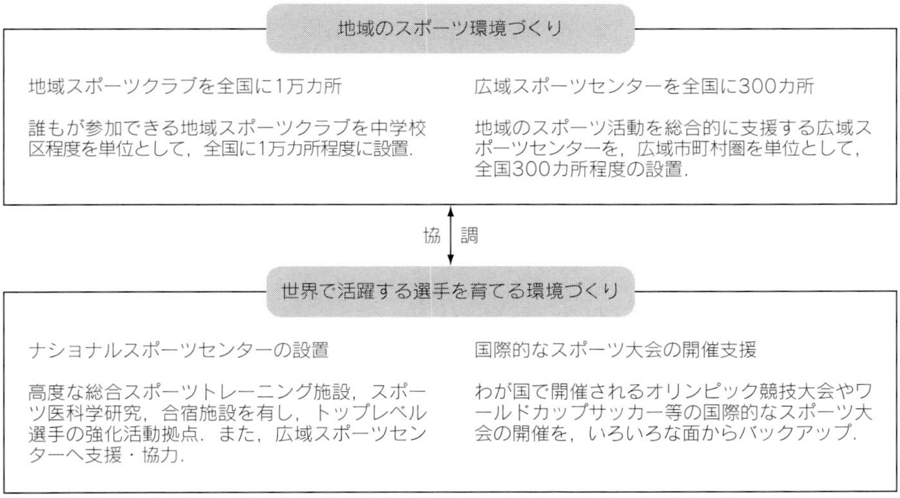

地域のスポーツ環境づくり

地域スポーツクラブを全国に1万カ所

誰もが参加できる地域スポーツクラブを中学校区程度を単位として，全国に1万カ所程度に設置.

広域スポーツセンターを全国に300カ所

地域のスポーツ活動を総合的に支援する広域スポーツセンターを，広域市町村圏を単位として，全国300カ所程度の設置.

世界で活躍する選手を育てる環境づくり

ナショナルスポーツセンターの設置

高度な総合スポーツトレーニング施設，スポーツ医科学研究，合宿施設を有し，トップレベル選手の強化活動拠点．また，広域スポーツセンターへ支援・協力.

国際的なスポーツ大会の開催支援

わが国で開催されるオリンピック競技大会やワールドカップサッカー等の国際的なスポーツ大会の開催を，いろいろな面からバックアップ.

図 1　スポーツ議員連盟の構想

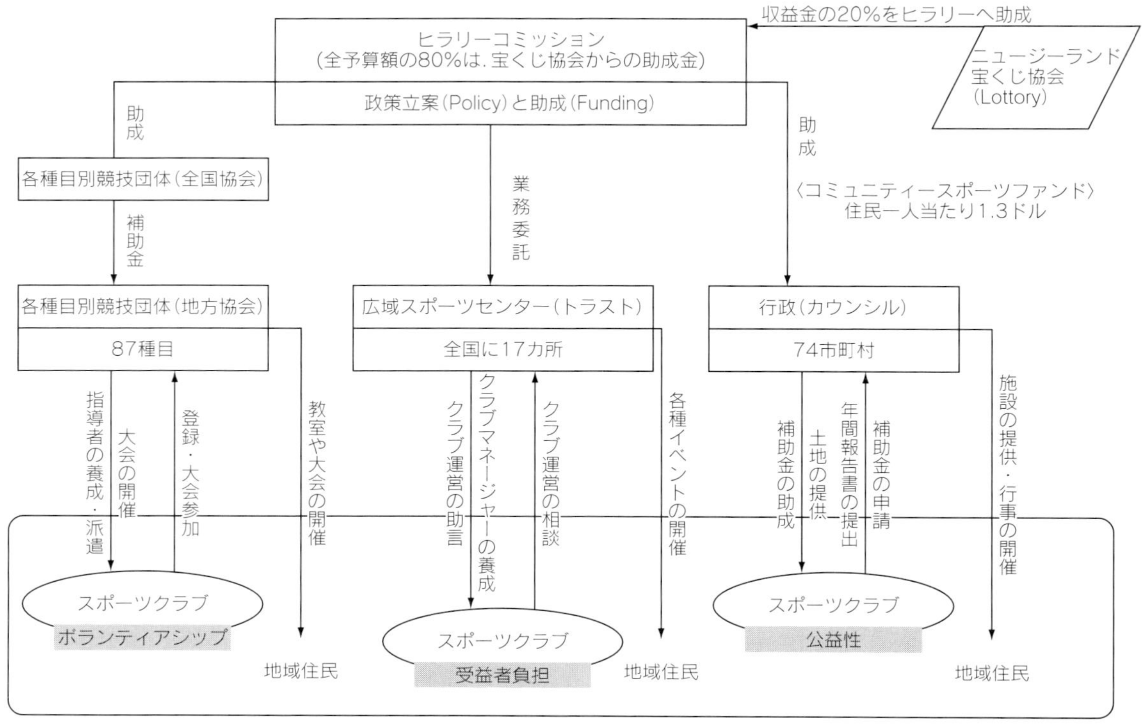

図２　ニュージーランドにおけるスポーツ支援体制

した図１のような構想を打ち立てた.

その後，国会や保体審での審議を経て，次のような四つの方策にまとめられている．また，より具体的な内容については，現在，保体審で検討が進められている「スポーツ振興基本計画」の中で示されることになると思われる.

(1) 誰もが身近にスポーツに親しめる環境の整備

週休２日制，学校週５日制，高齢化社会などに対応し，子どもからお年寄りまで，家族や仲間で身近にスポーツに親しめる環境づくり.

(2) トップレベルの選手の国際的競技力向上のための環境整備

ナショナルトレーニングセンターなど，オリンピック等の国際競技大会で活躍する選手強化のための拠点整備.

(3) 国際的スポーツ活動への支援

わが国で開催されるオリンピック競技大会，アジア大会，ワールドカップサッカー等の国際的なスポーツ大会の開催の支援.

(4) スポーツ指導者の養成，資質の向上

スポーツに親しむ人が，いつでも，気軽に，優れたスポーツ指導者による指導を受けられる体制の整備.

2．ニュージーランドにおける スポーツ支援体制

では，くじの収益金は具体的にどのようにスポーツ振興に生かされるのだろうか．一例としてニュージーランドの宝くじ収益金を使ったスポーツ振興の仕組みについて紹介したい.

1) ヒラリーコミッション

国家レベルの機関として，トップアスリートの育成からスポーツフォアオールに至るまで，

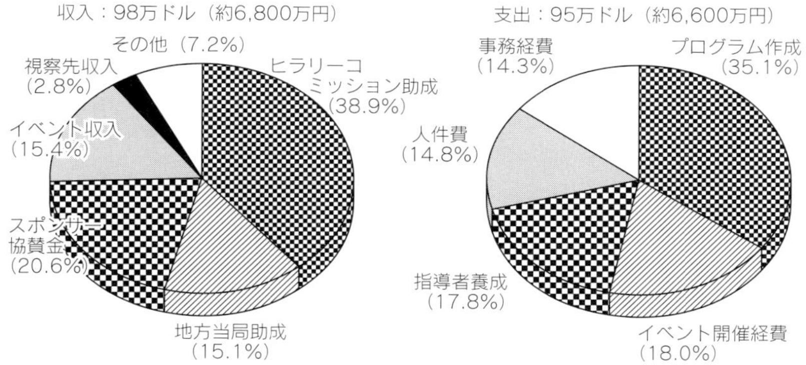

図3　スポーツノースハーバーの収支決算表（1998年度）

写真1

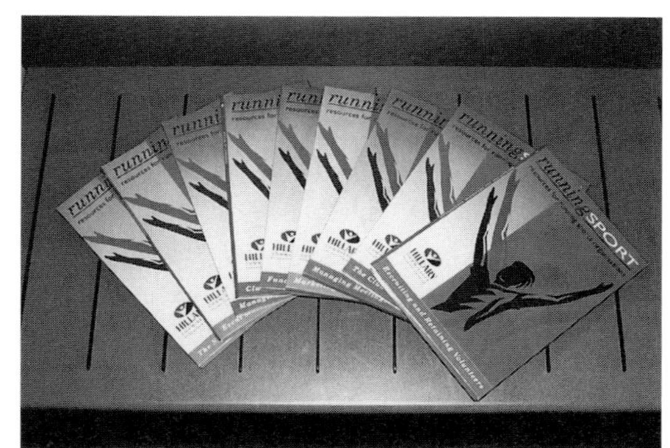

写真2

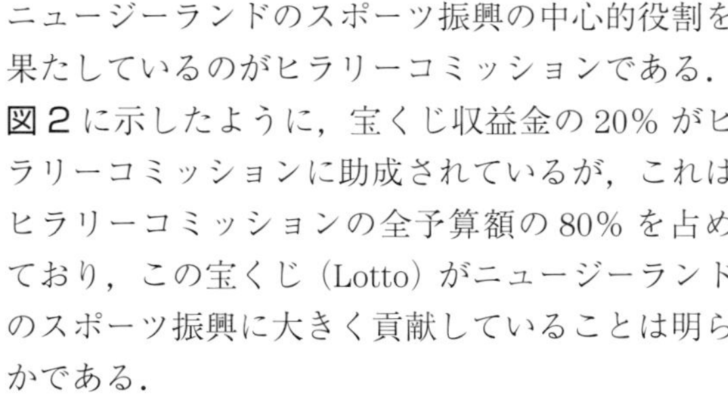

ニュージーランドのスポーツ振興の中心的役割を果たしているのがヒラリーコミッションである．**図2**に示したように，宝くじ収益金の20%がヒラリーコミッションに助成されているが，これはヒラリーコミッションの全予算額の80%を占めており，この宝くじ（Lotto）がニュージーランドのスポーツ振興に大きく貢献していることは明らかである．

さらに大切なポイントは，このスポーツ振興の仕組みには，ほとんど税金は使われておらず，住民はサービスの受け手であると同時に，くじのスポンサーでもあるわけである．5NZドルの宝くじを買えば，1NZドルが身近なスポーツ環境の整備に還元されるといった明快な仕組みがメディアやポスター，看板等を通して広くわかりやすく伝えられている．

もちろん，ニュージーランドのスポーツシステムを根底から支えているのは，地域の人たちが自分たちの手で設立・運営する法人格を有した地域のスポーツクラブであり，図に示したように三つのルートを通して，スポーツクラブに対するさまざまな支援が行なわれている．

2）スポーツノースハーバー

スポーツノースハーバーは，全国17カ所にある広域スポーツセンターの一つで，基本的業務内容はヒラリーコミッションのノースハーバー地方（約28万人）担当という役割を果たしながら，その地域の実情に合った独自の方策で，スポーツを通した地域の活性化やアイデンティティーの形成を目指している公益法人である．

図３に示したように，予算の38.9％がヒラリーコミッションから，15.1％が地方当局からの助成金で占められている．確かにヒラリーコミッションなど公的機関からの助成金が５割を占めているものの，残りの５割は自らの自助努力でまかなっている．

つまり，予算消費型の機関ではなく，経営体としての自覚を持って運営されていることが特徴的である．地元の信用金庫をはじめ，日産，キャノン，コカコーラ，ビール会社，ラジオ局，新聞社，航空会社など数多くの企業から協賛金を集め，財政的自立を図っている．

スポーツノースハーバーの基本的スタンスは，地域のスポーツクラブを設立・運営することができる人材を数多く育て，実際の普及活動はクラブに任せていこうといった考え方である．スポーツクラブに対する相談窓口の開設，ボランティア指導者の発掘とクラブマネジャーの養成を目的としたセミナーの開催，クラブ間のネットワークの構築などを行なっている．

マネジメント能力に欠け，財務への知識が不足しているクラブに対しては，セミナーへの参加を呼びかけ，たとえば，次の写真のようなテキスト（ヒラリーコミッション発行「running SPORT」）を活用し，住民自らの手でクラブを運営していくことがひいては地域社会への貢献につながり，助成に値する活動であることを伝えている．

①ボランティアの募集と任用（Recruiting Retaining Volunteers）
②クラブの事務職員（The Club Secretary）
③会議の開き方（Managing Meeting）
④マーケティングとPR（Marketing and Public Relations）
⑤基金・補助金とスポンサーシップ（Funding and Sponsorship）
⑥クラブの作り方（Club Planning）
⑦クラブの財源確保（Managing Money）
⑧スポーツイベントの企画（Event management）
⑨チームマネジメント（The Sports Team manager）

３．スポーツ振興くじの収益の使途

わが国の場合，スポーツ振興くじの収益をどのように活用するかは，まだ具体的に決まっていないが，その収益は生きたシステムの中で使われることが求められるであろう．そして，それが“生きたお金”になるか否かは，双方の基本姿勢にかかってくると思われる．すなわち，助成を受ける側は，ただ援助されるのを待つのではなく，今後，組織の確立や人材育成，財源の確保や施設の管理・運営などの面においても，自分たちの力で運営していこうという姿勢が必要であるし，そのような気概のあるクラブの中で使われてこそ，はじめて生きてくるであろう．また，支援する側においても，適正な評価を行ない，その自立を促し，後押しすると共に，自らも経営体として絶えず成長・発展を心がける姿勢を忘れてはならない．

この両者の関係を「総合型地域スポーツクラブ」と「広域スポーツセンター」に当てはめて，私の考えを述べてみたい．

１）総合型地域スポーツクラブの役割

総合型地域スポーツクラブは，年齢や所属に関係なく，地域の人々が交流できる場を念頭に，学校運動部との連携を図りながら，社会・文化的な活動にも領域を広げ，スポーツの振興だけではなく，地域社会の活性化にも貢献する自立した組織を目指すものである．

これまでややもすると仲間内を向いていたきらいがあるスポーツだが，そうした限られた人たちだけのスポーツ振興から，本当の意味での市民に開かれたスポーツ振興への転換が今，求められている．それは，いかにして人々をスポーツ活動に巻き込み，参加しやすくするかであり，一部の人に閉ざされたクラブではなく，だれに対しても開かれたクラブとして，新しい社会サービスを提供していくことに他ならない．つまり，スポーツを続けてきた人はもちろんのこと，これまでスポーツをする機会を逸してきた人に対しても，広く門戸が開かれた仕組み，これこそが多種目，多世代型のスポーツを提供する総合型地域スポーツクラブの役割ではないだろうか．

「人々が参加しやすい仕組みとは何か」といった公益性を常に視野に入れた設計を心がけることが21世紀のスポーツ振興のキーワードである．

では，こういった公益性を有するクラブは，誰がどのように運営し，どこを拠点に，財源はどう確保するのであろうか．

クラブの運営は，住民の自主的運営が基本となるが，運営するスタッフ・指導者とも，本業を持ちつつ，ボランティアとして活動している人たちがほとんどである．会員それぞれが有する技能や趣味をどう運営に生かし，地区体協や体指，スポ少や教員の参画を得ることでいかに指導体制を充実させることができるかが重要なポイントとなってくるであろう．

施設は，学校開放や公共スポーツ施設の活用などさまざまなケースが考えられるが，大切なことは，安定的に活動できる拠点施設を確保することである.「借りている」といった第三者的な意識ではなく,「自分たちで管理運営する」といった当事者意識を持つためにも，行政からの業務委託を受けることは良い方策の一つである．

財源は，受益者負担（会費）が基本となるが，バザーやリサイクル，清掃・美化等の関連事業収入，行政からの委託費・助成金等の他にも，地元の商店や企業からの広告・スポンサーシップなど幅広く考えたい．

人材・施設・財源いずれにおいても，従来の枠にとらわれず，色々なアイディアを持ち寄ることによって,「官」でもない「民」でもない新しい社会サービスを住民の手によって創り出す，それが「総合型地域スポーツクラブ」の魅力である．

2）広域スポーツセンターの役割

広域スポーツセンターは，この総合型地域スポーツクラブの育成・定着を図るため，クラブの運営や人材確保の方法，資金づくりや情報発信のサポートなど，その地域の実情に合った，クラブの設立から自主運営に至るまでの支援活動を行なっていく機関として，将来的には，県内に数カ所設置する構想が望ましい．

(1) 総合型地域スポーツクラブ育成支援

①クラブ組織づくり：クラブのNPO法人化,クラブ運営の中心となるボランティアの発掘と組織化

②クラブ施設運営：スポーツPFIの活用によるクラブハウスの建設や活動拠点施設の充実

③財務運営：助成金申請，スポンサーシップの獲得への助言

④マーケティング：スポーツクラブの振興とアクションプランの作成

⑤大会・イベントの計画と運営：活動計画と運営のあり方，国際交流促進

⑥スポーツ指導者研修：クラブマネジャーや実技指導者等の研修

⑦スポーツ情報提供：圏内のスポーツ施設，スポーツ医・科学，ボランティア(指導者含む)の情報

(2) スポーツ参加・活動の促進

これまでスポーツをする機会に恵まれなかった人々と青少年スポーツの活性化が重要な課題となっている．

①中高年のスポーツ参加率の向上：健康体力づくり，生活習慣病予防，健康保険医療費削減，生きがいづくり

②女性のスポーツ参加率の向上

③ファミリースポーツ促進：個人参加型のクラブから家族参加型のクラブへ

④生涯スポーツ参加率の向上

⑤健康とスポーツライフに関する生涯学習促進

⑥子どものスポーツ教育支援：地域の学校と連携

⑦スポーツタレントの発掘と一貫育成

(3) 地域スポーツ文化の創造

①地域のスポーツ需要に適したスポーツ参加活動の創造と育成

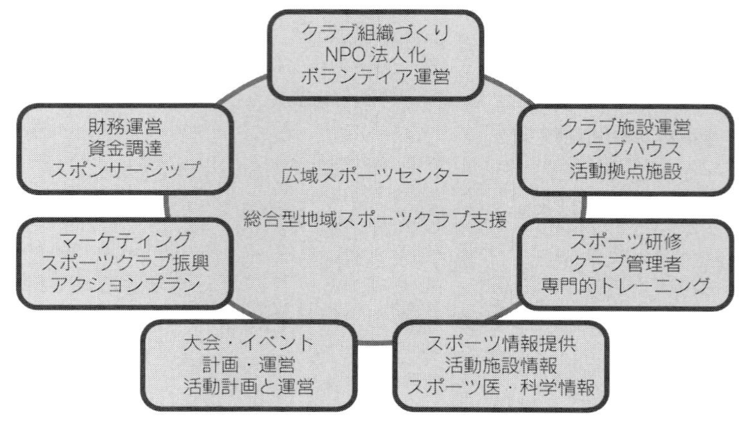

図４　総合型地域スポーツクラブの育成支援

②複数のスポーツ組織・団体・個人の統合
③文化活動とスポーツ活動の総合的促進
④青年団，婦人会，老人クラブなど地域の既存クラブ組織との連携

(4) コミュニティネットワークづくり

①地縁づくり：新しい地域ネットワークづくり，スポーツを通したボランタリーコモンズの形成
②ボランティアの育成：ボランティア精神の育成，住民の自発性に基づいた社会づくり
③地域の活性化

(5) 地域スポーツニーズの把握と振興計画

①地域住民のスポーツニーズの把握
②地域住民のスポーツ参加率の把握
③地域住民の体力・運動能力の把握
④地域スポーツ環境の把握：実技指導者数，クラブマネジャー数などの把握，スポーツクラブ数，スポーツ施設数，夜間照明設備などの把握
⑤地域スポーツ振興計画（5年，10年計画）の作成
⑥戦略的振興計画に基づく総合型地域スポーツクラブの育成

(6) 地域における経済的効果

①地域医療費の節減：健康保険医療費削減
②スポーツ関連支出の増大

4．わが国のスポーツ推進体制の確立

わが国のスポーツを推進し，新たに「総合型地域スポーツクラブ」と「広域スポーツセンター」を基盤とした体制へと方向転換するためには，生涯スポーツ社会の実現と共に，オリンピックや世界選手権等の国際競技大会に向け，競技力向上のシステムを確立することも大切である．

世界レベルの選手を輩出するためには，小さい頃からいろいろなスポーツに触れる機会を持たせ，少しでも多くの人材の中から優秀な選手を発掘し，長期的な視野に立って育てる必要がある．特に，子どもの数が減少していることに相反して，オリンピック等の競技種目数は年々増加傾向にあり，各競技団体にとっては，優秀な人材を確保することはますます困難になってくる．

こうした状況の中で，裾野を広げようとする「生涯スポーツ」の振興は，総合型地域スポーツクラブという同じステージに立つことにより，頂点を極めようとする「競技スポーツ」の人材発掘をさらに質の高いものにすることができると思われる．つまり，生涯スポーツと競技スポーツの垣根を取り外すことは双方にとってプラスとなり，相乗効果が期待できる．

年齢や所属に関係なく，誰もが気軽に参加できる「総合型地域スポーツクラブ」を横糸に，広域圏のトレーニングセンターの役割も兼ね備えた「広域スポーツセンター」を縦糸に織っていくことによって，わが国のスポーツ推進体制を整備することができるのではないだろうか．

そして，このシステムが実際に稼動し，主役である住民の理解・納得が得られることによりはじめて，財源となった「スポーツ振興投票制度」の意義が認められることになるだろう．

いうまでもなく，このシステムが一定の社会的評価を得られるまでには，ある程度の時間がかかるであろうし，前例がないだけに，今後，思わぬ障害に直面することも予想される．しかし，官民が試行錯誤しながらも連携し，一つ一つそのハードルを乗り越えていくという姿勢こそが大切であり，地方の時代を迎える今，くじ制度が地域に果たす役割の大きさは計り知れないものがあるのではないだろうか．

［黒須　充］

参考文献

1）財団法人日本体育協会：「スポーツくじ制度の創設に関する要望について」，平成4年1月30日．
2）財団法人日本オリンピック委員会：「プロサッカーリーグの発足に伴う新たなスポーツ振興策の確立について」，平成4年1月30日．
3）スポーツ議員連盟プロジェクトチーム：「スポーツ振興政策（スポーツの構造改革―生活に潤い，メダルに挑戦）」と「スポーツ振興くじ制度の考え方について（検討結果の大綱）」，平成7年1月24日．
4）第141回国会：参議院文教委員会会議録第3号，参考人質疑（平成9年12月11日）の議事録．
5）第142回国会：参議院文教・科学委員会会議録第5号，参考人質疑（平成10年2月12日）の議事録．
6）第142回国会衆議院：文教委員会議録第8号，参考人質疑（平成10年5月6日）の議事録．
7）第142回国会衆議院：文教委員会議録第9号，参考人質疑（平成10年5月7日）の議事録．
8）スポーツ振興投票の実施等に関する法律．
9）日本体育・学校健康センター法の一部を改正する法律．
10）スポーツ振興法の一部を改正する法律．
11）保健体育審議会：スポーツ振興投票特別委員会総会（第1回～第9回議事録要旨），平成10年8月～平成11年2月．

スポーツ産業とマーケティング

1．シンポジウム企画の意図

このシンポジウムのタイトルが「スポーツ産業とマーケティング」となった理由は，シンポジウムの企画の実質的な担当がスポーツ産業学会と体育・スポーツ経営学会であったためと聞いている．

確かにスポーツ産業学会は，スポーツ産業をその研究の対象としている．また，近年，体育・スポーツ経営学会では，スポーツマーケティングに関する研究への関心が高い．しかしながら「スポーツ産業とマーケティング」をテーマとして，限られた時間でシンポジウムを行なうことが困難であることは容易に想像できる．また，このタイトルは，仮であり，タイトルが決まった時点では，シンポジストも明確には決まっていなかった．

以上のことから，シンポジウムの企画段階においては，比較的自由な発想で検討を行ない，シンポジストとともに，テーマや進め方に関する検討を行なった．

具体的には，シンポジストの坂田氏（ベルディ川崎），広瀬氏（電通），井上氏（NTT東日本）および，コーディネーターの柳沢氏（筑波大学），本間（野村総研）が，数回にわたる打ち合わせを行ない「学会と産業界がスポーツ振興のために行なうべきこと」を産業界の視点から提言をする方向性を確認した．

また，坂田氏がベルディ川崎の社長として日常的に感じている問題点などをもとに，広瀬氏，井上氏がそれぞれの立場から，問題点の整理を行ない，スポーツ振興を阻害する「根っこ」にあるものを検討するという筋書きを設定した．

なお，ここで言う「スポーツ振興」について，学術的には正確な定義があると思われるが，シンポジストの間では，正確な定義は棚に上げて，「スポーツが文化として認識される」「スポーツを楽しむ人が増える」「スポーツ関連産業が盛んになる」という曖昧なイメージからスタートし，必要に応じて「スポーツ振興」の意味にもどる手法をとった．

2．内容の総括

シンポジウムの具体的内容については，シンポジストにゆずるが，シンポジストのメッセージを代弁すると，おおむね次のようであると思われる．

・Jリーグの観戦者動員数は，必ずしもチームの人気を反映するものではない．また，Jリーグの観戦者数を増加させるマーケティング策には検討の余地がある．

・現状から判断してスポーツメセナはない．また，これまで矢面に立つことも少なくない親会社であるが，親会社の貢献なくしてＪリーグの成功はあり得ない．

・スポーツの価値を高めるためには，選手が尊敬される存在になる必要がある．そのためには，スポーツの側が自らの社会的立場を正しく認識し，相応の対応をする「ロール・モデル」を育成することは効率・効果的である．

シンポジウムの事前の打ち合わせでは，これらの論点に加えて,（主に大学の）研究者と企業人との連携が円滑に進まない現状や，スポーツビジネスに携わる人材論などについて，意見交換がなされた．

3．シンポジウムを終えて

このシンポジウムの評価については，すべてのシンポジウム参加者の話を聞いた訳ではないため，正確な判断は難しい．しかし，このシンポジウムが昼食直後という時間帯であったにも関わらず，居眠りをする参加者が皆無であり，加えて，途中で席を立つ参加者もなかったことから，参加者の期待を裏切るものではなかったと思う．

もちろん，これはシンポジストの貢献によることは周知の通りである．しかし，重要であるのは，シンポジウムの参加者が「シンポジストのメッセージをどのように受け止めたか」であり,「シンポジストのメッセージを受けて，行動がどのようにかわったか」である．

その意味においては，このシンポジウムの評価は，これから明らかになってくると考えて良いと思う．

［本間　浩輔］

① 日本のプロサッカークラブのマネジメントとスポーツ文化

はじめに

1993年の日本プロサッカーリーグ(Jリーグ)の発足は日本のサッカー界における大きな転換にとどまらず，野球，相撲などの既存の日本のプロスポーツに対するアンチテーゼとして一石を投じた．

それは，このプロスポーツの発足が，強化，普及，ビジネスという点と並んでスポーツ文化の普及，醸成というものをその理念として掲げていることに象徴される．文化としてのスポーツを確立することを目的とし，サッカーそのものだけではなく日本の社会・文化そのものを変革していこうとする壮大な理念を掲げ，華々しくスタートしたのである．

たしかに，発足後数年経過し，強化という点では1998年のフランスワールドカップに初出場するベースとなったことは評価できる．またサッカーというスポーツの普及という点では少子化による影響は否めないが，依然として少年，少女にとって「するスポーツ」としてサッカーはメジャー競技である．そして，全国に数多くの芝のグラウンドが増加したことはJリーグの最大の貢献の一つである．しかし，ビジネス面では観客動員数，スポンサー収入，テレビ放映の落ち込みなど，スタート時の輝きを失っていることは事実である．

それでは，最も困難かつ壮大な目標である「文化としてのスポーツ」はどうなっているであろうか．この理念を達成するためにどのようなマネジメントが必要であるかについて，同じ問題意識を持ち，異なる立場からシンポジウムを行なったものである．

1．Jリーグとスポーツ文化

Jリーグの理念の一つに「豊かなスポーツ文化」をつくり「スポーツを文化とする」ということがうたわれている．これらは「国民誰もがスポーツを楽しむ機会をつくる」とともに「スポーツの社会的地位を高める」ということを意図しているであろう．この発想は従来の日本のプロならびにアマのスポーツに対するアンチテーゼの現われであるといえよう．

すなわち，従来，日本のスポーツは学校あるいは企業という枠組みの中で主に行なわれており，学校あるいは会社という組織に所属していない人はスポーツを楽しむ機会がない．スポーツをより多くの人に親しんでもらうためには，学校や企業ではなく欧州のように地域にスポーツクラブをつくり，その施設を誰もが気軽に利用できるようにしようというものである．そしてスポーツというものに対する国民の理解を高めていくことが，文化としてのスポーツを発展させていくことであり，より多くの人がスポーツに親しむようになる，というものである．

このような「理念」を掲げたものの，「スポーツが文化となったか」ということについてはかなり疑問を持たざるを得ない．この原因として広瀬一郎氏は「スポーツにおけるロール・モデル」をあげ，筆者は「スポーツクラブの形成過程」に着眼し，今回のシンポジウムのテーマとした次第である．広瀬氏の論については直接本人の文章をご参照いただきたいが，要約すると「日本社会においてはスポーツマンの持つイメージが必ずしもポジティブではなく，スポーツが文化となるために障害となっている．この解決策としては，スポーツ選手におけるロール・モデルの育成がもっとも投資効率がいい」というものである．一方，筆者は「スポーツを文化とするためにスポーツの場を従来の学校や企業からプロ化したクラブに求めたが，スポーツを文化とし，豊かな環境をつくっていくためにこの一連の流れは正しいものであったのか」という疑問を抱き，実際にクラブの運営に携わっている日本テレビフットボールクラブ株式会社(ヴェルディ川崎)社長の坂田信久氏を交え，コーディネーターをつとめる本間浩輔氏とともに数回の議論を重ねてきた．この中で筆者の問題意識である「日本のプロサッカークラブの経営形態とマネジメントがスポーツ文化の形成といかなる関係があるか」について論じたい．

2．日本のプロサッカークラブの形成過程とJリーグ加盟条件

1993年のJリーグ開幕に先駆け，日本にプロサッカークラブが出現した.「文化としてのスポーツ」という観点から見た場合にどのような経緯をたどってきているであろうか．発足時のチームの呼称，昨今の観客動員数の減少，クラブの合併，経営縮小などが話題となるが，本稿では「スポーツを文化にする」ために，Jリーグ加盟に際して課せられたいくつかの条件のうち以下の4点に着目し,「文化としてのスポーツ」という観点からJリーグの各クラブのマネジメントを検証したい．

1）法人化

従来の企業や学校の中のクラブではなく，プロサッカークラブはそれらから独立するために，加盟チームは法人格を有することが義務づけられた．しかしながら，現実には法人格を所有し，法人としてふさわしいパフォーマンスを残すためには資金的なバックアップが必要であり，発足時において清水エスパルス以外の9チームは日本サッカーリーグに所属していた企業内のクラブチームであった．現在もJ2も含め26チームがJリーグに所属しているが企業チーム以外を前身とする例は極めて少ない．Jリーグの発足に伴い，各チームは法人であることが必要条件となり，各企業は社内のスポーツクラブを分社化し法人化した．

2）ホームタウン制とスタジアム

従来の企業や学校の代わりに地域社会に根ざしたクラブを目指して，ホームタウン制の導入とスタジアムの確保が義務づけられた．前身のクラブが製造業中心の大企業だったこともあり，工場などの生産拠点をホームタウンとするクラブが多かったが，すでにグローバル企業として活躍する段階の企業も多く，特定の地域をホームタウンとすることは企業の論理からは必ずしも受け入れられるものではなかった．さらに，15,000人以上収容で夜間照明付きという条件を満たすスタジアムの確保は加盟に際して大きな課題であり，既存のスタジアムを求めて新たにフランチャイズを定めるチームが少なくはなかった．

3）下部組織の設置

従来の学校のクラブ活動の中での一貫指導の欠如，プロ野球や大相撲のように大学生や高校生をプロとしてチームが獲得する際の高コストに対して，各クラブは下部組織を設置し，一貫指導することを義務づけた．これは一貫指導した強化，経営コストの削減という強化，ビジネス面のメリットだけではなく，より多くの人たち(特に若年層)がサッカーに親しみ，サッカークラブを地域に密着させるという「スポーツ文化」の醸成のためには重要な要素である．

4）チームの呼称

従来の日本サッカーリーグを含む企業スポーツ

は広報宣伝のツールとして利用されており，企業のスポーツチームの存在が会社の広報宣伝活動に貢献していた．スポーツの中心を企業，学校から地域社会へと移すことから，チーム名から企業名をはずし，地名＋ニックネームをチーム呼称とした．

以上のようなリーグ側からの条件は「スポーツを企業，学校から地域社会に根ざしたものにしていく」というコンセプトが明らかである．

3．Ｊリーグ加盟条件の検証

1）法人化

まず，第一点の「法人化」であるが，上述したとおりほとんどのクラブはその前身が大企業の社内スポーツクラブである．そしてＪリーグ発足以降も各企業はスポンサーという形でクラブを支援している．企業が社内にスポーツクラブを設置した当初の目的は社員に対する福利厚生であり，従来，学校でしかスポーツの機会のなかった社員に対して社会に出た後もスポーツの機会を与えたのである．ところが，企業名のPRという広告宣伝のツール，あるいは社員の意識と愛社精神の高揚などの経営管理のツールとして企業スポーツはその姿を変え，企業が重点的に投資をするにいたり，高度成長期以降は学生スポーツを完全に凌駕するに至った．さらに雇用契約の多様化などによりスポーツだけに専念して給与を得るという実質的なプロといえる旧東欧のステートアマに似たカンパニーアマが出現してきた．サッカーの場合も例外ではなく，1980年代の後半からは多くの選手はサッカーだけに専念して給与を受け取る形になっていた．

しかしながら，社内のスポーツクラブが独立した事業部，プロフィットセンターとして位置づけられていたわけではなく，福利厚生費あるいは広告宣伝費の予算の中で運営されるコストセンターであった．

したがって，Ｊリーグに参加する際に法人化したが，クラブの経営陣はサッカークラブの経営に精通しているのではなく，親会社からの出向がほとんどであり，親会社の論理を優先させなくてはならない状況にあった．さらに経営陣が地元財界の有力者であるというケースも少なく，地域に根ざした事業運営も期待できなかった．

「法人化」は企業からの独立，地域社会に根ざした経営を目的としたものであるが，実際にはこれらは実現できず，アマチュア時代と同様に「企業」に依存した経営を余儀なくされている．

Ｊリーグの経営陣については親会社優先で日本の企業文化の象徴のように非難されることが多い．しかし，実際には日本企業が異業種に参入したり，外国に進出した場合など，本体あるいは本国からの経営陣だけではなく，参入した業界に明るい経営者を外部から登用したり，現地から経営トップを起用するケースも多い．日本企業であるＪリーグのクラブが親会社に依存している理由は，もともと独立した事業部ではなく，広告宣伝費や福利厚生費の中で運営してきた組織を法人化したからである．顧客を含めても唯一のステークホルダーが広報部あるいは人事部，という段階の「サッカー部」を一気に法人化した場合，広報部や人事部のコスト削減以外にメリットは少ないであろう．

一方，親会社にとってサッカークラブは以前の「サッカー部」同様，広報宣伝，福利厚生の手段である．バブル崩壊後まではまだスポーツや芸術を支援するということは「広告宣伝」のツールとして有効であった．したがって，台所は苦しいが，プロ化する「サッカー部」は少なくはなかった．しかし，1990年代後半の「金融破綻」以降，スポーツや芸術の支援から手を引くということは「経営改善に励んでいる」ということで評価されるようになった．リストラ計画を発表すると以前であれば株価が下がったが，リストラ計画の発表やスポーツ，芸術の支援からの撤退が株価を上げる時代になったのである．親会社にとって自社の利益を守るために時流にあわせてスポーツや芸術の支援から撤退するということは当然の経営判断であろう．逆にスポーツの側から見ると必要以上に支援を断ち切られているといえるであろう．横浜フリューゲルスの件についても「スポーツ（サッカー）が文化になっていない」といわれたが，文化となっても親会社にとって広告宣伝の対象である限り，支援は断ち切られていたのである．

これをステップを踏み，まず収支を問われる社内事業部化し，その後法人化していれば，親会社にとって広告宣伝や福利厚生以外の存在意義を持つようになっていた．このようなプロセスを経れば，現在のように必要以上の経営の縮小や親会社優先という批判を浴びることも少なかったと思われる．

2）ホームタウン制とスタジアム

アマチュア時代の日本のサッカーチームの特徴として東京を中心とする首都圏にチームが集中していた．したがって，アマチュア時代に確固たる「フランチャイズ」を持たずに活動してきたチームが多かった．Jリーグ発足にあたり，ホームタウンの決定とスタジアムの確保が必要となったが，本来そのクラブがもっとも活動するにふさわしい場所をホームタウンとし，その中のスタジアムを選ぶべきであった．しかし，Jリーグ発足のために数多くのクラブが「まずスタジアムありき」で既存のスタジアムのある「ホームタウン」を選ぶという本末転倒の事象が起こった．この本末転倒の事象は「地域に根ざしたクラブづくり」にさまざまな影響を与えた．

一例が東京育ちの読売クラブを前身とするヴェルディ川崎である．東京都内にスタジアムが確保できず，やむなく川崎市北部の等々力陸上競技場を使用したが，東京へ移転計画を発表したところで川崎側から反感を買い，両者の関係は良好であるとはいいがたい．

一方，古河，日立とともに丸の内御三家として日本サッカー界を伝統的に支えてきた名門三菱は浦和市を選択した．全国に数多くの事業所を抱える三菱グループであるが，浦和市および近隣には事業所もなく，サッカーどころ浦和の熱心な誘致グループの誘いに乗った形となった．両者はお互いに歩み寄り，Jリーグ随一といえる熱心なサポーターが文字どおり「赤の他人」であったレッズを暖かく迎えたのである．

明暗が分かれた東京のチームとは別に数少ない例外が住友金属鹿島製鉄所のサッカー部を前身とする鹿島アントラーズの県営カシマサッカースタジアムである．住友金属ならびに鹿島地域はこの地域の活性化を模索しており，その中でサッカーチームの設立というプログラムが実行され，莫大な費用をかけてサッカー専用スタジアムを新設したのである．Jリーグの優等生のように評価される鹿島アントラーズであるが，本来あるべきホームタウンにスタジアムを建設した，という教科書通りのことをしたにすぎない．逆にいうならば，鹿島アントラーズのように教科書通りのことを実行し，あるべきホームタウンに最もふさわしいスタジアムを造る，ということをしていれば，各クラブは地域に根付いた活動を行なうと評価され，ホームタウン制の悲劇は起こらなかったであろう．

その点ではヴェルディ川崎が調布市の東京スタジアムに「戻って」くる．すでに東京というマーケットは2000年シーズンにJ1に昇格するFC東京（前身は東京ガス）が開拓しており，川崎では地元に親会社富士通が事業所を持つ川崎フロンターレが人気を集めるなど，かつての人気ナンバーワンチームもすっかり状況が変わってしまったが，東京移転後のヴェルディの動向に注目したい．

3）下部組織の設置

Jリーグがプロ野球と競技面で一番異なる部分が下部組織を設けたことであろう．従来の学校の部活動においては，指導が一貫していないこと，受験や進学などで活動にブランクが生じること，がデメリットである．これらのデメリットはサッカーの場合は野球に比べて深刻であり，下部組織の設置は有益である．Jリーグの下部組織がプロ野球のファームと異なる点は，後者が高校卒業などすでにある程度のキャリアを積んだ選手を集めていることに対し，前者は小中学生からの段階から育成する点であり，選手獲得に対するイニシャルコストを抑制できる．

しかし，この下部組織の最大の狙いはその地域の若者がプロと一緒にサッカーを楽しみ，成長していくことであり，まさに地域と一体となったクラブ運営，豊かなスポーツ環境を享受できることにある．また，若年層の育成にあたってはコーチングライセンスを取得したプロのコーチがあたり，プロのコーチの中には「元プロ選手」も多く，プロサッカー選手のセカンドキャリアとしても大きな雇用の機会を与えることができる．

多くの選手が従来の学校のサッカー部ではなく，Ｊリーグのユース，ジュニアユースなどのクラブで育ち，活躍している．彼らの活躍無しには最近のアンダーエイジでの日本代表の活躍を語ることはできない．また，育成にかかるコストはプロ野球の新人獲得にかかる経費と比較すればはるかに少なく，苦しいクラブの財政に貢献している．

プロ予備軍としての下部組織については以上のような成果を収めているが，地域に密着して誰もがサッカーを楽しめる組織，という観点ではどうだろう．少なくともＪリーグに所属するチームの下部組織に入るためにはセレクションを受け，かなりの難関を突破しなくてはならない．もちろんユースなどの下部組織からトップのプロチームに昇格することも簡単なことではないが，それよりもユースなどのセレクションに地元の高校のサッカー部の生徒がパスすることの方がはるかに難しい．

ピラミッド型組織をイメージしてＪリーグの下部組織はスタートしたが，実際にはこのピラミッドの底辺は限りなく小さく，実際にはピラミッドというよりも東京タワーかエッフェル塔のような組織である．考えようによっては契約金がなく年齢構成が違うプロ野球のファームであるともいえる．もちろんユースチームやジュニアユースチームを募集する際に地域制限を行なったり，プロ選手が地元の学校のサッカークリニックに訪問したりするなど地元密着を図っているケースが多いが，その町に住む少年誰もがサッカーボールに親しむという点では理想にはほど遠い．

Ｊリーグのクラブのある町では当然サッカー熱も高いだろうが，その町の少年がサッカーボールに親しむ機会は圧倒的に学校でのクラブ活動や体育の授業が多い．

むしろ校技，社技としてクラスマッチや社内大会の花形競技となり，学校，会社全体が特定のスポーツに熱を上げている方が，メンバーにとってそのスポーツを親しむ機会が多いといえるであろう．

4）チームの呼称

Ｊリーグ発足当初大きな問題となったが，数年経過して振り返ってみると，上記の問題に比べれば大きな問題ではないと考えられる．それはこの数年間の経験でチーム名に会社名さえつけば満足，という時代ではなくなった，ということがわかったからである．

しかし,「会社名をはずし，地名をつける」ことを義務づける必要はあったのか疑問である．すなわち,「名は体を表わす」とはいうが，会社の名前をはずし，地名をつけたところで実際のクラブのマネジメントは親会社中心であり，地元の財界から経営者が擁立されるわけではない．ホームタウン制を引いても「スタジアムがある」というだけの理由で落下傘のように東京からやってきたチームが地元と不協和音を起こす．下部組織を作り誰でもサッカーができる環境を，という理想とは裏腹にエリート少年しかそのプロクラブの恩恵を受けることができない．これらの事実を直視し「スポーツを文化とする」ための努力を続けなくてはならない．

4．考察ならびにまとめ

たくさんのスポーツが普及している日本において，サッカーが他のスポーツに比べてより多くの競技者，観戦者，そしてスポンサーを集めることが競技としての成功であるならば，プロの存在は非常に大きな魅力である．

しかしながら実際には多くの人々がJリーグから離れてしまっている．特に1998年以降，Jリーグに新たに参入しようとする企業や，Jリーグのクラブを誘致しようとする自治体がほとんどなくなってしまったことは単純に「ブームの終焉」ではなくまさに「サッカーが文化にならなかった」ことの現われであるといっても過言ではない．

単純にビジネスの側面から考えるならば，Jリーグは発足した段階から必ずしも恵まれたビジネスではない．しかし，多くの企業や自治体が我も我もJリーグへ，とさながらゴールドラッシュのように押し寄せたのはビジネスの有効性だけではなく，むしろ「スポーツを文化にする」という理念に共鳴したからであろう．ところが実際のクラブのマネジメントは理念が十分に反映されているとはいいがたい．

この理由は上記の通り，Jリーグ側が提示したさまざまな条件がその通りに機能しなかったからであると考えられる．諸条件の善し悪しは別として，その条件の前提である「スポーツの中心を学校や企業から地域社会に移せばスポーツは文化となる」という点に無理はなかっただろうか．

これはコミュニティのコアとしてスポーツを置き，スポーツを通じてコミュニティを活性化し，そのメンバーを幸福にしていく．この際のコミュニティに文字通り「地方自治体」のみを考え，企業や学校を含めなかったことに原因があると考えられる．例えば終身雇用制の崩壊やダブルスクールの普及はあるものの，依然として普通の日本人にとってコミュニティとは会社であり学校である．そのコミュニティが崩壊しようとしている今まさに彼らは「プロサッカーチーム」のようにコミュニティを統合するシンボルを欲している．プロという新たな枠組みができ，より多くのオプションができた．にも関わらず，Jリーグのクラブにおいて地域社会のみを基盤とすることにより，従来そして現在でも日本のスポーツを支えている企業が関与する意思を少なくさせることは得策ではないだけではなく，「スポーツ文化に企業は不要」という誤解を与えることにもなりかねない．

確かに「サッカーチーム」を基盤としてコミュニティをつくっていくという考え方もあるが，むしろ既存のコミュニティの崩壊を阻止するためのツールとして1980年代以降に各企業がスポーツを利用してきた手法に学ぶべきところはある．鹿島アントラーズの場合も親会社の住友金属，茨城県をはじめとする関係の自治体が「鹿島地域のコミュニティの崩壊」に危機感を感じ，プロサッカーチームをたちあげるためにスタジアムを建設したのである．「スタジアム」という「ハコモノ」さえあれば「コミュニティができる」というような簡単なものではない．

一つの事例がヴェルディ川崎である．前身の読売クラブは読売新聞，日本テレビなどのバックアップの下で1969年に創立し，欧米型の総合サッカークラブを目指し，下部組織を設け，トップチームはプロ選手で固めるなど，既存の企業内サッカー部とは異なる組織形態で，日本リーグ末期に黄金時代を迎えた．Jリーグ発足時には東京にスタジアムを確保できず，川崎の等々力陸上競技場をホームスタジアムとして利用した．スタジアムの収容能力が小さく，交通の便も決して良くないことからヴェルディは東京移転を表明したが，認められず，地元の川崎市民からの支援を得られていない．

一方，近年力を貯えてきた川崎フロンターレは富士通を前身とし，ヴェルディと同じ等々力陸上競技場をホームスタジアムとして使用している．富士通は川崎市北部に事業所があり，J2でありながら，観客動員面においてはかつての人気チームであるヴェルディに迫る勢いである．これは川崎市というコミュニティの中に元々ある会社のチームの優位性を生かしている．

ヴェルディ川崎は1999年2月に従来の読売新聞，日本テレビ，よみうりランドの共同出資から日本テレビの単独出資となり，社名も「日本テレビフットボールクラブ」と改称し，日本テレビの坂田信久氏が社長に就任し，改革を行なった．魅力あるチーム作りがその中心であるが，その中で

「ヴェルディは日本テレビのチームである」というコンセプトを日本テレビの社内に浸透させた．現在同社には約1,200人の社員がいるが，その半数はファンクラブの会員であり，熱心に週末の試合を応援に行くとともに情報発信の役割を担っている．ヴェルディというサッカーチームはヴェルディを「うちのクラブ」と呼ぶ同社社員の結束を図り，社内の活性化に貢献している．落下傘のように川崎市に舞い降り，さまざまな努力をしても同じ表現を川崎市民から得られることがなかったことと比較すれば，それまでの三社体制（読売新聞，日本テレビ，よみうりランド）から日本テレビ単独体制にし，同社の社員を巻き込んだこの動きは注目すべきである．企業内のサッカー部ではなく欧米型のサッカークラブとして誕生した同クラブは発足して30年経過して「企業内クラブ」的な役割をすることになったのである．

この事例からもわかるとおり「クラブを中心としてコミュニティをつくる」のではなく「コミュニティの中にクラブをつくる」ことがすでにコミュニティが存在している場合は現実的かつ有効である．このコミュニティは日本の場合，企業（職場）や学校が中心であり，週末が近づくと職場や学校では観戦時の待ち合わせ場所などの連絡が電子メールや携帯電話で行なわれ，月曜日になると週末の試合結果で職場や学校の会話が弾む．この情景を文化といわずしてなにが文化となろうか．サッカーを通じて幸せになる人々，組織が増えるならば，クラブの運営基盤は地域にこだわらず，会社でも学校でもいいのではないだろうか．

現在，日本のプロサッカー界の状況は決して楽観できるものではない．観客動員数の落ち込みに関しても「本当にファンといえる人たちだけが残った」という評価がされている．「サッカー界の論理」としてはそれでもいいかもしれないが，「スポーツを文化とする」という観点からは不本意なことであるといわざるを得ない．サッカーが文化を形成するために，サッカー選手におけるロール・モデルの養成によるサッカーの価値を高めていくこととともに，サッカーに新たに関与しようとする存在を増やす努力をサッカー界は求められているのである．

［井上　俊也］

8 ② スポーツ産業とロール・モデル

1．公共性と「マーケティング・ベース」

わが国において今日「JFK」とは，“これから伸びる三つの成長分野”の頭文字を指すそうである．すなわち「情報通信，福祉，環境」である．(「生き残る企業・都市」第4章より，西村康稔著，同文書院）残念なことにスポーツがここには含まれていない．

なるほど「JFK」には今後の日本の行く末に関し，多くが期待されているようである．経済同友会の調査によれば，「消費者は環境面に配慮している企業の製品・サービスなら価格が多少高くても選ぶか？」という問いに対して，現在の企業のトップの7.4% は現在すでにそうなっていると答え，78.2% は10年以内にはそうなると答えている．実に経営トップの9割近くが，近い将来消費者が購入する場合「環境」が購入決定の大きな要素になると考えていることになる．さらに「株主や投資家は出資先企業を選ぶ場合に環境面の取り組みを判断基準にするか」という問いに対しても，「すでに基準にしている」と答えたのは6.2% だったが，「10年後には基準にしている」と答えたトップはやはり全体の4分の3（75.4%）にも達している（99年2月6日読売新聞）．このうちの半分，否，せめて10分の1の8% が「スポーツ」に関してそう思っていたら，98年の横浜フリューゲルス問題は起こらなかったのではないだろうか．

社会に対して公共的な課題について，従来は公的権力の介入による規制や基準，つまり「コマンド・コントロール・アプローチ」による解決が主であった．しかし現在ではそれだけでは十分な問題解決にならないため，企業競争という市場原理を導入した「マーケティング・ベース・ツール」という手法が採用されている．それによって問題解決の「持続可能性（sustainability）」が確保できるのである．そのためには企業が関与することに明確なメリット（あるいは関与しないことに対する明確なデメリット）が存在する必要がある．例えば「ISO」には法的な拘束力があるわけではない．しかし今や多くの企業が，環境 ISO といわれている「ISO-14000」シリーズの取得に真剣である．そこには企業の切実な経営戦略がある．つまり「環境」は立派な「マーケティング・ベース・ツール」として機能しているのに，スポーツはそうなってはいない，というのが実態である．

そんな状況では「スポーツの公共性」などという言葉も空しく響く．フリューゲルスの解散事件は，サッカーという一競技のプロリーグの一チームが経営破綻した，ということにとどまらず，日本のスポーツ全体に対して投げかけられた問題と捉えるべきであろう．つまり「スポーツが素晴らしいものだ」というフレーズが，現実には如何に脆弱なものかということが目の前に突きつけられたということである．にも関わらずこれからもスポーツの側が何の備えもせず，ただスポーツくじが導入されて何がしかの資金が確保されれば，問題が解決される等と思い込んでいるとしたら，もはや何をか言わんや．だが，今ここで危機意識があるなら，何らかの手を打つ最後の機会かもしれない．この危機意識が共有され得るものなら，まずは現代社会に対してスポーツ（だけ）が果たしうる役割は何か，という問いかけから始めてみよう．

2．スポーツという装置

人間とはいうまでもなく社会的な動物である．社会の中で自分がしかるべき位置にいるという感覚なしには生きていけない動物である．ときとして，その感覚は「生き甲斐」と呼ばれたり，あるいは「アイデンティティー」と呼ばれたりする．要は社会の中における自分の存在を実感することが生きるうえで必要不可欠なのである．ところが現代はこの感覚を個人が実感することが大変困難になっている．社会が発展し，文明が高度化することが，逆に個人と社会との関係を希薄にしており，その現象が人々を不安にし，大変深刻な問題が生じているのは周知の事実である．自分が社会に対して何がしかの寄与をしているという自覚は個人のアイデンティティーの安定に繋がる．それがどんなに小さなことであろうと，またどのような事柄であろうと，個人としての存在を実感してできることは本質的に重要である．

そこで必要となるのは個人と社会の関係を実感させる機会，あるいは装置である．スポーツはその機会を提供する装置と捉えることが可能である．それは近代スポーツというフィクションによって成立したという出自を持ちながら，少なくとも今日でもなおスポーツが公共的なものであるというフィクションがリアリティ（現実感）を伴って成立しているからに他ならない．もちろんフィクションである以上，永久なものでも無謬なものでもありはしない．逆に「スポーツは永遠に公共的だ」などと考えれば，それは宗教と同じ存在に堕してしまうだろう．スポーツが社会性を確保し，公共性を現実的に発揮し，大いに有用であると認知されれば，上述した「公共性を回復する装置」として機能することは可能であろう．

3．オプション（選択肢）のプライオリティー

ではスポーツの（まだ潜在的な）機能が現実化し，社会的に有用であると認知され，社会的地位が向上し，結果として企業にとって「マーケティング・ベース・ツール」になり，企業の継続的な支援を確保し，スポーツのマーケットが安定的に拡大されるためにはどうすればいいのだろうか．

さまざまな方法が考えられようが，具体的アクションに移行するにあたりプライオリティーをつけるなら，「緊急性」「即効性」「効率」「コスト」等の観点，つまり「ROI（Return Of Investments）」の観点から，「ロール・モデル（Role Model）」の養成をあげたい．

「ロール・モデル」とは，自分が社会的に果たす模範（モデル）としての役割（ロール）を認識し，その役割を演じる人物のことである．例えばアメリカにおける最大のロール・モデルは合衆国大統領である．アメリカ大統領は，人格的にも能力的にも優れ，その家庭も含め全アメリカ合衆国民の模範とみなされる．したがって，大統領夫人はファースト・レディーと呼ばれるのである．98年に起きた所謂「モニカ・ルインスキー事件」は，アメリカ国民の倫理観に大きな衝撃を与えた．国民の目指す模範となるべき人物が，セックス・スキャンダルを起こしたのである．アメリカの親は，子どもに「彼のような立派な人物になれ」と示すべき目標像を喪失したのである．そんな一種のモラル・ハザードを起こしかけていた時に，それを救ったのがメジャーリーグでホームラン競争を演じていたビッグマックことマグワイアーとサミー・ソーサだったのである．彼らの正々堂々とした振る舞い，相手に対する尊敬と自分に対するプライド．あれはアメリカ人が目指すべき人物像の類型の一つだったのである．もちろんベーブ・ルースの持つホームラン記録を塗り替えたということは大変なことなのだが，全国民が2人の争いに熱狂したのは，彼らの「フェア・プレー」に失いかけた国民の倫理的アイデンティティーを見出し

た，という側面もあったのである.「フェア・プレー」というのは，アメリカ人にとって単にスポーツの世界に留まらない，最も価値のある，そして守るべき倫理的な行動規範なのである．したがって，政治や経済の外交交渉で「フェア」であるかどうかが最大の争点になったりするのである．アメリカでしばしばスポーツ選手がロール・モデルとなっているのには，確かにその必然的な文化的背景が存在する．バスケットのマイケル・ジョーダンや，野球のカル・リプケンや，アイスホッケーのグレツキー等，その例は枚挙に暇がない．

では日本のスポーツにとって，何故ロール・モデルが必要なのか．そして対費用効果と即効性という観点から，ロール・モデルを養成することが何故プライオリティーの高いシナリオとなり得るのか．この点に関して，以下考察する．

4．ロール・モデルの育成を

以前行なわれたイベント学会主催の「企業とスポーツイベント」というシンポジウムで，登壇者に対して「スポーツの地位向上のための具体的アイデア」について質問した．その中で，読売新聞社の井原氏の答が最も具体的で現実的であった．氏のアイデアは「日本のスポーツ選手にロール・モデルを作るべきだ」というものであった．日本にはそういった存在が欠如しているのではないかという問題提起でもある．筆者も日頃からまったく同様に感じていた．

わが国において，この問題の深刻さを示す例を上げる．

98年秋，「ニュースステーション」という番組に，日米野球のため来日中のサミー・ソーサ選手が出演した．インタビューの終わり頃キャスターの久米氏が「海外の一流スポーツ選手をスタジオにお招きする度に思うことですが，皆さん発言が大変堂々としていて，その中身も立派でいつもわれわれはビックリします．」という発言をしていた．これは日本のスポーツ選手に対する強烈な皮肉である．確かにその直前に，Jリーグの98年後期優勝を決めた選手達が各局のTV番組に出演した折り，インタビューに応えるその対応のひどさ，内容のなさ，ボキャブラリーの貧困さにあきれた一般の人は少なくない．また「やっぱりスポーツ選手は口べたですね」等と言って，インタビュアーが諦めがちにフォローをするのを苦々しく聞いていたのも，私だけではなかっただろう．ソーサ選手と比べるのは無理があるのだろうか．日本人はスピーチ下手だからしょうがない，という一般論に還元して何もしないでいいのだろうか．海外のスポーツ選手は何もしないで放っておいてもスピーチは上手なのだろうか．

英国のサッカーリーグで最も人気がある名門マンチェスター・ユナイテッドのアレックス・ファーガソン監督の日記が，NHK出版から99年に翻訳された．その中に興味深い次のようなくだりがある．マルタ島のチームサポーター支部用・新施設のオープニングにベッカム選手ら4名の若手プレーヤーを連れて行き，その熱烈な歓迎ぶりの中で4人が堂々と振る舞ったことに関して．

〜われられは常々，若いプレーヤーにこの手のシチュエーションに対処する方法を指導するようにしている． 実践・メディア教室とでも呼ぶべきものだ．プレス，テレビなど放送関係から経験豊富なジャーナリストをクラブに招き入れ，インタビューなどをどうハンドリングすればいいかを， 実地で学ばせるのだ．(96年7月2日の日記より)

彼らも決して手をこまねいているわけではないのである．

計画的選手育成に成功しワールドカップを制したフランスでも，若年の選手育成の中心機関であるINF(国立サッカー研修所)では，選手に技術と同時に社会勉強をさせることを重視している．またイタリアのセリエAの98－99年の覇者，名門ACミランでは，ユース年代の選手に定期的にネクタイ着用でフルコースの食事をさせているという．あるいは，スペインの名門バルセロナFCでも定期的に社会の成功者を招き，彼らの話をジュニア・ユースの年代に聞かせている．サマランチ

IOC 会長も，そこで話をしたという．それらの対応の背景にあるのは，スポーツとは単に身体の運動ではなく，社会との関わりが大変重要であるという点である．そして，それは何よりもスポーツを行なう側がその点の自覚をすべきであり，その意識は小さいときから植え付ける必要があるということである．

たしかにスピーチに関しては，欧米の教育では小さい頃から人前で話をする訓練を受けているという事情の違いはあるが，学校の教育だけでスポーツの一流選手が一流のスピーチを会得するのでないこともこれで明らかではなかろうか．それぞれが意図的に特別な努力をしているのである．

日本のスポーツ選手の中で最もこの点に自覚的なのは，私が知る限りではカズこと「三浦知良」である．彼は 90 年にブラジルから日本に帰国して以来，「どうすれば日本のサッカーをメジャーにできるか」を考えつづけてきた（読売新聞 99 年 11 月 10 日，「スポーツ 100 年・三浦知良とその時代」より）．そして「プロサッカー選手の地位をもっと上に見せるために，おれはポルシェに乗ってびしっとスーツを着込み，練習で疲れていても週に 1 回は六本木で仲間と騒ぐ．プロ野球が優勝してビールをかけ合うなら，サッカーはシャンパンでやらなきゃ」．方法に問題が無かったとはいうまい．しかしこれほど自分の役割について自覚的で真剣に考えた選手を私は知らない．カズと会話したある方は，「今の話いいですね．今度オレが使ってもいいですか？」と聞かれ，プロ根性に感心したという．その時点で彼に適切なアドバイスをする人や，適切な方法を教授する機会があればきっとそれを活かしていただろう．

前に引用したイベント学会のシンポジウムで，プロゴルファーの倉本氏の発言に「プレーヤーに競技の指導ではなく，プロとしての立ち居振る舞いを教育する必要がある」というものがあった．プロのスポーツ選手が競技における高い技量を求められるのは当然だとしても，同時に社会人としてのマナーや立ち居振る舞いにも高いものが求められるということ．一流のプレーヤーは，マナーも一流であることが期待されるという点は，欧米では常識的な話である．社会学者のミルズが 40 年も前に書いた『パワーエリート』の中では，スポーツのトッププレーヤーは芸能人と同様の「セレブリティーズ（有名人）」というカテゴリーですでに扱われている．有名人とは公人の顔を持つということであるから，当然公人としての立ち居振る舞いが求められて然るべきなのであろう．欧米では早くからスポーツが社会的な存在として認識されていたのである（米国の PGA で長くプレーしていた倉本氏ならばこそ指摘できる彼我の差ということかもしれない）．

彼の地では，スポーツが社会的な存在であるという点は常識なのであろう．言い換えればスポーツが何によって支えられているのか，したがってどうあらねばならないのかという点が常に問題となる．決してスポーツの論理をスポーツ内部のみから導こうとしない．そんなことをしてスポーツを没社会的なものにすれば，まさにスポーツの自殺行為であり，スポーツがスポーツであることを止めるということに他ならないからである．

5．スポーツ哲学の啓蒙をトップ選手に

アトランタの五輪大会で女子マラソンの有森裕子氏の「自分を誉めてやりたい」という発言は，日本でこそ「清々しい」等として概ね好意的に受け取られたが，スポーツが「何によって成り立っているのか」，したがって「何に対して責任を持たなければならないのか」，あるいは「何に対して感謝の念を忘れてはならないのか」ということがはっきり確立している社会においては，勝利した後にまず自分について言及することは，非難こそされないにせよ，決して誉められたことではないのである．少なくとも一流のスポーツ選手が述べるに相応しいコメントとはみなされまい．ああいった発言の原因が有森選手個人にあるのか，その選手を指導する側にあるのか，あるいはこういう発言に違和感を感じない社会にあるのかは，今後議論すべき問題であろう．

一方彼の地での勝利者のコメントは，まず自分以外の存在に対する感謝の言葉から始まるのが常識である．大抵その順番は距離の遠い方から始まり，一般のファン，スポンサー，観客，ボランティア，スタッフと続き最後に自分の友人，両親，そして場合には神で締めくくるといった具合である．マラソンであろうとゴルフであろうとサッカーであろうと，スポーツである限り競技の別にかかわらず大体項目は一緒である．つまり,「スポーツなるもの」が，そしてその「競技」が何によって支えられているのか，次にその「大会」が誰によって支えられているのか，最後に「自分」は誰によって支えられているのかという点の認識が明確に整理されているのではないのだろうか．この点に関し日本のスポーツ界も早急にコンセンサスを確立する必要があると思われる．

6．WTA の取り組み「PDP」

J リーグでは新人研修が行なわれている．大相撲でも同様である．プロゴルフでは倉本氏によれば，どこにもないそうである（PGA に対して，選手の社会性を養う研修の必要性を説いても理解してもらえず，このまま PGA まかせではだめだと蜂起した理由の一つだそうだ）．

国際女子テニス協会が行なっている選手育成プログラム（PDP）なども参考になるだろう．PDP 作成にあたり，医師やスポーツ科学者らが選手を取り巻く環境全体に配慮され，かなり多岐にわたる内容になっている．

例えば，精神科医のカウンセリング，通信教育，若年選手の保護者へのオリエンテーション，コーチへの倫理規定等である．注目すべきは「パートナー・フォー・サクセス」というプログラムで，18 歳以下でランク 100 位以内の選手には，引退したかつての名選手がマンツーマンで助言を与えるシステムである． M ヒンギスには C エバートが，助言者としてついているようである．考えてみれば，若くして成功を収め，大金を手にし，しかも過酷な勝負の世界で生き続けるというのは，並大抵のことではあるまい．これらのプレッシャーで精神的な障害を生じ，選手としてのキャリアにも傷がつくというケースには，きっとそれぞれの競技で，枚挙に暇がないであろう．90 年代にプロ化されたばかりの J リーグにおいても,「若い時あれだけやれた選手のその後」という話題にはこと欠かない有様である．女子テニスでは，92 年のバルセロナ五輪において，決勝でグラフを破り，16 歳で優勝したジェニファー・カプリアティがその代表である．カプリアティはその後，万引きをしたり，ドラッグに手を出したりと転落の道を歩む．そこで WTA はツアー参加に，有名なカプリアティルールと呼ばれる年齢制限を設けたのである．

こういう悲惨なケースは，決して本人のみの問題で終わらない．成功を収めた後だけに，その競技全体，ひいてはスポーツ全体に及ぶ被害は甚大である．だとすれば,「危機管理」の観点からも，相応の準備が必要であろう．

現代の高度情報化社会では，若い成功者にかかる世間のプレッシャーは，具体的にはマスコミによるものが一番大きいだろう．したがって，一般的な社会常識とともに，マスコミ対応というものが大変重要な習得項目になる．またモデル（模範）を示すのに最も効率的な手段も，マスコミを通じたものであろう．したがって「守り」と「攻め」の両方の観点から，やはり対マスコミ対応は大きな鍵となろう．

7．具体的な取り組みに関して

何れにせよ競技種目に関わらず，マスコミ対応と「ロール・モデル」の養成は，日本のスポーツ界全体に欠けている問題ではないかと思われる．「スポーツ選手は寡黙たるべし」という旧来美風と考えられていた体育会的気質が，現在そして今後も妥当性を持ちつづけられるとは考えにくい．それならば，いつまでも旧弊にしがみついて何もせず，手を拱いていることは，それこそが悪であると考える．そこでこの問題に対処する提案を以下に示す．

文部省傘下の日本プロスポーツ協会という財団法人がある.「日本プロスポーツ大賞」の表彰を行なっている団体である（他に一体何をしているのだろうか．表彰だけを行なっている団体が，財団法人である必要はあるのだろうか）.その事業内容の一つに「プロスポーツに関する講習会及び研修会の開催」が明記されている．そこでプロスポーツ選手の競技以外の事項に対する研修会をここが主催して実施することを提案したい．まずはプロスポーツ選手とは，社会的にどういう存在なのかを明らかにする作業から開始すべきであろう．無論ここでの課題は競技の技量以外の部分が中心となるはずである．

「プロスポーツ選手のあるべき姿」が明らかになれば，現状には何が欠けているのか，あるいは理想に向かって何が課題なのかが見えてくるはずである．その課題が研修科目に反映されることになる．

それは例えば

・マスコミ対応……マスコミの基本的なビジネス構造を理解する．
そのうえで対処方法を検討する．
メディアトレーニング，スピーチ訓練等を含む．

・税務研修…………個人事業者としての納税について学ぶ．

・スポーツ学………スポーツの歴史と哲学について学ぶ.(特にスポーツマンシップ)

・基礎体育学………人体の構造を理解し，効率的な休息の取り方等について学ぶ．
スポーツにありがちな疾病や病気の治療，またリハビリ方法等．

・スポーツ心理学…集中心の養い方．リラックスの仕方．
スランプの時の考え方と身の処し方．

等が考えられる．

これだけの内容を1～2日で習得するのは不可能だが，といって1～2週間合宿してというのも，日々のトレーニングが死活問題になるプロスポーツ選手にとっては現実的ではない．おそらく基礎的な部分を1週間の合宿研修で学び，残りは毎週月曜日に行なう選択研修でカバーする等の実施方法になるであろう．また合宿中でも午前中と夕刻以降は授業，午後の前半は体力トレーニング等に当てる等の配慮が図られることになるだろう（したがって，研修会場にトレーニング施設が隣接していることが望ましい）．

テーマによっては，新人のみならず定期的に行なうことが必要なことがらもある．例えばインタビューのトレーニング等は一度の研修で身に付くことではないので，講師がチームや競技団体等に出張して定期的にトレーニングする等が望ましい．知識の習得は合宿研修で可能だが，トレーニングが必要なものは定期的な研修が不可欠である．

費用負担は基本的に個人負担とせず，会員になっている競技団体またはチームが年会費という形で負担し，その枠内で一定の人数の研修費をカバーすることが望ましい．競技団体にとっても単独で行なう研修よりコストパフォーマンスは安くなるはずである．しかも種目を超えて一致協力して臨むことで，日本のスポーツのステータス向上に現実的な改善が図られるという効果も大いに期待できる．この問題は一種目で解決する問題ではなく，スポーツ界全体で対処すべき問題なのである．

無論，以上の問題はプロ選手だけの問題ではない．より本質的なのは，わが国におけるスポーツ教育そのもののあり方なのは論を待つまい．即効性という観点から，マスコミに露出されやすいプロ選手の中に「ロール・モデル」を養成することが有効だと述べただけであり，平行して若年層に対するスポーツ教育を見直すことが必要であろう．ただし，これは時間がかかる．金とエネルギーも相当に必要となろう．がこれを疎かにしては，日本のスポーツの将来も脆弱なものと映る．長期的な経営という観点からも不可欠な作業である．

まずは若年層に対するコーチの再教育が，プログラムの第一歩であろう．参考までに，米国のサッカー協会が出しているコーチング・マニュアルには，「ロール・モデル」としてのコーチの役割という一節がある．コーチは子供達に対して，スポーツの体現者である点の自覚を強く求めている．非常に具体的な内容で，コーチが慎むべきは「粗野な言葉使い，喫煙，飲酒，審判をののしること」．自立的な計画を立てさせることを教えよ．自分や他人を欺くことを教えてはいけない．選手交替の時に，不快感を表明させてはいけない，等々．そして，スポーツマンであることが何より（勝つことよりも）大事であり，合衆国のプロサッカー選手は偉大な外交官である，と結んでいる．示唆に富んでいるではないか．

いずれにせよ，スポーツの側が自らの社会的立場を正しく認識し，相応の対応をすること，つまり外部に正しい理解を進めることにより，スポーツの外部との関係は間違いなく改善する．重ねて述べるが，そのために「ロール・モデル」を早急に育成すること．それが現段階では，最小の費用で即効性のある具体的効果をもたらす最も投資効率の良い分野だと思われる．逆にこの認識を新たにしない限り，そしてスポーツ界全体で対応しない限り問題の解決は望めないのではないだろうか．まず自らの襟を正すことから始めるべきだろう．それが最終的に「日本のスポーツ文化」の醸成と定着・発展につながる，確実な第一歩だと信ずる所以である．

［広瀬　一郎］

参考文献

1）西村康稔：「生き残る企業・都市」，同文書院．
2）読売新聞 99 年 2 月 6 日．
3）アレックス・ファーガソン：監督の日記．
4）読売新聞 99 年 11 月 10 日，「スポーツ 100 年・三浦知良とその時代」より．

21 世紀の大学体育のあり方

企画の主旨

大学体育は，1991 年の大学設置基準改正以降，さまざまな改革を試みてきている．1998 年 10 月大学審議会は「21 世紀の大学像と今後の改革方策について―競争的環境の中で個性が輝く大学―」というタイトルの答申を発表した．それを受けて，文部省は，1999 年 9 月，大学設置基準の一部を改正する省令を交付した．自己点検・評価，FD への組織的な取組み，履修単位数の上限設定などを盛り込んだ改正省令は，即日，施行に移されている．大学改革は，また一段先に進められたのである．

このシンポジウムは，来るべき時代を見据えて新しい大学体育のあり方を考えることを目的として企画された．そのため，発題者にも教育行政学の立場から寺崎昌男先生，ジャーナリスト的な立場から山岸駿介先生といった体育以外の方々をお招きし，広い視野からの検討を試みた．そして体育の分野からは，授業の中で新しい試みをされている篠原稔先生と原田奈名子先生のお二人をお迎えし，その授業実践の報告をしていただいた．ここでは，このシンポジウムの中で提起された問題点の内から「大学教育の大衆化」と「学びの主体」という二点に絞ってまとめてみる．

変わる大学教育

大学審議会の試算では，大学進学率が現在のままなら 2009 年には「大学全入時代」になるという．しかし，山岸先生は，現在すでに定員割れを起こしている短大・大学が出てきているので「全入時代」はすでに始まっていると指摘された．大学が存続していくためには，学生を選べない時代になっているのである．

寺崎先生は，多様な学生が集まる大衆化した大学教育は「教養ある専門人」ではなく「専門性に立った新しい教養人」の育成を目標にする必要があることを強調された．多様な学生を「専門性に立った新しい教養人」として育成することに，体育はどう貢献ができるのか．このことが，体育以外の方の発題から出された課題であった．かつて体育は，広い意味の教養科目に分類されていたが，それは法的に自動的に分類されていたのである．大学で学ぶ「教養」とは,「新しい教養人」とは，体育は「教養」を育成することができるのか等々，新しい局面を向かえている大学の中で体育が考えるべき最重要課題は,「教養とは何か」ということであろう．

学びの主体

篠原先生は実習形態の授業の中で，学生が自己の身体の感覚から生まれる「身体の知」と科学を基盤にした「客観知」を自己の中で結びつける試みを紹介された．原田先生は，学生が教師の指示で動くのではなく,「いま，ここ」に存在する自分の体に着目する授業を紹介された．両者に共通することは学生が自分の体に注意を向け，そこで何を課題とするのかは学生自身が決めるということである．

お二人の試みが 21 世紀の大学体育を代表するものではないが，学ぶ課題は与えられるのでなく「自分で見つける」ということを学生に伝え，学生を学びの主体として位置づけるという点は，今後の大学教育，そして大学体育のあり方を考える上で重要である.「教養」の基盤は自由である．体を自由にし，その主体的感覚を客観知と照合し，自己の思考を創ることは「教養」の主要な要素である．

［松岡　信之・奈良　雅之］

①「からだ気づき」はからだ（自分）を探る営み，それは「学び」の原点

はじめに

からだ（自分）を探る営みを問題意識にもつ授業をするようになって十数年になる．操体法を中心に展開した初期の実践から気づきに焦点を移した試行的な実践を重ね，現在の私の問題意識は次のような点にある[註]．

「からだと出会う・からだごと生きる・からだを探る」営みは,「世界や人間存在の理（客観的な法則）を探る」営みと同義ではないか．人間は「気づき（感覚的に実際に捉えたもの・極めて個人的な実感)」によってしか，思考すらできない．からだが感じ取った「ささやかな差異」の気づきを吟味することが自分という存在に出会う営みになり，それが人間存在や世界の「理」を批判的に探り，自分や他者や世界を実感する営みに連なる．そのことが「からだごと自分を生きること」「世界を生きること」になると考えている．

そしてそのような視点から，教育や学習という営みを捉え直すようになった．以下に示す詩人ルイ・アラゴンがいうような意味で，学びを考えるようになった．

「教える」とは，希望を語ること
「学ぶ」とは，誠実さを心に刻むこと

まずは自分のからだ（自分）に誠実に向かうことが，すでに学びであり，私が何かモデルを示したり，知識を提供するのではなく，私が私を探し生きるように，あなたがあなたを探し生きるのだと示すこと，それが現在の私のからだ気づき授業である．

1．「からだ気づき」授業の枠組み

1）従来の授業観と今日の大学生にとっての「学び」

体育授業に限らず授業の多くは，以下のような考え方に基づいて営まれている．すなわち，教えるべき（＝学ぶべき）知識や技術の体系が子どもたちの外側に「実体」として存在すると考え，授業とはそれらの知識や技術を教師が伝達し，子どもたちがそれを獲得する営みである．さらには，授業とは「設計」－「実施」－「評価」という段階を時間の順に組み立てるものだとも考えられている．その場合,「評価」はあくまでも,「設計」における「目標」に対しての「評価」であり，「設計」が間違いなく「実施」されたかどうかに対する「評価」となる．したがって，そうした授業の過程には，設定された値と達成された値を比べて，過不足値を知り，その値をゼロにするように現在の状態を変える「フィードバック制御」が働いている．こうして教師は，授業を効率的伝達を目指す意図的計画的な営みとして設計する．そして，最適化の発想（授業過程を構成する諸要素を教育目標の実現に向けて最適に組み合わせようとする思考）をもって授業過程を操作（制御）するのである．

このような授業観のもとで，子どもたちは基本的に「何を学ぶのか」という基準を外部から与えられ，さらに「なぜ学ぶのか」という問いを発することもほとんどなく学んでいる．今日の大学生は，そういう学びを小・中・高と重ねて，そこでの「勝者」として大学に入ってきた存在である．

さて，入学時の大学生の学びの意識のなかには，これまでの成績競争を勝ち進んできた誇りと，「勉強は大事だ・しなければいけない」というある種の焦りが混じった勉強(学習)観がある一方で，「勉強はもういい・学校で学んだことは役に立たない・一息入れたい」などというそれとは相反する勉強(学習)観とが入り交じっているように思える．

前者の側面が強く出た学生は，知識や技術を身につけることが世界の秘密を解く鍵のように思っている．しかし，はたして本当にそうだろうか．世界の秘密は，かつて生身の人間が全身全霊で経験的に探り当て，伝達可能なわずかな人に伝えられてきたに過ぎない．そして，やがてその探る役と伝達する役が完全分業し，伝えられたものは探り当てようとした人の全身全霊の営みがまったく見えない「脱文脈的で客観的な知」になってしまった．これまでの学習観や，それに基づく授業は，そうした知をあたかも万能であるかのように誤解させてきたのではないか．学生たちは，生身の人間の熱さが感じられない「知」のうそ寒さが嫌になり，学びに背を向けようとしているか，その万能ぶりに多大な妄想を抱いたまま「知」を手に入れるべく授業に臨んでいるのか，その度合いに強弱はあるにしてもどちらかだということになろう．

2)「からだ気づき」の授業

さて，「からだ気づき」の授業では，その目標を，従来の体育授業のように「何かができるようになる・分かるようになる」(客観的な知識や技術を獲得する）というような目標ではなく，自分の（あるいは，他者の)「からだ」に出会う，「からだに気づく」といった，いわば主観的（間主観的）な方向目標で示している．そしてそのために大事なことは，提案した「ワーク（やってみること)」をやりながら，「いま・ここ」で自分に起きていることにじっくり向かい合うことである．「いま・ここ」に起きた学習者の体験から導かれた固有の「気づき」を，客観的な一方向的な価値観で評定することはない．つまり，「正しい・正しくない」，あるいは「良い・悪い」などの評価をしないのである．教師が気づきの幅や方向性を操作することはない．評価は，学習者の個性的な気づきの内容が自己評価される．気づきの意味づけ，価値づけは学習者各自に任すのである．

そのためには次のようなやり方でその道筋を導く．まず各自が味わった感じを言葉や絵にするよう働きかける．このことで曖昧な感じを吟味し，感じ分けるようからだに集中することを求める．各自が言葉や絵に表わし，それらの方法を用いてお互いに交流し合うことで，同じワークを体験しても異なった感想・異なった気づきに出会えるよう，さらに気づきを広げる機会を提供する．ここでも行為を強要することはなく，教師はあくまでも「やってみようか」と働きかけるのである．

「いま・ここ」に起きた「気づき」を大事にするということは，「嫌だ，やりたくない」という気づきをも大事にすることになる．授業では受講者にどんなワークをやりたいかを問いながらワークを決定し，さらに，「嫌なことは無理にしなくてもよい」と告げる．これまで，「自分が何をしたいか」問われることがなかった受講者には，戸惑いがみられる．これまでは，「授業だから」と教師の言うことに従ってきた．学んでいることについて，自分にとっての意味や価値を問うこともなく，自分と「学ぶべき対象」を切り離して受講してきた．しかし，「からだ気づき」授業では，ワークの度にあなたが（受講者が）どうしたいかを問う．それは必ずしも受講者にとって受け入れやすいことではない．聞かれるのが面倒だ，と感じる者もいる．しかし，はじめは面倒と感じながらも次第にその問いに向かい合うようになり，最終的には，「結果を気にせずにしたいようにできて，ありのままの自分が出せる」「成績を気にしなくていいから」「答えが決まってないから気が楽」「今までは，きっと先生はこういう答えを期待しているんだ，と思って行動したが，最後の方は素直に自分が何を感じ・何に気づくかとだけ思って動くようになった」などなど，この授業の特徴を述べるようになってくる．そしてこの授業は，「家にいるより，友達といるより安らぐ」と感想を書く学生もいるように，総じて「居心地が良い」授業という．

2.「からだ気づき」授業の実際—「立つ」の実践例

数え方にもよるが，ワークはおよそ60〜70ある．それらは，現在のところ次の四つぐらいに分類できる．からだのつくりや働きに依拠する「気づき・整え系」，じっくり他者や自然に向かい合う「探索・関わり系」，声やからだでの「表現系」，ワッとエネルギーを使う「はしゃぎ系」などである．実際に1単元で行なうのは20〜30程度のワークである．

本稿ではからだのつくりや働きを意識して行なった「立つ」をテーマにした授業を紹介する．

1）実践の概要

以下に紹介する三つのワーク群（五つのワーク）を数時間に分けて実践した．

(1) 気に入った場所に立つ・歩く－立つ（写真1）

まず，「気に入った場所に立つ」「歩く－立つ」ワークである．普通のテンポで自由に歩きながら，「ここがいいかな」と感じられる場所を見つけて止まる．見つからない人は無理に止まろうとせずゆっくり探す．全員が止まったら，止まっている感じをたずねる．しばらく味わったら再び歩き，歩いている感じをたずねる．ゆっくり歩いては止まる，速く歩いて止まる，後ろ向きに歩いて止まるなど，歩く速度や方向の条件を変えて「歩く－立つ」を繰り返す．最後にもう一度はじめと同様，普通のテンポで自由に歩きながら「ここがいいかな」と感じられる場所を見つけて止まる．止まるたびごとに，止まっている感じを味わう．同様に歩いている感じも味わう．

このワーク後，立った感じを絵に表わすように促した．「絵を描くというより，どんな形が思い浮かんだか，どんな色が思い浮かんだか，見えたもの，聞こえたもの，何でもいい」とインストラクションをした．受講者の感想は，「気に入った場所」に関する内容と，「立った実感」，加えて「絵に表わした体験」に大別できた．

気に入った場所は「自分が人を見渡せる場」だったり，「隅が好き」だったり，「緑が近くに見える場所」だったりとさまざまである．「一回目の場所はすごく気に入って，……動きたくなかった」と，「自分はここに立つ」という意志が感じられる．そして「好きだ」と立つ場所が見つかった時は「しっくり足裏が床に着いた」と実感していた．他方で，「見つからない」「どこがベストポジションなのか難しい」という記述や，「一回目はみんなが止まったから何となくつられて止まってしまった」もある．このように景色の見え方，人の気配，視線，空間の位置など，人によって異なった理由で気に入った場所が決定されていたことや，「気に入った場所」とその時の立った感じの心身の相関が読みとれる．

学生たちが改めて「立つ」を実感した様はさまざまであった．「足があって地面がある」や「床から支えられている」，「下半身がしっかり支えて……地にしっかり立って生きている」など安定した感じを実感したり，その一方，「ふわふわ揺れているようで」や，「右踵に体重が」「右腕が重い」など，各部位の感じや血液の流れや筋肉の偏った緊張などを味わう様子もうかがわれる．またワークが進むにつれ自分のからだに集中して行く様子を，「どんどん夢中になって……あー，私は立っているんだ．あー，これが歩いているということなんだ．……だんだん人が気にならなくなって自信が出てきた」と述べる人もいた．「オーディションでいえば書類選考で落とされた感じ」と，立っている感じを問題にする以前に，何をやっているのかつかめない様をこのように記した人もみられた．

絵に表わした体験は，「絵というのはいいもんだ，言葉は制限されている」，「気分を色に表わすって初めてだったけど戸惑ったりすることもなかっ

写真 1
(1) 気に入った場所に立つ．歩く立つ．

写真 2
(2) 意図してからだの状態を変えるワークと「立つ」より「腰盤ワーク」

た．どんどん色を思いついて楽しいくらいだった．本来自分の気分とか思いを表現することは自分には快いことなのだろう」と，絵だからこそ表わせることを実感した記述が多かった．確かに，誰もが紙に向かっていた．自分の感じを吟味してどんな色が似合うのか，どんな形がふさわしいか，集中の時が流れた．描かれた絵は具象画・抽象画，デザインを思わせる絵とさまざまであった．絵を見せ合い,「それぞれ感じたことが違っていて面白い」「絵を見ながらだと自然に話ができる」と，体験の交流がすみやかに行なわれたこともうかがわれる．

「気に入った場所を見つけて立つ」「歩く－立つ」には「ここが良い」と居場所を定める意志，そのときのからだの感じとの心の状態との相関，緊張感や不安感などの心模様や，からだのつくり（アラインメント),そして立っている空間やその空間をなす，物・人・など外界との関わりの様が表われていた．

(2) 意図してからだの状態を変えるワークと「立つ」(写真 2,3)

次に，からだの状態を意図的に変える幾つかのワークを行ない，それと「立つ」との関係をみた．

(1) で述べた「気に入った場所に立つ」「歩く－立つ」の後で，操体法（運動系の歪みの是正に効果が高い．快方向にのみ，心地よい範囲内で動くのが特徴）を行ない，再び「立つ」を味わった．すると，操体前の「眠たい」「揺れている」「つま先や踵に体重が偏っている」感じは，操体後には「安定・ずっしり・どっしり」になり，気分は「すっきり・スー・清々しい」と変化して,「頭が冴え，体は軽く」なるなど，感じが「全然違う」と述べる．先の「気に入った場所に立つ」で,「人の目が気になって疲れてしまった」K さんは，操体後に「どっしりした」心もちになって，クラスメイトから彼女の目が「少女漫画の目に星が入ったみたいにキラキラしている」と評され照れていた．からだの状態が変わると立ち心地が変わることを実感している．

別の日に「骨盤ワーク」や「声の通り道」のワークも行なった．

あぐら座りで骨盤を動かし,「腰が落ちる」「腰が引ける」感じや,「腰が決まる」「腰が立つ」感じを探り，それらを味わうワークである．その際，2人組ワークも行なう．片方が骨盤を動かし，腰が落ちた状態，腰が反った状態をつくり，相方に軽く前方から押してもらう．するといとも容易く後

写真３
(2) 意図してからだ状態を変えるワークと「立つ」より「声の通り道」

方に倒れる．そこで骨盤が決まる位置と思われるところ，すなわち，押されても倒れない位置を探るのである．その押されても倒れない骨盤の位置(角度)や，感じを大切にし,「立つ」を味わうのである．

もう一つ,「アー」と発声しながら，腰や頭や肩など少しだけ位置を変えながら良い声が出ていると感じられる位置を探るワークを，あぐら座りや立ち姿勢の両方で行なった．

腰が決まると,「自然に背筋が伸びて」「スーと立つ感じ」がし,「絶対に倒れない大木」のように思われ,「堂々とした」「自信がわいてくる」「晴れやかな」気分になる.「背骨の存在を感じた」「自分の背骨や骨盤がどこにあって，まっすぐかどうか自分でも分かる」と言う．また,「骨盤が立つと声がよく出る」「声が腹の底からやってきた」「骨盤が立ってくると声が上に向かって伸びて行くような気が」など，ほとんどが自然なからだの立ち上がりを実感し，それを,「気持ちいい」と感じていた．

(3) 木が立つ・人が立つ・物が立つ（写真４）

このワークは，気に入った木を見つけてその木によりかかったり，抱きついたりしばらく木と一緒に居る時間を過ごす．十分楽しんだらその感じを大事に木から離れてもう一度「立つ」を味わう．同様に，気が向いたら壁やコンクリート柱なども試みるワークである．

写真４
(3) 木が立つ・人が立つ・物が立つ

木は,「やさしく」「生きていることを実感」「しっかり根を張り巡らし，上の方は自然な感じで力が入っていなくて，立つというのは木みたいなことを指すのかな」など，木の生命力を感受した感想が述べられた.「靴をはいているのが嫌になって裸足になった．急に木になったみたいだった」という記述もあった. 同様に, 壁や柱は,「冷たく」「ずっと居たくない」感じで,「自分とは別の物だ」「壁だと気分がだらけてしまう」と木のような生きている物とはまったく違う感じを感受していた．

2)「立つ」ワークの経験の質

これら(1),(2),(3)のワークを通して，学生たちは,「腹をしめて，顎を引いて，背筋を伸ばす」といわれるような「良い姿勢」としてではなく，立ちたくないからだ（自分）を気合いでむりやり立たせたのでもなく，だが「立っている」自分を経験する．そしてそれを「心地よい」と感じている．

また，腰という語を用いた日本語とからだのつくりや感覚との関連も実感している.「腰が落ちる」と，背筋が猫背状態に湾曲して顎が挙がった状態になり，顎が出ると，やる気がしない心もちになる．だが,「腰が決まる」と「背筋が自然に伸びて」「堂々として」「清々しく」「自信がわいて」くる．

以上みてきたように，これら「立つ」ワーク群は，次のような経験として体験されている．

一つには，地球・重力に任せる，あるいは支えられる実感，いわば自然の理に従う快感の経験，そして「立つ」場を自己の責任において選び・定め，そこに立つという,「立つ意志」の経験，もう一つ，観念としての意志を越えて,「からだ自体が立ち上がる実感」の経験である．

3．「からだ気づき」授業は，どのような「学び」を経験させたか

「立つ」を含めさまざまなワークを提供する「からだ気づき」授業は，学生たちに次のような「学び」を経験させたように思う．

1)「理」にかなった動き－楽になる・通る快

「からだ気づき」授業では，意図的にからだの状態が変わる（楽になる・通るからだになる）体験を提供する．例えば，操体法，声を手がかりにして背骨に働きかけるボディートークの「体ほぐし」，野口体操から「ねにょろ」，野口整体から「金魚運動」，アレキサンダー・テクニックをヒントにした骨格をビジュアライゼーションし，からだのつくりに働きかけるワーク，発達過程を再体験するディヴェロップメンタル・ムーヴメント（developmental movement）よりトカゲのように這うホモラテラル・ムーヴメント（homolateral movement），およびこれらから派生したオリジナルワーク，息のワークなどがある．

「立つ」ワークの実践によっても見られたように，これらのワークを行なったことによって「からだが楽になる」ことや，また，からだを意識的にコントロールして動かす以外に，からだ自身が意識から自立して，自律的に動くことを味わうことができる．しかしながら，必ずしもそういう経験をすぐには受け入れられない人もいる．例えば，身を固めて守ってきた自分が,「からだが軽くなる」「楽になる」感じに変化したとき,「こわい」と感じ，世界に向かって裸になったような気がするらしい．が，しかし,「では苦しい？」と聞くと，むしろ「楽に息ができる」「肩が楽だ」と言う．からだ自身が楽になることを繰り返し体験するなかで，やがて，その楽になる体験の積み重ねから，楽でいる自分を許して自分を認めはじめることができるようになるようだ．そして，だから自己アイデンティティーを含んだ「心地よい」という感想になるのだろう．

2) 居心地がいい

最終的に多くの受講者が，この授業を「居心地がいい」授業だと言う．これに類する感想に「気持ちがよかった」「心地よかった」など，授業中に感じた快感を述べる．

快感覚がもたらされるのは，大きく二つのことが保証されているからだと考える．一つには，1)で述べたように意図的にからだの状態が変わる(楽になる・通るからだになる)ことによってもたらされる快である．もう一つは受講のために偶然集まってきた集団が，受容的で親和的な集団になっていき，そこに自分が居て良いと感じられる快であると思われる．皆が同じワークを体験しながらもそれぞれ違う経験として受け止め，その経験を交流し合うことでそのことに気づく．そこで多様な考え方・価値観に出会うことになる．それでいて,「ありのままの自分を人前にさらしても批

判を受けない」「正解はない」. このような経験の積み重ねが「人はいろいろ違うのだ」という実感を味わい，ひいては「人と同じでなくていい．人それぞれなんだ」と受け取られ，そして「ありのままの自分を，自分で認めることができる」「同様にありのままの相手を認めることができる」ということになるからであろう．

3）自分を引き受け，からだを生きる

「からだ気づき」授業単元終了後の U さんのレポートは，最後を次のように結んでいる.「……身体にさまざまな欠陥がある（筆者註：強度の脊椎側湾症と貧血）. それが今までは強いコンプレックスになって……しかし，自然や友達にかかわることで……自分にとって気持ちよいポーズを取ることができるようになった．たとえそれがぶざまでも……自分を受け入れ……大きな“変革”の時だった．今度それを私が誰かに与えてやれたら……」. 受講中の U さんは，いつも「良い姿勢」だった．そして，どことなく寂しげで不機嫌そうに見受けられた．気分が悪いと途中から見学をしていることも多かった．人と接触したりかかわるのをあまり好まない様子だった．それがいま,「からだ気づき」授業から半年経って，友人たちから「同じ人とは思えない」と言われるほど，生き生きと人と交わりながら大学生活を送っている．彼女は，外側からの基準に準拠したからだの操作を止めて，からだが（自分が）何をしたいのか，内側（自らのからだ）に基準を求め，からだが動きや姿勢の判断や思考の基になると感じ始めている．

さて，なぜ彼女は，自分を受け入れることができたのだろうと考えると，次のように思える．さまざまなワークを通し，からだの状態が変わる体験が，変わってゆくからだ（自分）を信じられるように機能しているのではないか. 変われるから，未来を信じられる．未来を信じられるとき，いまを受け入れる勇気がもてる．自分を受け入れ，未来にかける自分を描けるのではないか．そしてそれは，空間を共有した受講者仲間とのかかわり合いのなかで,「人はそれぞれなんだ」「みんな違うのだ」を互いが認め合う体験があって，みんなが許されて在る快感を味わっているからだろう．

4．現在の課題

授業を肯定的に評価した感想には次のような記述が多く,「からだ気づき」授業が“生き方”“生活姿勢”のレヴェルで刺激になっていることを確認できた．例えば,「人の心と身体が密接に関連していることを実感」「自分の体について考えた」「からだが発している何かに気づくことができた」「人生について考えた」「強い使命感に押しつぶされそうになるのに必死で耐えていた自分がよく分かった（筆者註：工業高等専門学校からの編入生）．これからは良い意味で『楽に（楽しく）』生きてゆきたい」などである．そうした例の一つの典型が先の U さんのような変化である．しかし,「面白かったが何をやったのかよく分からない」というような意見もある．もう一度「学び」という観点から私の「からだ気づき」授業を考えると，現在のところ以下の 2 点が課題であると考えている．

1）「学び」を学生に任せるか・私が方向づけるか

私はさまざまな角度から「気づき」が起きやすいようなワークを提供するだけで，学生たちの気づきを方向づけはしない．だから，単元終了後でも「絞って欲しい」すなわち,「何を学ぶか（学ばなければいけないか）」を教えて欲しいと言う学生もみられる．確かに，ただ「変わった授業」「面白い授業」というふうにしか記憶に留まらない授業なのかもしれない．では，だからもっと，例えば「からだの仕組みと動きの基礎」というような内容で方向づけた方がいいのか．

現在のところ,「学生に任せるのか・私が方向づけるか」について，私は，その狭間で揺れつつも，このことを課題にもちながら．やはり冒頭で述べたように，あなたがあなたを探し生きるのだと示す立場で続けていこうと思っている．

2)「学び」の成果

どれだけ「からだと出会う・からだごと生きる・からだを探る」営みが経験できたかについては，程度の差はあるが，それらの経験を保証できたのではないかと考える．さて，しかしながらそのことが，大学でのこれからの「学び」を捉え直すだけのインパクトになり得たかと問うと，それは分からない．また，分からないと同時に，所詮測り得ないことだろうとも思われるのである．このことは，今のところ，学生たちに私が語りかける「希望」，メッセージにとどまっている．

[原田 奈名子]

註

「からだ気づき」実践内容に関しては以下の報告を参照されたい．操体法に関しては，からだを感じる体育の試み―自己概念と操体法．長崎県立女子体育大学研究紀要（38）：201―209, 1990. や操体法とそれを取り入れた授業の試み．体育の科学 48(2)：129―133, 1998. 最近の実践内容については,「競争型教材」から視点の転換を．体育科教育 45(3)：33―35, 1997. 青年期におけるからだの気づきを促すためのプログラム開発．大学体育 24(3)：41―50, 1998. からだあそび―からだの有り様に気づく. 体育科教育 46(13)：50―53, 1998. 一緒に動く．体育科教育 47（15）：68―71, 1999.

また,「からだ」は我自身を指し,「体」や「身体」とは区別しているが，学生の内省文は原文のまま引用した．

②身体「に関する」知と身体「による」知の実践へ

大学および大学院において運動生理学を中心とした研究活動を行なった後，大学体育関連の実習教育にも携わり，現在は助手という立場でその両方を行なっている若手大学体育教員（30台前半）として，従来の体育実技からその目的や方法を発展させた，新しい大学体育実習教育（実習教育に限定）の意義と更なる発展可能性について言及する．

1．教養教育の中での新しい役割を

文部省による大学設置基準の大綱化（1991）によって，各大学における教育の内容や方法の自由度と責任が大幅に増加した．大綱化の実施はわが国の政治経済的背景と密接に関連しているのだろうが，教育者であるわれわれにおいては，時代とともに大学の役割が変化している中で，従来の大学教育を適正に評価して，時代の変化に見合った新たな大学教育を再構築してほしいという要請が，国から与えられたと捉えるべきであろう．

大綱化は，それまで分業体勢で踏襲的に行なわれてきた教養教育への大きな風となり，従来の概念にとらわれない新たな教養教育の創造を可能にする環境をもたらした．その結果，大学における教養教育の新たな概念や目的が創出され，その実現に整合する教育は推進される一方で，整合しない教育は淘汰されていくというように，授業科目の合目的的な選択が行なわれていくのは至極当然といえよう．

体育実技においては，体育に従来から帰属する専有語であるかのような‘体力’‘健康’‘スポーツ’等の概念に，‘科学’という学術的イメージの強い言葉を付加した科目名称へと変更するという，イメージチェンジ的な改革が行なわれたケースが多い．そして，授業内容については，筆者らが全国の大学・短期大学の体育実習関連教官を対象に行なった調査の結果[注]では，従来とはあまり変わらない目的（設問例1―(1)，**図1**）でスポーツ実習的な授業を行なっている教官が依然多いことが示されている．

すなわち，科目名称に見合うべく授業内容を大きく改革したケースは少なく，スポーツ種目の技能獲得や体力の維持増進などを主目的として従来通りのスポーツ種目実習を中心に体育を行なっているケースが多いようである．これでは，教養教育の再創造につながるような，体育実習の新たな価値の主張には結びつきにくい．教養教育の発展が要請されている現在においては，これまで認められていた体育実習の価値を形を変えて主張して‘生き残り’をはかろうとするのみではなく，教養教育の発展に結びつくような，従来の概念や方法から発展した新たな体育実習教育の価値と方法を創造して主張するという‘生まれ変わり’が期待される[1]．

注）平成11年度文部省科学研究者補助金“教養としての身体知”の教育を刷新するための課題

問1：授業の目的や効果は様々だと思いますが、それらをあえて以下のように分類した場合、先生の授業では主にどちらを重視していますか？　1、2のどちらか近い方（比重の高い方）に ○ を付けて下さい。

（1）どちらかというと短期的なものをより重視している。

～例：スポーツ技能の修得、健康や体力の維持増進、運動欲求の充足、スポーツの楽しさの享受、リフレッシュ、学生間や教官との交流、など

（2）どちらかというと長期的なものをより重視している。

～例：身体（運動）に関する正しい知識の習得、身体運動の効果や意義の理解、運動の実践法の理解、運動・スポーツ文化の理解や継承、など

図１　体育実習関連授業の目的に関する設問

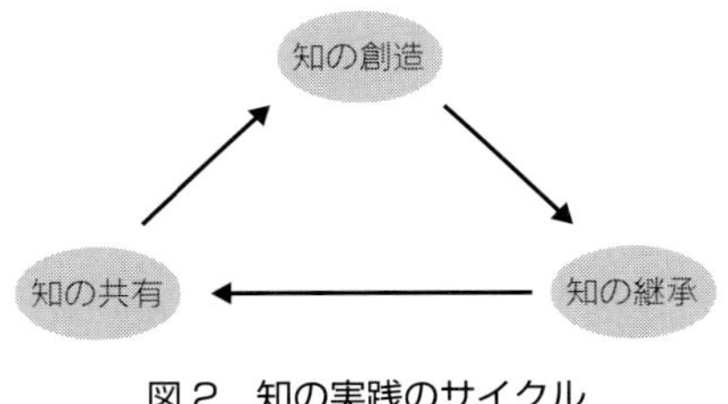

図２　知の実践のサイクル

“社会の高度化・複雑化等が進む中で、「主体的に変化に対応し、自ら将来の課題を探求し、その課題に対して幅広い視野から柔軟かつ総合的な判断を下すことのできる力」（課題探求能力）の育成が重要であるという観点に立ち、「学問のすそ野を広げ、様々な角度から物事を見ることができる能力や、自主的総合的に考え、的確に判断する能力、豊かな人間性を養い、自分の知識や人生を社会との関係で位置付けることのできる人材を育てる」という教養教育の理念・目標の実現のため・・・”

図３　文部省大学審議会答申「21世紀の大学像と今後の改革の方策について」（1998年10月）における“教養教育の重視”の部分

2．求められている教養教育とは？

知の実践の場である大学では，学生側から見れば，授業参加による“知の継承”を通じて“知の共有”が実現する（**図２**[2]）．高校までの教育では，“知の継承→知の共有”の達成で十分とみなされやすく，言語による抽象的な知が詰め込み式に継承されることが多い．また，さまざまなメディアを通じ，イメージとして偏った知が吸収されてしまっている場合も多い．このように不十分な形で仮想的に知が実践され，それが現実へ影響を及ぼしているという現状への反省が，教養教育の発展への要請に結びついていると考えられる．

では，大学の教養教育においてはどのような知の実践が求められているのだろうか．文部省大学審議会答申「21世紀の大学像と今後の改革の方策について」（1998年10月）における‘教養教育の重視’の部分には**図３**のように記述されており，要するに「‘幅広い視野（総合的）’,“自主的（主体的）”,‘創造的’という三つの性質を満たす知の実践能力の育成」が求められている．この視点に基づいて，これまでの体育の不足部分を補うと共に新たな体育の可能性を捉え直し，体育の潜在的な価値を顕在化させることによって，それが翻って教養教育発展への原動力となることを主張できることが望ましい．

3．身体の知の捉え方

体育というと，衆目からは「スポーツを楽しんでいるだけ」「知的活動ではない」と軽んじられて

高い価値		低い価値
スポーツが上手	>	スポーツが下手
走るのが速い	>	走るのが遅い
力が強い	>	力が弱い
持久力がある	>	持久力がない
健康的である	>	健康的でない
筋肉が多い	>	筋肉が少ない
脂肪が少ない	>	脂肪が多い

図４　体育における身体の価値付けの典型例

しまう場合が多いが，その理由は，一般的に書物や計算機などを利用した言語や記号による知のみが，知的活動として重視されやすいためであろう．しかし，言語や記号では十分な理解や表現が不可能だが，身体による感覚や経験によって初めて深い理解や豊かな表現ができるという類の知も存在し，これは身体（経験）による知と捉えられる．実際に，前者は言語知や記号知，後者は身体知や経験知，暗黙知などと呼ばれている．したがって，従来より体育で実践されているスポーツ実習的な教育は，スポーツの技術という“身体に関する知”を，身体によって実践する知的活動とみなしうる．体育の教官は，「健康維持増進のために」「知的活動のためには体力が必要だから」「ストレス解消のために」などというような身体運動の副次的な効果の価値に頼るのではなく，身体運動そのものを知的活動として見直し主張するという姿勢を持ってしかるべきである．

ただし，“身体に関する知”を，スポーツ技術や体力，健康などのような限られた視点でとらえるのみでは新たな教養教育としては不十分であろう．これからの体育には，より幅広い視野で総合的に“身体に関する知”を捉え実践することが求められている．そのためには，従来の体育を新たな教養教育の理念と照らし合わせ，欠けていた視点や部分を掘り起こせばよい．これまでの体育では，図４のような（多元的なようには見えるが）一方向的な身体の価値付けを無条件に受け入れた形で，その価値を身につけることを意図して行なわれてきた部分が多い．その結果，一般社会においても，この方向性に見合う者（物）がもてはやされ，逆の方向性を有する者（物）が軽んじられてしまう傾向が強くなってしまっている．すなわち，身体に関するさまざまな価値を幅広い視野で考える教養が身につけられていないのである．しかし，身体に限らず人間の価値やとらえ方は個人の思想や属する社会の状況や文化の特徴によってさまざまであり，逆に，そのような多様な価値観を学び，自らの価値観（身体観）を築いていくことが“身体に関する知”として身に付けるべき教養教育であり，現在の体育には欠けている部分である．

したがって，大学審議会の文言（図３）に当てはめてみれば，「さまざまな角度から身体（運動）を見ることができる能力」や「“身体（運動）に関する知”を社会との関係で位置付けることのできる」能力を養うことが，教養教育の発展において体育に課せられた第一の役割となる．では，具体的にはどのように幅広い視野で身体（運動）を捉えることができるのであろうか．

たとえば，身体と社会との関係を次のように位置付けてみたらどうだろうか（図５[3]）．身体はおのおの個として存在すると同時に，個としての身体が複数存在することによって社会が成り立っている．さらに，身体は自らがその構成要素である社会の影響を受けながら存在している．すなわち，自己の身体，他者の身体，身体の集合体としての社会という視点によって身体を捉え，それぞれの枠組みと関係性の中で“身体に関する知”を実践する，という考え方である．

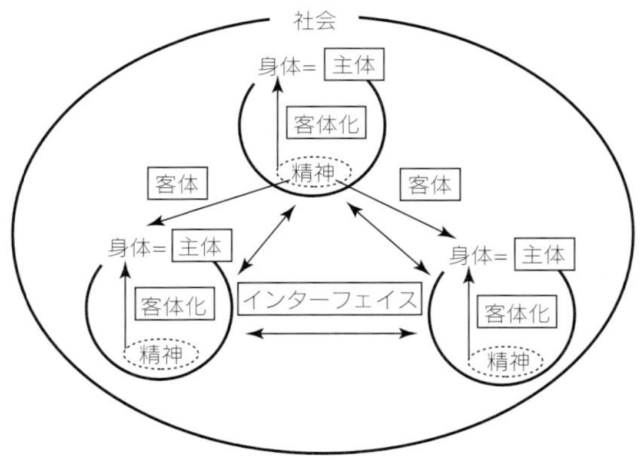

図５　身体の捉え方（例[3]）

(a)　主体としての身体と動き

スポーツ実技実習

(b)　客体としての身体と動き－自己の客体化

骨格筋の力学的性質（東京大学）
ファットバーニング（東京大学）
健康・スポーツ科学（神戸大学）

(c)　主体と客体のすりあわせ

インテリジェント・ボディ（東京大学）
陸上競技（東京大学）

(d)　インターフェースとしての身体と動き－他者との交流

からだや動きの違いを越えて（東洋英和女学院大学）

(e)　文化や社会に規定された身体と動き

動きの発達とジェンダー“投げる”を題材として
（東洋英和女学院大学）

(f)　身体運動と文化や社会との関係

へら鮒釣り－日本独自のスポーツフィッシング
（東京大学）
伝承運動遊び（國學院大学）

図６　「身体の知」を意識した体育実習授業の実践例[4]

4．身体「に関する」知の実習教育

上記のような捉え方に適合する体育の実践例を紹介してみよう（図６[4]）．

自己の身体は誰にとっても自然に存在するものであり，日常生活の中で意識に上る機会は少ない．しかし，従来から行なわれているスポーツ種目実習的な体育におけるスポーツ技術（動きのコントロール）の習得練習では，自己の身体とその動きについて主体的に意識し，主観的な身体感覚（身体知，経験知，暗黙知）として自己の身体（運動）に関する知を積極的に実践する場となりうるはずである（図６-a）．方法としてスポーツ実技実習を用いたとしても，「うまく」「強く」というような価値に目を向けて教育を行なうのではなく，主体的な身体知を実感させ理解させることを目的として教育を行なうという姿勢が必要となるであろう．ただし，自己の身体を主体的に捉える方法は，現在行なわれているようなスポーツ種目の実習に限らず，さまざまな可能性が存在するため，主体としての身体の知の実践の方法として，現在のスポーツ種目実習の形態が最適であるかどうかについては検討する必要があり，より適した授業方法の探索が今後の課題となるだろう．

このように自己の身体はまず主体としてとらえられやすいのだが，さらに自己の身体を精神によって客体化し，言語知（記号知）として身体に関する知を実践することによって，自己の身体に対する理解を格段に深めることが期待される．たとえば，東京大学で行なわれている「骨格筋の力学的性質」「ファットバーニング」や，神戸大学で行なわれている「健康・スポーツ科学」というタイトルの実習授業では，それぞれの授業で扱う項目や内容は異なるものの，自分の身体から得られた測定値を利用して自己の身体を客体化し，身体運動科学という言語知（記号知）を利用して自己の身体（運動）に関する知を実践している（図６-b）．雑誌やテレビなどからの扇情的な情報の氾濫のために，自己の身体を客観的に捉えることが困難な現代において，改めて客観的に自己の身体を捉えるという知の実践は，大きな教育効果をもたらしている．この類の授業では，知的実践の源となる測定値の選択と取得が重要であるが，限られた施設，設備，時間の中で，多数の学生を対象にこれを実行する方法について，検討が必要になっている．

さて，自己の身体を主体として，あるいは，客体として捉えることができたとしても，対象は一個の自己の身体である．そこで，主体として捉えた身体の知と，客体として捉えた身体の知を結びつけるような知の実践が必要となる．たとえば，東京大学で行なわれている「インテリジェント・ボディ」「陸上競技」というタイトルの実習授業では，自分の身体から得られた測定値と，運動中の身体感覚とを繰り返し対照させて考えることにより，主体と客体のすりあわせを意識した教育が行なわれている（図 6–c）．

以上のように，自己の身体を主体，客体として捉え，それぞれを融合することによって，自己の身体（運動）を納得のいく形で理解することができる．しかし，これは依然身体に関する知の一側面にすぎない．自己の身体（運動）に関する知を各人が共有することによって，次なる知の創造の段階として（図 2），他者の身体（運動）に関する知への展開が期待される．

5．身体から社会へ

自己の身体に関する知の獲得の過程においては，人間の身体一般に共通する知と，自分の身体独自の知との相違に直面する．それはすなわち，多様な身体的特性をもつ人々の集合体としての社会という存在への意識の展開に他ならない．社会にはさまざまな身体を有する人々がおり，その中で，自己の身体は，他者の身体とコミュニケーションをとる主体的な媒体であり，そのような意味でインターフェースとして身体を捉えることができる（図 5）．たとえば，東洋英和女学院大学で行なわれている「からだや動きの違いを越えて」というタイトルの実習授業では，さまざまな身体状況の模擬体験や見学などを通じて，自己の身体とは異なる他者の身体を実感し，さらに，そのような相違を前提とした身体間でのコミュニケーションのあり方について，福祉の視点を交えて考える実習授業が行なわれている[5)]（図 6–d）．考えてみれば，スポーツ活動自体も，さまざまな身体的特性を持つ人々によるコミュニケーションの場であるため，インターフェイスとしての身体に関する知について学ぶ教育には有効な方法であるはずだが，スポーツ種目実習をこの教育目的に適合するように活かすためには，前述のような身体に関する一方向的な価値に対する意識を低くすることや，身体的特性の差異を中立的に（優劣をつけずに）意識させるための工夫などが必要である．

さらに身体と社会との関係を考えてみると，多様な人々の身体的特性の差異が，生物学的（あるいは医学的）に生じているばかりではなく，属する社会や文化の影響を受けて生じているという事実が浮き彫りにされる．たとえば，東洋英和女学院大学で行なわれている「動きの発達とジェンダー—“投げる”を題材として」というタイトルの実習授業では，“投げる”という動作を題材として，ともすると自分独自で育んだものとして捉えがちな身体とその動きが，属する社会の文化的特徴の影響を大きく受けているということを実感させ，考えるというような知の実践が行なわれている（図 6–e）．

6．身体「による」知の実践へ

このように，身体をさまざまな角度から捉えて“身体に関する知”を社会との関係で位置づけることが，体育において実践可能であることがわかる．上記の例では，身体を知の対象とすることに，体育という領域の特徴を見いだしてきた．しかし，体育には身体経験というもう一つの大きな特徴があることを指摘したい．

新たな教養教育の理念（図 3）では，「自主的に考える」能力が求められているが，本邦の学校教育において，必ずしも身近ではない物事に関する知の継承（図 2）の際に，言語（記号）が中心に用いられている現状では，教育によって共有された知は，実体験に基づかない仮想的（概念的）な知に限定されがちである．そして，このこと自体が，「幅広い視野」の育成を困難にしてしまってい

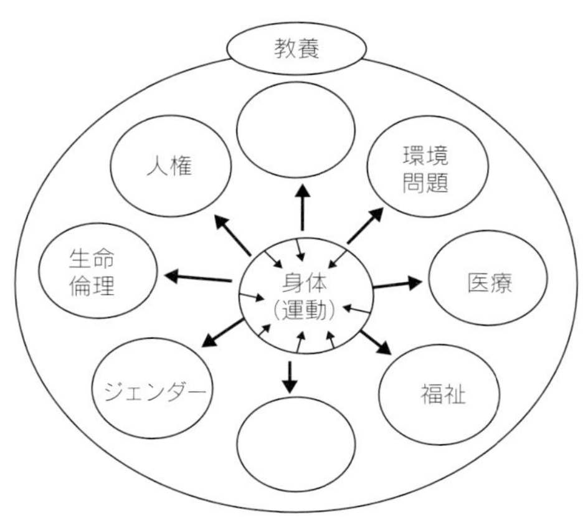

図７　教養教育における身体（運動）の位置づけ

ることを指摘したい．実体験を伴わない仮想的な知には現実感や具体性が乏しく，そのような状態で仮想的なイメージを元にして現実世界の物事について「自主的に考える」ということは非常に困難であることは容易に理解できよう．

「自主的に考える」ためには，知を主体的に獲得することが必要であり（実感による納得），「幅広い視野で考える」ためには，幅広い視野で知を実感することが重要である．体育では，知の継承において身体経験を中心としているため，実感をもって知を獲得できるという特徴を有している．したがって，教養教育における“身体経験による知の獲得”の重要性を示すことが体育の第二の役割といえよう．

教養教育の重要なテーマとして，環境，人権，生命，宇宙などのキーワードが例示されている[6]．たとえば，このようなテーマについて，身体経験を通じた経験知的な理解を導入することによって，書物による言語知的な理解と相乗作用を生みだし，より創造的な知の獲得が期待される．環境問題一つをとっても，環境の大切さを実感する事態を体験するかどうかによって，獲得される知の質が大きく異なってくるであろう．そこで，東京大学では「へら鮒釣り―日本独自のスポーツフィッシング」というタイトルの実習授業において，身体活動の視点から自然環境や伝統文化の価値を実感させ，それまでに持っていた概念的な言語知との相互作用を育んでいる（図６-f）．

7．教養教育の発展へ

コンピューターに代表される科学技術の発達によって，仮想的な知の世界が広がり，現実世界と仮想世界の関係性を適正に把握することの困難さとその弊害がますます進んでいっている．知的実践は現実社会に還元されてこそ価値があるため，現実世界の知の実感はこれからの教養教育において，重要な意味をもつと考えられる．そして，それを可能にする身体経験という手法は，体育が最も得意とするところである．したがって，体育においては，知の手段としての身体（運動）を重視することにより，知の対象を身体（運動）からより広い対象へと広げていくことが可能になるであろう．そのような方向性での身体の捉え方を他領域に導入することにより，「‘幅広い視野（総合的）’，‘自主的（主体的）’，‘創造的’という三つの性質を満たす知の実践能力の育成」に結びついていくと思われる．

体育は，知の対象として身体（運動）を理解するという内向きの方向，他のさまざまな知と関連づけて知の世界をより豊かにする際の視点としての身体（運動）という外向きの方向（図７），そして，それらの知を獲得する手段としての身体（運動）という，三つの大きな価値を有している．これまでの体育の概念に必要以上にとらわれることなく，これらの三つの価値を具現化するために最適な教育の目的と方法を積極的に創造することによって，教養教育の発展への大きな力となることが期待される[7]．そのためには，われわれ体育の教官自身が，「幅広い視野で自主的，創造的に」体育を捉えていかなければならない．教養教育の発展要請は，裏を返せば，各領域の教官の教養が問われていることに他ならない．既製の体育という枠に閉じこもらず，新しい視点や他領域（他大学）の教官との連携などを考慮に入れ，“身体に関する知”と“身体による知”の実践を総合的に展開していくことが望まれる．そのような過程で，既存の学問領域の枠を越えた総合的な教養教育が創造される発展可能性も生じよう．各大学がそれぞれの特徴に応じて多様な体育由来の教育を創造し，そのような努力を通じて，国民それぞれの教養が育まれ，豊かな社会の実現へつながっていくことを願う．

［篠原　稔］

謝辞

本稿の一部は，平成11年度（社）全国大学体育連合大学体育研究助成（日本独自のスポーツフィッシング＝へら鮒釣りで教養を考える）および平成11年度文部省科学研究費補助金（"教養としての身体の知"の教育を刷新するための課題，課題番号11898002）の補助を受けて行なわれた．

参考文献

1）篠原　稔：大学体育の"器"でなく"中味"の危機を解決すべき時代．体育の科学 48(2)：172—175,1998.
2）篠原　稔：「運動と循環」プロジェクト研究へのステップ．体育の科学 50(3)：244—247, 2000.
3）篠原　稔：インテリジェント・ボディ—教養としての身体の知．体育の科学 48(10)：813—817, 1998.
4）篠原　稔：さまざまな"身体に関する知"の実習教育の可能性．大学体育（印刷中）2000.
5）西　洋子：「"運動"しない」体育授業もあってよい？バイオメカニクス研究，1：99—101,1997.
6）寺﨑昌男：今後の大学教育と「保健体育」の意義・役割．日本体育学会第50回記念大会特別委員会編，21世紀と体育・スポーツ科学の発展 1．200—203,杏林書院，2000.
7）篠原　稔："身体の知オタク"と呼ばれる背景．バイオメカニクス研究（印刷中）2000.

その他：篠原稔のホームページ．
http://idaten.c.u-tokyo.ac.jp/~shino/

③ 21 世紀の大学環境と授業・教育のあり方

はじめに

報告の趣旨は，大会時のものと変わらない．ただ例示するケースや文部省等の具体的な動きについては，大会開催時以降にあったことでも，本稿に採り入れている．

お断りしておかなければいけないのは，｢大学環境｣という言葉である．シンポジウムでの報告テーマは，主催者が決めたものである．筆者は注文をつけていない．｢大学環境」という言葉は，報告を依頼されたときからあった．これは学術用語ではない．｢教育環境（学)｣という言葉は，アカデミックな用語として以前から使われていたが，大学環境という言葉はない．数社の事典辞書類にあたってみたが見当たらない．

最近，この言葉は大学関係者と話しているとよく出てくる．｢大学環境が厳しくなった」とか，｢大学環境を整備する必要がある」といったいい方をされている．前者は「大学を取り巻く環境が厳しくなった｣という意味で使われている．後者は｢大学のカリキュラムや授業法，成績の評価方法などを改革する必要がある」という意味だろう．

いつからこの言葉が使われるようになったのか詳らかではない．ただいずれにせよ最近の大学を取り巻く厳しい外部社会の状況変化や，それに対応するために取り組んでいる大学内部の，教育研究面を初めとする各種の改革などを受けての言葉であることは間違いない．20 世紀の終末から 21 世紀の幕開けの時期における日本の大学と，その大学を取り巻く社会の双方を一つにまとめた言葉として使われている．便利な言葉といえる．

大学環境を内部から見れば①少子化による影響が顕在化し，この問題に対応しなければならない状況がはっきりしてきた，②そうした問題にこれまで無関心でいた教員も，無視できなくなってきた，③文部省主導の大学改革の趣旨がかなり浸透し，1991 年（平成 3 年）の文部省による大学設置基準の改正当時と比べれば，教育改革，授業改革に対する大学人の認識も深まり，改革を必要だと認める意識も広がってきた，④これまでの大学の慣行と改革の動きの間に，大きなギャップが出てきたなど，これまでと状況が違ってきた．

大学の外から見れば，経済の急速な国際化，日本経済の行き詰まりと転換への努力などに対応して，大学に対する研究や人材育成への要求も大きく変化してきた．それはこれまでになく厳しく，性急である．しかも日本社会の国際化が進むと，研究，教育いずれの面でも，日本の大学よりはるかに開放的で先進的，国際的であるアメリカなど欧米の大学との競争に遅れをとることを問題視する意見が強まってくる．日本の大学がこれまでのやり方を変えないですましていれば，優秀な学生層の海外流出が広がり，それも大学院段階での留学から学部段階への留学と，留学年齢が低下し，日本の大学を忌避するコースが学力の高い層の若者の間に定着しかねない不安さえ語られている．

少子化が巻き起こす現実の進行は，驚くほど急ピッチで，大学環境を整備する必要性は重要さを増している．対応が遅れれば，大学の内部環境が荒れる．いまここで大学人の意識改革と，それを土台にした新しい改革の動きが大学内部から起きないと，日本と日本の大学の将来は，危機的な状況に追い込まれかねない．こうした不安が，大学改革を主張する人たちの間で色濃くなっている．

1．大学環境を揺り動かしたもの

大学環境を揺り動かしたものは，1991 年の大学設置基準の改正である．ここで長い間，日本の大学教育を枠づけてきた一般教育と専門教育の区分けや単位数などの制約が取り払われ,「自由化」といえるほどの，カリキュラムの大幅な大綱化がはかられた．この問題をめぐっては，いまに至るまで教養教育を中心に改革の是非論がくすぶっている．またその当時は，本学会や一般教育学会が，強い危機感を示すなど, さまざまな動きがあった．一方，文部省によるこの措置が，大学人に大学教育のあり方を考えさせ，その改革に取り組む必要性を認識させた効果ははかりしれない．

それは単に教養教育を共通教育に名称変更するといった表面的なカリキュラム改革にとどまらず，具体的な授業の改革にまで深まってきた.「教養ゼミ」とか「言語表現科目」といった導入科目の新設，数学や物理，化学などの補習教育の取り組みなどの広がりは，その 1 例である．教員の間では, レベルはそう高くないにせよファカルティ・デベロップメントの取り組みが活発化してきた．すべての大学で改革の取り組みが熱心に行なわれてきたわけではないにせよ，全体として見れば，時間の推移とともに, 改革は確実に広まり, 深まっていったといえる．文部省が毎年，公表するようになった「大学改革の進捗状況」が，表面的な数字ではあるものの，それを示している[1]．

そうした改革への取り組みを促進したのは，1997 年 1 月の大学審議会答申「平成 12 年度以降の高等教育の将来構想について」で出された「全体規模の試算」[2]である．それには臨時的定員の 5 割を恒常的定員化した場合，平成 21 年度（2009 年）の 18 歳人口は 120 万人に減り，現役高校生の大学志願率を 62.9% に上昇すると仮定すると，大学の志望者数は 707 万人になる．そのときの大学の入学定員は 679 万人で，定員超過率を 1.1 とすると入学者数は 707 万人で，大学志願者と同数になる．このときの大学進学率は 58.8%（1999 年度は 49.1%）まで上昇する．

つまり 2009 年になると，大学を選ばなければ，全員入学が実現するという推計である．2009 年というのはかなり先のことだが，実際にはこの状況がかなり早まってくるものと見られる．推計は常に狂うものだが，今回の推計はつくるときからいくつかの問題点が指摘された．一つは短大と四年制大学を区別しなかったことである．大学と比べれば短大の志願者の減り方が激しいことから，当然, 短大の危機は早くから顕在化するはずである．事実, 1999 年度で短大の志願者は早くも入学定員を下回った．大学の危機，志願者全員入学という状況は，短大に限っていえば，高等教育計画の初年度（平成 12 年度）より前に実現してしまったのである．

個別大学の状況は，さらに深刻で，定員に満たない短大が 5 割以上もあり，四年制大学も定員割れを起こす大学が出てきた[3]．志願者数の減少は数年前から激しくなり，マスメディアで騒がれる早稲田大学も，2000 年度入試では 10 万人の志願者を辛うじて確保できたが，最盛期より 6 万人も志願者が減っている．どんなタイプの大学も，事情は違うにせよ，この少子化の中でそれぞれ危機感を募らせている．

2．大学教育の現実

こうした状況の中で，大学は当然，学生の多様化に直面する. その問題の対策をいち早く提案し，その一部を政策化させたのは，前文相で東大総長だった有馬朗人参議院議員である．雑誌「論座」（2000 年 3～4 月号）で同氏はこう発言している．「もう一つ予想したのは，普通高校を出て大学に入った学生にも，いずれ補習授業はせざるを得なくなるだろうということ．早晩，大学での補習授業が必要になるのは予想できたんです．それをいうと『大学に行ってまで高校の授業をするなんておかしい』『先生たちは忙しくて余裕がありません』と言われた．だから，私は『教育の好きな名誉教授の方や高校の先生のOBに補習を御願いしたらどうですか』と提案した．たいした額じゃなかったけど，文部省は補習授業用経費として5千万円を準備しました」．

大学の多様化は，学力の問題で捉えた場合，もっともシャープに表われる．有馬議員は東大総長時代から物理や生物などは既習組，未習組に分けて授業をすべきだとか，数学は学力別に教育した方がいいと発言していた．東大は公表されるのを嫌い，明らかにしていない部分もあるが，ほぼそれに沿った授業を展開している．

もっと鋭い形で大学生の学力問題を提起したのが，1999年6月に出た岡部恒治・戸瀬信之・西村和雄編著「分数のできない大学生」[4]で，もっとも学力の高い私立大学の経済学部の学生でも，入学試験に数学を課されないと，二次方程式どころか，小学校で習ったはずの分数の計算もできなくなっているという調査結果などをもとに大学生の学力問題を訴えた．

本書の編著者たちは，本書の刊行前から早稲田，慶応クラスの大学の経済学部の学生の数学力の低下が，一部ではきわめて深刻であることを説き，日本の私立大学では「常識」になっている数学抜きの入学試験を批判し，国際的に見て先進国でこういう入試をしている国はないと警鐘を鳴らしていた．当時の主張は，将来の幹部になることを期待され官公庁や民間企業に入って行く学生の学力がこれでいいのか，と問うたのである．これがジャーナリズムに注目され，学力低下問題は，その他二，三の問題提起者とともに，昨年の大きな社会問題になった．

3．多様化の事実と現実

子どもたちの学力が低下したかどうかは，初等中等教育の段階では分からない．実証できる調査がないからである．文部省は今年度からそうした調査研究を始めるという段階である．

大学生については，文部省も認めているとおり[5]，明らかに学力は低下している．それは大学進学率が昭和30年ごろの1割という時代から，いまは5割近くまで上がっており，昔と比べて平均的な学力水準の低下は到底避けられない．もう一つは大学生としての学習意欲やアカデミックなものに対する興味関心の低下で，昔と比べ急激な変化を見せている．

一言でいえば，大学はあまりに多様化してしまい，大学セクター全体を同じものとして考えられなくなっている．だが長い間の経験やそれに育まれた意識によって，多様化をありのまま受け入れる議論をすると，差別選別につながるのではないか，あるいは強い反発を浴びるのでは，といった不安があり，率直な議論や意見表明がなされにくい．だがどんな改革論でも，すべての大学に導入して，うまくいくということは考えられない．特定の層以外の大学で実践しようとするとかえって現実から遊離し，場合によっては混乱さえ招きかねない恐れがある．国が政策的にバックアップしても，大学全体の改革を支援することにはなりにくい．

その点，有馬議員の大学における補習の勧めは，東大から短大まで，広く提案を受け止め，実施してほしいカリキュラム改革のように思えた．しかしいろいろな大学の実態を見ると，①補習教育で大学生の学力を回復させることができる大学は限られている，②補習教育を受けつけない学生がいる，③補習教育だけでなく，大学で学ぶ意欲・関心を育てる教育がまず必要なこと，④補習教育に対する関心も教員によってかなり違いがあり，しかも大学教員以外の人に任せることを当然と考える意識構造が一部に強いなど，補習教育にまつわるさまざまな問題が存在する．

中央教育審議会は1999年12月に出した「初等中等教育と高等教育の接続について」の答申の中で，大学での補習教育に対し高校の退職教員の応援を提案しているのも，そうした意識を承知してのことだろう．だが単なる知識の教え込みの補習教育は，東大など学力レベルの高い大学では可能だが，中堅以下の大学では，きわめてむずかしい．大学の専門教育の基礎として役に立つ段階まで学力をつけるのは，理数系と言語系によって違いがあるものの，とくに言語系ではむずかしい．

大方の大学でいま求められているのは，大学での学習意欲，いろいろな物事への好奇心であることは，各種の調査や日ごろの大学教員の発言でも，繰り返し指摘されている．短大では教科の学力も大切ではあるが，いきなり学力をつけようとしてもむずかしく，その前に「やる気」をどうすれば出せるか，その教育が求められている．このため学生が自分で調べる機会をつくり，テーマを見つけ，その調査に取り組ませるという実践が，いくつも報告されている．

「ガイダンス教育研究会」という大学での導入教育について研究する会がある．短大の教員が中心で，対象となる学生の学力の実態，学力を向上させるための指導法，やる気についての研究，教授内容の改善などへの努力は，四年制大学で問題になるずっと以前から取り組んできた．ただ率直にいって，その目的を実現することはむずかしい．成功した報告は少なくないが，多くの場合，その教員の個人芸によることが大きく，だれにもできるような普遍，効果的な方法といいきれぬ憾みがある．実践・研究は試行錯誤の連続である．

学問的な違いによっても，補習教育に対する認識が違ってくるようである．補習教育に熱心なのは，工学教育の関係者で，これは専門教育を施す上で，高校段階の数学や物理の知識を前提としており，それ抜きには授業ができないないためだろう．人文系の分野では，そうした切迫感に乏しい．名前を出すことは控えるが，教育学分野の著名な教員養成大学の教授にどの程度の学力があれば，大学の授業ができるかを聞いたとき，「学生たちに学習意欲さえあれば，中学校卒業程度の学力があれば何とか教えていけるのではないか」といわれた．

622 校の大学，585 校の短大がある中での多様化とは，教員の立場で捉えると，大学で中学校や高校の教育ができるか，初等中等教育で育てられなかった学習への意欲・関心・興味を，大学教員が育てられるかということである．他人に下請けさせることではない．

4．ファカルティ・ディベロップメントのむずかしさ

教員が授業の内容・方法を改善・向上させるために，個人の努力だけでなく，組織的な取り組みをすることをファカルティ・ディベロップメント（FD）という．教育白書[6]によると，「教員相互の授業参観の実施，授業方法についての研究会の開催，新任教員のための研修会の開催などを挙げることができる」とされている．文部省は国立大学に大学教育研究センターをブロックに一校以上設置している．そこでは大抵 FD が行なわれている．それ以外の FD も多く，会合は増えているが，概して参加者が少ない．

日本の大学は，長い間，自らのことを研究の対象とすることがなかった．大学改革が日常のことになっている現在，これが大きな弱点となっている．初等中等教育における授業やカリキュラムの研究では，優れた実績を残している教育学の研究者は少なくない．だが大学の授業やカリキュラムについて研究してきた人はほとんど皆無といっていいのではないか．しかも大学ですることは，すべて研究という言葉に制約されるため，実践の役に立つことを第一に考えるよりも，研究するという意識が先行するようである．授業に関する調査をして数字を求め，それを解釈していた方が，授業技術について各種の工夫を試みるより，研究報告としてまとめやすい．せっかく授業研究をしても，これでは実際の役に立ちにくい．

また FD も，問題点の指摘や嘆きを語る場にはなるが，それを解決するための具体的な授業技術の相互指導の場になったり，授業実践を鋭く批判しあうような場にはなかなかなりにくい．また新米教員や授業に困っている教員に，手取り足取り

で授業方法を伝授するような場になることはまったくない．

ところが授業を本当に分かりやすく，興味深く，しかも対象になる学生の学力や興味・関心に合わせて行なうのは，さまざまな技術が必要になる．だがいまはその教員の個性とか学識，名人芸とでもいうようなレベルでしか，ハウツーは存在しない．しかし二人に一人が大学生で，それを教える大学教員が昔の旧制中学校の教員よりずっと多い時代に，授業技術やカリキュラムの内容が，名人芸に頼るしかないということは，大学教育がうまく行なわれていないという別のいい方でしかない．

5．FDを超えた組織を

FDは重要なことではあるが，それとは別にアメリカの大きな大学にあるような授業教育センターのような組織を，日本でもブロック単位に一個所ぐらいは設置しなければならないのではないか．そこに行けばさまざまなレベル，教科内容ごとのワークショップが開かれ，求めれば個人的な相談や授業指導，情報交換ができる．そんな組織があれば，どれほど大学の授業改善に効果的なことか．だがそうした施設を求める声も起きない．

率直にいえば，FDは，それぞれの学問分野の優れた研究者が自身の専門について授業をするときに起きる問題を考えたり，情報を交換したり，という機能は果たしている．ただそれはせいぜい国立大学クラスの学力の学生を教育している教員たちのことであって，大学教員すべてにあてはまることではない．

中底辺大学の学生を指導し，学力を高めるための方策を研究し，授業技術を開発・練磨するといったことはとてもできない．FDはもともとそのような機能を発揮することを期待されているものでもない．しかもこうした大学は，前述したように専門教育をする以前に，あるいはそれと併行してやる気とか学習意欲，興味・関心等をかきたてたり，英語や数学，物理，化学，言語表現などの補習教育も含む導入教育が必要とされていることが多い．上品なファカルテイ・ディベロップメントでは間に合わないのである．その認識が日本の大学には薄い．

最近の学生は，文章が書けないとか，文章が下手であるといった学生批判はかまびすしい．また企業からは，入学試験における偏差値レベルとは関係なく，ともかく学生に文章が書ける力をつけてから社会に送り出してほしいと注文される．大学も，自身が困る面もあり,「言語表現」とか「文章表現法」といった導入科目をつくり，指導をするところが増えてきた．そこまではいいのだが，これをやりきるノウハウがない．それ専門の教員もいないから，さまざまな学問分野の教員が担当している．それはいいことなのだが，研究発表を聞く限り，個人芸である．実際，やってみても，それしかない．ノウハウが何もないといっていい状況でもあるからである．

文章に対する考え方は，職業によって異なる．その違いは大きい．新聞の文章と裁判の判決文を比較すればすぐ分かることである．文章訓練もまた違う．アカデミズムでは，論文を書く場合に，文章について厳しい指導が行なわれることが多い．しかし論文の文章は，いまの時代の企業や一般の社会人が通常書く文章とは違う．学者になるつもりなどまったくない，またその力も育っていない学生に論文文章の書き方を指導しても，戸惑いと混乱を招くだけである．どうすればいいか．その教科書も，ノウハウも蓄積されていない．

こうした問題を解決し，どこの大学に所属していても，簡単に利用できる教授法センターが必要なのである．そこでは高度の専門教育をどうするかといったことを研究・指導するよりも，大学入門期の教育や，学部の専門教育の共通する点について研究し，授業内容や方法についても開発し，それについて情報交換ができ，繰り返しワークショップが開かれ，新任の教員でも気楽に利用できるような施設であればいい．

6．だれが大学生を指導するのか

大学審議会は，1998年10月26日に出した答申「21世紀の大学像と今後の改革方策について―競争的環境の中で個性が輝く大学―」の中で，大学に対して繰り返し個性化を強く求めている．それは通称「四六答申」と呼ばれる1971年6月11日の中央教育審議会答申「今後における学校教育の総合的な拡充整備のための基本的施策について」が，大学を種別化する方策を打ち出したため，大学人の猛反撃を浴び，その部分は手をつけられることなく終わったことを思い出させる．

この文部省にとっては苦い経験を生かし，しかも「四六答申」が提起した改革の趣旨を実現するには，大学自身が自分の判断で大学の個性をどこに求めるかを決め，それにふさわしい工夫，努力を重ねることしかない．上からの押付けの種別化ではなく，自らが求める特性を明らかにし，それへ向けて教育や研究を充実させる方策を考える．文部省は「個性化」というキーワードを強調することで，大学に種別化への努力を迫ったのである．

大学の種別化を最初に打ち出したのは，1963年1月28日の中教審答申「大学教育の改善について」だったが，そこで提起された種別化の説明は分かりやすい．それによると高等教育機関には三つの水準が考えられるとしている．

高度の学問研究と研究者の養成を主とするもの，上級の職業人の養成を対象とするもの，職業人の養成および実際生活に必要な高等教育を主とするものの三類型を挙げ，大学院，大学学部，短期大学が，おおむねこれらの水準に対応するとしている．大学審でいう個性化は，こうした類型を自主的に構築した上で，それぞれの類型，あるいは大学グループの中での特徴をつくることを求めている．

特色の出し方には，いろいろあるだろうが，学生の力，学力を高めることが，大学である以上，もっとも基本的なテーマになることはいうまでもない．その場合，それぞれの大学に適合した新しいカリキュラム，授業内容，授業技術，評価や授業運営への学生参加など，これまでに指摘した問題にどう対応するかは，大学の教員の重要な仕事になる．

大学コンソーシアム京都が，「リメディアル教育プログラムの提供」事業を2000年4月から始める．高校・中学の教員OBと予備校教員によって編成し，英語，数学，物理，化学，歴史，日本語表現などを大学の注文に応じて行なう．どのようなプログラムを組むかは，利用する大学の方針に合わせて対応することになっている．新学期から利用する大学は，立命館，龍谷大学など6大学だという．来年度以降は，かなり利用大学が増えると予想されている．

ただこうした教育は，単に高校の復習をさせるという段階の話ではない．高校生に物理や英語を教えるよりはるかにむずかしい問題を抱えている．そのことを承知して，そうした学生の成長歴などを研究し，さらに大学におけるリメディアルについての考え方，到達目標，大学の専門教育との接続など，多様な面について検討しなければならない．

しかし現実は，目の前にある何をどう教えるかということさえ曖昧で，自信をもって言い切る力は，いまの大学には率直にいってない．リメディアル教育を引き受けるといって大学にセールスをしている予備校，二校に聞いても，ノウハウづくりに頭を痛めている．自信をもって補習教育をできるだけのものは，大学も予備校も持ち合わせてはいないのである．何でも分かると世間から見られている大学だが，何も分からないのが現実で，すべては，これからのことだといえる．

したがってそうした問題について研究し，実践を重ねるのは，すべての大学教員の仕事である．しかしそんな専門家はいないから，これから本来の専門分野と関係なく，この分野の研究と実践に力を注ぎ込まねばならない．

その点，体育系の教員は，筆者の目から見ると有利に見える．学生たちと身近に接触できる利点がある．カリキュラム編成の大綱化で学生たちの体育人気の高さが立証された．それを生かせばいい．相対する学生たちが何を求めているか，何に悩んでいるのかを察知し，学生の希望を生かし，学力をつけたいと願う心に応える方法を探ってやってほしい．これからの大学に求められる，まだどこの大学でも未成熟な，新しいカリキュラムについて研鑽を深め，その道の専門家として学内外で評価される努力を重ねてほしい．そうすれば所属する大学，あるいは部局，学科等の中で，導入教育の必要性やその内容，カリキュラム編成の上でリーダーシップをとれる立場が黙っても転がり込む．

日本の宗教学者の中には，優れた高等教育の研究者が何人もいる．国学院大学学長の阿部美哉教授は比較宗教学者であると同時に，ユニークな高等教育の研究者として知られる．宗教学者の先達に，宗教学の研究だけに閉じこもらずに，第二の専門を持つ必要があると指導され，その先達と同じ高等教育を研究し，いまに至ったと聞く．この経験を大学の教育改革研究，カリキュラム研究にも生かしてほしい．体育系の教員たちによって，大学のリメデイアル教育とか，ガイダンス教育，あるいは新しいタイプの学生たちに向けた適切なカリキュラムなどが構築できればこんな愉快なことはない．これからの大学の個性化作戦は，目先の新奇さではなく，本当に充実した内容のものになるだろう．大衆のための大学を本当につくれるかどうか，その成否がかかっている．

［山岸　駿介］

文　献

1）文部省：大学におけるカリキュラム等の改革状況について．1—9，文部省高等教育局大学課大学改革推進室，1999.
2）文部省高等教育局企画課内高等教育研究会：大学の多様な発展を目指してV. 101．ぎょうせい，東京，1997.
3）日本私立学校振興・共済事業団私学活性化促進支援センター：'99大学・短期大学の入学志願状況レポート．19，2，日本私立学校振興・共済事業団，東京，1999.
4）岡部恒治，戸瀬信之，西村和雄：分数ができない大学生．249—264，東洋経済新報社，東京，1999.
5）文部省：平成11年度我が国の文教施策．150—151，文部省，東京，1999.
6）文部省：平成7年度我が国の文教施策．6，22，文部省，東京，1995.

④ 今後の大学教育と「保健体育」の意義・役割

「大学における授業と学習」というレジメに沿って話題を提供する．

今回の話題提供の機会を得たときに，7 年前の 1992 年，例の「大綱化」された大学設置基準が出た頃を思い出した．その頃は東大の教育学部長だったが，学部長室に，東大出身の大学体育の先生から電話があった．

「同僚は皆,『今度の改正で,多分体育はなくなるだろう』と言っている，私は大学における体育の必要性を説かなければならない立場にあるのだが，どのように言ったらいいか，教えて欲しい」という内容であった．当時，体育の先生方は，非常に危機感を覚えておられた．電話の先生も，東大医学部を大分前に卒業し，いまは某私立大学の体育を担当しているという方だった．

しかしそのうちに，東大では駒場のみに体育の授業があったのだが，やがて本郷でも，法学部が率先して本郷での体育というのが実現した．各学部で，本郷では，体育を卒業単位の中に含めるかどうか，という調査が行なわれた．教育学部はもちろん「イエス」と答えたが，どのように答えるかということを通じて，大学における体育というものについて色々と学んだことが，いま思い出される．

1999 年 6 月に，倉敷芸術科大学教養学部が「大学の教養教育に関する実態調査」と題して調査をまとめている．これが現時点の最も詳しい実態調査である．大学の中の教養教育全体に関する調査だが，この中の体育関係を拾うと，実は相当な改善，改革が行なわれていることが窺われる．

単位数は減っているものの，年次配当では，4 年間一貫した体育教育の配当を加える大学が急増していることも分かる．また教授方法や形態に関する報告では，体力に応じた教授方法の導入，健康保持のためのカウンセリング的な教授方法の導入，短期集中型のシーズン授業の科目の増設など，この 4 年間に，著しく増加している．ここには，先生方の努力が非常によくあらわれており，体育の先生方に改めて敬意を表したい．と同時に，先生方が開発されてきた,「身体の知」とでもいうべき教育に対して，学生の関心もかなり高いと思われる．私は，歴史的観点を加えた角度から,「大学教育のいま当面している課題は何か」について，重点的に述べることにする．

第一に，いま大学の教育総体に対しては，大きな変化が求められている．まさに分岐点にあると思われる．これから 21 世紀に向けて，特に日本の大学が確保しなければならないのは，大学教育の目標である．この目標を改めて問い直し，そして主体的に反転させる必要がある．これが，第一の提言である．

どういうふうに主体的に反転させるか．戦後，大学に一般教育が導入され，他方，旧制大学の学部がそのまま温存されて，新制大学ができたときの大学教育目標というのは何だったのか．それは恐らく,「教養ある専門人をつくる」という目標だったと思われる．場合によっては「民主社会における市民の育成」とも言われたが，その市民というものの内実は，やはり「教養のある専門人」というものだったと言える．この理解を伴いつつ，一般教養課程（2年ほど後に一般教育課程に名称が変わるが）を大学の最初の2年間に置いた．大学基準によって，このように変化した．ただし制度はともかく，一般教養課程を入れたときの大学人の意識は，明らかに,「大学は基本的に専門人を学部で供給する，ただし教養もある専門人をつくるのだ」というものであり，これに大学の多くの教員が納得したのではないだろうか．

社会，特に日経連は1950年代に3回，大学教育に関する要望書を発表したが，これは非常な力を持っていた．その中でも繰り返し強調されたのが,「新制大学の学生は学力が低い」ということであった．ここで言う「学力」とは，一般教養的なセンスではなく，専門の学力であった．一方の学生たちも，2年間の一般教育が終わってはじめて，本当は専門の学習，大学に来た甲斐のある勉強ができると思っていたのではないか．このように,「教養のある専門人の育成」というのが，三者三様の形ではあるが，疑われざる目標であった．

ところが，現在はこれが変わりつつある．4年間の学士課程教育の目標を，はっきりと,「専門性に立った新しい教養人の育成」ということに置くべきである．そしてこのことは，大学の中だけではなく，社会の中でも実は求められていると思われる．

ファクターはいろいろあるが，第一に社会的状況の変化，特に産業界の人間像要請の変化である．一読を勧めたいが，1995年に日経連が出した,「新時代に挑戦する大学教育と企業の対応」という要望書がある．戦後，この団体が出した教育意見の中では，最も整ったものと言える．これにはまず，大学にはどういう人材を養成してほしいかという養成目標が出てくる．「人間性豊かな創造力のある人材」「独創性・創造性のある人材」「問題の発見・解決能力を有する人材」「グローバリゼーションに対応できる人材」「リーダーシップを有する人材」の五つの人材像である．これらは，実はすべて新しい大学教育の目標を示している．1998年の大学審議会の「大学は課題探求能力を育成する」と論じた答申に，その流れを汲み取ることができる．産業界も，もはや大学卒業生たちに専門学力だけを求めているのではないのであり，まことに大きな変化と言える．

第二には，学生の進学要求・学習要求と，大学が学生に与えようとしている体系性のある学問との差である．たとえば，典型的には，経済学部が全国的に軒並み志願者を減らしている．静かに考えると，大学が与えようとしているものと，学生たちが欲しているものとの間に，何か大きいずれが起き始めたのであり，この動きは，恐らく21世紀に向けて広がることが予測される．日経連が関心を持つ，グローバリゼーション，リーダーシップ，異文化理解のための感性の育成等という事柄は，これまでは大学がほとんど引き受けたことのなかったニーズであった．それがわれわれを取り巻き，動かしているのである．

第三には，大学は，学生との新しい関係性を構築していく必要に迫られているのではないかということである．これは教育学や教育史，また一般教育としての「現代社会の教育問題」を講義している私が随分前から感じていることである．

学生は，学問と自分とのかかわりに，以前より非常に強く関心を持っている．勉強しない学生とか，居眠り学生，授業中にコンパクトを使っている女子学生等もいるが，よく見ると，彼らが求めているのは，階梯性のある学問・学習ではなく，その体系的知識が自分にとって持っている意味，あるいは課題なのである．したがって，教壇から「第1章，相続」というふうに始まっていく講義は，ほとんど彼らに届かない．届かなくなっている．そこをつかみ損なうと，あらゆる授業が成立しなくなると思われる．

第四には．「生涯にわたる学習の基礎をつくる教養教育」の必要性である．たとえば，イギリスのデアリング委員会が出している報告書では，大学改革の大きな柱を二つととらえている．第一の柱は，生涯学習に対して大学はどのように貢献できるか，第二の柱は，大学はいかにしてセンター・オブ・リサーチになり得るか，である．大学の存続発展に必要なのは，まさしくこの二つの大きな要請を実現するシステムの構築だというのである．

これに対し，日本の大学審議会の提言は，FDの努力義務化，あるいはシラバスの充実などであり，展望が小さい．例えば，広く注目された成績評価の厳格化という提言は，実は，授業設計，授業の目標と達成目標の設定，というさまざまな提言と併せて提案したものだと起草者は語っている．だが，そういう説明を聞けば聞くほど，なぜ大学と教師はそこまで指示されなければならないのか，と思う．スケールの小さい，そしてよけいなことに口を出しているという印象がぬぐえないのである．「21世紀の」と表題にあるにもかかわらず，本文では「21世紀初頭の」と限定している．これも，限定せざるを得ない内容的理由があったと思われる．

最後に，最近の学生たちが，実は居場所を求めている，ということを挙げることができる．学生諸君は，アイデンティティーというものをどのように確かめ獲得していくか，その機会を本当は欲している．しかし，そのきっかけを与えられていない．そこに響くような講義に触れ，授業の形態に接すると，意外な力を発揮する．

たとえば，私は立教大学在職中に，「立教大学を考える」という講義を3時間ほど行なったが，それは彼らに非常に大きな反響を呼び起こした．つまり彼らは，なぜこの大学に自分がいるのか，どうしてここへ入ってきたのかという，そのことがわからない．偏差値というような基準しかわからない．新入生に対し，たとえば「ミッションスクール」と言っても，これは概念的にすぎず，実際には何を言ったことにもならない．ミッションスクールの中には，実はA大学，B大学，C大学，D大学があり，そのミッション・スクールの性格は，各々の大学で全部違うという話をした後に，立教大学の校風はなぜできたか，と持って行く．このように話すと，学生は非常によくわかる．私は大学史の専攻なので，立教大学史を，スキャンダルも含めて全部，何が問題だったのかも含めて話してみた．これは非常に学生に歓迎され，評判もよかった．要するに，授業化された知というものを通して自分のいる大学を理解したときに，なぜ自分はここにいるか，ということを考える手がかりを得たのである．

以上は一般教育の例であるが，さて，大学体育の先生方に対して言えることは，かつて保健体育科目が必修として登録された時期の経緯をめぐるトピックである．そこには，当時の大学体育の性格というものが現われている．

大学体育は，大学基準協会，およびそれを指導した占領軍の動向により，日本の学生の近視の多さと結核，旧制高校の寮の非衛生さ等への対策として，恐るべきスピードで大学基準の中に条文化された．また旧制高校や大学，専門学校の一部にも体育があったにもかかわらず，旧制大学にはないという状態を克服するために，つまり比較的ネガティブな理由によって，出発したのである．

私は1951年に大学に入学したが，その当時は大学も貧しく，体育は，私にとって砂漠の中の息抜きにすぎなかった．勉強が大事だと思い，多くの学生は教室では私語もなく，きちんと聞いていた．その間にポンと，息抜きの，出席さえしていればちゃんと「優」をもらえる体育が入ってきた．体育にだけは必ず出席する友達は，「これだけは休めない．出てさえいれば優が取れる．優を取らなければ僕は法学部に行けない」と言っていた．その程度の意識だった．

立教大学在職中は，保健体育を含む全学共通カリキュラムのプランニングの責任者を担当することになり，その際に，これからの教養教育は，四つぐらいの柱を入れるべきだと強調した．

一つは「環境」という柱．もう一つは「人権」という柱．それから「生命」という柱．そして最後に「宇宙」という柱である．この四領域は，50年前に大学に一般教育が入ってきた頃には，ほとんど開けていなかったものであり，それ以後，革命的な発展を遂げて研究が進んだ領域である．さらに，環境も，人権も，生命も，宇宙も，やがて推し進めていくと，哲学，神学にまで近づくような，原理的意味を持った知的領域である．これを一般教育，教養教育の中に生かそうと提案した．これは一つの提言である．要するに個別大学が志向する教養教育全体のカリキュラムとのかかわりの中で，保健体育教育の内容や構成原理も創り出されていくべきものではないだろうか．それは，立教大学で体育の先生方が開講した2例の総合講義が，きわめて人気が高かったという事実からも推定できるのである．

「スポーツとメディア」という講義は，学生の大変な聴講希望を生み出した．また,「自然と環境」という，カヌーの訓練も含まれる合宿制の総合講義にも，申し込みを断りきれないほどの希望者があった．前者からは，学生は，スポーツという最大の関心を持つ活動とマスメディアとの関連を知りたがっていることが窺われる．また後者からは，身体を通じての勉強，そして自分の身体・行為と環境とのかかわりというものを，どれほど学びたいと思っているかがよくわかる．

これからの大学，大学教育総体の課題と，体育教育の改革との間には，不可分の関係があると言えるのである．

［寺﨑　昌男］

10 スポーツに関する資格取得とその問題点

1．資格は指導者の関心事

スポーツの指導者にとって「資格」は大いなる関心事である．それは指導者資格が“体系的科学的指導理論を修めた者の証”となることを期待されるからであろう．現代のスポーツやフィットネスでは，その方法や成果は科学的に捉えられ，そこには体系づけられた理論が構築されている．体育学会の会員の多くはスポーツ関連の各方面での指導的立場にある．したがって日本体育学会第50回記念大会において，スポーツに関する資格取得とその問題点を探るシンポジウムを開催することに対して，指導的立場にある者やそれを目指す者，また指導者を雇用，採用する側のニーズはたいへん高いものと考えられる．

このシンポジウムを主催するトレーニング科学研究会は，スポーツ科学に関する研究，スポーツ現場の情報の蓄積を目的としている．トレーニング科学研究会では，競技力向上，健康維持増進，外傷・傷害の予防・リハビリテーションを大きな柱としており，栄養やコンディショニングなど幅広いスポーツ現場志向の強い研究活動を行なってきた．これまでにトレーニング科学研究会では，これらの領域を専門とする多くの指導者によって実践的に培われた自らの持論が報告され，トレーニング現場に有益な実践的理論の構築に努めてきた．運動指導者資格の問題点を探るシンポジウムについて，トレーニング科学研究会として取り組むのは，トレーニング科学研究会は多くの優秀な指導者によって支えられてきたからといえる．

2．スポーツのカテゴリー

指導者の資格の問題点を探るには，さまざまな観点からの切り口が考えられよう．ここでは生涯スポーツ，健康スポーツ，競技スポーツというカテゴリーで指導者資格の現状から問題点を指摘し，今後の方向性や課題を明確にしていきたいと考えた．シンポジストは生涯スポーツとしてゴルフ学会の片山先生(帝京大)，健康スポーツとしてフィットネスインストラクターに詳しいスポーツ産業学会の永松先生（大阪教育大)，社会学的な視点から海老原先生（横浜国立大)，競技スポーツとしてサッカー協会の田嶋先生，アスレティックトレーナーについて白木先生(筑波大)，そして協力者として間野先生（三菱総研）にお願いした．

3．資格の魅力

指導者が資格を取得することの目的には能力，身分，仲間に関する3点があると考えられる．すなわち資格取得によって能力水準を確認し，さらなる向上を目指す．また資格保持者という身分を保証し，就職や収入増を目指す．そして情報交換や相互協力，相談などができる同じ資格仲間を得ることを目指すというようなことである．

4．指摘事項

シンポジウムを終え，上記の目的からして印象に残ったシンポジストの指摘を次にあげる．

・指導者にはコーチ，トレーナー，リーダー，先生，管理者の役割がある．(永松)
・トレーナーやコーチなどのことばの定義の違いを消費者は理解できるか．(間野)
・インストラクターは認知されているが，資格は知られていない．(永松)
・コミュニティリーダーとしての楽しみの伝導者が必要である．(片山)
・「できる」ことと「教える」ことを区別してこなかった．(海老原)
・資格のアセッサー（評価者）が必要である．(永松)
・プロ（仕事）かアマチュア（趣味）か資格は不明確．(永松)
・ニセ者のボランティアがいるとプロが育たない．(海老原)
・滅主奉公から受益者負担への意識変革が必要．(海老原)
・年代やレベルに応じた指導とその継続的組織的連携が必要．(田嶋)
・パイが大きい方がいい人材が育つ．(田嶋)
・マーケット，市場が存在するのか．職域を拡大することが必要．(間野)
・医療が体育の領域に入ってきている．(間野)
・医療と体育の知識と技術が必要．(白木)
・海外の資格では日本ではできないことがある．(白木)

これらのことから「資格が職業として成り立つ環境を整備していく必要がある」といえる．

［朽木　　勤・船渡　和男］

①スポーツに関する資格取得と問題点
—特にゴルフ指導者を中心として—

はじめに

これからの21世紀に国民一人一人が生涯にわたってスポーツを生活文化として自ら主体的に享受するという「生涯スポーツ社会」の実現（週1回以上のスポーツ実践者が50%以上）を推進していく上で，そのサービスの担い手としての指導者の役割は重要である．

スポーツサービスの質は，指導者の質で決まるとも言われている．したがって，適切なる養成システムのもとで認定される指導者資格は，指導者の質を高め，サービスを均質化するためには有効な手段である．

現在，わが国におけるスポーツ指導者の養成には，大学や短大が実施している学校の体育科教員の養成と，民間のスポーツ団体（特に省庁認定の公益法人）が実施している指導者養成がある．また，最近では，専門学校においてもフィットネスクラブ・スイミングクラブや，ゴルフ等の指導者を養成している．

なお，ゴルフに関する指導者資格は，専門学校（東京ゴルフ専門学校をはじめとした5校）を除いて，公的にはPGAのゴルフ教師（文部省認定・**資料1**）と労働省職業能力開発局所管のゴルフスクール指導者（**資料2**）などが挙げられるが，他の種目と異なり，商業スポーツにかかわる資格のみで，地域スポーツや競技力向上の指導者を養成するシステムが整っていないといった問題点が指摘される．

この背景には，①ゴルフは一部の有産階級の大人の娯楽．②コミュニティスポーツとしての認識の欠如．③ゴルフ行政の不備やこれまでのJGAの体協への不加盟（平成4年に復帰加盟）などがあげられる．

そこで今回は，①文部省社会体育指導者の資格制度と問題点．②ゴルフ指導者の資格をめぐる問題と今後の方向性．③ゴルフ指導者の専門性の三点から話題を提供することにする．

1．文部省認定の指導者養成の現状

文部省は，昭和62年に「社会体育指導者の知識・技能審査事業の認定に関する規定」を制定し，これまで体育協会や競技団体が任意に養成していた社会体育領域の指導者に対して，一定の基準を設け，国が資格を認定するシステムを確立した．

これにより，今まで，

①『地域スポーツ指導者』(34種目)
②『競技力向上指導者』(34種目)
③『商業スポーツ施設における指導者』(6種目・9事業)
④『スポーツプログラマー』
⑤『レクリエーションに関する指導者』
⑥『少年スポーツ指導者』
⑦『野外活動指導者』
⑧『アスレティックトレーナー』

が養成され，日本体育協会資格別登録指導者数は，73,000人（平成10年4月現在）と言われている．

資料 1　文部大臣認定 PGA 公認ゴルフ教師資格認定制度とは

（PGA ホームページを引用・参考）

この制度は，昭和 62 年に文部省が告示した「文部大臣認定・社会体育指導者の知識・技能審査事業の認定に関する規定」に基づき，指導者の知識や技能が一定の水準に達していることを保障する適正な資格基準を設定し，その基準に達したものを「文部大臣認定・PGA 公認ゴルフ教師」として資格を付与するというものです．

PGA は平成 2 年 5 月 23 日に，文部省より事業認可を受け，これまでに約 750 名が資格を認定されています．

この資格を取得するためには，すべての指導者が科学的で適切な指導を行なう際に必要な科目である共通科目と，そのスポーツ種目や指導目的に応じた専門分野の基礎理論である専門科目の両方を履修して修了しなければなりません．

共通科目には，地域におけるスポーツ行政，スポーツ社会学，スポーツ生理学，スポーツ心理学等 10 科目があり，履修する時間数は初級で 300 時間，中級で 150 時間，上級で 150 時間となっています．

専門科目は，各スポーツ種目毎に科目が設定されており，ゴルフにおいては PGA のインストラクター資格認定講習会の準 B 級，準 A 級，B 級の講習会が，それぞれ初級，中級，上級の専門科目にあたります．つまり，PGA のインストラクター資格者が共通科目を修了すると，公認ゴルフ教師の資格が認定されるのです．

また，この資格は 4 年毎に資格を更新することが義務付けられており，資格取得者は資格の有効期限内に定められた講習を受講しなければ，資格が失効してしまいます．このように，膨大な時間の勉強をして，あらゆる知識を身につけているのが，「文部大臣認定・PGA 公認ゴルフ教師」なのです．

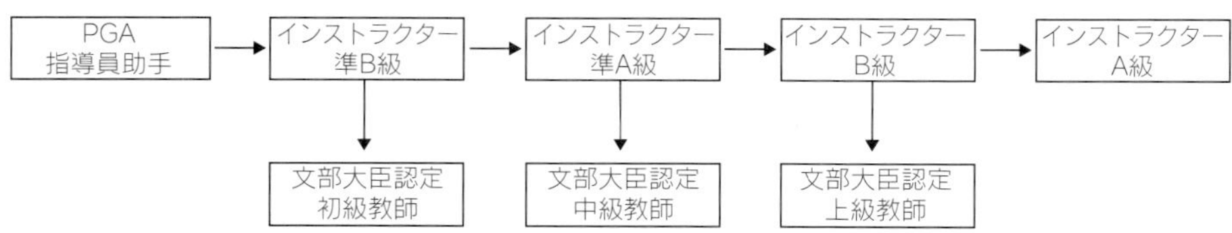

資料 2　ゴルフスクール指導者職業技能専門教育講座

（FOS 職業技能振興会資料から引用）

今やゴルフは生涯スポーツとして老若男女に幅広い支持を受け国民各層の日常生活に定着化し，ゴルフ練習サービス業界は，トーナメント・プロの世界と相関しつつもまた，別の新しい産業活動として発展形成しています．

このような時代背景を受けて当財団主催の本講座はゴルフ練習施設におけるスクール指導者のための専門職業技能者養成を目的に所轄労働省の事業認可を受けて開講されているものです．

カリキュラム編成は「ゴルフスイングの集団指導」のあり方を中心テーマとし，職業人としてのマーケティング・センスまでをも考慮して，理論・実技の両面からスクール運営のノウハウが総合的にバランス良く習得できる内容となっています．

時代の求めるゴルフ指導者としての条件は，ゴルフへの飽くなき愛着とある程度のプレー技量を当然必要としますが，最も重要なことは指導者個人の「社会人としての健全性」の保持と，指導現場が「爽やかに学べる雰囲気」を醸し出せるかどうかと言うことにあります．

「ゴルフの上手な教え方」を体得し，既に「認定証」を取得されている方々と共に，これからの花形職業となるであろうゴルフ指導者としての活躍を目指して下さい．

ゴルフ業界が益々発展してゆくためには，専門サービス業従事者としてのゴルフスクール指導者の健全成長と社会的地位の向上が図られなければなりません．

当財団では本講座受講修了者へのさまざまなフォローアップを更に充実強化し，本公益法人の設立趣旨でもあるところの，皆様方の「就業機会の拡大」と「安定雇用関係保持」に寄与してゆきたいと考えています．

システマティック・レッスン・プログラムの習得で，爽やかゴルフスクールを！

2．文部省社会体育指導者の資格の問題点や課題

この資格付与制度は社会体育指導者の資質向上により，スポーツ傷害や適切なスポーツ指導に関するスポーツ問題を解決したり，社会体育指導者の社会的認知や地位の向上をねらいとしていた．しかし，制度が実施されるにいたり，以下のような問題点や課題が現われてきた（日本スポーツ産業学会スポーツマネジメント分科会会報第3号〈1995年〉を参考）．

(1) 移行措置：移行制度の内容が団体によって異なったり，制度本来の趣旨である専門的能力の養成レベルに満たない場合がある．

(2) 優遇制度：現在においては資格取得者および資格取得指導者の機関への優遇措置が配慮されていない．

資格の個人的メリット・企業にとってのメリットを明確にするとともに，資格認定機関である文部省と日本体育協会は雇用側に指導者の待遇改善について働きかける必要がある．それがスポーツ産業の成熟につながる．

(3) 資格認定の事業化：本来はスポーツ指導者の資質向上や指導者の社会的認知・地位の向上をねらいとするものであるが，収益事業化している傾向があるのではないか．

(4) 資格の統一：資格認定制度のねらいに，これまで各スポーツ競技団体が出してきた多様な資格の統一というねらいがあった．しかし現実は各資格認定団体毎に一本化されていない．

(5) 類似資格間の関連：健康運動指導士とスポーツプログラマーは一般的に類似資格とされることがあるが，実際はその講義内容を見ると異なっている．

(6) 養成側からの問題：現在文部省資格に関連している大学では，共通科目だけが免除されることになっている．しかし実際に職についてからは時間的，経済的負担が大きく，専門科目を受講することは困難である．したがって，在学中に共通・専門科目が取れるような工夫が必要になる．

(7) 制度の再検討：以上のように，現在の資格制度にはいくつかの問題があり，この具体的裏づけの資料としては「商業スポーツ施設における指導者に関する調査」(調査報告書，財団法人日本体育協会，平成11年3月31日）において詳細にまとめられており，現行制度の内容，テキストの内容，時間数等について見直す必要がある．

3．ゴルフ指導者の資格をめぐる問題と今後の方向性

1）生涯学習社会に対応した地域スポーツ指導者や競技力向上指導者の養成制度の確立を！

今や日本のゴルフ人口は1,300万人ともいわれ，アメリカに次ぐゴルフ大国である．まさに「Golf for all」の時代への突入である．コミュニティスポーツゴルフを振興させるためにもアマチュアのゴルフ指導者の役割は重要である．

ゴルフはこれまでアマチュアの指導者養成機関が，NGFを除いて不在であった過去の歴史がある．

NGFにおける指導者教育制度の変遷（**資料3**)を見ると，プロ・アマと区別してそれぞれの資質向上のためのコースを設定して，資格認定をしているといった経緯がある．アマチュアのプロ化，スクール事業をめぐるNGFプロとPGAプロとの競合・対立状態といった問題点もあげられるが，アマチュアの指導者を養成した点については評価できる．

現在，日本ゴルフ学会が，平成5年から「ゴルフコミュニティーリーダー」を養成し，資格を認定しているが，これらの事業は他の団体が実施していないがために学会独自が創設したものである．今後はJGAを中心としたゴルフ関係団体が協力して領域別（地域や学校）や対象別（障害者ゴルファーなど）の指導者養成システムを構築していく必要がある．

例えば以下のような指導者養成が考えられる．

①ゴルフコミュニティーリーダー（地域スポーツ

資料３　NGF における指導者教育制度の変遷

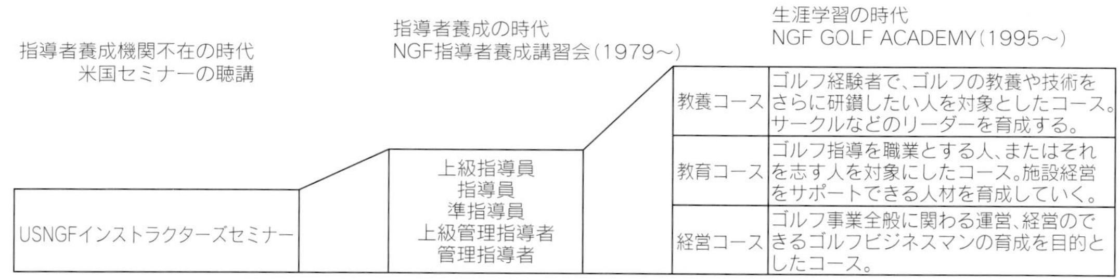

指導者養成機関不在の時代
米国セミナーの聴講
USNGFインストラクターズセミナー
指導者養成の時代
NGF指導者養成講習会(1979〜)
上級指導員
指導員
準指導員
上級管理指導者
管理指導者
生涯学習の時代
NGF GOLF ACADEMY(1995〜)
教養コース
ゴルフ経験者で、ゴルフの教養や技術をさらに研鑽したい人を対象としたコース。サークルなどのリーダーを育成する。
教育コース
ゴルフ指導を職業とする人、またはそれを志す人を対象にしたコース。施設経営をサポートできる人材を育成していく。
経営コース
ゴルフ事業全般に関わる運営、経営のできるゴルフビジネスマンの育成を目的としたコース。

資料４　ゴルフ・コミュニティリーダー協議会の目指すもの
（ゴルフの科学 12(2)：54,1999. から引用＜一部修正・加筆＞）

日本ゴルフ学会は，公開講座「ゴルフ・コミュニティカレッジ」を平成５年秋から毎年開催しています．11 月〜翌年３月までの毎月２回（週末）・延べ 10 日にわたる 40 科目，80 単位の教科を修了し，かつ，「ラウンドテスト」をパスした人に「ゴルフ地域リーダー（ゴルフ指導者）」，通称「ゴルフ・コミュニティリーダー」の資格が与えられています．

この資格者で組織する団体が「ゴルフ・コミュニティリーダー協議会」なのです．概略は次の通りです．

●創立　平成９年７月 10 日

●目的　わが国ゴルフ文化の向上を目指し，リーダー自らの研修に努めるとともに各地域のネットワークを広げ，会員相互の親睦をはかる．

●事業　①ゴルフに関する研究会，研修会，講習会等の開催②会報・会員名簿の作成③コミュニティカレッジ事業への協力④会員のボランティア活動への協力⑤その他，会の目的に資する事業

●会員　①コミュニティカレッジを修了し，かつ地域リーダーの認定を受けた者②コミュニティカレッジを修了し，かつ地域リーダーの認定を目指すもの．

●会員数　男 39, 女 13　合計 52 名（平成 11 年８月現在）

●会長　櫻井輝隆（平成８年修了・三期生）

「正しいゴルフ」の伝道者集団として

ゴルフ・コミュニティカレッジが育成する“ゴルフ指導者”はハウ・ツー・ショットを教えるプロの職能人ではありません．ゴルフの歴史やルールをはじめ，その基本を学び身につけようとする人なら誰でも入学できるのですから，この修了者であるコミュニティリーダーは実に多彩です．経営者，会社員，医師，教員，公務員，主婦，定年退職者など．ゴルフ関連のプロも何人かはいますが，腕前の面では大部分がアベレージゴルファーです．年齢，職業，技量などを見れば個々バラバラなわけですが，「ゴルフを愛する」という一点で強く結ばれています．

このように皆が知恵と力を出し合える集団に成長したとき，ゴルフ・コミュニティリーダー協議会は，生みの親であるコミュニティカレッジが意図した「わが国ゴルフ文化の資質向上に質する」というロマンの実現に貢献できるのです．協議会は仲間が着実に増えていくことを念願しています．

指導者）の養成．（日本ゴルフ学会，JGA 等）文部省認定．

②ゴルフアスレティックリーダー（競技力向上指導者）の養成．（JGA，PGA，日本ゴルフ学会等）文部省認定．

③ゴルフエデュケーター（ゴルフ教育者）の養成．（日本ゴルフ学会，EGA 等）文部省認定．

④ジュニアゴルフリーダー（少年スポーツ指導者）の養成．（日本ゴルフ学会，JGA）文部省認定．

⑤ヘルスケアーゴルフリーダー（障害者・高齢者スポーツ指導者）の養成．（日本ゴルフ学会等）文部省，厚生省認定．

⑥ゴルフ練習場経営士（JGRA，PGA，日本ゴルフ学会）通産省認定．

2）縄張りの意識

各組織が縄張りの意識（縦割り行政の弊害）が

資料５　ジュニアゴルフの指導者の資格や資質

（片山健二・佐藤友妃子：ジュニアゴルファーの育成の在り方に関する研究. 日本ゴルフ学会　ゴルフの科学 12（1）：37,1999 から引用）

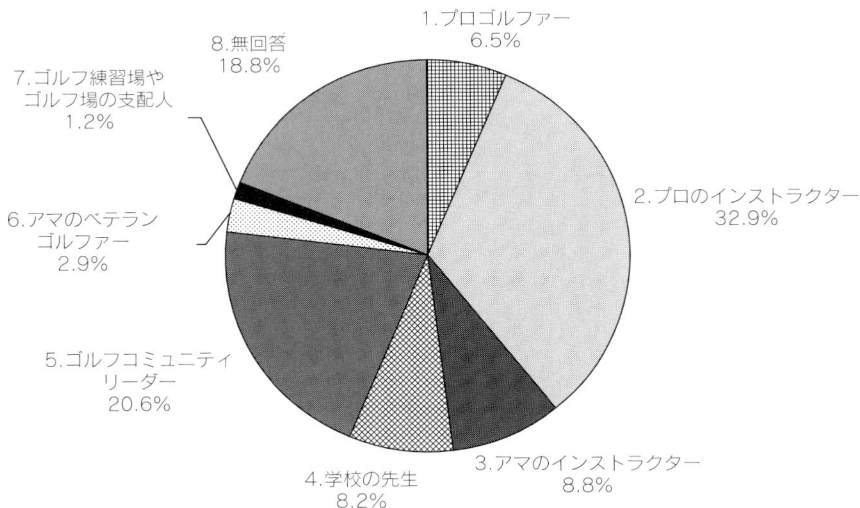

強く，一部の組織は，資格認定の収益事業化傾向にある．その結果，競合状態のため，資格の統一が実現できない状況である．

特に，スクールビジネスのインストラクターの場合それぞれの団体，企業が独自の養成カリキュラムのもとで人材を育成しており，収益事業化の傾向のため，競合状態になっており，今後は資格の一本化や講習の互換などの調整が望まれる．そのためにも相互連絡，交流，共同作業，プロジェクトチームの編成といった組織間ネットワーク（点→線→面）の構築が重要である．例えば以下の団体組織との交流が考えられる．

①PGA と NGF，NGF と NGS，NGF と EGA.

②文部省と通産省.

③ゴルフ関係団体によるゴルフサミットの開催.

（日本ゴルフ 100 年祭に向けて 16 団体が企画事業検討中.）

なお，これらのネットワーク構築や資格統一のプログラム，カリキュラム編成については他の組織との利害関係のない，学術団体としての日本ゴルフ学会の役割が重要である．

また，行政の認定する資格に関連する「講習会」等は，ゴルフ現場の描く「研修」像と必ずしも一致していなく指導者像に対するフィロソフィーが異なっている現状である．今後はそれぞれの領域や対象および現場サイドに応じた指導者を養成していく必要がある．例えば，前述しているような仮称ゴルフ練習場経営士や，ジュニアゴルフ指導員等である．

3）指導者の保障（地位や報酬）や，活動の場が確保されてない状況

1ゴルフ業界は不況のため，スクール事業も低迷し，一部閉鎖のところもある．プロのインストラクター（任意団体認定も含む）の雇用も，競合状態である（プロの乱立）.

2一方，アマチュアのインストラクターや指導者（ボランタリーも含む）はたくさんいるが，活動の場が確保されていない状況である．

3活動の場を促進するためには以下の方策を検討する必要がある．

①ゴルフリーダーバンクの設置（行政，体協，JGA）

②ゴルファーズステーションの設置（ゴルフなん

資料６　東京ゴルフ専門学校の概要

（学校案内パンフレットより一部引用）

ゴルフ先進国の欧米では，スポーツ全般についての広い知識を持ち，ゴルフの本質を理解しているエキスパートをゴルフプロフェッショナルと呼んで，敬意を払う文化風土があり，日本でも，そうした専門家の育成が強く望まれています．
【社会体育専門科目】では，社会体育概論・スポーツ心理学・スポーツ生理学・スポーツ指導論等幅広い分野のスポーツ知識を修得します．本校は単にゴルフの専門知識を身につけ，技術を高めるだけにとどまらず，社会人としての人間形成を教育の目標としています．
【ゴルフ学科専門科目】では，ゴルフの歴史・ルール論・施設管理論・ゴルフ経営論・ゴルフ心理学等の実践的なカリキュラムで構成しています．特別講義では各分野の専門家がコースデザイン，施設管理メンテナンス等を講義します．

【社会体育専門課程科目】

◆社会体育概論	◆ゴルフ経営論
◆スポーツ心理学	◆ゴルフ心理学
◆スポーツ生理学	◆ゴルフトレーニング論
◆スポーツ医学	◆ゴルフ指導論
◆スポーツ指導論	◆経営学
◆スポーツ経営学	◆特別講義
◆地域におけるスポーツ行政	
■ゴルフ実技	
◆スイング形成	◆施設管理実習
◆ゴルフ用品メンテナンス実習	

【ゴルフ学科専門科目】

■ゴルフ理論	
◆ゴルフの歴史	◆ルール論
◆スイング論	◆用具論
◆施設管理論	◆ゴルフの英会話
◆スポーツ美術論	
■実務実習	
■卒業研究	

【特別活動】

◆コースラウンド実習	◆合宿
◆その他	

でも相談室や，ゴルフ文化人によるゴルファーの表彰制度の確立）

③役所や企業に依存しない市民（ゴルファー）が「ゴルファーの善意を社会福祉に！」をモットーにそれぞれの場所で地域の設計図づくりや運営に携わるNPO法人（例えば，ジュニアゴルフ推進対策協議会など）として，事業を展開し，その中で指導者として活動する．（指導手当ての支給も可能）当然，収益事業も非課税で，税優遇が拡大策のカギである．

④「総合型地域スポーツクラブ」の中で，ゴルフ場を核（活動の拠点）としたクラブ構想では，ゴルフ団体がリーダーシップをとって「みんなのゴルフ」をモットーにゴルフコミュニティリーダー達が中心となって活躍する．

⑤「スポーツ振興くじ」の収益も「スポーツ指導者の養成および資質の向上」に充当，支給されるのでより多く配分されるシステムの構築．

4．ゴルフ指導者の専門性

1）ゴルフ文化の伝道師としての役割

①スポーツ文化としてのゴルフを理解しそれを楽しむゴルファーを育てることができる資質や能力のある人．特にジュニアゴルフの指導者の資格や資質（**資料５**）についてはプロのインストラク

ターはもとより，教育的配慮や学習指導（論）の造詣の深い人（コミュニティリーダーや学校の先生）が望ましい．
②スコットランドに古くから伝わる”ゴルフ戯れ唄”には以下のようなことが歌われている．
・飛距離が自慢の幼稚園
・スコアにこだわる小学生
・景色が見えて中学生
・マナーに厳しい高校生
・歴史が解かって大学生
・友群れ集う卒業式
このことは，それぞれゴルフの楽しさをあらわしているが，日本人のゴルファーとしての精神（文化）年齢は幼稚園・小学生並みといえる．

されど，世界的に見て文化としてのゴルフは奥が深いと言えよう．この文化としてのゴルフを教育できる人が期待される．

2）ゴルフプロフェッショナルとしての資質

USPGA のゴルフプロフェッショナル達は，単なるゴルフの技術のティーチングだけでなくスタート時間，プロショップ商品の販売や，芝の管理に至るゴルフ場のマネジメントを行なっており，社会的地位も確立されている．

一方，日本においては東京ゴルフ専門学校のようなカリキュラム（**資料6**）を除いてまだこの制度（特にカリキュラム）が確立されていない状況である．このように，ゴルフの指導能力＋ゴルフの価値を高めるゴルフ（スポーツ）マネジメント能力は，商業スポーツ施設（ゴルフ場やゴルフ練習場，スクール事業）経営のみならず，コミュニティゴルフの振興（ゴルフ仲間作りや地域のゴルフ政策への提言等）や，競技力向上システムの構築などに多いに役立つものと思われる．

今，まさに21世紀，世界に通用するゴルフ文化人としての本物のゴルフ指導者を官民，各組織，学会が一体となって養成する必要がある．

［片山　健二］

10 ② 指導者資格の運用に関する課題の提起

1．資格制度運用の背景

スポーツを取り巻く環境の変化がみられるなか，さまざまなスポーツ活動，ならびに健康づくりを目的とした身体運動を実践する場所として多様な事業が展開されている．そして，それらがスポーツ・フィットネス産業として登場し，その社会的な認知も進んでいる．例えば，スポーツクラブやフィットネスジムは民間企業や法人組織が運営し，クラブ会員を顧客の中心として位置付けて経営が行なわれている．このような余暇や健康づくりに関わる産業，あるいは市町村の地域スポーツ振興に関連する行政や体育協会などの組織では，専門的な知識や能力を有したスポーツ指導者や健康づくり指導者の養成に遅れが生じ，課題の一つとして掲げられるようになった．

1988年以降，スポーツ，レジャー・レクリエーション，健康づくりなどの身体活動を伴う領域が産業として発達する動向が，それぞれの分野における人材の養成事業に影響を及ぼした．そして，文部省，厚生省，労働省などの省庁による指導の下，これら産業に携わる人材の育成は，各省庁の認可法人に認可事業として委ねられ，指導者資格が制度として運用されることとなった．余暇にかかわる事業は多くの省庁が関与することが可能な領域であり，また“バブル経済”といった言葉にも象徴されるような時代背景にあって，レジャー産業の発展が急速に進んだことにより，さまざまな指導者資格が誕生した．

表1

指導者の立場にみる混乱	
・プロフェッショナル（専門職）は必要なのか？ ・クラブに必要な人材とは？ ・チームに必要な人材とは？	・「クラブ」と「チーム」 ・「指導者」と「コーチ」 概念の混同 ・「指導者不足」は何を意味しているのか？ ・スポーツ振興に必要な人材とは？

これら資格の登場は，高等教育機関にも影響を及ぼし，各種専門学校では資格取得を目的としたカリキュラムを編成する傾向がみられた．また，大学や短期大学においても「体育・スポーツ」,「保健・健康」,「観光・ツーリズム」といった名称を掲げる学科や専攻を有するところでは，資格取得用件を満たすことができるようにカリキュラムの再編を行なってきている．ところが，この指導者に関する資格制度が運用されることとなった当初から，さまざまな問題が指摘されてきた[1～3]．それらは以下の3点に集約される．

①新規の人材開発とは別に，既存のスポーツ指導者，健康づくり指導者の「資質向上」という目的が指導者資格制度には存在するが，社会体育指導者の能力が「資格取得者」となることによって，どの程度向上しているのかが不明瞭であること．

②上記にあったような専門領域の学習を目的としている高等教育機関などに在籍し，すでに取得している「科目単位」と，指導者資格を取得するために受講を義務付けられていた「受講科目」において，その内容に重複が存在すること．

③①ならびに②に示したような問題を回避できた

としても，既存の資格付与制度では「資格取得者」を活用する方策に規定がなく，「資格」と「指導者」の間にこれらの人材を運用するシステムが欠如していること．

これらの問題がどのような背景で存在し，これらの課題をどのように整理していくのか，さらに議論は続いている．日本体育学会第50回大会で「スポーツに関する資格取得とその問題点」が共催シンポジウムとして取り上げられたことによっても，さまざまな問題が残されていることは明らかである．

1988年以降に設置された指導者資格制度は10年を経過した．（財）日本体育協会によると文部省の所管する七つの指導者資格取得者数は，72,810名（1999年4月1日時点），（財）健康体力つくり事業財団による報告では，厚生省の所管する「健康運動指導士」ならびに「健康運動実践指導者」の資格取得者数は，合わせて20,139名である．指導者資格の運用開始当初は，指導者資格の取得を希望者が募集定員を大幅に上回り，資格取得のために開催される研修会やワークショップへの参加が抽選によって行なわれ制限されるといった事態が生じていた．しかし，近年では，資格取得に関する要件の見直しが実施された資格，あるいは，取得希望者が募集定員に満たない指導者資格も出始めている．

資格取得の方法についても，議論された課題を踏まえて改正が行なわれてきた．例えば，厚生省が所管する「健康運動指導士」と労働省が所管する「運動指導担当者（旧名称；ヘルスケア・トレーナー）」では，相互のカリキュラム内容に類似点が多いことや，各々の資格取得者が相互に資格を取得している実情を鑑み，「単位互換」を制度として認め，研修カリキュラムの軽減を実施している．

また，文部省の所管する指導者資格についても，大学，短期大学，専門学校などの高等教育機関で開講されている「カリキュラム」の内容を（財）日本体育協会に申請し，認可を受ければ，「単位取得」をもって指導者資格取得に要するカリキュラムから除外することができるシステムへ移行している．これらの方策については，これまでの研究成果からの提言やさまざまな資格取得にかかわる課題提示によって改善された事例であると考えられる．

これまでの議論は，生涯スポーツ振興やスポーツ・ビジネスの先進国をモデルに，諸外国における指導者養成の仕組みや指導者資格の運用制度について報告され，わが国での制度的な不備や改善すべき方向性が示される方法が取られてきた[4,5]．また，職域や雇用制度に関する労働経済学的な問題の指摘，ボランティアとして活動している指導者とプロフェッショナル（専門職）として活動する指導者との境界といった人的資源の社会的側面にも言及されている[6〜9]．

本稿では，これまで筆者らが実施してきた実証データに基づいた考察を示し，「社会体育指導者」として活動する指導者にとって「資格」がどのような意味を持ち，いかなる方策が必要とされているのかについて，その問題を提起したい．

生涯スポーツや健康づくり活動が，今後のわが国における社会変化，つまり，超高齢化社会における役割，あるいは余暇生活のさらなる充実に関連し発展していくならば，これに携わる人的資源の開発方法について示唆すべき具体的な資料として有益であると考えられる．

2．指導者資格の存在―資格取得者の実態と指導者資格への反応―

本稿では，スポーツ活動や健康づくり活動に関与する指導者資格の運用制度における問題点を明示するために，これまでの筆者らによる研究の概要を示し，そこから導かれた考察を紹介する．研究の対象となった指導者資格制度は，生涯スポーツの振興と関連する「スポーツ」，「運動」，「健康（ヘルス）」，「レクリエーション」などの概念を含んだもので，1988年以降に設置された「健康運動指導士」（厚生省所管），「ヘルスケア・トレーナー（現行名称「運動指導担当者」）」ならびに文部省が所管する「社会体育指導者養成事業」に含まれる指導者資格である．

テーマ１では,「健康と体力の維持向上に活用される運動・スポーツを指導する」ために，1988年以降に設置された厚生省所管の「健康運動指導士」と労働省所管の「ヘルスケア・トレーナー」の資格取得者を研究の対象とする．これらの資格制度では，体育系大学の卒業が資格取得のための研修要件として取り上げられているなど類似点が多く，資格制度の発足当時より改善点が多く指摘され，この二つの資格制度は現在,「取得に要するカリキュラム単位の互換」の制度を導入している．

また，資格取得者を施設運営事業体が配置することによって，一定の施設内の器具・用具ならびにプログラム内容を実施する条件を整えることで，厚生省ならびに労働省の公的施設としての認可が受けることができる．今後の省庁改変に伴って，一元化されることが予測されるが，制度が改訂されるまでに資格取得者の活動状況や意識を検証した．

テーマ２では，スポーツやフィットネスの産業化に伴って増加した専門職の指導者と指導者資格との関係について言及する．職業としてスポーツ・フィットネスの指導を担うインストラクターが，指導者資格とその運用の制度に対してどのような意識を持っているかなど，その背景にある資格制度の課題を考察した．

テーマ１においては，資格取得者が研究の対象となっているが，テーマ２は資格を有していない専門職従事者が含まれている．つまり，資格取得者と未取得者の比較によって，現行の資格制度における問題点を明らかにする．スポーツ指導や健康体力づくり活動が一産業として確立されているが，指導者の養成については，高等教育機関，資格取得のための研修，そして各スポーツ事業の運営会社による育成というように多面的に行なわれているのが実状である．専門職として活動しているインストラクターの認知次元にも現行制度の下にある「資格」には戸惑いと不透明感が存在していることを示唆する．

表２

課題の抽出と議論の成果

【目的】スポーツや健康づくり指導者の資質向上
☆改善や工夫がみられた課題
・資格取得の方法(単位互換認定.....)
・資格更新の方法(登録制度と更新規定.....)

★未解決な問題点
・資格取得者の運用(「活動実態」が不明確.....？)
・資格付与機関のオープン化(「一元化」が妥当か？)
・「なぜ資格が必要なのか？」というコンセプトの明示

1）テーマ１：健康体力づくり活動に携わる指導者資格制度の課題 ―「ヘルスケア・トレーナー」と「健康運動指導士」の意識と活動―[10〜13)]

（1）健康づくり指導に必要な「指導者資格」の取得とその意味とは？

1980年代に入り，人々の消費に関する関心がモノからサービスへ移行するなかで，健康の維持や体力の増進を中心としたフィットネス・ビジネスが飛躍的に隆盛した．周知のように，厚生省，労働省，文部省がそれぞれ社会体育関連の専門的な指導者養成の市場を狙い，指導者資格制度を発足し,「指導者の資質の向上」と「健康体力づくり指導に寄与する一定の知識や技能を有する人材養成」を目的に掲げてきた．

具体的には専門職としての指導者に必要な知識と技術を習得させ，指導の対象となるスポーツや健康づくり教室の受講者，スポーツクラブやフィットネスクラブの会員の個々に応じた運動プログラムを作成し，指導する人材を養成する制度であるが，厚生省では「健康運動指導士」，労働省では「ヘルスケア・トレーナー」，そして文部省では「スポーツプログラマー」という個別に資格が作り上げられており，並列的な制度の運用による混乱について，フィットネス・ビジネスの社会でも議論されている．ここでは，健康体力づくり活動に携わる指導者資格とその運用制度について「健康運動指導士」ならびに「ヘルスケア・トレーナー」を事例に，その問題点を資格取得者による回答データをもとに抽出した．

(2) データの収集と分析

「ヘルスケア・トレーナー」ならびに「健康運動指導士」の資格取得者それぞれに行なわれたデータを用いて検討することとした.「ヘルスケア・トレーナー」については，アンケート調査を実施し,「健康運動指導士」に関するデータは，健康体力新聞第175号（1990.6.1）に公開されたデータを用いた.データの抽出方法ならびに分析方法は，資格ごとに異なるが，各指導者資格の有用性について比較を目的とするものではないことを付記しておく.

①ヘルスケア・トレーナーへの調査および分析方法

「ヘルスケア・トレーナー」の研究データは，1988年および1992年に「ヘルスケア・トレーナーの活動と意識に関する調査」として同じ対象者に二度継続調査を実施した.この調査対象者は，1988年1月から7月に中央労働災害防止協会が開講した「ヘルスケア・トレーナー養成研修」に参加し，同協会に登録後,「ヘルスケア・トレーナー」資格を有する209名である.

第一回目の調査は1989年10月から1カ月間を設定し，調査を行なった．調査実施前に行なった調査協力の依頼（事前通知：電話による調査実施申し込み）に対して，209名のうち120名からアンケート調査への協力の承諾を得て，質問紙を配布し，すべて回収することができた．第二回目の調査は1992年9月に実施した．前回の調査と同様に調査協力の依頼に対して，209名中94名からの回答が得られた．第一回目から引き続いて協力が得られたヘルスケア・トレーナーは，62名で継続回答率は74.7%であった.

調査項目の設定には，最大手スポーツクラブ運営会社P社（本社：東京都港区）企業フィットネス担当課ならびに企業内フィットネス活動を実施しているA新聞社（東京本社）厚生課の協力を得て，項目調整を実施し，中央労働災害防止協会での協議を経て調査用紙として使用した．項目の内容は下記に示したとおりである.

a）個人的な属性（性別，年齢，資格取得の動機）

b）指導状況（指導頻度，指導にかかわっている時間数）

c）指導者活動に対する意識（知識・技術・指導状況に対する満足度，指導上の問題）

回収された調査票の分析は，パーソナル・コンピューター上で統計ソフトSPSSを使用し，記述統計を算出後，クロス集計におけるχ二乗検定を実施した.

②健康運動指導士のデータ収集および分析方法

健康運動指導士に対する調査は,「健康運動指導士の養成講習会と資格制度に関する調査」として鹿屋体育大学経営管理学研究室と健康体力新聞社によって1990年4月から5月までの1カ月間に実施されたものである．調査用紙に盛り込まれた内容は，アンケート調査実施主体となった鹿屋体育大学体育経営管理学研究室（野川研究室）より入手した資料より次のとおりである.

a）個人的な属性（性別，年齢，居住地，婚姻状況，最終学歴，生活満足度）

b）職務内容項目（勤務先，職業，収入額，所定休日数，勤務時間数，年次有給休暇，職務シフト，勤続年数，職務意欲，転職経験，転職離職意思）

c）資格取得者の活動項目（指導活動経験，自身の運動実施頻度，クラブ所属，中学・高校・高等教育機関での運動経験）

d）資格取得に関する項目（研修受講時期，取得動機，取得費用の支出者，職務と資格取得講習内容の合致程度，健康増進施設認定の必要度，資格制度の現状への同意程度，他の資格取得の意思）

研究の対象となった「健康運動指導士」資格取得者は，平成元年（1989年）12月5日までに登録されている798名である．調査方法は，郵送法による調査票配布・回収が行なわれ，325名の資格取得者から回答が得られた（有効回答率40.7%）．二次分析は，健康体力新聞第175号（1990.6.1）に公開されたデータをパーソナルコンピューター上で統計アプリケーションソフト・エクセル統計を用いて，記述統計量を算出しクロス集計におけるχ二乗検定を実施した.

3)「指導者資格」の取得および「資格運用」の妥当性に関する疑問

研究結果の概要は，以下の五つにまとめられる．
①資格取得の動機は，「健康運動指導士」ならびに「ヘルスケア・トレーナー」のいずれの資格においても「自発的に」と回答する資格取得者が最も多かったが，「ヘルスケア・トレーナー」では「職務命令として」と回答した者の割合と「自発的に」との回答者に差異はなかった．
②資格取得に必要な研修について，「健康運動指導士」資格取得者では，自身の指導状況を比較した上で「研修が現場の指導と合致する内容であった」と回答する者が約７割を占めていた．
③「ヘルスケア・トレーナー」資格取得者は，資格取得後の「知識・技術」に対して「不満足である」と回答する者がおよそ７割に達した．さらに「ヘルスケア・トレーナー」資格取得者のうち「指導者としての活動に不満である」と回答した資格取得者の割合が７割を超える高い割合を示した．
④資格の有用性について「健康運動指導士」資格取得者のうち「有用ではなかった」と回答した者が「有用であった」と回答した者よりもわずかに多く，さらに「健康運動指導士」資格取得者のなかで，スポーツ・インストラクターやフィットネス・トレーナーとして勤務している専門職従事者の４割以上が「有用ではなかった」と回答した．
⑤「ヘルスケア・トレーナー」資格取得者では，企業内の従業員を対象とした健康・体力づくり活動に関与していない者が約３割存在した．

本研究では，健康づくり活動にかかわる指導者を対象に設けられた資格制度の中から，「ヘルスケア・トレーナー」と「健康運動指導士」の活動実態と資格制度への意識に関するデータを分析し，以上のような結果を示した．本研究の対象が，資格制度の運用後，間もない時期に資格を取得した指導者であったため，資格取得後の運用に関する初期段階での問題点が明確になっている．

資格取得と指導活動との関係では，「自発的に資格取得を望んだ」と回答している資格取得者が多いが，資格取得後の活動機会が十分でないことや，資格の有用性に疑問を感じている資格取得者が多く，各省庁によって一定の施設内容と資格取得者の配置によって認定される「認定施設」という称号獲得を目的とした資格取得の傾向が推察される．さらに資格取得後の技能に対する満足感が低く，資格制度の目的である「指導者の資質向上」が形骸化している可能性を示唆できよう．

表３

資格制度の行方	
☆スポーツや健康づくり事業における複雑化・細分化時代の到来	☆ヒントはどこに隠れているのか？
・指導者キャリアと資格内容の一致	・競技団体公認の審判員やレフリーなどの資格運用制度
・資格取得者の役割を明確化	・雇用制度・契約社会における資格の扱い
・運用制度の認知を拡張	・有資格者の評価と再教育
	・社会へのベネフィット

2) テーマ２：スポーツ・フィットネス産業における指導者資格の課題—インストラクター職従事者の資格制度に対する認知次元—[14～16]

(1) スポーツ・ビジネスと「指導者資格」の存在

わが国におけるスポーツ指導の現場，特に社会体育の振興には，熱心な「ボランティア指導者」の存在が中心であった．特に競技にかかわるコーチ，トレーナー等，選手の技術向上に携わる人材の多くは職業として確立された形態をとらずに活動してきたといっても過言ではない．現時点でも児童期ならびに学校での課外活動，あるいは地域のスポーツ活動において指導者として活動する人材のほとんどが「ボランティア指導者」であり，その指導者たちはそれぞれに別途，職業や家庭での役割に従事し，余暇を活用しているのが通例であった．

スポーツ振興法のもと，地域スポーツの振興に関わる人材として「体育指導委員」という非常勤指導者が市町村に存在し，各地方行政の中で活動している．しかしながら，実質的な活動の内容は地域によって異なる様相を示しており，体育指導委員の制度も見直しの時期にきている．このことは，スポーツ振興法改正の方向性をみても明らかである．

その一方で，スポーツ指導がビジネスとして成立していく過程があった．1970年代よりスイミングスクールの運営が産業として本格的に成立し，1980年代の健康ブームによって，それまでのスイミングスクールの経営体が中心となって現在のフィットネスクラブの事業が展開されている．そこで扱われた経営に関するノウハウは，スイミングスクールから受け継がれたシステム，そして北米を中心としたフィットネス産業の先進国から取り入れたものによって構成されている．専門職としてスポーツ指導や健康づくり活動に携わる人材の養成や確保も，個々の経営体による独自プログラムやキャリア開発システムに沿って行なわれてきている．

生涯スポーツ振興に関連し，スポーツや健康づくり活動の指導が産業として確立されていく中で，指導者養成システムの一つの側面として指導者資格制度が設置されている．しかし，これらの資格制度に対するスポーツ・フィットネス産業界の姿勢は積極的ではなかった．この背景には，以下の三つが考えられてきた．

・スポーツ産業を支えている各企業に独自の指導者育成システムが存在すること
・即戦力の人材として受け入れる体育・スポーツの高等教育機関を卒業する者が習得するであろう知識・技術と「資格取得」に要する内容に差異が認められないこと
・「資格取得」によって産業界にもたらされるメリットが明確でないこと

ここでは，民間スポーツクラブに勤務するインストラクターの社会体育指導者の資格制度に対する認知次元を明らかにすることに主眼を置きたい．上記のスポーツ産業側の意見は，スクールやクラブの運営に経営者としてかかわっている人々からの意見であり，実際に現場で活動しているインストラクターなどの専門職が実際にどのように指導者資格制度を捉えているのかを考察することにより，指導者資格制度とスポーツ・ビジネスとの関係の中で存在する課題を抽出するための一助となるであろう．

(2) データの収集と分析の方法

民間スポーツクラブ「A フィットネスクラブ」に勤務するインストラクター313名を対象に，「社会体育指導者の資格に対する印象調査」を実施した．A フィットネスクラブは全国に38カ所の施設を有し，各クラブにはプール，トレーニングジム，ダンススタジオを配している．アンケート用紙に盛り込まれた項目は，主に以下の4項目である．

a）個人的な属性（性別，年齢）

b）職務内容（勤務年数，職位，職務内容）

c）指導者資格とのかかわり（指導者資格の有無，資格取得意思の有無）

d）指導者資格制度の印象測定項目（20の形容的な対語）

調査用紙の設計については，調査への協力が得られたAフィットネスクラブ体育研究所の社員教育係スタッフによる項目精選を行ない，さらに「健康運動指導士」ならびに「ヘルスケア・トレーナー」の資格を有する他社の専門職15名を対象にプレテストを実施し，調査項目の妥当性を確認し，調査項目を決定した．

調査の方法は，A フィットネスクラブ本社より各施設へインストラクター職にある常勤スタッフ数の調査用紙が配布され，回収は，各自で記入後，封印し郵送によって返送する手続きで実施した．データ分析は，パーソナルコンピューター上で統計アプリケーションソフト SPSSver 6.1 j を使用し，記述統計を求めた．「指導者資格制度の印象測定」については，主成分分析を用いて因子の解釈を行ない，印象測定項目について，指導者資格の有無，勤務年数別，職位別に平均値の差を検定した．

(3) 専門職の存在と「指導者資格」の有用性への疑問

本研究の結果概要は，以下の五つである．

①インストラクターによる指導者資格制度に対する認知次元は，「制度内容」，「取得効用」，「自己期待」，「取得抑制」の四つの因子に分類された．

②資格取得の経験別にみた「資格取得者」と「資格未取得者」による比較では,「制度内容」と「取得抑制」に対する印象に差異がみられた.
③勤務年数による比較を「5年以上」と「5年未満」で行なった結果,「制度内容」,「取得効用」,「自己期待」,「取得効用」すべての因子において印象に差異がみられた.
④「管理職」と「スタッフ」による職位別比較では,「制度内容」,「取得内容」,「取得効用」,「自己期待」,「取得抑制」すべての因子項目でインストラクターの印象に差がみられた.
⑤上記②～④の比較において，すべてに差異がみられた「制度内容」の因子を構成する項目は,「魅力のある―魅力のない」,「積極的な―消極的な」という資格制度への態度印象を示す項目と,「明るい―暗い」,「将来性のある―将来性のない」といった資格制度の将来への方向性にかかわる印象を示唆するものであった．また,「取得抑制」因子の構成項目は,「高価な―安価な」という資格取得にかかわる費用に関する印象であった.

「資格未取得者」,「勤務年数5年未満」,「スタッフ」の構成員は年齢が若く，スポーツ産業において専門職として働いた年数が短い傾向がみられるが，これらのインストラクター職にとって資格制度は魅力が乏しく，自身の専門性や将来性に直接結びつかない印象を受けていることが示された．さらに，スポーツ・インストラクターとしての経験が比較的ある資格取得者にあっても，現行の指導者資格制度下でさらに別の資格や上位資格の取得を考えるインストラクターが少ないことは，一職業の専門職としてスポーツや健康づくり活動の指導に携わる者にとって「指導者資格」の存在が有益でないこととして受け止められていると考えることができよう.

3．指導者資格制度にみる運用上の課題

テーマ1で示した「健康運動指導士」と「ヘルスケア・トレーナー」の資格取得者に関する研究では，指導者資格制度の運用に関する問題として

表4

人材育成と資格制度の調和
・指導者の「キャリア」と「志向」をいかにとらえるか？.....「今，必要なこと」,「将来，進みたい方向」等 ・アセッサー（評価者）の存在が不可欠？.....「クラブやチームの構成者」,「上司や同僚」,「消費者」等 ・指導者の「自由」と引退の「自由」

「資格設置の目的」と「資格取得者の活動ならびに意識」との整合性の欠如を明示する結果となった．また，テーマ2では，フィットネスクラブを運営する一つの経営体において実施された事例研究であり，示唆された結果から，スポーツ・フィットネス産業と指導者資格制度との関係を集約することは困難であろう．しかしながら，これまでには明示されていなかった資格制度の内容が指導者の実務と乖離している状況が示された．ここで示した事例研究の結果からでは，文頭に示した三つの課題のうち,「指導者資格取得による指導者の資質向上」と「資格取得者の運用システム」に関する疑問に対する対応が，未解決のままに現状に至っていると考えることができそうである.

このシンポジウムで提示した**表1～4**にもあるように，資格制度の導入初期にあったような恒久的な「指導者資格の付与」といった性格を見直し，定期的な再教育システムを導入するという方向性が示された点では，成果として認めることができよう．しかしながら，資格取得者の活動状況について公表されない現状，また，指導者資格制度に関する事業が特定団体の中で行なわれている不透明感，さらには，根本となった指導者資格活用論の根本的な次元に立ち返り,「指導者になぜ資格が必要なのか？」について明示するために，産・官・学での「資格取り扱い」に関する議論が必要ではないだろうか.

指導者に求められる内容は，指導現場への参加者によってニーズが異なり，より複雑な課題に応えなければならなくなってきている.「社会体育指導者」という大きな括りでスポーツや健康との関係を示すことは「時代遅れ」なのかもしれない．つまり，指導の中身がより詳細に求められ細分化

されてきた現状下において，それぞれの「指導者資格」の取得者が対応できる消費者を限定する方法も必要なのではないだろうか．ライフステージやスポーツレベルに応じた資格の細分化も一つの方法かもしれない．

最後に，1987年の「スポーツ批評2」に「『資格』が突然湧いて出た」という文章が掲載されており，これを示しておく[17]．ここには，社会体育指導者の背景にあるさまざまな問題について,「資格付与」という事業だけで解決することは不可能であり，スポーツ社会を変革すべき必要性を問うている．10年が経過した今，再読してもその新鮮さは失われていないという現実を,われわれは今一度,深く考えるべき時期を迎えている．

「前文略…指導者の資質を高めること—それはどんなに長い時間を要しようともわれわれ自身の手でなさねばならない．文部省が解決してくれると思うのは幻想にすぎない．…<中略>…われわれは，新制度の実施を前にして，指導者の「資格」を問わなければならないような現実がどうして生まれたのか，その現実に対してわれわれ自身の責任はないのか，また現場が望む「資格」とはどういうものなのか，さらには，どのような指導者を求めるのか，などが深められるべきだと思う．少なくとも，指導者は文部省がつくるものでも，競技団体がつくるものでもない．われわれがわれわれ自身のスポーツ観にもとづいてじっくりとつくりあげてゆくべきものだということだけはわすれてはならない，と考える」．

［永松　昌樹］

参考文献

1）依田有宏：指導者資格のタイポロジー<資格>か<養成>か，スポーツ批評[2]（大貫映子他編）：70—79，窓社，1987.
2）鹿屋体育大学：生涯スポーツ指導者の資質向上に関する国際シンポジウム報告書，1991.
3）佐々木賢：資格を取る前に読む本，三一書房，1994.
4）前掲書2）
5）松尾哲矢：生涯スポーツ社会における指導者システムの再構築—スポーツ・レクリエーション指導者のプロフェッション化（専門職化）と資格問題—，生涯スポーツの社会学（厨義弘監修）：79—96，学術図書出版社，1996.
6）前掲書1）
7）前掲書3）
8）前掲書5）
9）佐々木賢：怠学の研究—新資格社会と若者たち—，三一書房，1991.
10）永松昌樹，他：職場の健康づくり活動に関する一考察，中京大学体育学論叢　32（2）：13—26，1991.
11）永松昌樹，守能信次：社会体育指導者の資格付与制度とその運用をめぐる今日的課題，日本スポーツ産業学会第1回大会号：21—26，1991.
12）永松昌樹，守能信次：職場での健康づくり活動に関する指導者研究，日本体育学会第42回大会号A：468，1991.
13）永松昌樹，守能信次：社会体育指導者の資格制度に関する研究—ヘルスケア・トレーナーの活動状況に関する調査より—，日本体育学会第44回大会・体育社会学専門分科会発表論文集1C 03—1—6，1993.
14）Masaki Nagamatsu : Training System of Leader for Sports and Fitness in Japan. An International Symposium "Sport in the City" : Cultural, Economic, and Political Considerations. (University of Memphis), 1996.
15）永松昌樹，守能信次：社会体育指導者の資格制度に関する研究—指導者資格に対するインストラクターの認知次元—，日本スポーツ産業学会第7回大会号，1998.
16）永松昌樹，守能信次：社会体育指導者資格に対するインストラクターの認知次元に関する研究—Aフィットネスクラブ運営会社に勤務するインストラクターの事例から—，スポーツ産業学研究 9（1）：25—35，1999.
17）大貫映子，他：スポーツ批評[2]. 34—35，窓社，東京，1987.

10 ③ スポーツ指導者の専門化に向けて

—昭和 61 年資格付与制度の陥穽とその社会的背景—

1．問題の所在

首都圏求人情報にスポーツトレーナーとあり，勤務地,時間と続く資格にスポーツプログラマー，健康運動指導士等とあった（平成 11 年 6 月 26 日付，朝日新聞）．勤務地は埼玉県深谷市総合体育館で応募先は民間の株式会社である．公的機関による民間への運営業務の委託であろうが，応募条件にスポーツ資格を明記した点に着目した．財団法人横浜市スポーツ振興事業団では，平成 10 年度採用予定の事務職と指導員職を募集したが，その指導員職には年齢制限に，ア)4 年制大学又は短期大学を卒業又は卒業見込みの人で体育専門課程を修得した人，イ）専修学校（体育専門課程）を卒業し，体育施設（公営・民営）で職員として 2 年以上指導経験があり，在職証明できる人，といういずれかの資格的な条件を加えていた（平成 9 年 9 月 27 日付，神奈川新聞）．そもそも，公的機関がスポーツ指導に関連する資格を条件に公募するのであろうか．否，ここに紹介した事例が提示するのは，深谷市や横浜市などの国や自治体がスポーツ関連有資格を条件に公務員として採用する職種を設定しているか，あるいは，自治体が関与する法人・外郭団体に限ってこのような募集を散見するのはなぜか，という疑問である．流行のインターネットは「スポーツ振興財団」や「スポーツ振興事業団」をキーワードに検索すると 500 件弱ヒットするが，いずれも都道府県や市町村が関与する法人のホームページにたどり着く．果たして，これらの事業団体が横浜市スポーツ振興事業団のような募集をするのであろうか．

一方で，スポーツ振興に関連する省庁は 10 有余を数えるが，この相似を横浜市に求めると**図 1** のようになる．この組織を基本に，スポーツ施設を管轄部局と外郭団体に組み合わせると**表 1** のようになる．プール，体育館，野球場，総合運動場，テニスコートなど同じスポーツ施設にもかかわらず，それを管轄する外郭団体と関連部局の違いに，改めて訝しさを確認せざるを得ない．この訝しさは，スポーツ資格に関する基本的な問題として，自治体，外郭団体，資格認定事業の機構に伏在しているように思える．

猪瀬[6]はその著「日本国の研究」で特殊法人や公益法人のからくりを紐解きその問題性を指弾する．そこでは，スポーツ振興にかかる講習会，研修会，施設の認定，指導員の資格付与を公益法人が行なうようになった事例も紹介され，インストラクター養成事業を俎上に載せる．出版 3 カ月後の 6 月に，行革ファイル「縦割りを見る」という特集記事「うり二つ「公的資格」乱造」が掲載される(平成 9 年 6 月 4 日付，読売新聞)．その中で厚生省認定「健康運動指導士」と労働省「ヘルスケア・トレーナー」を取得した大西さん（仮名）が「何の役にも立たなかった」と振り返る．なかでは文部省「スポーツ・プログラマー」も取り上げられ，それぞれが似た講義内容である点が指摘され，天下りの受け皿と縦割り社会に公的資格が増殖すると糾弾する．猪瀬[6]の指摘を遅ればせながらも確認する．

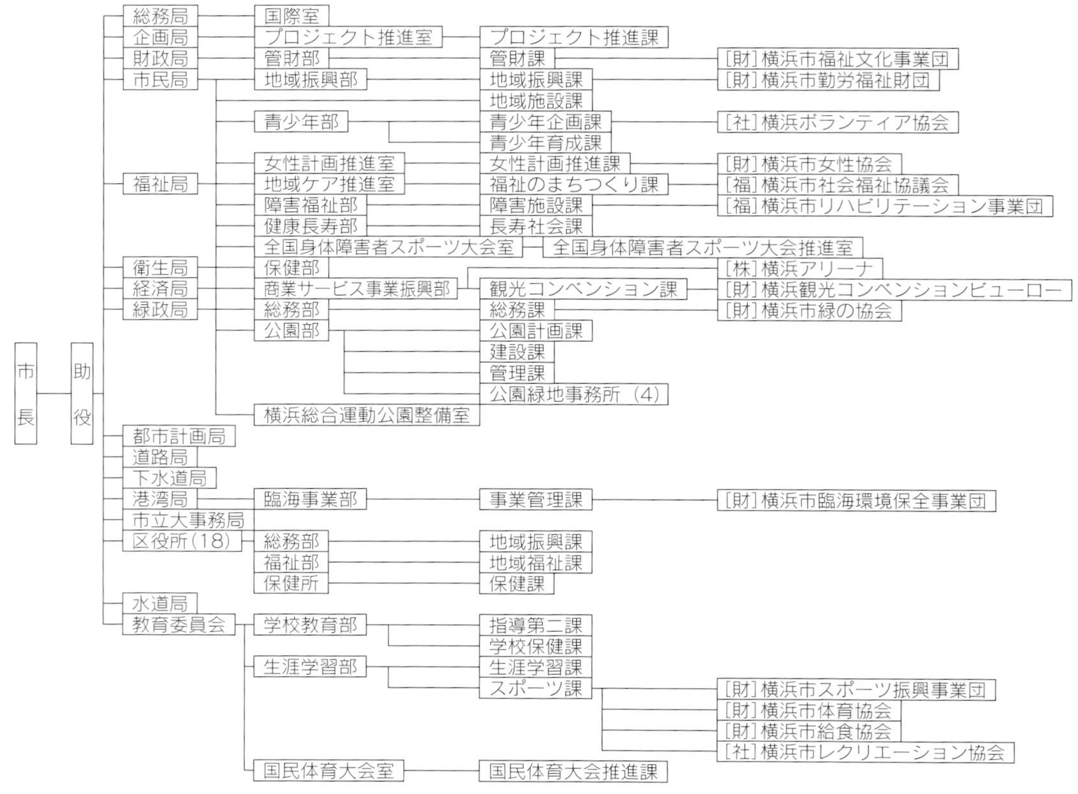

図１　横浜市スポーツ事業関連組織（平成 10 年度）

この事例を踏まえた上で，スポーツ資格付与制度が関心を呼んだ当時の論文をここで論評するのは，ジャンケンの後出しのようで躊躇せざるを得ない．ともかく，スポーツに関する資格制度を取り沙汰する契機は昭和 61 年(1986)11 月 7 日に保健体育審議会より提出された「社会体育指導者の資格付与制度について（建議案）」であった．その論理は，高齢化にともなうスポーツの大衆化（多様化）と国際化に促される高度化へのニーズを背景としたスポーツ振興への期待が高まっていること，その期待に応える方策として社会体育指導者(社会体育行政職員と民間指導者)への役割の重要性が確認されること，しかし民間指導者だけでは量的にも質的にもニーズに応え難いこと，ゆえに適正な資格水準の設定が必要であり（資格付与制度)，その制度によって社会的評価と社会的信頼の向上が社会体育指導者に期待される，と要約される．

これを受けて，体育・スポーツ関連月刊誌は社会体育指導者やスポーツ指導者に関する特集号を企画する．官民こぞっての熱狂に混沌をみる特集企画者の意図（体育科教育第 35 巻 13 号目次，1987）とは裏腹に，内容の大半は建議案が指摘する現状と問題点の追認作業，指導者の条件を論評するに留まる（体育の科学第 37 巻 1 月号・4 月号, 1987, 体育科教育第 35 巻 12 月号, 1987 など).

振り返り 14 年を経た今，そこにあった本質的問題点の指摘がジャンケンの後出しとの誹りを受けないためにも，先の熱狂のなかで石河[5]が体育教師の需要と供給のアンバランスが問題の本質であると明言していたと確認したい．この慧眼は，横浜国立大学教育学部体育専攻生の入学定員に如実

表1　横浜市スポーツ事業関連組織とスポーツ施設

局	組織	施設
横浜市		
財政局：	（財）横浜市福祉文化事業団	横浜プールセンター　本牧市民プール　旭プール　栄プール　港南プール　保土ヶ谷プール　都筑プール　緑テニスガーデン　根岸テニスガーデン　泉中央テニスガーデン　上郷・森の家
市民局：	（財）横浜市勤労福祉財団	鶴見勤労青少年センター 横浜市勤労青少年センター横浜DO館
	（社）横浜ボランティア協会	横浜市青少年育成センター
	（財）横浜市女性協会	横浜女性フォーラム（トレーニングルーム）
福祉局：	（福）横浜市リハビリテーション事業団	横浜市スポーツ文化センター 横浜市リハビリテーションセンター
経済局：	（財）横浜市産業振興公社	鳥浜振興会館（体育館・トレーニングルーム） 横浜市金沢産業振興センター（体育館・テニスコート・グラウンド）
緑政局：	（財）横浜市緑の会	清水ケ丘公園（体育館・プール） 公園体育施設（公園プール28，庭球場16，徒歩池28，運動広場6，弓道場3，馬術場，相撲場）
港湾局：	（財）横浜市臨海環境保全事業団	本牧海づり施設　大黒海づり施設
教育委員会：	（財）横浜市スポーツ振興事業団	スポーツセンター17　平沼体育館　横浜市文化体育館　横浜国際競技場　スポーツコミュニティプラザ　スポーツ医科学センター　横浜国際プール

に示される．昭和62年（1987）以前，体育専攻生定員は小学校教員養成課程32名，中学校教員養成課程9名の合計41名であったが，昭和63年（1988）～平成9年（1997）の小学校教員養成課程20名，中学校教員養成課程7名，生涯教育課程社会体育コース15名，合計42名となる課程改組を経由し，教育人間科学部改組後の平成10年入学生の保健体育専門領域目安18名となる．定員41人から18名への規模縮小を呑み込むのに10年間を費やしたと理解される．この10年間の社会体育コース専攻生約150名が持ち得た熱狂と野心は，疑似労働市場10年でまさしく「クーリングアウト」[1]した．受験案内（1994）に非教員養成系体育専攻定員を数え上げると，1学年約6,000名を数える．この学生たちが過去10数年にわたり「クーリングアウト」を繰り返し，さらにこの擬似労働市場を存続させるのであろうか．

2．社会体育なる幻想を支える擬似職業としてのスポーツ指導

当時，守能[7]が嘆いたように，今般の改訂でも社会体育は「広辞苑」になかった（第5版，1998）．茶畑とチャパティの間に「茶髪」が，コンビナートとコンビニエンスストアの間に「コンビニ」がそれぞれ初出した中で，辞典に「社会体育」が存在しないことに，社会体育関係者はもとより体育・スポーツ関係者にとってもまさに「眼が点」であったと期待したい．指示定義に耐え得る単一の実体を有するに至っていない多様さを社会体育が呈示する[7]から認知されないのか．職業的に成立し得ないのは，いかなる事情によるのであろうか．

この問題を紐解くには竹中[10]の論考する「職業としての売春」は興味深い．そこでは，売春行為と売春的行為に分け，その職業成立の可能性を生

計維持，社会的役割，社会的参加，社会的承認，主体的な充足感の視点から検討する．生計維持には専業なる観念が導入される．また社会的役割や参加に関しては公娼制度廃止後の制度的制裁故に職業として承認されないが，制裁対象が行為者であって顧客ではないから後者には成立する．さらに，疎外された労働や性の商品化を手がかりとして，与えられた義務（obliged duty）や生きがいへと論考を進める．売春が制度的に承認されず職業としての条件を備えていないという前提の上でも，現実には存続している実態に，生活の手段と目標であるという双方の機能を職業・労働に売春が選択されないことはなく，問題は過程にあると指摘する．

では，社会体育指導者は職業的・社会的に相変わらず認知されないのか．実体としての存在を制度的に承認する方向性を志向するなかでなぜか．竹中[10]による売買の関係や過程の問題性に着目すると，職業を意図する行為者に成立を認めない顧客という図式，ならびにその職業的行為過程にある種のトラウマが見え隠れする．

先の図式は，指導というサービスが持つ不可視さ（無形性），授受関係性の不明さ（共同性），即時の消費（同時性）という特質が，受益者負担の原則が指導に適応される意図をかえって縁遠くする．この乖離には「従来からアマチュアがスポーツを指導することがスポーツの純粋性を保つものだとされていた社会通念がかえってスポーツの指導者の社会的地位を低くしていた事実を否定できない」との指摘[5]が的を射る．ここに，江橋[2]が余暇教育指導者を専任，兼任，篤志と時間軸に基づく苦渋の分類をせざるを得なかった理由をスポーツ指導が余技の域を出ていないとの判断があったとの推察に重ね合わせるとき，本質的な問題に滅私奉公型の運動部顧問の有り様がトラウマとしてスポーツ指導者に潜伏し，指導の経済的妥当性を主張するときに頭を擡げてくるように思える．教科体育を主，クラブ活動を従とする関係性を覆すことができない，つまりスポーツ指導が余技の域を出ない限りは，奉公に懸命であればあるほどに社会的地位が低くなる悪循環を繰り返すことになる．

その関係性の上に，当時の建議案にある問題点が問題点たり得たのか，という疑問を貼り付けるとき，トップダウン型とボトムアップ型のニーズにたどり着く．当時のスポーツ指導者付与制度が破綻した事態は，ボトムアップ図式が成立していたのか，大衆化と高度化のニーズが本当であったのか，つくられたニーズではなかったのか，といった懐疑を提示する．実際にスポーツ人口に関する経年的な全国調査にこの事実誤認が確認され[8,9]，また擬似的スポーツ参加希望者の存在は実体のないニーズの再生産を推察させる[3]．また，猪瀬[6]が分析する構造を手がかりに，学校現場に導入が検討されるスクール・カウンセラーの事例を，先般のスポーツ指導者付与制度の頓挫を教訓しながら検討すると，厚生省と文部省の綱引きという縦割り行政が一致するが，滅私奉公型の実体が不在である点に関心を抱く．教育と医療の棲み分けを経て，スクール・カウンセラーの地位確立に向けて，トップが操作するボトムからのニーズなる構造的再生産，つまり，学校現場では，いじめ，不登校，学級崩壊に代表される「荒れ」なるニーズが存続しなければならない．そこには，トップダウン型のニーズにしろボトムアップ型のそれにしろ，継続意図はトップの操作にあるとの推察を可能とする．

その事情を，法人の業務委託のメカニズムを猪瀬の指摘[6]に応じて図式化すると**図2**のようになる．右下がりの団体配置であるが，基本構造は戸村[11]の資格免許制度の図式の繰り返しに過ぎない．業務や受講者のニーズが社会的な要請に基づくものなのか，先に危惧したトップによってつくりあげるのか，そこが根本的な問題であったと気づくとき，このスポーツ指導者資格における次なる問題を指摘したい．外国で取得した運転免許や教員免許の実効性はわが国で保障されるのかという問題である．アメリカスポーツ医学会（ACSM）や全米アスレチック・トレーナーズ協会（NATA）がその資格の優秀性を宣伝すればするほど，わが

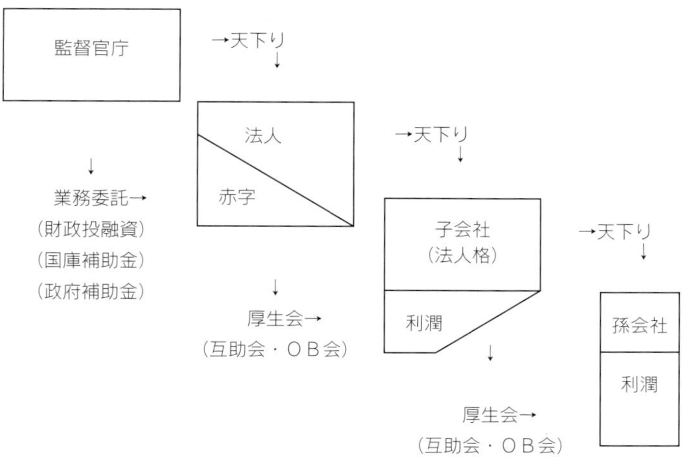

図２　法人：業務委託のメカニズム（猪瀬，1997 より作図）

国の資格免許制度における許認可の俎上にのぼり，もちろん規制強化の対象となるという自己矛盾にたどり着く．つまり，スポーツ指導者の職域が曖昧であるからこそ，その科学的な合理性や国際的なる差異化に基づく特異性を宣伝できる，隙間風産業であることに気づく．しかし，この矛盾を矛盾として捉えるのではなく，むしろスポーツ指導という職域の成立を目指す”黒船”と位置付けるべきと評価したい．

3．スポーツ・ボランティアなる改名の自己内回帰

ところで，先の阪神淡路大震災やナホトカ号重油流出事件はボランティアの在り方を考える好材料であった．当該有事が求める特殊能力の有資格者が基礎条件であることを知らせてくれた．すなわち，

「ボランティアとは，有資格者がその特殊能力を定常的に発揮する職業的領域にあって，有事に際して定常的にはその能力を発揮しない有資格者が無給にてその能力を発揮すること」

と定義できた．しかし，平成 10 年に開催された長野オリンピックや神奈川国体で喧伝されるスポーツ・ボランティアにこの定義は一致せず，むしろ，コーチングやマネジメントなどとスポーツ指導における専門領域の特化に逆行する包括的な活動を示した．ここにはスポーツ・ボランティアが不明瞭な定義に着膨れたのち，滅私奉公型指導へ回帰するように思えた．この手順は，スポーツ・シューズが今日特化するなかで小学校での上履きとも運動靴とも判然としない教育シューズなるズック靴への回帰に似る．安価を売りとするズック靴に似てスポーツ指導の安売りを誘発する．反転すれば，この不明瞭な似非ボランティアの存続こそ，スポーツ指導における専門化（プロフェッショナリゼーション）を阻む構造をつくりあげてきたように思える．

このようなメカニズムは学校体育と社会体育，学校教育における教科体育と部活動，教科体育の体育とスポーツの関係性の混同に内在し得る．その特異性は，教育の相対的自律性に似て，確固たる基準が指導を専門とする職域に存在しづらい事情によるのかもしれない．

すなわち，保健体育に関与する人々は，平成 11 年 8 月 14 日丹沢山塊で起きた玄倉川水難事故の悲劇を心に留めるべきと思われる．防災の観点から危険エリアへの立入禁止拡張が策定され，これ

にたいして，事故の教訓となるキャンパー達のモラル・自己責任の確認と徹底が喚起され，両者が拮抗する．ここにあるのは，未然に事故を防止する方法論の討議でしかない．もしも，あのような事態に陥ったときにわれわれは自らの身を守るいかなる方法論を持ち得るであろうか，という観点がまったく欠落している．ともあれ，われわれが有事に臨んで自らの身を守る方法論を学校教育では教えているのであろうか．ドーバー海峡でフェリーが沈没したおり，片腕に老女を抱え，幼児の服の襟を歯がみし屈強な男性が梯子を昇っていったという過去のニュースを，先の玄倉川水難事故に併せ思い起こすとき，ここに保健体育の本質が存在するように思えてならない．保健体育の本質は有事に際して自らの生命を助ける技術と態度を身につけるように思えてならない.「楽しい」のはスポーツであって,「保健体育」は苦しく辛い活動であるべきと思われる.「楽しい」スポーツが平時の「保健体育」を侵食したとき,「保健体育」が自信を失い必修科目から除外されたと理解できる．平時にあって常に有事を想定した理念を持ち続けるべきことを先の二事例はわれわれに伝えるとともに，自信回復の切っ掛けを与えているように思えてならない．つまり，スポーツ指導者の専門化(プロフェッショナリゼーション)の根源もまたスポーツと同根の「楽しみ」にこそあるべきと思い知るとき[4)]，苦く辛い保健体育の指導者をいわゆる体育教師と，喜怒哀楽に満ちたスポーツのそれをスポーツ指導者と対峙できる配置を用意できると考えたい．

では，どこに問題解決の具体的な糸口を見いだせようか．平成9年保健体育審議会答申では，有資格スポーツ指導者の地方公共団体または各地方公共団体の公益法人の職員（非常勤職員または委託等を含む)への就職の可能性を促す.「等，など，含む」が提言を骨抜きにする可能性を警戒しつつも，公務員待遇の職員確保とそれにともなう職域の成立を期待したい．この実現によって，石河[5)]の「社会体育の指導者を職業的指導者とボランティアの指導者にはっきりと二分するのがよい」がいよいよ意味を持つ．ボランティアの先行する職業的領域にプロフェッショナルは育たない史実をスポーツ指導に確認できる．滅私奉公なる似非ボランティアを野放しにしたツケが今般の社会体育指導者資格付与制度の頓挫の根元にあると気づくとき，次なる解決のキーワードは，資格付与制度と職員採用人事の情報公開ならびにこの公益法人の決算開示にあると明言できる．資格取得と採用人事の二重のプライドを社会体育指導者が自覚することを促したい．専任採用を進める公益法人がすでにいくつかあるが，その積極的な結果を公言しない理由が情報公開への及び腰でないことを祈りたい．

［海老原　修］

参考文献

1）Clark, B.R.：The ‘Cooling-out’ Function in Higher Education, American Journaal of Sociology 65 : 569―576, 1960.
2）江橋慎四郎：余暇教育学，垣内出版，1978.
3）海老原修：生涯スポーツへのいばらの道，宮下充正編，スポーツ・インテリジェンス．2―13, 1996，大修館書店．
4）海老原修：地域スポーツのこれまでとこれから～コミュニティ型スポーツの限界とアソシエーション型スポーツの可能性～，体育の科学 50 (3)：180―184, 2000.
5）石河利寛：社会体育指導者養成制度について，体育の科学 37（1）：31―32, 1987.
6）猪瀬直樹：日本国の研究，文藝春秋，1997.
7）守能信次：社会体育指導者養成の今後の課題，体育の科学 37（1）：33―35, 1987.
8）SSF 笹川スポーツ財団：スポーツ白書．SSF 笹川スポーツ財団，1996.
9）SSF 笹川スポーツ財団：スポーツライフデータ 1998～スポーツライフに関する調報告書．SSF 笹川スポーツ財団，1998.
10）竹中和郎：性の病理，岩井弘融編，社会学講座 16 社会病理学．79―110, 東京大学出版会，1973.
11）戸村敏雄：社会体育指導者資格付与制度について～保健体育審議会建議に基づいて～，体育の科学 37（4）：262―266, 1987.

10 ④ アスレティックトレーナーの場合

1．アスレティックトレーナーとは（図1参照）

アスレティックトレーナー（以後トレーナーとする）は,「選手の競技力向上への貢献」を役割とし，選手に対し安全で効果的なトレーニングを可能にし，そして最高のパフォーマンスをゲームで発揮できるように特に身体面からの手助けをすることを目的としている．トレーナーの活動は，選手がコンディショニングによって高い身体能力を獲得し，スキルトレーニングによって専門のスポーツ種目動作を習得し，試合への最高の準備状態にし，試合で目的の達成ができるように手助けを行なう．また，スポーツによる傷害が発生したときには，診断，手術，投薬などの医学的処置は，医師がこれにあたりその後のリハビリテーションは，理学療法士などがこれにあたり，専門種目に復帰するためのアスレティックリハビリテーションは，トレーナーが受け持つ．

2．トレーナーの役割（表1参照）

（1）選手の健康管理

スポーツ選手は，トレーニングを効果的に行ない，ゲームで最大限のパフォーマンスを発揮するためには，日々の健康の管理がたいへん重要である．トレーナーは，競技を離れた日常生活全般を含めた管理の手助けを行なう．そのために，睡眠

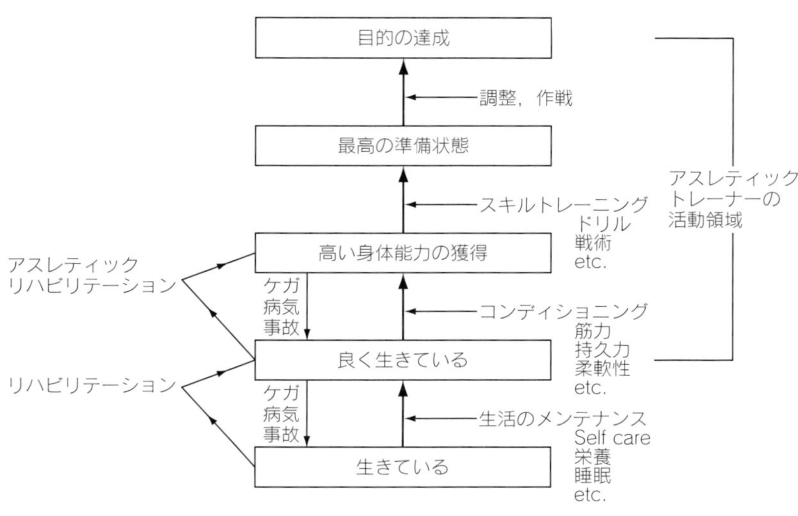

図1　アスレティックトレーナーとしての競技力向上への貢献

表１　アスレティックトレーナーの役割

1）選手の健康管理
2）スポーツ傷害の救急処置
3）スポーツ傷害の予防
4）アスレティックリハビリテーション
5）コンディショニング
6）医療機関との連絡調整
7）医師，コーチ，選手間の橋渡し
8）トレーニング計画への助言
9）その他

時間，レストの取り方，時差の解消法，栄養の取り方などを，選手の疲労状態などの身体状況を踏まえ，アドバイスを行なう．

(2) スポーツ傷害の救急処置

スポーツ傷害特に，スポーツ外傷は，発生直後の救急処置の如何により予後が左右される．トレーナーは，常にスポーツ現場に待機し，傷害が発生したときには，迅速に適切な救急処置を施すことを要求される．そのために，救急救命方法を習得する必要がある．

(3) スポーツ傷害の予防

スポーツ傷害は，さまざまな原因で発症するが，その原因を取り除き傷害の発生を予防することもトレーナーにとって重要な役割である．たとえば，スポーツ外傷は，衝突，転倒などが原因で，突発的に発症する傷害であるが，これを予防するために，用器具やプロテクターの点検，テーピングを施すことは，トレーナーが日常的に行なっている．また，スポーツ傷害は，使いすぎ（オーバーユース）が原因で発症するもので，選手の筋力測定や，柔軟性の評価などの体力測定は，コンディションの把握が可能となり，この結果により，ストレングストレーニングのアドバイスを施行したり，マッサージや，理学療法を行ないスポーツ傷害の予防を行なっている．

(4) アスレティックリハビリテーション

選手がスポーツ傷害や疾病によって一時的にスポーツ活動を中断し，再びスポーツ活動に復帰するためには，一般的なリハビリテーションでは十分ではなく，選手の身体状態や，専門種目，復帰の目標などによって，特別なリハビリテーションが必要となる．医療機関でのリハビリテーションによって，日常生活が可能な段階まで回復し，その後トレーナーは，さらに高負荷を強いられるスポーツ活動に適応するための体力や技術を獲得することを目的としたアスレチックリハビリテーションを医師，PT（理学療法士）と相談し，メニューを作成し，実施する．

(5) コンディショニング

競技力向上の過程では，競技レベルを高めるために基本的な体力を競技種目に適応させ強化する必要があり，これをコンディショニングと呼んでいる．コンディショニングは，競技種目特有な技術を高めるためのスキルトレーニングとは異なり，筋力，持久力，柔軟性，協調性などの基礎的な身体能力を向上させることを目的としている．そのために，トレーナーは，トレーニングに関する基礎的能力と，最新のトレーニングの情報を収集する必要がある．

(6) 医療機関との連絡調整

選手が，スポーツ傷害のために医療的な処置を必要とする場合，医療機関に送るだけでなく，トレーナーが同行して発症までの経緯を医師に説明し，正確な診断と適切な処置の手助けをする．その後のアスレティックリハビリテーションも，医療機関との継続的連絡によって選手により適切なメニューを提供できる．また，競技復帰後も障害の再発予防を踏まえたコンディショニングの計画，実施がスポーツ現場と医療機関との連携のもとで可能となる．

(7) 選手，コーチ，医師間の橋渡し

コーチ，選手は，スポーツ現場サイド，医師は医療サイドであるために，選手の障害についての意見には食い違うことが少なくない．トレーナーはスポーツ現場サイドと医療サイドとの間をとりもちより良い医療が現場に反映し，現場の要望，意見も医療に理解してもらうように調整する．

(8) トレーニング計画への助言

トレーニングを計画する際には，当然コーチが行なうが，選手に過去，現在に何らかの既往歴や，

表2　アスレティックトレーナーに必要な知識，技術

A．知識	1）	一般教養的内容
	2）	基礎医学的内容 解剖学・生理学・心理学・栄養学・運動学等
	3）	臨床医学的内容 内科学・整形外科学・理学療法学等
	4）	体育学的内容 コーチ学・トレーニング学・体育心理学・バイオメカニクス・運動生理学・測定評価学
B．技術	1）	救急法
	2）	理学療法（温熱療法・マッサージ・テーピング等）
	3）	身体計測・評価方法
	4）	トレーニング指導法
	5）	その他

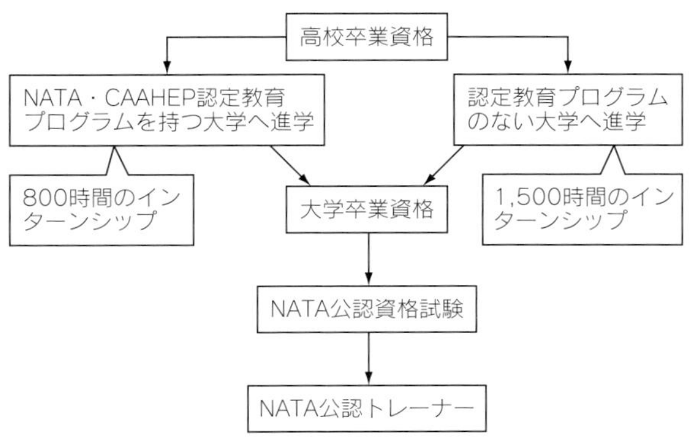

図2　NATA 教育プログラム

傷害を持っている場合のトレーニング計画に関しては，それまでの経緯を熟知しているトレーナーからの医学的な裏付けを踏まえた助言が有効な場合がある．

3．アスレティックトレーナーに必要な知識・技術（表2参照）

知識としては，一般教養的内容のほかに基礎医学・臨床医学的内容などの医学的内容，さらに最も重要な体育学，スポーツ科学的内容が必要である．

技術としては，救急法，各種理学療法（電気治療，温熱療法，マッサージ．テーピングなど），身体の計測，評価方法，各種トレーニングの指導などが必要である．

以上，トレーナーには，主として，医学的内容と体育・スポーツ科学的な内容の知識・技術が必要となる．

4．米国でのアスレティックトレーナー養成（図2参照）

トレーナーの発祥地アメリカでは，NATA（National Athletic Trainer's Association）という，全米のトレーナーを総括する組織があり，NATA の規定する教育カリキュラムを修了して資格試験に合格したものが，ATC（Athletic Trainer Certified，公認トレーナー）として認められ，さまざまなスポーツ現場で活躍している．

米国でのトレーナー養成は，大学教育の中でのプログラムによって実施され，大学の専門性によって実習時間が異なるが，最終的には，資格試験に合格し，認定トレーナーとなる．養成のプログラムは選択科目（科学，物理学，薬学，統計学，実験・研究の方法論）と必修科目（スポーツ外傷，傷害に関する内容，アスレティックトレーニングに関する内容，生理学，栄養学等のトレーナーに関する専門的内容）から成っている．また認定試験の受験資格は，

①4年生の大学を卒業し学士号を有していること
②救急処置法と救急蘇生法の認定資格を有していること
③スポーツ現場での実習を経験していること

等の条件を満たさなければならない．しかし，米国でのトレーナーの資格制度は十分であるように思われているが，ATC を取得しても就職先が得られるとは限らずその他，理学療法士等の資格を取得して，職を得るのにより有利になるように努力しているトレーナーもいる．

5．日本でのアスレティックトレーナー養成（図3参照）

しかしわが国では,「トレーナー」という認定さ

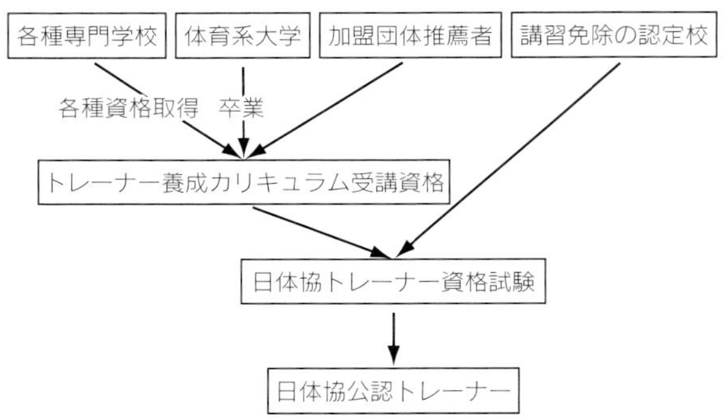

図３　日体協トレーナーへの過程

れた資格は存在しておらず，体育学士を持つ者や，鍼灸師，理学療法士などの医療関連資格を持ったものが「トレーナー」と自称し活動しているのが現状である．さらに，個々のトレーナーの能力には一定の基準がなく差異のあることは否めないことで，スポーツ現場において，選手，コーチ，医師，トレーナー間でさまざまな問題も起きている．そのために日本体育協会では，トレーナーの能力を一定基準以上にするために1995年から，アスレティックトレーナー養成講習会を開催し，それを受講し，資格試験に合格したものを日本体育協会公認のトレーナーという資格を与えるようになった．この講習の内容は，体育学，スポーツ科学と医学的内容からなり，講習時間数も300時間を上回り大変密度の濃いものになっている．また，受講資格は，日本体育協会の加盟団体（都道府県体育協会，中央競技団体）が推薦し本会が認めた者としている．また，体育大学，専門学校においてアスレティックトレーナー養成のカリキュラムを持ち，日本体育協会が認めた講習免除の認定校において単位を取得した者は，日本体育協会認定アスレティックトレーナーの資格試験の受験資格が与えられている．

しかし，この資格は，選手の身体を直接触れることのできる医学的な資格ではなく，この資格を持ったトレーナーがいろいろなスポーツの中で認められ得るか，あるいは，資格取得により，職を得ることができるのかなどの問題がないわけではない．

表３　アスレティックトレーナーが持つべき医学的資格

1）理学療法士
2）按摩・マッサージ・指圧師
3）鍼・灸師
4）柔道整復師
5）その他

6．アスレティックトレーナーが持つべき医学的資格（表３参照）

アスレティックトレーナーに必要な知識・技術で述べたように，トレーナーは，主として，医学的内容と体育・スポーツ科学的な内容の知識・技術が必要となる．これらの内容を習得するには，大学レベルでは，体育学部と，医学部の両方の単位を習得することによって万全なものとなるが，現実的には，時間的，金銭的，能力的な問題のため不可能なものとなっている．特に，日本では医学部に入るためには，高い学力が必要となり，体育学部には，一定以上の運動能力が要求される．そのために，トレーナーとして活躍している人の多くは，体育学士のみを有する者，医学的資格（理学療法士，鍼灸師など）のみを有する者，あるいは，体育学的，医学的資格を両方有している者が混在している．しかし，スポーツ現場で，トレーナー活動を行なううえでは選手の身体に直接触れ，救急処置や，マッサージを行なわなくてはいけないので少なくとも身体に接し，処置を行なうことのできる資格は必要である．これには，理学療法士，按摩・マッサージ・指圧師，柔道整復師などがあり，各々３年間以上の専門学校等の就業を行ない国家資格試験を受験し合格しなければ資格は与えられない．また，体育学，スポーツ科学的知識と技術は，高校，大学の体育専攻，体育学部，あるいは，講習会等で習得できる．さらに，**図４**の日本のトレーナーの現状調査を見ても，約半数のトレーナーは，按摩・マッサージ・指圧師，鍼灸師といった医学的資格を有していることからもトレーナーの医学的資格は必須のものであると

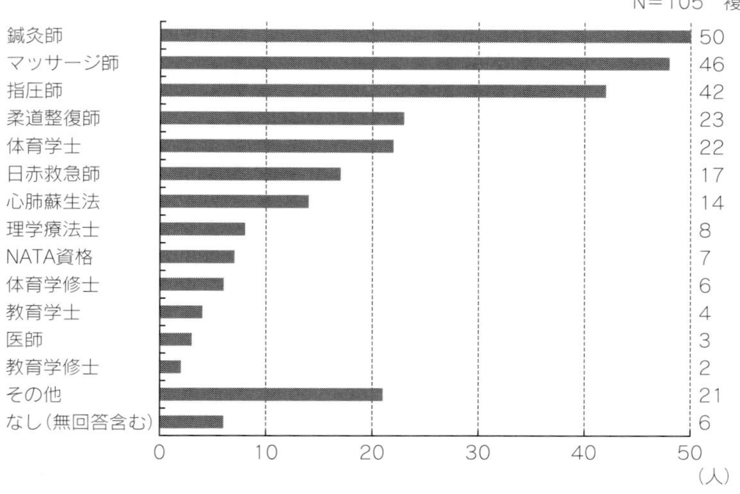

図４　日本のトレーナーの現状調査 1991

考えられる．

以上，トレーナーとしては，少なくとも選手の身体を触れることのできる医学的資格（理学療法士，按摩・マッサージ・指圧師，鍼灸師，柔道整復師など）を取得し，体育学，スポーツ科学的知識と技術を身につける必要があろう．

7．アスレティックトレーナーの保有資格によるスポーツ医学とのかかわり方（表４参照）

トレーナーの有する資格の種類によって活動場所や活動内容には差異がある．

理学療法士を有する者は，主たる活動場所は病院等の医療機関で，ケガから復帰するためのアスレティックリハビリテーションの活動を行なう．鍼灸，按摩，マッサージ師および柔道整復師の資格を有する者は，施術所，あるいはスポーツ現場において，外傷の治療やマッサージを用いて，選手のコンディショニングを行なう．体育学士，修士あるいは，トレーニング指導資格を有する者は，その活動が制限され，トレーニングを主体としたコンディショニングを行ない，治療活動はできない．

以上，保有資格によりその活動に制限のあることを認識し，トレーナー活動をする必要がある．

表４　トレーナーの保有資格によるスポーツ医学とのかかわり方

資　格	主たる活動場所	主たる活動内容
理学療法士	医療機関	理学療法，アスリハ，テーピングなど
鍼灸，按摩 マッサージ師	施術所， スポーツ現場	鍼灸，マッサージ，テーピングなど
柔道整復師	施術所， スポーツ現場	外傷の治療，マッサージ，テーピングなど
体育学士 体育学修士	スポーツ現場	コンディショニング，マッサージ，テーピングなど

8．今後のアスレティックトレーナーの在り方（図５参照）

トレーナーとして活動していくには，少なくとも選手の身体を触れることのできる医学的資格（理学療法士，按摩・マッサージ・指圧師，鍼灸師，柔道整復師など）を取得し，体育学，スポーツ科学的知識と技術を身につける必要があろう．さらには，日本体育協会公認のアスレティックトレーナーの資格を有し，各資格独自の研修会，専門学校，大学，大学院などの教育機関でのトレーナー

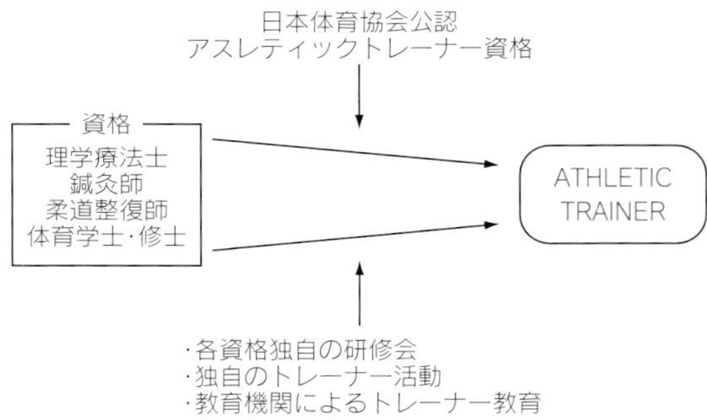

図５　今後のアスレティックトレーナーの在り方

の教育の実施，さらに，最も重要なのは，トレーナー各自がスポーツ現場でのトレーナー活動の経験を積むことによって，日本独特のアスレティックトレーナーが確立されていくであろう．今後は，トレーナーの養成とその位置付けを確立し，選手が十分に活躍できるサポーターとしてのトレーナーがスポーツ現場で活動できるようにすることが重要である．そして，アスレティックトレーナーは，医学的内容をスポーツの現場で応用し，スポーツマンの健康に寄与することのできる唯一の専門家であるといえよう．

［白木　仁］

文　献

1）日本のトレーナーの現状調査 1991 : Sports Medicine Quarterly No. 7 : 127—132, 1991.
2）白木　仁：アスレチックトレーナー，トレーニング科学研究会編「コンディショニングの科学」. 72—79, 朝倉書店，東京，1995.
3）トレーナー関連団体の活動と展望．Sports Medicine Quarterly No. 23 : 6—18, 1998.
4）白木　仁：総合医学としてのスポーツ医学—トレーナーの立場から．日本臨床スポーツ医学会誌，7 : 219—225, 1999.

10 ⑤ 日本サッカー協会における指導者養成制度

1．日本サッカー指導者養成制度の歩み

日本スポーツ界の指導者養成において，手前味噌ではあるが，サッカー協会は他の種目に先んじて指導者養成のシステムを確立してきた．しかしながら，その道は簡単に作られたわけではない．多くの諸先輩方の努力によって，ようやく現在の指導者養成ができ上がったのである．

年表（**表 1**）を見ていただきたい．1960 年，日本サッカーにとって，運命的な出会いがあった．東京オリンピックへの強化を目指した日本代表チームは，ヨーロッパ遠征においてドイツサッカー協会のコーチであるデトマール・クラマー氏の指導を受けることとなる．もしここでクラマー氏と出会わなかったら，日本サッカーの指導者養成は大幅に遅れていたかもしれない．

デトマール氏の部屋には自筆の言葉が掲げられていた.「ものを見るのは魂であり，目それ自体は盲目である．ものを聞くのは魂であり，耳それ自体は聾である」. それを読んだ当時日本蹴球協会会長の野津謙氏は，サッカーだけでなく彼の人生哲学に共感し，彼を日本代表チームのコーチとして招聘したのであった．

クラマー氏は，50 日間日本に滞在し日本サッカーの現状を分析し，1960 年 10 月 29 日以下の提言を行なった．

1）強い日本代表チームを作るために，国際試合を増やし，専用トレーニングセンターを作る．

2）ヨーロッパのように，リーグ戦形式をすることによって，試合数を多くし，選手の技術レベルを上げる．

3）広く基礎からトップに至るまでの組織を作り，技術指導のためのフィルムを作る．

表 1　年表：指導者養成事業の歩み

1960 年	日本の代表選手初の欧州遠征で，デットマール・クラマー氏のトレーニングを受ける．10 月，クラマー氏初来日．
1969 年	7 月より 3 カ月にわたって，FIFA コーチングスクールを検見川グラウンド（千葉県）で開催．アジア 13 カ国から 42 人（日本人 12 人）が集まる．
1970 年	第 1 回コーチングスクールを開講．
1971 年	「公認リーダー」の養成を開始．
1977 年	日本体育協会・公認スポーツ指導者制度（旧制度）創設．日本サッカー協会では，この制度に準ずるかたちで，「リーダー→コーチ→上級コーチ」の図式を完成．
1987 年	文部省が「社会体育指導者の資格付与制度」をスタート
1988 年	日本体育協会「社会体育指導者の資格付与制度」創設により，公認スポーツ指導者制度を改革，新制度をスタート．日本サッカー協会ではこの制度に準ずるかたちで，「公認 C 級コーチ→公認 B 級コーチ→公認 A 級コーチ」の図式を完成．
1991 年	都道府県レベルでの指導者不足や少年・少女への指導を充実させる目的で，独自に「公認準指導員」資格を創設，養成講習会をスタート．
1992 年	93 年のプロサッカーリーグスタートを控え，プロチーム・選手を対象にした「S 級コーチ」のライセンスを日本サッカー協会独自に創設．
1994 年	5 年間で公認準指導員を 9,000 人養成することを目的に「公認準指導員 5 カ年計画」をスタート
1996 年	S 級ライセンス取得者（S 級コーチ）のさらなる資質の向上を図るため，筑波大学大学院に J リーグと共同で「寄附講座」を開設．
1997 年	サッカー指導者の質・量の確保を目的に，日本サッカー協会独自のライセンス「公認少年・少女サッカー指導員」を創設，養成講習会をスタートさせる．

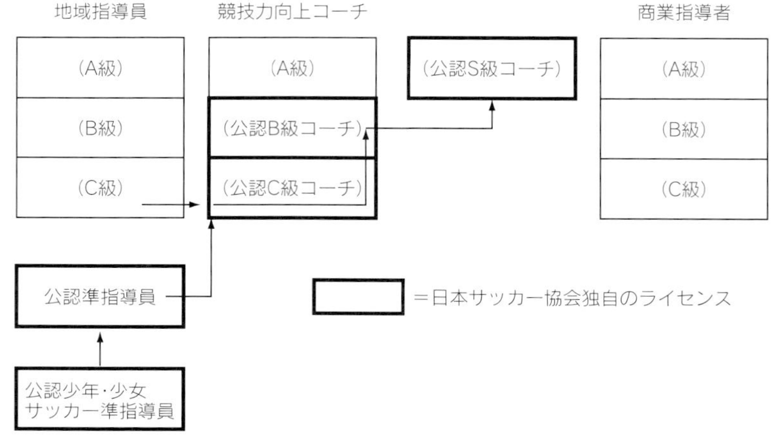

図１　日本体育協会・社会体育指導者の資格付与制度と日本サッカー協会・資格付与制度

4）十分な数の有能な指導者を養成する.

氏は，たった50日間の滞在で，ほとんど日本の現状を見抜き，この四つを提言したのである．提言の1)に関しては，当時検見川の東大グラウンドを拠点とし，日本代表の徹底した強化を行なった．そして1964年東京オリンピックではベスト8，1968年のメキシコオリンピックでは銅メダルを獲得するという結果を残した．2)に関しては，日本リーグは1965年に開幕した．準備期間を合わせて5年間を要したが，日本サッカーリーグは，東京オリンピック後ということもあり，多くの観客を集めた．

3)，4)に関しては，来日して10年の月日がたって初めて開始された．以下にその概要を述べる．

2．草創期

1970年に，第1回の日本サッカー協会コーチングスクールが開講された．これは先立つ1969年に行なわれたFIFA（国際サッカー連盟）を基にして実施したものである．そして1971年にはより多くの指導者を育成する目的で，公認リーダーの養成が開始された．

1977年，日本体育協会・公認スポーツ指導者制度（旧制度）が設立された．日本サッカー協会はこの制度に準じる形で，公認リーダー，公認コーチ，公認上級コーチの図式を完成し，指導者養成を進めた．そして1987年，文部省が「社会体育指導者の資格付与制度」を定めた．それを受け，翌年の1988年，日本体育協会が公認スポーツ指導者制度を改革，新制度をスタートさせた．日本サッカー協会では，この制度に合わせて，公認C級コーチ，公認B級コーチ，公認A級コーチの図式を完成させた．

しかし，この制度に問題がなかったわけではない．地域のスポーツ指導員においては，各都道府県体育協会と都道府県サッカー協会とが協力してコースを開催することになっていた．したがって，それまで毎年開催することができた公認リーダーが，地域のスポーツ指導員C級に変わってからは，都道府県体育協会の中には40数団体のスポーツ種目が加盟しており，これを考慮するため，数年に一度の開催しか認められなくなってしまった．また，日本体育協会が認定する競技力向上のC級，B級コーチも40数スポーツ団体との関係を考慮し，希望の多いサッカーだけそのままコース数を増やすことがままならなかった（補助金等の関係から）．

これらを考慮し，1991年，都道府県レベルの指導者を増やす目的で，公認準指導員資格制度を日

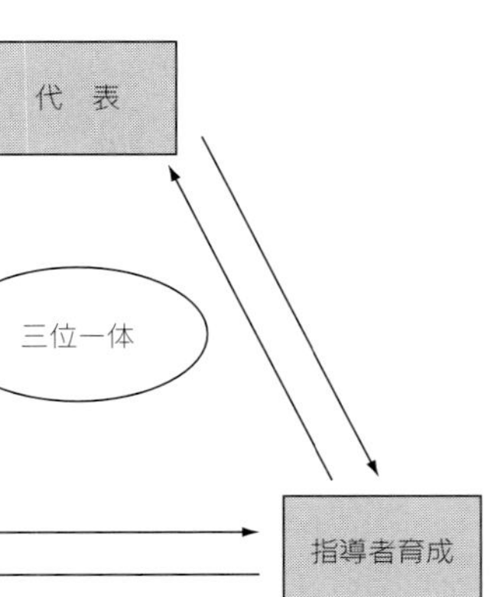

図 2

本サッカー協会が創設した．これは都道府県の体育協会から分かれ，それぞれの都道府県サッカー協会が独自に開催できるものである．現在は，地域スポーツ指導員C級の共通科目が通信教育となり，サッカー協会では準指導員をとった指導者に対し，地域スポーツ指導員C級をとるように勧めている．将来的には，競技力向上C級コーチの受講資格として，地域スポーツ指導員C級でなければならないようにする予定である．

また，競技力向上のA級コーチも日本サッカー協会に登録してあるコーチの中には存在しているが，A級コーチの共通教科の時間数その他を考慮し，競技力向上のB級コーチまでとしている．さらに，後に説明する日本サッカー協会独自のS級コーチ（1992年スタート）を創設し，現在**図1**のとおり，実施している．

3．世界を視野に入れた指導者養成制度

1999年に日本サッカー協会理事会では，代表チーム，若年層の育成，指導者養成，この三つが三位一体となって日本サッカーの普及・強化につとめることを決定した（**図2**）．

しかし，この三者が重要であるという認識は，1993年川淵三郎（当時強化委員長）から加藤久（前強化委員長）へと変わっていく辺りですでに高まっていた．そして，1993年U-17世界大会（中田英寿らが出場），1995年U-17世界大会（小野伸二らが出場），1995年U-20世界大会（中田英寿らが出場）を分析し，日本サッカーの課題を抽出し（**図3**），その課題をトレセン活動（若年層育成プログラム）へ問題提起し，その活動の中で，12歳以下の子どもから日本と世界の差を縮める努力を重ねてきた．また，それらの問題を指導者養成へも落とし，指導者の意識も改革してきた．現在では，ワールドカップ，オリンピック，その他の年齢別世界大会を視察し，日本と世界のギャップを抽出し，短期的に解決しなければならない問題点は，すぐに各年代の代表チームに落とし，短・中期的な問題に関しては，トレセン活動へ落とし，若年

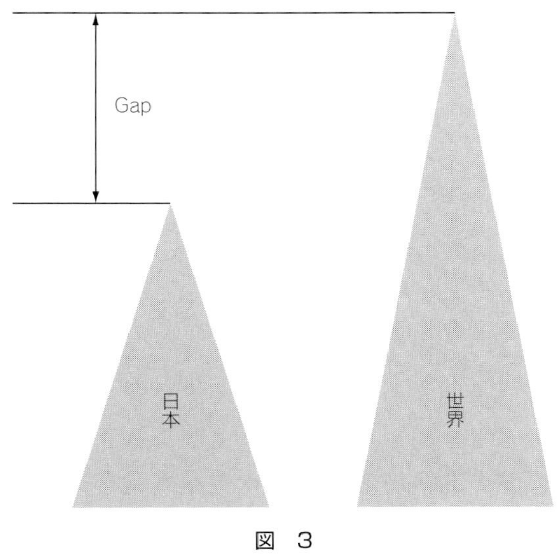

図 3

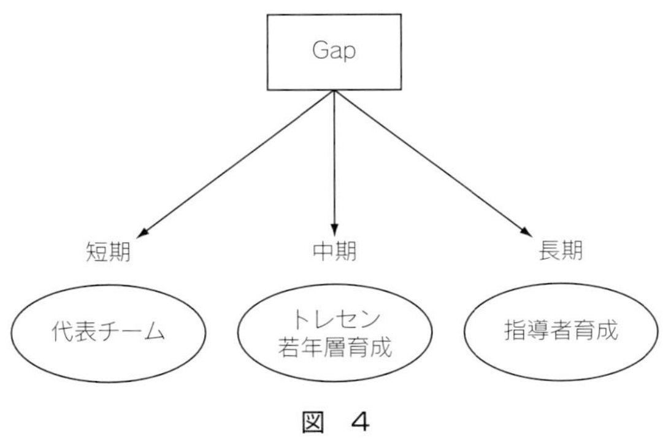

図 4

層から世界のギャップを縮める努力を始め，短・中・長期の問題は指導者養成へ反映させ，日本のさまざまな年代の指導者に実際の指導現場で修正していただくようにしている(図４)．これが日本サッカー協会の三位一体の狙いである．これは，組織的な図だけのつながりだけでなく，代表チームの監督が若年層の育成プログラムに参加したり，指導者養成の講師を務めたり，また指導者養成のインストラクターが代表チームのサポートを行なったり，マンパワーの面でも有機的に三者が協力し，三位一体を形成している．

４．Ｓ級コーチ養成コースがスタート

1993年，日本プロサッカーリーグ（通称Ｊリーグ）がスタートした．Ｊリーグはさかのぼってリーグ規約の中に，第7章113条：トップチームの監督のＳ級コーチライセンス保有の義務づけ，第14条：サテライトチーム，下部組織チームの監督またはコーチの競技力向上Ｂ級，Ｃ級ライセンス保有の義務づけを規定した．それをふまえ，1992年にサッカー協会独自のプロチームの監督を対象としたＳ級コーチライセンス制度がスタートする．

しかし，Ｊリーグ初年度10チーム中8チームの監督が日本人監督であったが，1995年には14チーム中日本人監督は4人だけとなってしまった．

Ｓ級指導者ライセンスの抜本的な見直しが必要となり，1996年日本サッカー協会と日本プロサッカーリーグ（Ｊリーグ）が筑波大学に寄附することで寄附講座を開講し，期間4カ月，プロチーム指導者および指導者への指導を目指した，アカデミックでより実践的な指導者養成制度を開始した．講師には指導者養成の世界的権威であるゲロ・ビザンツ氏（ドイツサッカー協会）を招聘し，日本独自の指導者養成制度を見直した．これは，Ｓ級のみならず，Ｂ級，Ｃ級他の指導者養成へも大きく好影響を及ぼすこととなった．

同時に，12歳以下の子ども達の指導の重要性をふまえ，1994年当時，日本サッカー協会指導委員会は，公認準指導員9,000人養成を目標に「公認準指導員５カ年計画」をスタートした（表１参照）．

５．内容の改革期

それぞれのコースでは，それまでカリキュラム等を日本サッカー協会指導委員会が定め，それにのっとり都道府県サッカー協会もしくは担当講師の裁量で内容を決定していた．しかし，その内容を統一し，全国的にばらつきがなく質の高いものを提供できるよう，1997年に公認準指導員（地域スポーツ指導員Ｃ級サッカー専門）のためのビデオと教本を作成した．同時に公認準指導員（43.5時間）のコースを受けることができない「お父さんコーチ」(自分の子どもがサッカーを始めたため，サッカーの経験のないお父さん達がつきそう形でコーチを行なう）のレベルアップを図るために，4級審判員の資格を取得しさらに公認準指導員のエキスを伝えることができるように，12.5時間の「公認少年・少女サッカー指導員」を開始した．

また今まで講師に対する資格はまったく求めていなかったが，指導者ライセンスの質をより高めるために，ここでインストラクター制度を導入した．ライセンスを出すには，日本サッカー協会が認めたインストラクターが指導しなければならないという制度を始めた．そのために，インストラクターの特別な講習会等も行なうことになった．さらに，同年，競技力向上Ｃ級の内容の見直しとインストラクターの育成もスタートした．

６．受益者負担

指導者養成も創設した1970年から20年がたち，内容の見直し等が求められていたが，当初はボランティアで活動せざるを得ない状況で，人材の確保ができなかったことなどにより，内容の改革を進めることが思うようにできなかった．Ｊリーグの開始と2002年のワールドカップ招致活

動等に合わせて，若年層の育成および指導者養成にも目が向けられるようになり，ようやく改革も可能となってきた．

それまで，ライセンス取得は教員が大半を占め，都道府県サッカー協会等が資金的にも援助する形で取得をしにくる方が一般的であった．三位一体でより新しい情報，より現場に役立つ指導，サッカーの根幹となる基本を忘れない指導をキーワードとして内容を改革していく中で，やらされている一方通行の指導者養成制度ではなく，納得した形の参加型の指導者養成へと変革していった．それによって，教員だけではなく，自分の意志で自分のために自分のお金で受講しにくるサッカーコーチが増えてきた．それにより，指導者養成コースの内容，質も高まり，活気のあるものとなり，そのことでより多くのコーチが取得したいと希望を出すようになった．そして，本人のために行なうという基本的考えから，経費は受益者負担を基本とした．当初応募者が減るのではないかと懸念されたが，心配をよそにより多くの方が希望をしている．また受益者負担にしたことによって，質の高い内容を要求する受講生も増え，良い相乗効果となった．

7．オープンマインド

参加型の指導者養成にしたことによって，より積極的な意見交換が指導者養成講習会の中で行なわれ，より実践的な内容が増えてきた．その中の基本的なベースとなる思想は「オープンマインド」である．とかく，特に長年指導してきた方達は，自分のやり方が正しい，そういうある意味での自信を持って参加されるが，まず，「オープンマインド」，すなわち心を開いて学ぼうとする姿勢を作ろうという思想を真っ先に浸透させた．それにより，お互いの指導について，日頃批評し合うというチャンスがないコーチ達も，フランクにお互いの指導について意見を交換することができるようになり，より多くの刺激を受けることになった．これは，自分の基本的な正しいやり方についてはもちろん自信と信念を持ち，また新しいものに対してはまずオープンに，しかし何にでもすぐに飛びつくのではなく自分なりに吟味し取り入れることができるようになるための，指導者にとって非常に重要な考え方である．そして，資格を取得すること自体が目的なのではなく，良い指導をし，良い選手，良いチームを育てていくということが第一の目的となり，そのために，取得後さらにリフレッシュ講習会参加への意識付けへもつながっていった．

表2　公認C級コーチ養成講習会

2000年(予定)	10コース	300名受講
1999年	6コース	180名受講
1998年	4コース	120名受講
1997年	3コース	90名受講
1996年	2コース	60名受講

8．取得希望者数の増加

1996年までは，C級コーチ，B級コーチとも，1年間に1コースもしくは2コースを開講することしかできなかった．これは地域のスポーツ指導員C級コーチでもあった同じ問題で，日本体育協会の公認で開かれている指導者講習会で，40数団体あるスポーツ団体の中で，サッカーだけが突出して多くのコース，コーチの養成を行なうことができなかったからである．そんな中，各地域で指導者資格を取得したいという人たちの情熱が日本体育協会にも伝わり，**表2**のように，1996年から2000年にかけて倍々ゲームの勢いでコース数を増やしていくことができた．このコース数でもまだ希望者のすべてが受講できるわけではないが，かなりの改善があったことはいうまでもない．少し古いデータになるが，1989年から1998年までの指導者資格取得者数の一覧表をここに挙げておく(**表3**)．公認準指導員5カ年計画は公認準指導員と地域C級コーチを合わせた人数がそれである．競技力向上C級コーチの取得条件である公認準指導員を5カ年計画で増やしたことによって，

表3　1989年～1998年指導者ライセンス取得者数

	公認S級コーチ	公認B級コーチ	公認C級コーチ	地域C級コーチ	公認準指導員	少年・少女指導員	TOTAL
1989	0	195	251	268	0	0	714
1990	0			367	0	0	367
1991	0	62	3	245	0	0	310
1992	0	54	3	781	0	0	838
1993	26	3	64	381	434	0	908
1994	0	11	68	753	660	0	1,492
1995	38	21	40	502	717	0	1,318
1996	6	55	61	866	1,120	0	2,108
1997	18	20	64	1,030	1,178	1,887	4,197
1998	18	27	108		1,448	2,522	4,123
TOTAL	106	448	662	5,193	5,557	4,409	16,375

※公認準指導員養成講習会は1994年から5カ年計画を実施
※少年・少女サッカー指導員養成講習会は1997年より実施
※1998年は見込み数

競技力向上C級コーチの希望者が急激に増加した．それに合わせて，現在，競技力向上C級養成コース数は増加しつつある．

今後は競技力向上B級コーチのコース数を増やすとともに，B級コーチ以下の指導者の指導者，インストラクターの養成のために，S級ライセンスの質を高めていくことが課題であろう．

9．S級取得者の取得後の活躍

それぞれの指導者養成コースで参加希望者が増える中，S級取得者の希望も多くなってきている．今まで取得した者の中には，ワールドカップで決勝を3度戦い優勝1回，準優勝2回という輝かしい実績を持つ，元ドイツ代表のピエール・リトバルスキーも受講し，S級を取得した．前述したように，日本サッカー協会の指導者養成とこのS級は，ドイツの指導者養成をモデルとし，日本独自のものを作り上げてきたが，指導者養成の先進国であるドイツの選手が日本の指導者養成を積極的に受講したことは，日本の他のコーチ達に対して多くの好影響をもたらした．その後，韓国の一流のサッカーコーチも取得し，日本でJリーグの監督として活躍をしている．そして，取得者の中には，海外の代表チームやコーチとして活躍する者も出ており，よりグローバルなライセンスとして認められてきている．また，AFC(アジアサッカー連盟)の中で公認ライセンスとしても認められた．日本人のS級取得者の多くは，J1，J2の監督として活躍している．また，もう一つのS級の目的であった指導者の指導者，インストラクターの養成において，取得者の多くがJFAインストラクターとして活躍している（**写真1**）.

写真1　最終試験を受けるピエールリトバルスキー

10．結果が現われたワールドカップ出場とナイジェリアワールドユース準優勝

1998年は，ワールドカップフランス大会に初出場し，日本サッカーの金字塔となる年であった．2002年は地元開催であるため無条件でワールドカップに出場できるが，その前に自力で予選を通過し出場したことは，日本サッカーの発展に大きく寄与したといえる．また，1999年3月ナイジェリアで行なわれたU-20ワールドユーストーナメントでは，準優勝という輝かしい成績をおさめることができた．これらの結果はもちろん現場の監督，コーチ，選手達の努力のたまものである．しかし，これは，前述してきたとおり，代表チームの強化，若年層の育成，指導者養成，これらが相まって得られた結果であるといえる．またそうでなければ得られなかったものである．

11．世界の壁は厚い

この考え方や方法を他のスポーツ競技団体に説明すると,「サッカーさんはすごい」「サッカーさんはお金があっていいねえ」等とうらやまれる．確かにJリーグが始まり，ワールドカップ開催等好条件がそろい，予算を十分に確保できたことは成功の大きな要因であったことは間違いない．しかし，その基盤を築いた1993年頃，そしてそれ以前から，ボランティアで現場で頑張っていた多くの方がいたことを忘れてはいけない．お金がなければ始めることができないのではなく，まず誰かがリーダーシップをとり，導いていかなければすべては始まらない．

また，この方法で世界のあるレベルまで日本のサッカーが追いついてきたのは事実であるが，世界のトップレベルとの差はまだまだある．そしてここで説明した三位一体の方法は，日本だけが特別に行なっているものではなく，フランス，ドイツ，ブラジル，イギリス，スペイン，イタリア等，多くのサッカー強豪国が名称さえ違えど，何十年も前から継続して行なっていることである．したがって，世界のサッカーの檜舞台に立とうと思う国は，最低条件としてやっておかなければならないことなのである．そして，さまざまな事情で指導者養成，若年層の育成を怠るようになったら，その国は，あっという間に世界的レベルのチームから落ちていく．これはすでに歴史的にいくつもの国で証明されていることである．

結び：体育学会が指導者養成に貢献できること

競技力向上C，B，A級コーチの受講が認められた者には，日本体育協会から，共通科目の分厚い教本が送られてくる．そしてその教本を用いた通信教育とそれと合わせたスクーリングが行なわれ，専門科目以外でテストを受け，合格しなければ資格を取得できない．

しかしこの教本の内容に関しては，まったく間違ったものはないし,必要なものばかりであるが,実際の現場が求めているスポーツ科学と多少ズレがでているように思われる．これに関しては，日本体育学会等に投稿される論文等を引用しながら，より実践的な現場に生きる科学的データを基に，それぞれの科目をわかりやすく，現場に生きる内容に見直す必要があるのではないだろうか．また，学会の研究内容については基礎的研究はもちろん継続して続けていく必要があるが，現場に即した，より実証的な研究の促進を望みたいと考えている．

［田嶋　幸三］

11 高齢化社会における体育の役割

高齢化と少子化は，21世紀前半におけるわが国の重大な社会的課題となっている．体育は，健康な長寿社会を実現させるために，大きく貢献できると考えられる．その具体的活動や施策を含めて，幅広い立場から高齢化社会の体育のあり方が考えられなければならない．

背　景

日本体育学会が50回大会を迎えた記念すべきシンポジウムの一つに，これまで日本体育学会の会員として50年間の歴史に大きな足跡を残して下さった大先輩の先生方に,是非自由な立場からこのテーマについてお話をうかがう企画が欲しいと考えた．

こうした想いは，演者の先生方に通じ，ここに日本体育学会と体育学の発展に貢献され，さらに社会的に大きな影響力を及ぼされた5人の先生方をシンポジストとして一つのステージにお迎えすることが，実現したのである．

私や同僚がまだ大学院生であった1960年代後半から70年代初頭，運動生理学や体力科学の分野では石河利寛先生，小野三嗣先生，金原勇先生は，40代後半から50代にかかった勢いのある新進気鋭の教授であった．さらに，猪飼道夫先生，松井秀治先生(交通事故後リハビリ中)，を交えて，年1回開催される体育学会は，極めてにぎやかで活気にあふれていた．山川純先生は女性研究者の先頭を走っておられた．

若い研究者達は，自分達の研究発表にはある種の緊張感をもちつつ，発表した時の質問への返答に冷や汗をかき，一方，大先生方の発表や討論の内容のおもしろさに胸

シンポジウム風景

石河利寛先生

小野三嗣先生

金原　勇先生

山川　純先生

おどる思いをしたものだ.

文系では，岸野雄三先生，竹之下休蔵先生，前川峯雄先生，松田岩男先生といった方々の存在が非常に大きなものであった.

いまここで，あらためて「体育の師たる基本とは何か」と問いかけられたとき，即座に何と答えれば良いだろうか．素朴で根源的であり，しかも禅問答のようなこの問いかけに対して，躊躇せず,「自ら手本を示すことにあり」と答えたい.

自ら手本を示すことは,百万遍の説話にも増して人を納得させるものだからである.

「高齢化社会の体育」を論じるとき，まず，師の姿にふれ，師の意とするところを深く吸収したい．

演者紹介

石河利寛先生は，1919 年生まれで当年 80 歳．東京大学医学部助教授，順天堂大学教授，中京大学教授を務められ，現在もなお研究と論文執筆にアクティブであり，日本体力医学会の大会会長を勤められた 1973 年以来恒例となっている「持久走大会」の生みの親である．自らも健康づくりの体操とジョギングを長年実践されており，その体力テストの成績の推移についてデータをとっておられる．

岸野雄三先生は，1918 年生まれで当年 81 歳．東京教育大学，筑波大学教授，早稲田大学教授を務められ，体育史，体育思想史の研究者である．現代文明と科学の発展にともなって，身体に対する哲学も変化してきているが，そのなかで，ローマ時代の老人論から現代の身体論と生死論に至る思想史的観点から高齢化社会の体育の役割をアプローチしていただく．

小野三嗣先生は，1920 年生まれで当年 79 歳．東京慈恵会医科大学講師，横浜国立大学教授，東京学芸大学教授，川崎医療福祉大学教授を務められ，現在は練馬区立健康増進センター所長．ジョギングを 50 歳の誕生日から始められ，それを継続されてゆくなかで，ジョギングのもつさまざまな身体への影響を，自らをもモデルとして観察しつづけ，マスとしてではなく，個例研究と事例の大切さを強調した健康づくり運動のあり方を提唱しておられる．

金原勇先生は，1914 年生まれで当年 85 歳．東京教育大学教授，筑波大学教授を務められ，現在，武蔵野体育研究所主宰．陸上競技や筋力トレーニングに関する研究をすすめられたが，1952 年以来，『体育とは何か』，『体育学とは何か』といった体育原理に関わる研究に従事され，生活・生存型体育を提唱され，体育のあり方について，常に積極的な発言をされておられる．特に，高齢化社会における生涯体育のあるべき姿について提言されています．

山川純先生は，1931 年生まれ．お茶の水女子大学助手，東京大学医学部助手，日本女子体育大学教授，体育学部長を務められました．女子の運動生理学に関する草分け的存在であり，今日でも国立健康・栄養研究所のプールで健康づくりを楽しみ，マスターズ大会などに参加する一方で，健康づくりグループの体力測定を通して，中高齢期の体力の推移に関する研究を続けておられます．

まとめ

このシンポジウムを通して，次の視点が大切であることが感じられた．

1. 研究者自らも生涯体育の観点にたって自己の健康保持，増進に努めること．
2. 高齢者の特性にあった体育観や哲学を構築し，すっきりしたかたちでの理論化をすすめること．
3. 体育や体育研究を通して人生を楽しむこと．

［小林　寛道］

① 私の体力づくり

1．私の生い立ち

私は1919年4月に生れた．私よりも2年前に生れた長男が出生後間もなく死亡したために，私は両親,祖父母から期待されて大切に育てられた．しかし，生れ付きからだが弱く，1～2歳の頃に肺炎を患い，自宅で酸素吸入を受けたと母から聞いた．幸い父が開業医であったので，自宅で手厚い看護を受けて死を免れた．

幼時の私は頭ばかり大きく，やせていて，かぜを引きやすく，かぜを引くと扁桃炎を起こして発熱した．あまり戸外で遊んだ記憶がなく，自宅の廊下で三輪車を乗り回し，絵本を読みあさった．当時は自宅付近に幼稚園がなかったので，幼稚園に通わずに自宅で過ごし,直接小学校に入学した．入学後1年生の通信簿に体格という項目があり，その評価が丙であった．この評価は身長と体重のバランスから行なわれており，当時は肥っていれば評価が良く，やせていれば評価が悪く判定されていた．私のかぜを引きやすい体質は小学校時代も変わらず，そのために精勤賞を受けたことがなかった．また当時の子供たちに好まれた木登りとチャンバラを行なったことがなかったので，非常におとなしい子供とされていた．

私の虚弱な体質は中学（当時の東京府立一中，現在の日比谷高校）入学後も変わらず，中学二年生の学年末に友人と奥多摩へハイキングに出掛けた後に，また扁桃炎を患い発熱した．しかし下熱後も体調が悪く，顔が腫れた．そこで尿検査を行なった結果，急性腎炎であることが判明し，臥床安静と保温を命じられた．その結果，学校を約2カ月間欠席した．この場合にも私が開業医の家庭で育ったことが幸いして，慢性腎炎に移行しないで済んだ．

このために，その後の中学生時代および高校生（旧制静岡高校）時代にはあまり運動を行なわなかった．大学生（東京大学医学部）時代にはヨット競技に熱中し，3年生の時に大学ヨット部の主将を務め，インター・カレッジ戦では慶応大学，早稲田大学に次いで東京大学は第3位であった．

しかし，学業と部活動の両立を目指して頑張ったために過労になって肺に炎症が発生し，肺結核の初期と診断されて，部活動を中止し，卒業を一年間延期して療養に専念した．

卒業後1945年6月から兵役に服したが，2カ月余りで終戦を迎えて軍務から解放された．

戦後，医学の第一歩から勉強しようと思って，基礎医学である生理学教室に勤務した．当時の生理学では蛙を用いた電気生理学の研究が多かったが，私は医学部を卒業したので人体生理学を志した．幸い同じ研究室に故猪飼道夫氏が在籍していたので，2人で協力して人体生理学の研究を推進した．私は運動生理学の研究を志した．その理由は私が生れ付き運動が好きであったからである．1964年に東京オリンピック大会が開催されたが，その行事の一環として International Congress of Sport Sciences が東京で開催されたことも私の進路を決定的なものとした．

その後，私は順天堂大学体育学部，中京大学体育学部に勤務し，運動生理学の発展と大学院修士および博士課程の設立および充実に助力した．

2．私の体力づくり

1960年頃から私は自分自身の体力の衰えを感じ始めた．たとえば大学の研究室対抗の野球試合で，自分の投球のスピードと打球の距離が低下したのに気が付いた．そこで自分自身に対する体力づくり対策を始めた．

1）自家用車の廃止

私は自宅から東京大学まで自家用車を使用して通勤していた．その理由は通勤時間を減らして時間を有効に使うためで，とくに夜遅く帰宅するのに役立った．使用した自動車は中古車のダットサンで，そのうえ，当時は道路事情が悪かったので，乗心地は決して良くはなかったが，無駄な通勤時間を短縮するという点では役に立った．

しかし，その結果歩行をする機会が減って脚が弱くなったことに気が付いた．そこで自家用車の使用を廃止して電車通勤に切り替えて積極的に歩くように心掛けた．それとともに私は余暇には以下述べるような体力づくり運動を実施することを始めた．

2）ジョギングの実施

1970年頃から，私は呼吸循環機能のトレーニングとしてジョギングを始めた．

最初は2 km離れたゴルフ練習所までジョギングで行き，預けてあったクラブを使ってゴルフの練習を行ない，再びジョギングで帰宅することを日曜日に行なうことと決めた．

しかし，半年ばかりこの習慣を続けた結果，2 kmのジョギングでは距離が不足していることに気付いた．ジョギングの楽しみは汗をかく楽しみで，そのためには冬でも汗をかく位の距離が必要である．そこでゴルフ練習所を素通りして，約5 kmの距離を右回りで一周するようにジョギングをすることにして，この習慣を現在でも保持している．

ジョギングの実施回数は年間約100回で起床後直ちに実施する．東京在住の私にとって，この時間の空気が1日の中でもっとも清浄であるからである．

3）体操の実施

体操はジョギングを行なわない日にジョギングと同じ時刻に実施する．私はマンションの最上階(11階)に住んでいるが，屋上は野天で四方がフェンスに囲まれていて人工芝が敷いてあるので，体操を実施するのに最適の場所であり，そこでジャンプを繰り返しても階下が自宅であるために他人に迷惑を掛けることがない．

体操の主たる目的は筋力と筋持久力のトレーニングである．健康のためには，からだの一部ではなく，全身の筋肉をトレーニングすることが重要である．関節には移動範囲の大きいものと小さいものとがあり，前者では後者よりもいろいろな方向に関節を動かして，筋肉のトレーニングを実施することが必要である．

表1には私が実施している体操を示している[3]．上肢の運動では，負荷を与えるために，2 kgのダンベルをそれぞれの手に持って上肢を動かす．

肩関節は球関節であるために関節の移動範囲が大きく，したがって，いろいろな方向に関節を動かしてトレーニングすることが必要で，そのために，No. 1～3, No. 5～7, No. 11の計7種類の運動を行なっている．これに対して，股関節は3種類(No. 8, 12, 14)，肘関節は3種類(No. 9, 10, 17)，膝関節は3種類（No. 4, 13, 18），脊柱は3種類（No. 15, 16, 19)計19種類の運動を，それぞせれ10回反復して，種目と種目の間に休みを置かずに連続して2セット実施する．ただしNo. 15とNo. 16は屋上のフェンスの横の支柱の間に両足を入れて，脚の挙上を防いで実施する．

種目と種目の間に休みを置かずに連続的に実施しているのはMorganとAdamsonの“Circuit Training[5]”の方式に随ったもので，このようにし

表1　私の実施している体操[3)]

順序	種目と動作	姿勢	トレーニング部位
1	ダンベルの前あげ	立位	肩関節の筋
2	ダンベルの垂直あげ	立位	肩関節の筋
3	ダンベルの横あげ	立位	肩関節の筋
4	ダンベルを持った膝屈伸	立位	膝関節の筋
5	ダンベルを持ってプル・オーバー	臥位	肩関節の筋
6	ダンベルの横上げ	臥位	肩関節の筋
7	ダンベルの横上げと脚の横上げ	側臥位，右と左	肩関節と股関節の筋
8	脚の内方上げ右と左	股を開いた長座位	股関節の筋
9	ダンベルを持って肘伸展	立位	上腕三頭筋
10	ダンベルを持って肘屈曲	立位	上腕二頭筋
11	片手に2個のダンベルで左腕と右腕でななめ上方上げ	前傾立位	肩関節の筋
12	脚の後方蹴り，右と左	立位	股関節の筋
13	下腿の後方曲げ，右と左	立位	ハムストリングス
14	脚の前方蹴り，右と左	立位	股関節の筋
15	膝曲げ上体起こし，頭の後面に両手を当てる	仰臥位	腹筋
16	伏臥上体反らし	伏臥位	背筋
17	腕立伏臥腕屈伸	腕立伏臥位	上腕三頭筋
18	垂直とび	屈膝立位	脚伸展筋
19	バーピー	立位	主として腹筋と背筋

て，全身の骨格筋とともに心肺機能の発達を意図しているからである．

種目数が19で半端な感じがするが，これは第20番目の種目をカットしたからである．

第20番目の種目はなわとび100回で，これはジャンプの繰り返しによって主として呼吸循環機能の発達を目指して実施するものである．私は50歳以後，1年間に2～3回目まいの発作に悩まされた．この発作は突然起こり，これが起こると動けなくなってしまう．

阪神の大地震の年に，私は偶然なわとびが内耳を刺激することに気付き，朝の体操からなわとびを除外した．それ以来，目まいが一度も起こらなくなった．運動には適否があり，私にとってなわとびは不適当であることを知った．

3．私の体力の推移

1）壮年体力テスト

壮年体力テストは文部省が30～59歳男女を対象として，1967年に作成したものである．このテストは反復横とび，垂直とび，握力，ジグザク・ドリブル，1,500 m急歩の5種目から成り，テスト結果が各項目とも20点満点，合計100点満点として採点される．この結果は，この得点を獲得するテスト実施者の体力に相当する年齢(体力年齢)によって評価される．すなわち，実施者の暦年齢よりも体力年齢が若ければ，実施者の体力がそれだけ優れていると判定される．

表2[2)]は私が過去に実施した壮年体力テストの結果を示している．昨年私が80歳の時に実施した壮年体力テストの体力年齢は45～49歳で，私の体力年齢は暦年齢よりも30歳以上若いという結果であった．

図1は文部省が発表した30～59歳の一般男子の壮年体力テストの結果を，年齢別，平素の運動の実施頻度別に示したもの[4)]に私の結果を加えたものである．テスト成績は加齢とともに低下するが，同一年齢で比較すれば，つねに実施頻度の多い人の方の体力テストの結果が優れていることをこの図は示している．それと比較すると著者の体力テストの結果は遙かに優れていた．しかし，加齢に伴なう体力の低下は著者でも起った．この結果は体力づくりの運動は若い時から頻回実施して

表２　私の壮年体力テストの成績[2)]

期　日	1974	1984	1989	1992	1997	1999
年齢(年)	55	65	70	73	78	80
反復横飛び　回/20秒	50	45	46	45	41	38
(得点)	(20)	(18)	(18)	(18)	(14)	(11)
垂直とび　cm	55	53	43	40	39	34
(得点)	(17)	(16)	(8)	(6)	(5)	(3)
握力　kg	48	43	40	42	40	38
(得点)	(16)	(11)	(8)	(10)	(8)	(6)
ジグザグドリブル　秒	14″8	15″5	17″3	16″3	18″1	23″2
(得点)	(17)	(15)	(12)	(14)	(11)	(5)
1500m急歩　分，秒	9′30″	10′04″	10′54″	10′25″	9′45″	10′32″
(得点)	(19)	(17)	(14)	(16)	(18)	(16)
総得点	(89)	(77)	(60)	(64)	(56)	(41)
体力年齢　年	20s	20s	35—39	30—34	35—39	45—49

注　20s：20歳代

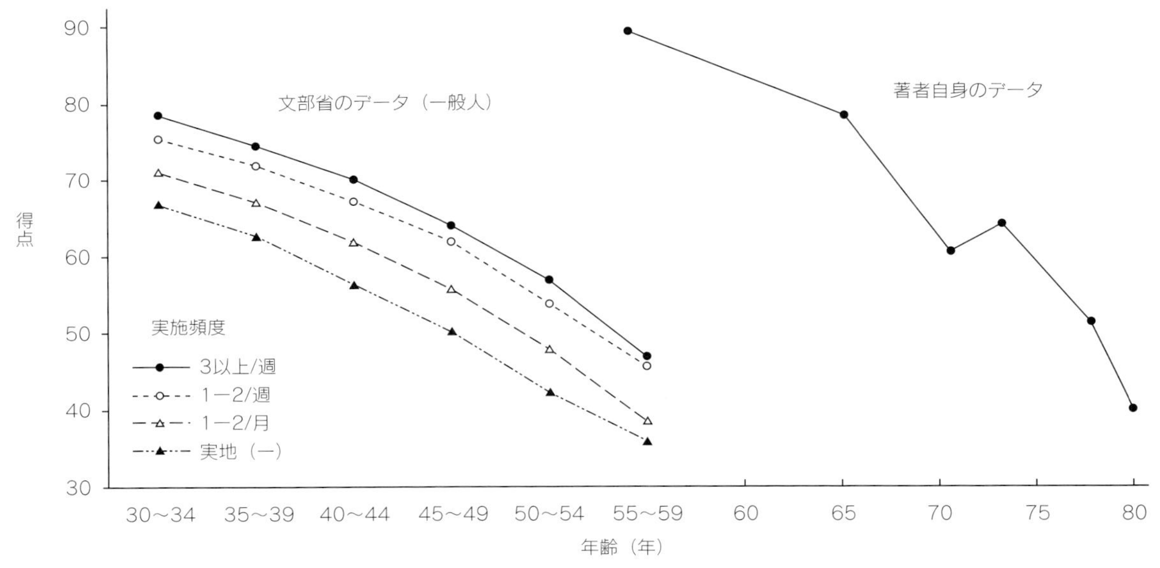

図１　文部省が30～59歳男子の壮年体力テストの結果を平素の運動の実施頻度別に示した図に著者の結果を書き加えた[4)].

体力を高めて置き，これを中高年に到るまで保持するように努力することが大切であることを物語っている．

2）5 km走タイム

日本体力医学会は年次大会の行事として5 km持久走を実施している．この行事は，1973年に私が大会長を勤めている時に始めたもので，それ以来私はほとんど毎回この行事に参加している．**表3**は私の走タイムを示している．初期にはタイムが25分以下であったが，その後少しずつタイムが延長し，1996年以後，延長の速度が急増した．

図2はアメリカ合衆国男女の年齢別10 km走の記録を示している[7)]．この結果からも男女とも

75 歳前後から記録の低下が著しいので，私の 5 km 走の記録の低下も加齢に伴って必然的に起こる経過と考えられる．

3）最大酸素摂取量

最大酸素摂取量は全身の持久力の指標として用いられる．最大酸素摂取量を比較するには体重当たりの数値が用いられる．**表 4** は自転車エルゴメータを用いて測定した著者の最大酸素の数値を示す．この値を体重当たりで示し，日本人男子の年齢別体力標準値[6]と比較すると，標準値では 70 歳以後の数値が示されていないが，70 歳までの数値では著者の方が優っていた．

90 歳以後まで最大酸素摂取量のデータを残した有名な運動生理学者 D.B. Dill の測定値[1]に著者の数値をプロットしたのが**図 3** である．70 歳頃から測定値の低下が著しくなる点で両者が共通していた．

表 3　著者の 5km 走タイム[2]

年	回数	タイム（分，秒）
1973―1977	5	23′ 52″
1978―1982	4	26′ 32″
1983―1987	5	27′ 21″
1988―1992	4	27′ 24″
1993	1	28′ 25″
1994	1	28′ 38″
1995	1	30′ 05″
1996	1	30′ 59″
1997	1	34′ 18″
1998	1	37′ 33″

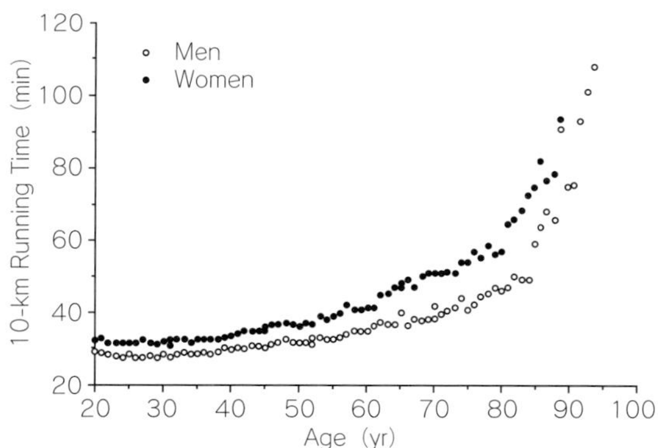

図 2　アメリカ合衆国での性年齢別 10 km 走記録[7]

まとめ

加齢に伴なう体力の低下はすべてのヒトにとって避けられない現象である．しかし高齢に至るまで元気で活動的な生活を送るためには日常生活の中に運動を取込むことが大切で，このことによって骨格筋の働きと心肺機能を高いレベルに保つことができる．

この点について著者の実施している運動の内容

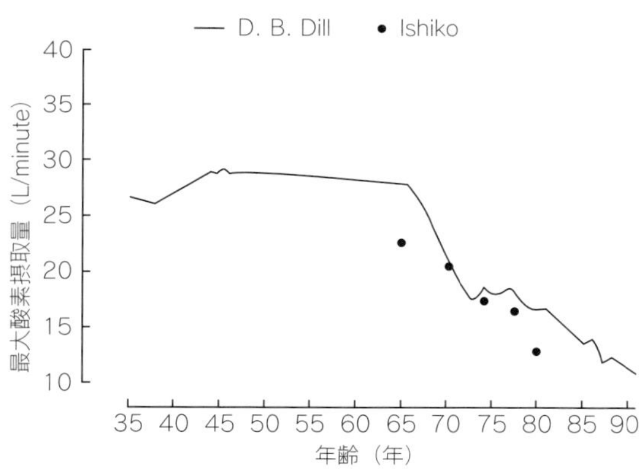

図 3　自転車エルゴメータを用いて測定した D. B.Dill のデータ[1]に著者の数値をプロットした最大酸素摂取量の加齢に伴なう変化

表 4　著者の最大酸素摂取量

年	1984	1989	1992	1997	1999
年齢（年）	65	70	73	78	80
体重（kg）	55.5	53.0	53.0	53.0	53.0
最大酸素摂取量（mL/kg・分）	41.6	38.7	34.9	33.9	26.4
日本人の標準値[6]（mL/kg・分）	29.3	27.8			

と，加齢に伴なう体力の変化について述べた．

［石河　利寛］

文　献

1）Horvath, S.M. and Borgia, J.F. : Cardiorespiratory gas transport and aging. Am. Rev. Respir. Dis. 129 : Supple. 68—71, 1984.

2）Ishiko, T. : My physical fitness and physical conditioning. Adv. Exerc. Sports Physiol. 15 : 55—59, 1999.

3）石河利寛：わたしの行なっているレジスタンス・トレーニング．体育の科学 48(1) : 51—53, 1998.

4）文部省体育局：平成 10 年度体力・運動能力調査報告書．

5）Morgan, R.E. and Adamson, G.T. : Circuit training. Bell and Sons, 1961.

6）東京都立大学体育学研究室：日本人の体力標準値　第 4 版．不昧堂，1987.

7）Tanaka, M. and Higuchi, M. : Age, exercise performance and physiological functional capacities. Adv. Exerc. Sports Physiol. 4 : 51—56, 1998.

② ジョギングの個例研究を通してみた体育のあり方

「高齢化社会における体育の役割」というシンポジウムのシンポジストの１人として，今日までの体育的自己体験の足あとをふりかえってみることで，その責任を果すことになるのかと問われれば，心もとない気もするが，それしか能が無いので寛恕されたい．

小学校卒業間際に，体育専門学校を出たばかりの高橋喬先生に指導を受ける機会が無かったら，私の今日は無かったと思っている．

それまで体育の授業も担当していた中年過ぎの教諭は，私の不様な体育授業での実技に対して，二言目には「やる気が無いから」「意気地なしだから」と言って，ますます体育嫌いに追い込まれるだけだった．

ところが高橋先生は，飛び箱がうまくとべず，鉄棒の尻上りさえできない原因を一目で見抜き，的確な指示をあたえられただけで，ただちにそれができるようになり，私自身がびっくりしてしまったのである．特に指導者の見る目の確かさの威力を見せつけられた思いがした．

ホルター心電図などを見た結果をもとに「ジョギング禁止」を宣告された循環器病の専門医の言が首肯しがたく，試行錯誤の結論として，私の身体では「心拍数が１分間 120 をこえる運動の頻度がキーポイントである」と確認できた経緯は「小野三嗣（1985）長期間ジョギングにおける至適運

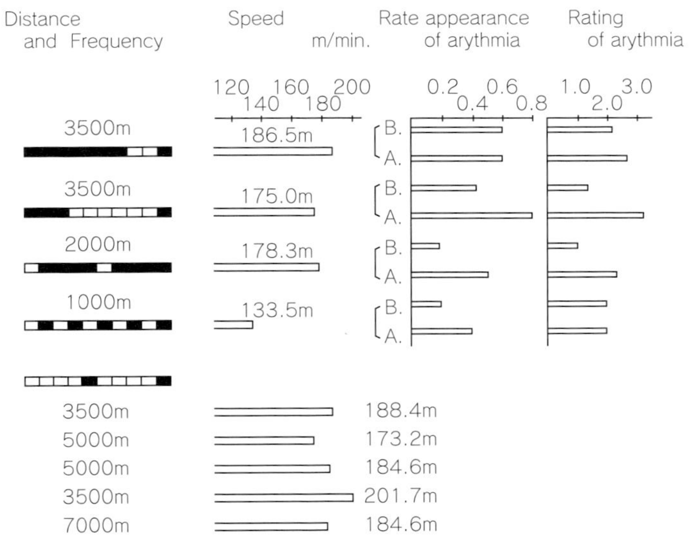

図１　ジョギングの距離と速度ならびに頻度と不整脈発生率との関係（小野三嗣）

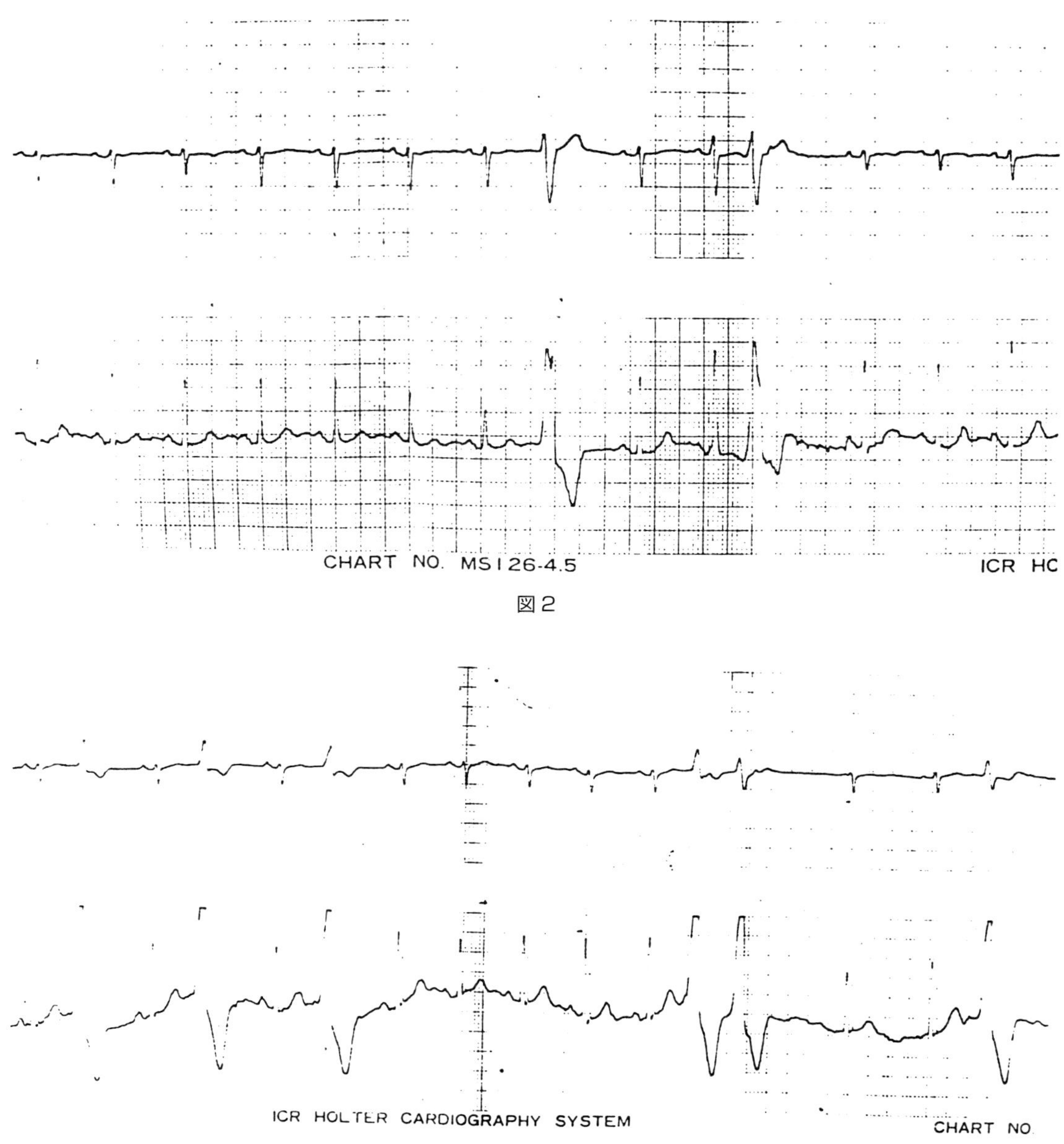

図2

図3

動頻度の追求(第1報)，体力科学，34(1)pp 65—72」に発表してあるが，**図1**に示したように，たとえ距離を短かくし，速度を落しても，隔日でも**図2,図3**のような不整脈が歩行中どころか就寝中でも記録されたのに，5日に1度という頻度を守りさえすれば，距離を長くし速度をあげてもまったく不整脈が発生しなかったのである．

そして詳細は「小野三嗣（1990）高温下の運動―ホノルルマラソンを体験して，体育の科学，40(6)pp 426—430」「小野三嗣；長期間ジョギングにおける至適頻度の追求（第2報)，体力科学，44(2)pp 307—312」に発表してあるが，69歳の時に，

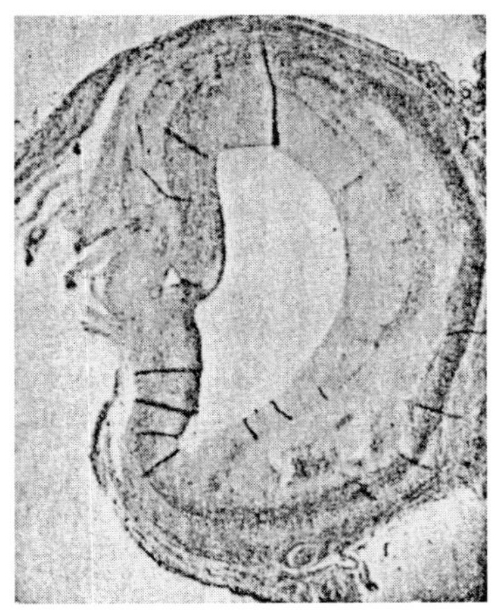
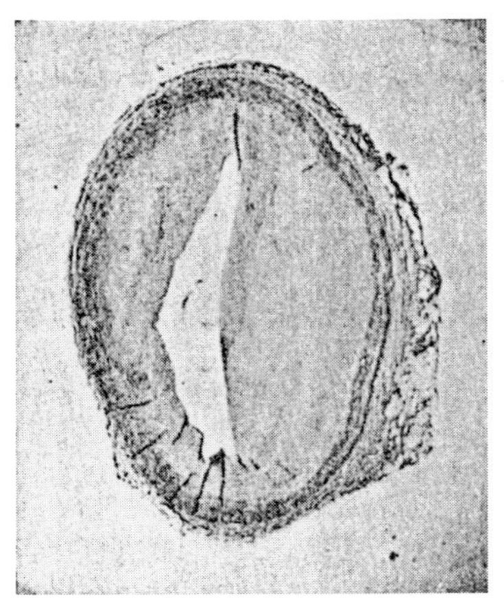

図4－1　De Mar の左主冠動脈（入口から 0.5 cm）のかすかな動脈硬化所見（左）と同じ 70 歳で癌で死亡した冠疾患の既往のなかった者の同部位所見（右）(Currens ら)

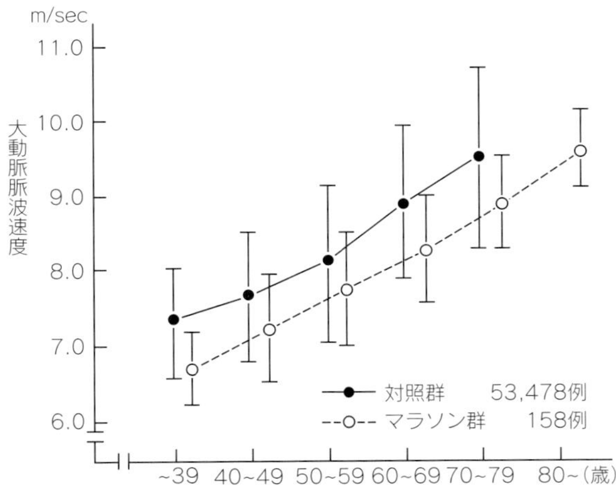

図4－2　年代別大動脈波速度分布（吉村による）

摂氏 30 度をこえる気温下で，42.195 km を 5 時間 56 分 15 秒で完走したのに，まったく不整脈が発生しなかったのである．

ミスター・マラソンとも言われた Cr. DeMar の場合は，ボストンマラソンだけでも 7 回優勝，68 歳までの間に，フルマラソン 100 回，15 Km 以上のレースには 1,000 回出場という偉業を達成，ほとんど毎日のように長距離走を続け，それこそ心臓を酷使した世界記録とも言われていたのに，70 歳で直腸癌で死亡した時の剖検所見で，**図 4—1** のような結果が得られ，関係者を驚倒させた．よくいわれるサラブレットの典型で，私のような駄馬との対極の姿と言える．

問題はなぜこのような個人差が生ずるのかであるが，そのメカニズムを解明することをライフワークと考えている．

たとえば**図 4—2** のような研究発表がなされると，上下に棒の長さで表現されている標準偏差は，平均値の比較の有意性という目で見るのが一般的であるようだが，私の場合は，40 歳のマラソン群の標準偏差の上端の者の大動脈脈波速度は，ほぼ 8.0 m/sec となっているが，70 歳代の対照群の下端もほぼ 8.0 m/sec となっていて，見方を変えれば，毎日のようにジョギングをしている 40 歳代のものと，何もしていない 70 歳代のもので，大動脈脈波速度が同じということは，そんなに珍しいことでは無いと言えるところにある．

昭和 48 年度の日本体育協会，社会体育班での実験結果として，**表 1** のような結果が発表されたが，「12 分走能力がすぐれている者の方が，12 分走による線維素溶解時間を短縮させる能力がすぐれているという違いは認められるが，12 分走能力が劣っているものでも相応の短縮効果が認められ

表 1　走能力と 12 分走が線維素溶解時間に及ぼす影響

12 分走能	運動前		運動後	
	平均値(時間)	S.D.(時間)	平均値(時間)	S.D.(時間)
2,800m 以上	12.84	4.99	5.23	1.80
2,400m 以上 2,800m 未満	13.47	6.03	7.13	2.19
2,400m 未満	13.12	5.33	8.66	4.13

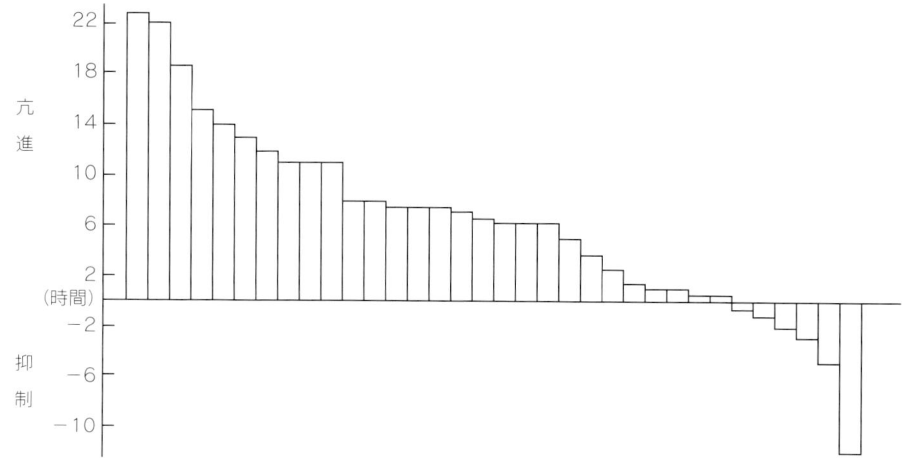

図 5　線溶時間に及ぼす 12 分走の影響の個々例（12 分走前と後で比較）

る」と理解するのが常識のように考えられている．

しかし，私は一人一人に注目したいわけで**図 5**で，右端の 6 名では，12 分走によって線維素溶解時間の延長が認められている事実を無視してはいけないと考えられている．

そこで思い出されるのが，次の英文記事で紹介されている James F. Fixx の場合である．30 歳代で 100 Kg 近くにまで増加していた体重を，16 年間のジョギングで 60 Kg 台までの減量に成功しながら，52 歳でジョギング中に急死し，解剖所見で心筋梗塞による死と判定された．

資料が無いので断定的に言うことは差し控えなければならないが，もし Fixx がジョギングをしたために線維素溶解時間が短縮するような体であったとしたら，ジョギングではなくウォーキングであったら無事だったかもしれない，そして私の場合のように 5 日に 1 度ではなくても，3 日に 1 度ぐらいにしておけばよかったのかもしれないと考えたくなるのである．

そして体重の問題も，標準体重どころか，標準よりも 5 Kg も 10 Kg も重くなければ健康状態が保てないケースも存在することを自家実験の結果として発表してあるが，**図 6** で紹介してある A. K. 氏の場合も，50 歳代で 98 Kg になっていた体重を，ジョギングなどによって，83 Kg にまで低下させ，高かった血圧もほぼ正常化していたのに，ジョギング中に心不全で死亡した原因は何かということに思いを致してみたい．

たとえば**図 7** の実験成績が存在することを紹介したいが，体重を減らそうとして糖質を減らし，たんぱく質や脂質に食事の重点を置いていたとしたら，**図**のように心筋からの逸脱酵素の増大に表徴されるように心筋への障害があったかもしれないと考えられることになる．

Jogging guru Fixx dead of heart attack

N.Y. Times

James F. Fixx, who spurred the jogging craze with his best-selling books about running and preached the gospel that active people live longer, died of a heart attack Friday while on a solitary iog in Vermont. He was 52 years old.

Fixx, a former magazine editor and the author of five books, among them "The Complete Book of Running, "was found at 5:30 p.m. by the side of Route 15 in Hardwick by a motorcyclist.

Before the police arrived, several passers-by attempted to resuscitate the fallen runner, dressed only in shorts and without identification.

Fixx was subsequently identified by the owner of a nearby motel, where he was a guest while waiting to move into a rented summer house at Caspian Lake.

He was taken to Copley Hospital in Morrisville and pronounced dead. An autopsy Saturday morning revealed that Fixx had died of a massive heart attack and that two of his coronary arteries were sufficiently blocked to warrant a bypass operation.

ACCORDING TO Fixx's sister, Kitty Fixs Bower, he was "most aware of the signs" of coronary disease because of their father's death from a heart attack at the age of 43. Bower said her brother believed himself to be in good health, having run races of 12 and 5 miles in recent weeks and having "trounced" her in a tennis match on Cape Cod the previous day.

"There's an irony in this, no doubt about it," Bower said. "But he had no indication that he ought to check in with his friendly cardiologist."

Fixx's concern about his hereditary predisposition to heart disease — his father, Calvin, was first stricken at the age of 35—contributed to his decision to take up jogging.

When he began in 1967, to help rehabilitate a tendon pulled while playing tennis, he weighed 220 pounds and smoked two packs of cigarettes a day･He ran in his first race, five miles long, in Greenwich, Conn., in 1970, and Fixx finished last among 50 runners, impressed that the winner was a man in his 60s.

AS HIS PASSION for running increased, he stopped smoking, changed his eating habits, lost 61 pounds and proclaimed in the introduction to his first book on running that his purpose was "first. to introduce you to the extraordinary world of running, and second, to change your life."

He ultimately concluded that "although the evidence is inconclusive, most of it clearly suggests that running is more likely to increase than decrease longevity" because "research has repeatedly shown that with such endurance training as running, the heart becomes a distinctly more effcient instrument, capable of doing more while working less hard."

最近喫煙者が増加傾向にあると言われる若い女性でその動機を尋ねて見ると「タバコを吸うと体重が減るから」という答えがよせられることが少なくない．スリム志向という心理状態はわからないでも無いが，運動生理学的な実験成績として**図8**のような結果が出ている点について警告しておかなければならない．

運動による発汗現象とは，運動によって汗腺のまわりに血管拡張物質であるキニン生産を増加させることによるのであるが，この拡張物質のキニンが肺循環に運ばれても，肺がきれいでそこの酸素分圧が十分に高ければ，キニンがそこで完全に分解されてしまうが，喫煙によって酸素分圧が低下していると，キニンの分解が不完全となって大循環に移行した結果として血圧の下降が見られることになる．喫煙群の下端の例は，運動前の最大血圧 126 mmHg から，負荷終了 10 分時点で最大血圧が 62 mmHg と，まさにショック死寸前の状態にまでなった例である．

ところで，私のジョギング開始は 50 歳の誕生日からであるが，60 歳になるまではほとんど不整脈が見られなかったのに，60 歳になってから前述

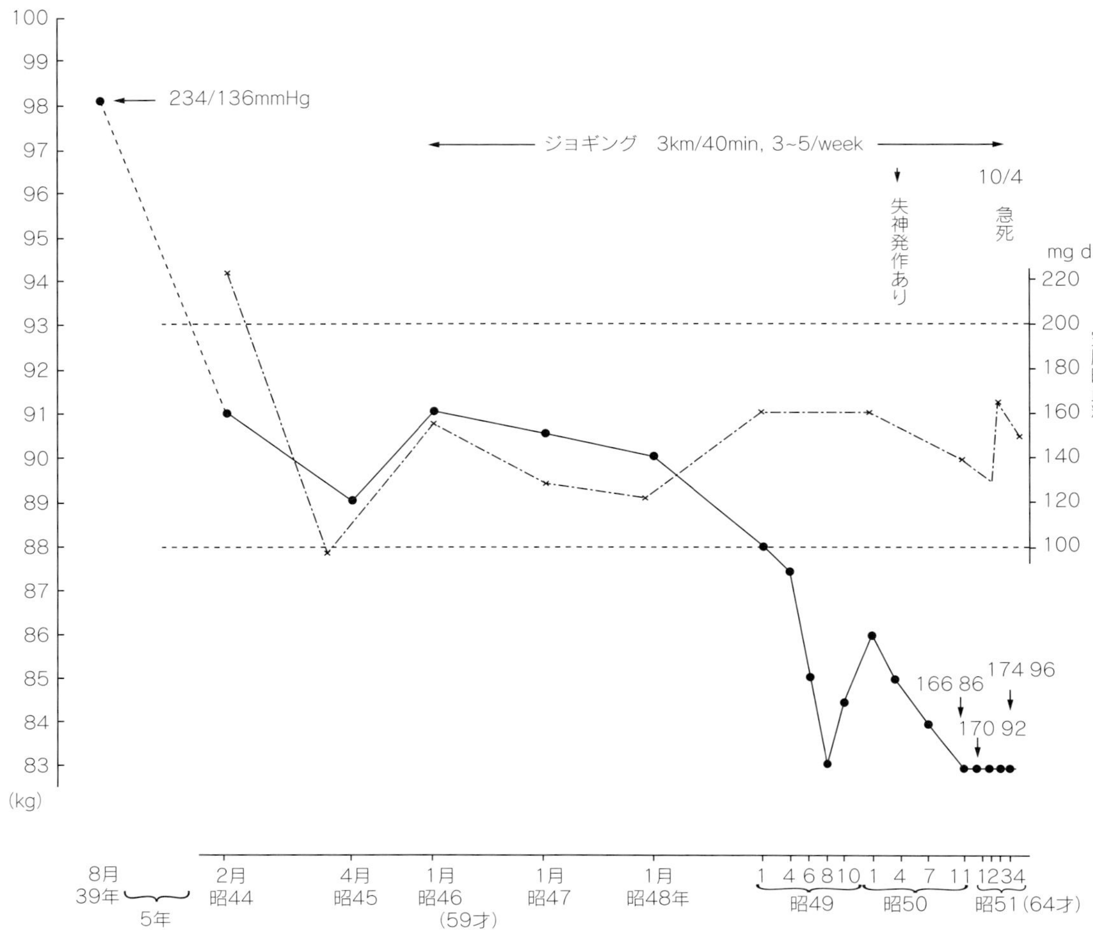

図6　昭和51年4月10日6.55 am ジョギング中急死したA.K.(64歳)の場合

したようなパターンの不整脈が発生するようになったのである．

そこで参考になるのが，先に紹介した昭和48年度の日本体育協会，社会体育研究班から発表されている**図9**の知見である．

4カ月間の持久走を続けることで，50歳未満のものも50歳以上の者も同じように12分走能力は向上しているという点では差異が無かったが，遊離脂肪酸の12分走による増加度は，50歳未満群では低下傾向をたどったのに，50歳以上群では逆に漸増傾向が見られたという報告である．思惟経済的に考えれば，ジョギング継続で，50歳未満

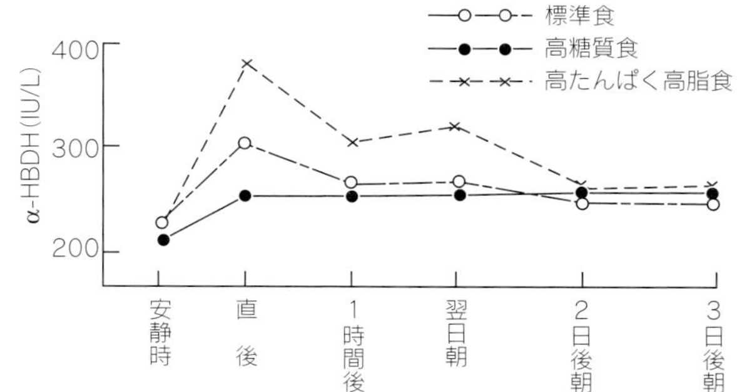

図7　青年健康男子での異なる栄養条件下での血液中逸脱酵素の10km走による消長の比較

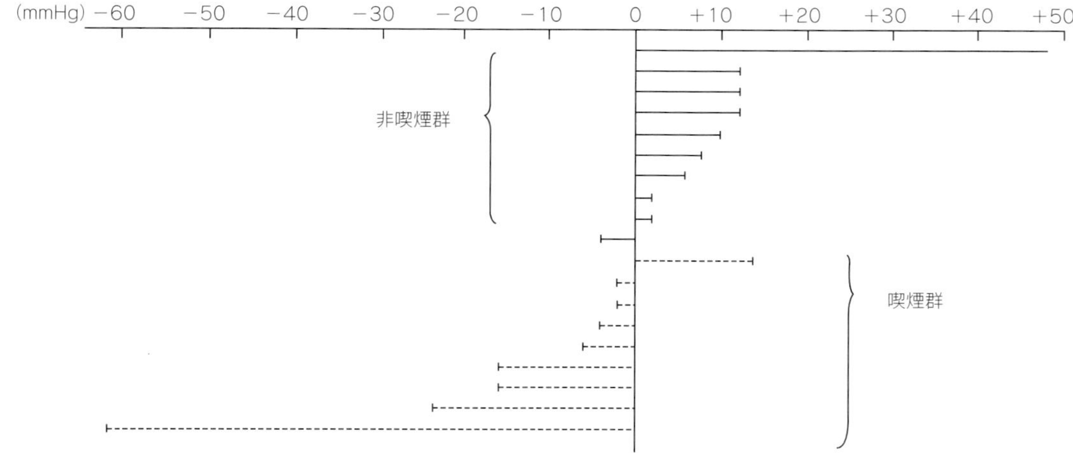

図８　オールアウトランニングの最大血圧に及ぼす影響（負荷 10 分後―安静時）の喫煙群と非喫煙群の比較（長谷川他による）

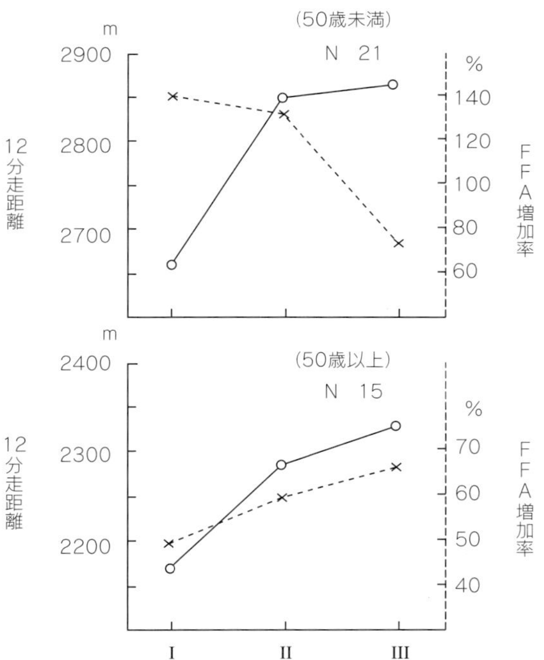

図９　４カ月間の持久走鍛練が 12 分走距離と血液中遊離脂肪酸の 12 分走による増加率にあたえる影響の年齢群別比較

では脂肪酸の処理能力が強くなるのに，50 歳以上群ではそれが低下する傾向を示すと見ることができる．

遊離脂肪酸には時によって不整脈を誘発することがあるというのは実験的にも確かめられているが，冠状血管が虚血状態になって酸素不足になると発生しやすいという知見にも個人差があると言われているところから，私の場合は，あるいは 60 歳をすぎるようになってそれが出て来たのではないかと考えられる．

いずれにせよ，運動とは無条件に健康・体力づくりに役立つものであるかのような錯覚を持つ者が多すぎることが問題である．

運動適応能力の個人差という本質的な条件の上に，栄養や休養そして環境因子の複雑な関与という点も含めて，まだまだ研究しなければならない課題である．

［小野　三嗣］

11 ③ 健やかな逞しい長寿社会の育成に貢献する体育

—体育観の変革と一貫性のある生涯体育の確立—

緒言

高齢者層が全体として社会から支えられるよりは，より以上に支えるような健やかな逞しい長寿社会の実現は，人類にとっての理想であろう．地球的規模で各種の危機をつくり出してきた人類には，それぞれの克服に寄与する生き方の変革が厳しく求められている．わが国の場合では，特に小子化・高齢化に対応できる変革がきわめて重要なこととしてあげられる．国民の一人一人には，なんらかの意味で，いきすぎた小子化の防止と健やかな逞しい長寿社会の育成に貢献することが期待される．このために，体育はどんな役割・使命を果たすことができるであろうか．

本シンポジウムのテーマは「高齢化社会における体育の役割」である．しかし，体育・スポーツ学界は，小子化・高齢化に対応できる，共通理解のある体育観を今日なお確立してはいない．このような現状のもとでは，その前提条件として，期待に応え得る体育観の追求が不可欠である．

85 歳の筆者には，1952 年以来，断続的ではあるが追求しつづけてきた体育（体育・スポーツ）学に関する根本課題がある．その一つは，体育学の研究対象にする体育は何かという体育観に関することである．他の一つは，体育学は何かという，主に体育（体育・スポーツ）学の学特性に即した学体系に関することである．体育観に関しては，70 歳ごろになって，偏狭なスポーツ型体育観の呪縛から完全に解放された[1]．また，学体系に関しては，80 歳を越えてから，かなり納得のできる全体体系が示せるようになったと自己評価している[2,3]．

ここでは，主に体育観に関する総合理論的成果を基礎にした，健やかな逞しい長寿社会の育成・実現に主役的役割を果たすことのできるような「一貫性のある生涯体育」を提唱したい．

1．体育観に関する現状認識

ここでは，緒言に示した二つの根本課題についての研究成果を基礎にして，体育・スポーツ学界の現状にみられる体育観の主な問題点を指摘しておくことにする．

第一は，体育・スポーツ学界には，体育と呼ぶ研究領域の捉え方に混迷・曖昧，閉塞などがみられることである．

体育とスポーツ，体育と保健，体育と体育教育，体育教育とスポーツ教育などの区別は，共通理解が得られた形では明確にされてはいない．したがって，これらの混迷打開は，共通理解の得られる体育観を確立するのに，その前提条件として必要になる[4,5]．

混迷の象徴的事例には，生涯体育につなげる体育科教育ではなく，生涯スポーツにつなげる体育科教育が広く唱導されている事があげられる．また，第 37 回日本体育学会大会特別シンポジウムにおける，当時 JOC 総務主事だった岡野俊一郎氏による「私は，体育・スポーツを専門に研究していらっしゃる先生方から，体育とスポーツとの区

表１　日本体育学会第50回記念大会におけるシンポジウムテーマ

テーマ	回数(30)	頻度(%)
1 体育	5	16.7
2 体育・スポーツ	3	10.0
3 スポーツ	18	60.0
4 その他*	4	13.3

*①武道と教育，②子供の心とからだの発達と社会的環境，③高齢者の健康・運動，④からだを育てる

別を解らしてもらえないでいる.」との発言もその厳しい象徴的事例になろう.

第二は，体育・スポーツ学界には，スポーツ型体育観がタブーとして存在しており，このことが独自性のある体育観を発展的に追究するのに最大の障害になっていることである.

表１は，第50回大会シンポジウムテーマに使われている用語を体育，体育・スポーツ，スポーツ，その他の４種に分類したものである．スポーツという用語を使ったテーマが圧倒的であるのみでなく，大部分のテーマにスポーツ型体育観が感じられる.

日本体育学会専門分科会には，実践学系体育・スポーツ学の中核になる広大な分野に「体育方法」と「保健」の二つが置かれているのみである．しかし,「体育方法」専門分科会に対応していると考えられる20種を越える独立学会，研究会のなかで，体育という名称が含まれているのは「女子体育連盟」のみである．このような現状は，独立学会に用いられている名称からみて，最も重要な実践学系には体育を研究する領域が欠如しているというよりは，むしろスポーツ型体育観がタブーとして存在していることを示している[6].

第三は，スポーツ振興が，わが国のみではなく国際的に声高く唱導されているのに，社会人の場合，週２日以上にわたって，かなり充実した内容による実践をしているのは，４人に１人にすぎないことである[7].

このような現状は，体育・スポーツ学界にはスポーツ型体育観が支配的になっているのに，一般人の多くには事実上支持されていないこと，健やかな逞しい長寿型人生に不可欠な寄与をする体育観の確立が期待されていることなどを示唆している.

第四は，体育・スポーツ学界には，スポーツ型体育観，積極的な生き方への配慮に欠けた保健型体育観などへの不信が潜在的にあるということである.

日本体育学会大会における名称変更問題は，このことを示す象徴的出来事のようにも考えられる.

筆者らは，1993年横浜市で開催された体育・スポーツに関する国際会議（ICHPER）の比較体育・スポーツ部門で「21世紀に向けての体育・スポーツ―生活・生存型体育の提唱―」というテーマによる発表をした[8]．マンチェスター大学のKen Hardmanからは全面的賛成を受けた．また，オタワ大学のSaul Rossからは未来型体育観として評価された.

上に示した象徴的な諸反応は，体育・スポーツ学界には，特にスポーツ型体育観への潜在的な不信のあることを示唆しているといえよう.

2．体育観の発展的変革の方向

健やかな逞しい長寿社会の育成に主役的な役割を果たすことのできる体育観を確立するには，スポーツ事象あるいは保健事象の枠組み内にとどまる体育観からの意図的脱却が不可欠である．そのためには，次にあげるいくつかの基本条件を具備した体育観の追求が求められる.

第一は，いきすぎた小子化の防止を含む，健やかな逞しい長寿社会の育成に有効な体育的なことを自由に活用できる広い捉え方による体育観を追求することである.

体育を文字の示す意味そのままに『人間生命体としての身体を育てること』ときわめて広く捉えると，真に人間に役立つ体育を自由に考えることが可能になる．一人一人の生命体には，身体的および精神的なことのすべてにわたる可能性が内在

している．豊かな精神活動のできることが人間の身体に独自な根本特徴になっている．このことが豊かな身体活動の原動力にもなる．したがって，人間のための体育は広く捉えることによってのみ，一人一人の身体の可能性を効果的に引き出すようにして，生涯にわたって目指す生き方のできる最も重要な基本の道として組み立てることができる[9]．

第二は，健やかな逞しい長寿社会の育成ができるように，高齢期における体育の在り方を原点にして，一貫性のある生涯体育あるいは生涯体育・スポーツを追求することである．

発育期の，しかも体育の授業内容が原点になっているとみられるスポーツ型体育観の最大の問題点には，一貫性のある生涯体育観の欠如があげられる．発育期体育が理想的な生産年齢期体育につながり，生産年齢期体育が理想的な高齢期体育につながっていくような一貫性の具備が必須条件になる[10]．

第三は，健やかな逞しい長寿社会の育成ができるように，高齢化社会が体育に期待する共通理解のある根本的使命を明確にした体育観を確立することである．

健やかな逞しい長寿社会の育成・実現は，それ自身が社会的視点から捉えた高齢化社会における根本使命になる．個人的視点から捉えた根本使命には,健やかな逞しい長寿型人生があげられよう．**表２**には，高齢化社会が求める一貫性のある生涯体育の象徴的な使命を一人一人の高齢者に焦点を合せて示そうとした．大往生長寿型人生の実現に成功する人が多くなれば，必然的に健やかな逞しい長寿社会の実現につながっていくことになる[11]．

体育の根本使命には，社会的視点からは，この外に自然環境，人工的環境，社会的環境などの健全化に積極的役割を果たすことがあげられる．

表２　生涯体育の象徴的理想目標としての大往生長寿型人生

①平均寿命を越える
②生涯を通して追求・実現される，個人的社会的にみて望ましい活動成果が大きい．
③高齢になってからも自立能力の失われ方が少ない．
④介護される期間が短い．
⑤安らかに死を迎えられる．

3．生活生存型体育の提唱

1）生活・生存型体育観の骨子

ここでは，体育・スポーツ学界にみられる体育・スポーツ学の根本的なことに関する混迷・曖昧が打開でき，健やかな逞しい長寿社会の育成に主役的役割を果たせるような，筆者らが提唱している体育観の骨子を，簡潔な五つの基本原則という形で示すことにする．

(1)　体育の根本目標を人間の生活・生存への積極的寄与に置く．

生活目標とは，体育を通して，㋑個人的社会的にみて望ましい，目指す生きがいのある生き方に即した生活を積極的にすること，㋺そのために要求される諸能力（生活能力）を積極的に育成することである．生存目標とは，体育を通して，㋑生活・人生に伴う虞（おそ）れのある災害を積極的に予防・克服すること，㋺そのために要求される諸能力を積極的に育成することである．これらの目標は，健やかに逞しく生きる力の育成を分析して示したものになっている．

生活・生存目標を効果的に達成できる体育は，社会的には健やかな逞しい長寿社会の育成・実現という目標（使命）に，また個人的には健やかな逞しい長寿型人生の追求・実現という目標(使命)につながることになる．

(2)　体育を活動生活・休養生活・食生活の３本柱によって構築する全生活にわたる積極的な目的的事象として組み立てて実践する（表3)．

このような体育は，スポーツ型の場合のように

表３ 生活・生存型体育の実践的組み立て

体育生活の基本的柱		主な実践内容
1 体育的活動生活	(1) 活動手段	体育運動(体育的スポーツ)，体育化も図った生活運動・精神活動など
	(2) 活動計画	1日・1週・年間などの活動リズム
2 体育的休養生活	(1) 休養手段	要素的手段・複合的手段など
	(2) 休養計画	1日・1週・年間などの休養リズム
3 体育的食生活	(1) 食事	朝・昼・夕の食事内容，食べ方など
	(2) 栄養摂取生活計画	栄養摂取に効果的な1日の生活リズムなど

生活の一部になる事象ではなく，全生活が具備すべき一面性になる．したがって，全生活事象として実践していくことになる．

活動生活は，体育的視点からすべて目指す目標の実現に寄与するように整えて実践していく．体育運動（体育的スポーツ）のみでなく，体育化を配慮した生活運動，精神活動なども，逞しい長寿型人生の追求・実現につながる重要なことになる．精神活動は人間生命体にとって最も重要な身体的事象でもあり，特に高齢期体育では，豊かな精神活動が身体活動に劣らず重要になる[12~14]．

休養生活の体育化には，活動に伴う疲労を除くという保健的視点のみでなく，活動生活の活性化と活動能力の育成への寄与という，体育的ともいえる積極的視点からの配慮が重要である[15]．

食生活の体育化には，栄養バランスのとれた適度の量による規則正しい食生活への配慮が鍵になる．このほか，嗜好品に関することも体育的に重要である．

(3) 日常生活の体育化を図ることを体育実践の基本に捉える．

健やかな逞しい長寿に恵まれた人生の達人たちに共通にみられることには，日常生活の全体を生活の知恵によって体育的に整えてきたことがあげられる．数年前，NHKテレビには「小朝が参りました」という，逞しい長寿に寄与する体育の勉強になる番組があった．お召列車の機関士になったことのある百歳老人の飯塚儀平さんは「長生きの秘けつは，健康の秘けつは何ですか」と聞かれ，「よく動くこと，よく休むこと，なんでも食べること」と典型的な答えをしていた．

目指す生き方ができる方向で生活の活性化を図るには，何よりも，この原則が重要になる．健やかな逞しい長寿社会の育成・実現に寄与する体育の鍵は「日常生活の体育化」にあると言えよう．

(4) 日常生活の体育化によって目指す効果が得られないことについては，上乗せ効果のあることを計画的に取り入れる．

生活・生存型体育におけるスポーツ実践には，生活運動の体育化によっては得られないような上乗せ効果が求められる．すべての人に実践が期待される生涯スポーツには，このような上乗せ効果のあることが必須条件になる[16,17]．

上乗せ効果のあることは体育運動に関することのみでなく，諸生活活動，休養生活，食生活などのなかでも積極的に配慮することが重要である．

(5) 体育の全体を一般に１週間を周期にする望ましい生活リズムになるように組み立てて実践する．

体育実践の全体は，健やかな逞しい長寿につながる活性化した生き方をするなかで活性化した生き方のできる能力が育成されるような，望ましいライフスタイルが具備する一面性になるようにして実践していくべきことを示している．このような全生活型体育は「人間形成型体育」としても位置づけられよう[18]．

2) 生活の体育化の在り方

生活・生存型体育観の特徴は，その全体としての実践の在り方に着目すると，なによりも「生活

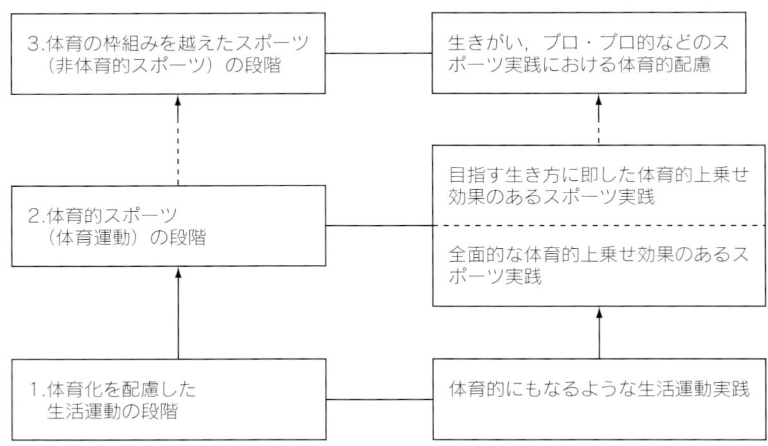

図１　生活・生存に寄与するスポーツ実践の階層性

の体育化」というキーワードによって示すことができる．ここでは生活の体育化の在り方を，実践内容の柱になる特に二つ事象について取り上げておく．

第一は，全運動生活の体育化に関することである．

生涯現役だった杉村春子さんは，朝日新聞のインタビューで,「健康のために何か運動をしていますか.」という問いかけに対して,「運動？　お芝居するだけでたくさん.」と応えている．彼女にとって，主に職業生活に伴う運動（生活運動）の体育化が，逞しい長寿型人生に寄与してきたことになる．

運動といえば，今日でも一般に生活運動ではなく，特別に取り入れる体育運動(体育的スポーツ)を指している．しかし，健やかな逞しい長寿社会の育成には，運動実践の全体としての在り方を図1,2に示すように,階層構造的に確立しておくことが不可欠であると考えられる[19]．健やかな逞しい長寿型社会の育成・実現の主な鍵の一つは，誰もが日常生活運動の体育化を配慮した生活をすることにある．

体育科において生活運動の体育化が指導内容に取り上げられるようになれば，電車の優先席にみられる若者の悲しい姿は消えるであろう．人間にとって最も貴重な営みである「子育て」に伴う莫大な身体的および精神的な負担にも一段と喜びを味うようにして積極的に立ち向かえるようになろう．

第二は，精神的活動生活の体育化に関することである．

高齢者にとって，健やかな逞しい長寿型人生の追求・実現には，身体能力に劣らず精神能力の低下防止が重要であるにもかかわらず，精神的活動は重要な身体的なこと，体育的なこととしては一般に取り上げられていない．しかし精神活動は，それ自身が人間生命体にとっての最も重要な身体的なことでもある．このことは，人間の生涯にわたって，精神活動の体育化への徹底した配慮が望まれることを示している[20]．

4．一貫性のある生涯体育・スポーツ学の確立

体育が健やかな逞しい長寿の育成・実現に主役的役割を果たせるようにするには，二つのことが必須条件として必要であると考えられる．

第一に，人間の生活・生存に不可欠な寄与のできる体育観の発展的追求である．他の一つは，高齢期体育の在り方を原点にした一貫性のある生涯

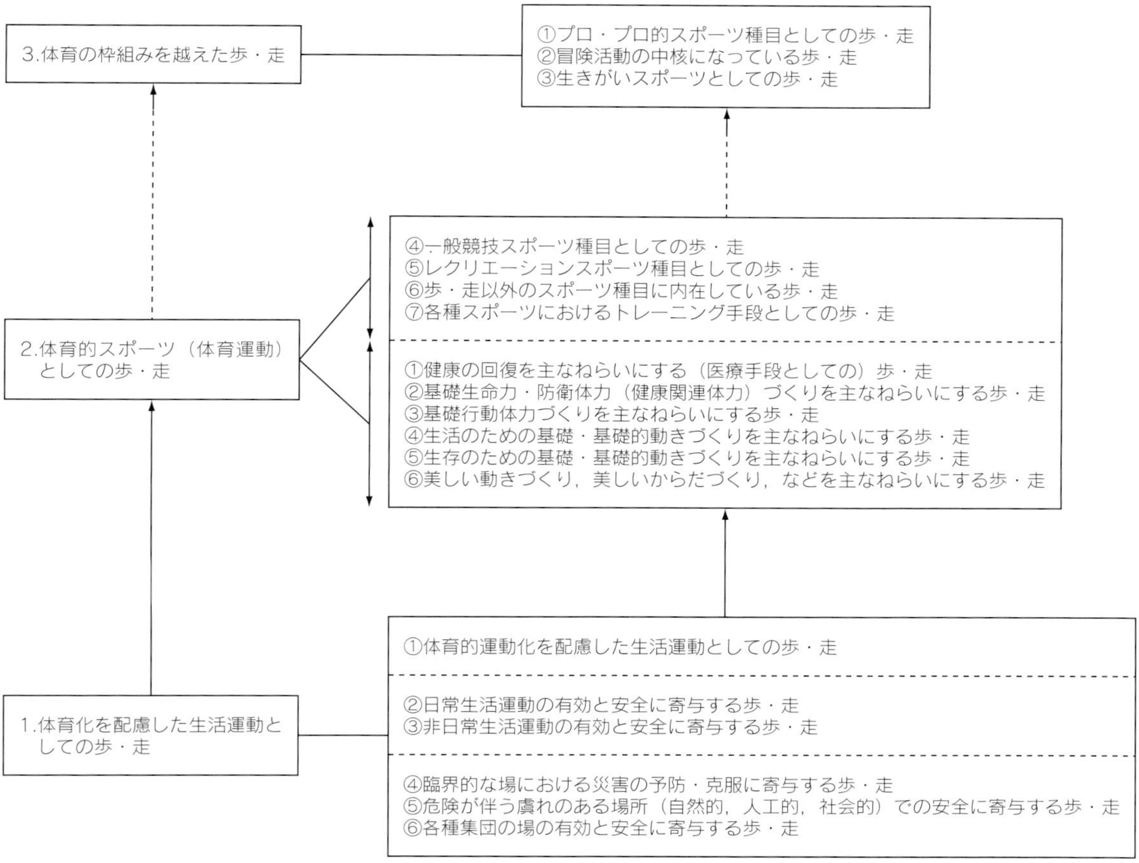

3.体育の枠組みを越えた歩・走

①プロ・プロ的スポーツ種目としての歩・走
②冒険活動の中核になっている歩・走
③生きがいスポーツとしての歩・走

2.体育的スポーツ（体育運動）としての歩・走

④一般競技スポーツ種目としての歩・走
⑤レクリエーションスポーツ種目としての歩・走
⑥歩・走以外のスポーツ種目に内在している歩・走
⑦各種スポーツにおけるトレーニング手段としての歩・走

①健康の回復を主なねらいにする（医療手段としての）歩・走
②基礎生命力・防衛体力（健康関連体力）づくりを主なねらいにする歩・走
③基礎行動体力づくりを主なねらいにする歩・走
④生活のための基礎・基礎的動きづくりを主なねらいにする歩・走
⑤生存のための基礎・基礎的動きづくりを主なねらいにする歩・走
⑥美しい動きづくり，美しいからだづくり，などを主なねらいにする歩・走

1.体育化を配慮した生活運動としての歩・走

①体育的運動化を配慮した生活運動としての歩・走

②日常生活運動の有効と安全に寄与する歩・走
③非日常生活運動の有効と安全に寄与する歩・走

④臨界的な場における災害の予防・克服に寄与する歩・走
⑤危険が伴う虞れのある場所（自然的，人工的，社会的）での安全に寄与する歩・走
⑥各種集団の場の有効と安全に寄与する歩・走

図２　生活・生存に寄与する歩・走の体系的捉え方
―生活・生存型体育観を基礎にしたスポーツ実践の階層性に着目して―

体育・スポーツ学の体系的確立である．体育学は歴史的にも，現状からみても，体育とスポーツとの２本立てによる体育・スポーツ学として確立することが最善であろう．

体育とスポーツとの区別を曖昧にしている偏狭なスポーツ型体育観によって構築されている現行学習指導要領は，健やかな逞しい長寿社会の育成・実現に寄与する一貫性のある生涯体育・スポーツの原点にはなりそうもない．

一貫性のある生涯体育・スポーツ学を確立するには，体育・スポーツ学の学特性に即した全体としての学体系の追求と対応する体育・スポーツ学界における学会体制の確立とが必要になる．体育・スポーツ学の全体としての学特性には特に実践科学性があげられる．生涯体育・スポーツ学は実践系の最も重要な分野として位置づけられる．

生涯体育・スポーツ学分野は，実践する人の基本特徴に着目すると，大きく発育期・生産年齢期・高齢期の三つに分けられる．競技スポーツの潜在力を最大に育成することが根本課題になる競技者体育・スポーツ学，特別のハンディキャップの克服が重要な課題になる障害者体育・スポーツ学，などは生涯体育・スポーツ学の一環として位置づけて確立することが望まれる．

体育・スポーツ学界は，21 世紀の体育が健やかな逞しい長寿社会の育成・実現に主役的役割が果たせるように，体育観の発展的変革と一貫性のある生涯体育・スポーツ学の確立を，学界をあげての根本課題にしていくべきではなかろうか[21]．

［金原　勇］

参考文献

1）金原　勇，廣橋義敬：学校体育論，建帛社，東京，1991.
2）金原　勇：日本体育学会の発展的な在り方を考える，体育の科学 47（1）：36—42, 1997.
3）金原　勇：21 世紀が求める体育（体育・スポーツ）学研究の方向，日本体育学会第 50 回記念大会誌第 1 巻，杏林書院，東京，2000.
4）金原　勇，廣橋義敬：究極の体育—アイデンティティー・普遍性・究極性を具備した体育観の追究—，体育原理研究第 25 号：71—74, 1995.
5）金原　勇：人間の生活・生存と生涯体育・スポーツ研究，体育学研究 42（5）：387—393, 1998.
6）文献 2, 3
7）健康・体力づくり事業団：現代日本のスポーツ状況，体力つくり情報 Trim Japan, NO. 60 : 2—10, 1999.
8）Isamu Kinbara, Gikei Hirohasi : Physicai Education and Sport towards the 21 th century—A proposal of physical education for human life and existence—. ICHPER 36 th WORLD CONGRESS Proceedings, The Organizing Committee ICHPER 36 th World Congress, pp. 275—279, 1994.
9）文献 1, 4, 5
10）文献 2
11）文献 5
12）金原　勇，廣橋義敬：精神活動の積極的体育性，体育原理研究第 27 号：95—98, 1997.
13）金原　勇，廣橋義敬：生活運動の積極的体育性，体育原理研究第 28 号：117—200, 1998.
14）金原　勇，廣橋義敬：スポーツの積極的体育性，体育原理研究第 29 号：83—87, 1999.
15）金原　勇，廣橋義敬：休養の積極的体育性，体育原理研究第 26 号：81—84, 1996.
16）文献 13, 14
17）金原　勇：生活・生存の基礎的動きと体育運動，体育の科学 45（3）：181—185, 1995.
18）金原　勇：体育科教育と人間形成，体育科教育学研究，第 12 巻第 1 号：65—83, 1995.
19）文献 14
20）文献 12
21）文献 3, 5

11 ④ 体育史からみた高齢化社会の老人問題

1．老人問題への新しい接近法

現代の日本は高齢化と少子化を特徴とし，福祉介護の対策が叫ばれる社会である．本日の筆者のテーマは，老人問題を中心として，体育の役割が歴史的にどう変化したかを述べることであるが，しかし今回は具体的な内容や方法には触れず，基本問題だけに絞って論ずることにした．言うまでもなく「体育科学」(仮称）は身体運動の現象を対象として，それが教育や文化や社会にどのような役割を果たしているかを総合的に考察するScienceであるが[1]，その中で「体育史」と称されるdisciplineは，歴史的に検討する専門学である．

しかも「体育科学」が新しいパラダイムによって，「近代」科学とは異質の次元から問題に接近する科学である以上，このように科学が急変していく時代に，体育科学，スポーツ科学，健康科学などにも現代科学の影響が見られることは当然といえよう．いまや，宇宙における人間の位置づけが変わり，「反哲学的」(anti-philosophical）な現代身体論が提示される時代となり，これまでの西欧伝統の思想，すなわちロゴス中心主義が，その根底からゆさぶられはじめたのである[2]．

現代は，新しいHuman scienceやAnthropologyの登場によって，人間の感情や情念も科学の本格的な研究対象として注目されるようになり，まさに人間探究の時代が到来したのである．今日の生物学はもちろんのこと，心理学や社会学も，新しい視座から接近され，いま本質的な転換の様相が各所にみられはじめた．現代科学は，情報工学，構造人類学，精神分析学，それに生命科学や「生命誌」(biohistory）などの科学に見られるように[3]，新しい「分化と総合」を意図する巨視的見地からの先駆的試論が発表されてきた．それらの傾向は，大局的にみて，上記のように21世紀的な人間探究が開拓されはじめたことを意味している．この時代傾向は，一方では，今日の身体運動の一般理論に影響を与え，他方では，現場体育にも思考上の現代化を促進しはじめ，この現象は注意して体育専門誌を読めば，すぐ了解できる事柄となった．

このように身体運動の科学は，それを体育科学と呼ぼうと，スポーツ科学や健康科学と言おうと，それは一つの現代科学の分野なのであり，いわゆる「体育史」と呼ばれる領域も，運動科学を科学史的に研究する専門領域なのである．われわれの新しい身体運動科学の分野は，それを新概念としてのスポーツ科学や体育科学に置き換えてもよいが，特に，この科学の自然系の専門諸学の発達にはすばらしいものがある．何しろ生物科学で遺伝情報が注目される時代だけに，この自然系の領域は実証的方法の共通性に即応して相互理解も速く生理学的，生化学的，生力学的などに分化しながら，協同的に研究される時代になった．それに，これらの自然系の領域は，心理学的，人類学的，社会学的な領域とも関連しながら学際研究的な傾向も強まってきた．逆に，それが人文系の専門諸学に学際研究的な刺激を与え，人文系に現代的視座を開眼し，運動科学全体への新風を巻き起こす結果をもたらしてきたと言えるし，また逆方向の可能性もあるとも考えられる．要するに，これらの運動科学自体とその自然系と人文系との専門諸学とは，人間探究の研究として位置づけられながら，総合科学としての自覚を強めてきたといえるであろう．しかも，こうした良い先例が，われわれの隣接科学でもあり，先輩格でもある医学に見られる．今日の医学は，身体医学，精神医学，それに心身医学などをめぐる議論を介して,「医学的人間学」(medical anthropology）といった提案も現われ[4]，われわれにいろいろな教示を与えてくれる．上記したように，運動科学は総合科学であるが，その研究には広狭二つの分野があり，一つは社会，文化，世界，宇宙などの概念をめぐって，巨視的レベルで接近する研究であり，もう一つは細胞，遺伝子，分子などの微視的レベルから接近する研究であり，究極的に，それは人間探究の学として方向づけられてきた．

ところで今回の筆者のテーマは，高齢者社会における生涯の体育を，しかも老年期に限定して，歴史的に検討することにあった．しかし，古代的な老人「論」から近代的な老人「学」に発展した次第を概括するだけでも，実は容易なことではなかった．というのも，古代以来，壮年期までの期間は社会的関心が集中していたが，しかし人生の隠居とみられた老年期についての評価は低調であり，議論や考察は，決して体系的には論じられなかった．だから実証的な老年期研究は，遅ればせながら近代医学において注目され，開拓されはじめた．日本では余り知られていないことだが,「老人学」を最初に使用した医学者はフランス人で，彼は19世紀に活躍した神経学の大家，シャルコ（J.M. Charcot, 1825～91）であった[5]．

さて，今後の老人学に対しての筆者の期待であるが，高齢化社会の「老人学」とは，いまや医学的カテゴリーを越えて，人文・社会科学をも包含した総合科学として自立してもよい時期に達したと考えられるし，その中に「運動学的老人学」を位置づけたほうが良いという提案である．そうなると，今日，それを「老人学」自体の充実ばかりでなく,医学,体育学,スポーツ科学などのsub-discipline としての領域を考えながら，複雑な親子関係の中に運動学的な位置づけをする段階に入ったと理解するほうが良いのではないかと思われる．

2．ユベナーリスの老人論

本章の西洋古典時代の老人論に，ローマの諷刺詩人のユベナーリス（60～140 年頃）をあげたのは，明治以来の日本で，彼の第 10 諷刺詩の一文が余りにも有名になったからである[6]．けれども,当時の日本の思想家や教育者は，ロック流に短絡された「健全なる身体に健全なる精神が宿る」の一文を我流に解釈し，ユベナーリスの老人論の真意を逸脱して，誤解を招いてしまった．しかしながら，西洋の古典的思想家は，ローマのユベナーリスやキケローにしても，ギリシアのプラトーンやアリストテレースにしても単純な身体肯定論者ではなかった．「神ならぬ人間」とは,「死すべき」(thanatos）存在であり，しかもこの有限性は身体に起因するとみなされた．したがって人間の病気や死亡は，何よりもまず第一に身体に関係する事象であると考えられた．

この点で,彼らの人間観は心身二元論に立脚し，身体（soma, corpus）は魂（psyche, spiritus）の奴隷であり，ときには主人の魂に反抗するし，それに老化によって死をもたらす存在とみなされた．しかしながら，身体を一方的に捉えて誤解するようなことがあってはならない．アテナイの流行歌に，一に健康，二に美貌，三に財産と唱われた事例に見られるように，ギリシア市民は富や財産よりも健康や身体美を高く評価した．周知のようにオリンポスの神々は美しく鍛えられた青年競技者像に刻まれているではないか．だからギュムナスティケー（体育）とミュシケー（文芸）のハルモニア（調和）が古典的人間の理想なのであった．したがって，心身二元論を背景としながらも，哲学者プラトーンは身体と精神の「調和」に人生の理想があると述べ，医者ヒポクラテースは，この思想を拡大して栄養と運動の「調和」に健康の基盤があると説いた．ヒポクラテースは病人の治療ばかりでなく健康の維持増進が，医術の使命であることを説いている[7]．

しかし，ヘレニズム社会が到来する頃には，古代都市の若者は変わり，彼らは，一方では，兵役を拒否したり，運動を軽視したりするようになり，他方では軍事やスポーツは職業化していった．ローマ人は，共和制時代にヘレニズム文化に憧れ，影響を受けたが，しかし，エンニウスが言ったように，「裸体は悪のはじまり」とみなされ，ギリシアの裸体競技はローマ人に軽視された．彼らは軍事的体育を重視したのであるから「パンとサーカス」のような発想は教育からではなく政策にあり，あの円形闘技場の競技会は政治家の企てた余興なのであった．しかも，この権力者たちにもどうにもならないものが，限りある人間の寿命と，老化と死の問題であった．

しかし意外なことに，この問題はローマ人に敬遠され，嫌悪されている．たしかに大医ガレーノス[8]は，小球を使用したボールゲームに関しても，特別な小冊子を書き，それを老人にも奨め，われわれの注意を引く．しかし，彼の「衛生学」の大著には，老人医学的なものは前向きに述べられてはおらず，彼にも老人の問題に対する社会一般の敬遠嫌悪の消極姿勢が反映している．けれども，近代人でさえも，身心の衰えが現われる高齢期に対しては，自他共に蔑視する傾向が見られることは周知の通りであり，したがってローマ人がそれを隠したり虚勢を張ったりして，直視を避けたのも当然といえよう．

このように，ギリシア・ローマ人は，人類の将来の可能性を若さの程度，生き残れる寿命の有無から判定する傾向が強かった．だから，彼らのいう「男盛り」(アクメー) を過ぎて，やがて老人期を迎えるとなると，彼らは老化現象をマイナスの現象とみなしたのである．だが彼らばかりではない．「金枝篇」の大著を出版したフレーザー (J. Frazer, 1854～1941. 人類学者) は次のようにいう．未開社会では呪術師でもあった王が生命力を失うと，生死の決闘によって，その権威を確かめねばならなかったのである．

この呪術王に象徴されているように，生命の衰退は「身心」の老化を意味し，それはかたちやしぐさに現われる．しかし，それが虚勢か否かを試練される時代から人類が進化すると，人類はマイナスの側面から眼を反らす傾向が，意識的にも無意識的にも強まってくる．特に老人においてである．しかしユベナーリスは，それを悲嘆しながらも，直視しようとした．それが彼の第 10 諷刺詩のねらいであり，ここに彼らしい老人論が展開する．したがって，近代になって，楽天的に，しかも全文を短絡して引用された「健全な身体に健全な精神が宿る」という一文も，妙に近代的な独走が現われたのである．だが，ユベナーリスの真意は「…宿るようにありたい」という祈りが込められており， それが orándum est ut sit に表現されている．

彼の詩はドミティアヌス帝を諷刺して，絶望と恐怖に苦悩した中に書かれた．したがって彼は死すべき人の身を，いろいろな面から考え，人間の愚かさを悟り，結局，人生とは何か，死とは何かを見つめようとした．ギリシアのソロンや中国の孔子が語ったように，人の寿命は 70 歳頃を下限とする．アリストテレースは動物誌で生物の寿命を比較考察している．だが生物の死は何かに解答しているわけはない．しかし現実として老後はユベナーリスにとって惨めであった．彼は時には長命を嘆き次のように言う．老人の顔は誰も似かよってくるし，手足は震え，歩行も困難になり，頭は禿げ，幼児のように鼻汁を流し，肉も抜け落ちた歯で咬み，踊り子の姿はボケてみえ，歌も音楽も聞こえない．

肉体の快楽から見離された老人に，人生の快楽とは何なのであろうか．しかし，と彼は言う．美貌の男は快楽におぼれ，美女は不貞によって，身を亡ぼす．だから人生そのものが哀れであり，特に老人は不幸である．では，老人に幸福があるだろうか．この点で，キケローのほうが前向きである．というのも，彼の老人論には，幸福な老人の実例があげられ，老年の豊かさが語られているからである．キケローは老人を不幸とみる思想は四つあるという[9]．第一は老齢になると，あらゆる職業から隠退しなければならないこと．第二に身体が弱り体力がなくなること．第三にほとんどの快楽が奪われて何の楽しみもないこと，第四に死が近いという恐怖感が生ずることである．彼はそうした老人論について，それぞれ実例をあげて反論し，究極的に幸福とは何かの問題に触れていく．

この点，キケローの，第四の理由に対する反論は，若い頃からの「死の準備」を前提した有徳論として注目される．ユベナーリスには，このような哲学論の深さがないようにも思われるが，彼も第 10 詩の最後で，身体の有能性(virtūs)が真の幸福に通ずるためには，人は「健全な身体に健全な精神が宿るように祈ろう」ではないかと，ラテン人らしく祈願するのである．このような調和思想は東洋的な「無為自然」の思想とはちがっているが，ここには西欧伝統の知性と伝統が，われわれに感銘を与えていることは明らかである．

3．若者に期待するグーツムーツ[10,11)]

ローマの皇帝テオドニウスⅠ世によって，オリンピアの祭典競技と主神ゼウス（ラテン語でユピテル，英語でジュピター）の信仰とは禁止された．すでにローマがキリスト教を国教とした以上，この異教禁止令は当然のことと言えるであろう．そしてヨーロッパの中世は，カトリックの信仰を中核として，魂の救済に真の幸福を求める生活がはじまった．しかし現実の中世は，法王と国王が抗争を繰り返し，十字軍の遠征も決して文字通りの聖戦ではなかった．それに，中世市民が禁欲的で「暗黒時代」の人生に諦め切ったわけでもなかった．最近の社会史家や体育史家が報告しているように，中世後期になると，軽蔑されていた身体は「魂の僕(しもべ)」の地位に反旗を翻しはじめたのである．

巨視的にみれば，それはヒューマニスティックな運動を加速する動きであり，さらに，ルネサンス（再＝生）の時代になると，異教的なギリシアは再評価されるようになった．すでに 14 世紀頃になると，医術を基盤にして，健康マニアルが現われた．一部の医者からではあったが，「身体を忘れて健康も幸福もありえない」といった新しい身体論が現われた．それは人間を忘れた中世生活に抗する一種の人間論であった．まず第一に，「旧制度」(アンシアン・レジューム）を否定したフランス革命の人権宣言（自由・平等・博愛）は，文字通りのヒューマニスティックな運動であり，体育史で注目された汎愛学校の「汎愛」も，それは「人間」(アントゥローポス）と「愛」(フィロス）から合成された名辞であり，人間を人間に育てる，教育改革運動であった．

フィロイメ（ヴォーム）[12)]，フィーツ[13)]，グーツムーツのような体育者は，上記のような人間論を背景とした医者たちの「身体論」の著作を読み，当然ながら，その感銘も深かった．これらの医者にとって，疾病現象は科学の対象としてだけでなく，人間の幸福のために研究された．生命ある人間にとって「からだ」と「こころ」とは相関し，しかも両者は矛盾と抗争を続けながら統一されていく存在であった．プラトーンはポリスの教育理想として心身の調和を説いた．逆にユベナーリスは老人の立場から心身の調和を人生の願望として訴えた．そして近世のヒューマニストは，それなりの心身調和論を説いていった．近代哲学においても，感性的なもの，身体的なものへの関心が強まった．ヒュームやロックを通じて感性と経験が注目され，そしてI．カントは初めて「人間学」と題した著作（74 歳，最晩年の作）を発表し，「純粋理性批判」では，経験が感性と悟性の二つの幹から構成されるという認識論によって，コペルニクス的転換を企てたのである[14)]．

身体や経験，感覚や運動に注目し，身体形成を重視した汎愛派体育者も，同様に時代の子であった．グーツムーツをはじめとして，彼らは身体を蔑視した上流階級の教育が，偏見と誤解に満ちた非人間的な教育であることを直視した．実地検証をつみ，青少年を観察した先駆的医者たちにとって，旧教育の方法が如何に自然の法則に反するものであるかは明らかであった．だからグーツムーツも彼らの見解に同調し，自然の法則と健康の掟を忘れた教育は誤りであり，青少年の不幸は深刻化したのであるといった．端的にいって，その結果は身体の虚弱化と病弱化を招いたのである．

身体の蔑視は身体運動と身体訓練の蔑視に通じる．だが，その「運動欠如が，万人すべてに，虚弱，堕落，無気力，そして死ということを意味する」だけに，問題は深刻である．「青少年」の運動不足が彼らを虚弱化し，病や死を招くといった発想法，これは東洋的な「生老病死」の人生観とは異質な思考法である．グーツムーツは身心調和を念頭に置きながら，身体教育の目的や効果に関しては，賢明な識者や医者の成果を引用して，次のように言う．身体運動以外に，若々しい力と健康の喪失を埋め合わすものは，まったく何もないのだと．だから先駆的な医師の見解をいかして，それを体育の方法として具体化すること，これが彼に残された課題であった．

古典学者でもあり，地理学者でもあった彼は体育者になるのである．こうして多くの医者たちの著作を精読し，古くはヒポクラテースやガレーノス，それに古典医学や体育をルネサンス時代に紹介したメルクリアリス，さらに彼の同時代人の数々の著作が参考に供される．「近代体育の父」といわれた彼が，これほどまでに勉強家であったとは驚嘆に値する．

本論文では省略するが，特に彼が影響をうけたのは両チソーやフランクである．周知のように，仏人 S. A.チソー「学者の健康」(1766 年) は，独人アッカーマンの「学者の疾病」(1780 年) と同様に，坐学が如何に健康を阻害するかを訴えた．だからグーツムーツも運動不足が，心の病である「ヒコポンデリ」(うつ病)[15]のような神経病の原因であることを，S. A.チソー，ホフマン，フランクなどを引用しながら，印象深く語っている．だがグーツムーツに与えた影響力で最大の医師は J. P.フランク（1745～1821 年）の 6 巻の大著である．これが医学史で有名な「医事管理体系全書」である．この神経病の専門家でもある彼が，広い視野から都市と農村，階級や身分，老若男女などについて，運動不足が心身に如何に大きな影響を及ぼしているかを語るのである．グーツムーツは，こうした先見的医師の著述に深く啓蒙され，彼らしい身心論を説くのである．彼は序文の劈頭で言う．教育の主要目的はすでに数世紀以来，強壮で健全な身体に健全な魂 (Seele) あれかし」ということにあったと．身体を忘れた精神（Geist）と文化は，人を虚弱化し怠惰にし，破滅させる．だから彼は「心」身調和でなく，「身」心調和を強調した教育論を力説したのである．ここで筆者は道元禅師を連想する．というのも禅師は「心学道」を放下して，「身学道」の道があることを教えるからである[16]．

4．現代における新しい「身体論」

通常「心身の調和」とか「身体と精神の調和」とか言われる場合でも，身と身体や，心と精神とは適当に用いられ，明確な概念規定もなされずに使われていることに気付く．しかし，「心理」的な疾病が「精神」病と言われているのも，それは西欧古典時代に学問が「自然」(physis) と「心理」(psychē) との二つの学問に区別されていたことなどを考え合わせると，現代の混同は当然のこととも言えるであろう．本稿では，ここで，それ以上述べる必要もないので省略し，次に，なぜ戦後の今日にいたって身体の軽視が論議され，「身体の復権」が意識されねばならなかったかの問題に，検討を加えていくことにしたい．日本で新しい視座からの身体論は 1960 年代頃から提案され始めるが，もちろん西欧では 20 世紀の，しかも 20 年代には注目されている．

すでにニーチェ（1900 年死）は従来の心身二元論を批判し，「身体」(Leib) を根源的な生命体の基盤として，新しい人間観を提示し「神は死んだ」と宣言した．身体軽視の思想は身体疎外視から生じ，そこから身体そのものも問題化されたのである．だから心身の問題は，思想史的に見ると，実は「心」を中心にした人間観や人間論に支えられ，生きた「身」は抑圧され歪められて捉えられたのである．そして，このような抑圧はそれが伝統的な宗教であれ，合理的な文明であれ，それらは勤労のドグマと化して創造的な「遊び」を抑圧し，本源的なエロスを枯渇させたのである．

周知のように，フロイトは本能を抑圧する近代文明と合理思想を批判し，無意識の潜在世界を分析したが，それはフーコーなどの思想によって体系化され発展していった．学者の関心が敗戦ドイツから遠ざかる時代に移ると，サルトルとかメルロー・ポンティなどのフランス思想に注意が集中されていった．要するに，彼らが言う「人間の復権」とは，実存的な人間を回復しようとする運動であり，したがって日本で注目されたメルロー・ポンティの生きられた身体と言われた「身体理論」も，それは身体運動学者としてのわれわれも参考にしなければならない大切な身体論であった[17]．もちろん，こうした優れた学者は他にも多く存在するが，ここでは特に日本で余り知られていない学者に，次のような著作がある．それはオランダの行動学者ボイテンディクの「人間の姿勢と運動の一般理論」(1956 年) と「人間学的生理学」(1967 年)[18]，それにドイツの医学者 V.ヴァイツゼッカーの「ゲシュタルトクライス：知覚と運動の一元論」(1950 年) であるが，後者には「医学的人間学」(1926 年) という著作もある．しかし残念なことに日本のような保守的な学会からは，このような人間学的研究は十分には理解されなかった．ところで日本の哲学会では，1970 年代以来，特に市川浩の「身体論」が注目されはじめた．彼には「精神としての身体」や「〈身〉の構造」などの独自な著作があり，「身体とは何か」の問題が深く究明されている．

そこで次に，話題を老人論に転じていくことにしたい．よく言われるように，特に現在，日本のように豊かな社会では，少子化と高齢化が表裏の関係で社会問題になってきた．人間は，健康の際に健康を意識しないように，若さや老いに気付いた時に，それが意識されてくるのである．だから人間の一生は，単なる等質時間の延長ではなく，それは質的に変化し，いくつかの段階に分けられ，通過儀礼によって社会的にも承認されてきたのである．しかし寿命が延びて，人生 50 年の時代が過ぎ去ると，ライフ・ステージも大きく変化し，老人の位置づけも変わってくる．文明の発達によって平均寿命が延長されたということは，端的に死なない人が多くなったことを意味するから，これが現代の高齢化社会を深刻化してくる．

青少年にとって，将来は可能性として期待でき，その実現のための準備のときであるが，下降期の老人層にとって将来は死の準備ともいわれるときであり，それだけに老化や死への追求といった知的関心も深まってくる．だから「老人学」は「老いのしたく」を科学的に解明しながら，情報革命下の老若間の心理的断層をも埋め合わせ，この人間学的な難問を今日的に答えていく責任がある．しかしながら，老人学とか老化学とか叫ばれ始めた現代でも，研究はまだ十分とは言えないのである．もちろん老化理論は現代の生物科学の中心問題になってきたが，その因果論的仮説も多様であり，それを専門外の者が，総合的にも個別的にも，理解することは困難になってきた．

たしかに「老人学」という名称は 1950 年代の後半には登場したが，日本では，中村桂子も言うように，生命科学が生物 (bio) から生 (life) の科学を宣言したのが 1970 年であったことを考慮すると，「老人学」が科学化し一般化するのが，最近のことであったことも十分納得できるのである．アメリカで実験科学的な「老人学 (Gerontology)」という専門誌が出版されたのは 1956 年だと言われているが，しかし S. オースタッドによると，老化の因果論的な理論が，とにかく科学化され始めるのは 1990 年以降なのである．それはともかくとして，個体にとっては，老化と死によって世代交代していく事実は不快なことである．しかし老化と死がなければ人類も環境に適応できなくなるので，この現実は「種」の保存という進化の原理として，やむをえないことと納得せざるをえない．

ここで筆者は儒教思想，すなわち自己の身体が父母の「遺体」であり，それは親からの「預かりもの」であるといった遺体敬身論[19]が説かれていたことを連想する．生命科学では生命の原点が細胞にあり，個体は遺伝子が生きていくための乗り物であると言われているが，この進化論が，妙なかたちで筆者に二重映しに見えてくる．生物体を構成する最も基本的な単位が細胞であり，その精子と卵子から新しい生命が誕生する．このことを，儒教的な父母と子息に対応させることはいささか文学的な発想であろうが，儒教の孝行が修身，敬身，成身といった「身体」に直結して論ぜられていることは，人間学的身体論と関係して，まことに興味深い．このように科学，倫理，宗教にわたる問題は，いずれ解明されていくべき重要課題であるが，これも残念ながら本稿では省略し，最後に老人と運動の問題に言及して結びとしたい．

体育学会でも「運動不足病」については早くから論じられてきたが，一般に，運動が老化や老人と直結して問題化してくるのは最近のことであり，それに昨今は，このような領域は総合化，学際化の傾向を強めてきた．欧米の論者が老いと老人を前向きの姿勢で捉えだしたことは印象的である．脳の老化と疾病と，身体運動の問題についても，運動障害が手足の軽度な運動形態にいたるまで検討され，臨床的に対応されて扱われるようになってきた．こうした老人医学の領域と呼応して，運動の生理学，生化学，バイオメカニックス，心理学，それに体力学など，老化防止や長寿と関係して科学的な研究は急激に進歩してきた．

もちろん，現代進化論の諸説は多彩であり，身体運動が老化を促進するか否かの問題も，仮説次第で判断も変ってくるし，それに人間の運動に関しては，ラットとはちがって，より総合的で慎重な対応も必要であろう．けれども，医学や体育学が認めているように，壮年期までの期間の運動は健康の増進に役立ち，それ以後，老人にとっても運動は健康の維持にもプラスになるという研究実績は，筆者に確信を与えていることも事実である．

筆者のようにスポーツ科学史の研究者は，上記の専門領域にはまったくの素人であるが，自然系と人文系の総合的研究に迫られる今日，運動が何か微妙な仕方で細胞の化学的作用に影響しているのではないかと考えたりして，専門領域の研究者から，それなりの解答を期待している．それだけに21世紀の人間学的な身体運動学への夢も大きく広がってくる．

［岸野　雄三］

参考文献

1）体育大学協議会体育科学（仮称）検討特別委員会「中間報告」，1—25，東京，1999.
2）トーマス・クーン著，中山茂訳：科学革命の構造，26—38，みすず書房，東京，1997.
3）中村桂子：生命科学から生命誌へ，198—263，小学館，東京，1991.
4）ヴァイツゼッカー著，木村敏・浜中淑彦訳：ゲシュタルトクライス—知覚と運動の一元論—，21—25，みすず書房，東京，1975.
5）Singer and Underwood : A Short History of Medicine, 2 nd Ed. 274—5, 753, Clarendon Press, Oxford, 1962.
6）Decimus Iunius Juvenalis : X Sat., 356,〔Orāndum est ut sit mēns sana in corpofe sānō〕.
7）岸野雄三：ヒポクラテースの養生法，30—40，杏林書院，東京，1971.
8）高橋幸一：Galenos における体操論，1—18，岸野退官記念論集刊行会，筑波大学体育科学系，筑波，1982.
9）キケロ著，八木誠一・八木綾子訳：老年の豊かさについて，9—91，法藏館，京都，1999.
10）Gusts Muths, J.C.F. : Gymnastik fürdie Jugend, nach Originalausgabe von 1793, 1—526, Wilhelm Limpert=Verlag, Dresden, 1793.
11）Guts Muths, J.C.F. : Gymnastik für die Jugend enthaltent eine praktische Anwendung zu Leibesübungen, 1—284, Wilhelm Limpert-Verlag, Franfurtam Main, 1804.
12）Villaume, Peter : Von der Bildung des Körpers in Rücksicht auf die Vollkommenheit und Grückseligkeit der Menschen Oder über die physische Erziehung insonderheït , 3 — 290, Wilhelm Limpert-Verlag, Dressden-A. 1,1787.
13）Vieth, G.U.A. : System der Leibesübungen, 7—241, Wilhelm Limpert-Verlag, Frankurt am Main, 1795.
14）坂田徳男訳：イマヌエル・カント，人間学，1—506，岩波書店，東京，1937.
15）上 記 10）Guts Muth, S. 69, Hypokonderie（うつ病），1793.
16）道　元：正法眼蔵（一）身心学道，127—139，岩波文庫，東京，1990.
17）木田　元：現象学，145—158，岩波新書，東京，1970.
18）Buytendijk, F.J.J. : Prolegomena-Einer antropologischen Physiologie, 21—23, 46—63, Otto Moller Verlag, Salzburg, 1967.
19）岸野雄三：自死と臨死学をめぐって．武道科学 22—(3)，1—8, 1990.

11 ⑤ 水泳練習を通して高齢者の体力を考える

体育学会の50年の歴史を振り返ってみると，時代と社会の変化に応じて，また研究者の増加に伴って分科会がつぎつぎにできてきたことがわかる．さらにいくつかの分科会は独立して学会となりそれぞれの方向に研究を進めている．しかし高齢者を対象とした研究会はいまだにできておらず，各分科会がそれぞれの立場で高齢者を対象に研究を行なっている．日本は世界的にみて異例の速さで高齢化が進み，今や高齢社会に突入している．青少年の体力の問題と同様に，高齢者の自立した日常生活を支える体力の問題を研究する事は，体育学の重要な役割と考える．

私は高齢者の水泳練習を通して，運動が体力に及ぼす影響を分析し，高齢者の健康維持・増進と体育学の役割について考えたい．

1．高齢者に対する水泳練習の効果

1）研究方法

(1) 被験者

被験者は「華の会」の会員である．「華の会」は国立健康・栄養研究所が主催する「勤労中高年女性の健康・体力の保持・増進に関する研究」の被験者として，水泳トレーニングに参加する人を募集して作られた会であり，1994年12月にプロジェクトが始められた．会員は40歳以上の専門職，管理職に就いているキャリア・ウーマンを中心に，リタイアした高齢者である．現在では40歳から77歳の約100名が所属しているが，週1回以上練習に出席する会員は50名前後であり，そのうち入会時に60歳以上のものは6名である．今回は高齢者と比較のために入会時に40歳代の5名についても検討する．被検者の身体的特徴は**表1**のとおりである．

(2) 練習内容について

練習は，1994年12月－1998年9月の3年10カ月間は，月・水・金の週3回の練習であったが，その後月・木の週2回となり，現在にいたっている．練習時間は職業を持つ人に合わせて午後5時30分から7時15分までである．

練習方法は，竹宇治聰子コーチ以下3名のコーチにより，泳力別に4班に分かれて指導を受ける．1日の練習内容は日によって多少異なるが，A, B班の基本的な練習内容は**表2**の通りである．

クロールは，50 m×20回（A班：1分30秒間隔，B班：1分45秒間隔），100 m×10回（A班：3分間隔，B班：3分30秒間隔）または1,000 m持続泳など季節や日によって異なる．また技術的指導の時間によって泳距離が多少異なる．

(3) 測定方法

①練習中の心拍数測定

練習中の心拍数はPolar Electro社のHR-Monitorを使用した．あらかじめトランスミッターをストラップベルトにより胸部に装着し，リストレシーバーを左手につけておき，体操等が終了して水中に入ってから，スタートボタンを押し記録を開始する．練習が終わってプールからでる直前にオフにし，水中歩行からクーリングダウンまでの心拍数を5秒毎に記憶させた．クロールについては50 m毎のラップタイムを計測した．心

表１　被験者の身体的特徴（平均±SD）

	60 歳以上（N=6）	40 歳代（N=5）
年齢　（歳）	69.7±3.8	50.9±2.0
体重　（kg）	55.4±10.6	61.2±16.2
身長　（cm）	154.0±7.0	157.8±4.5
BHI　（kg/m²）	23.2±2.5	24.5±5.8
50m time（秒）	69.6±8.90	72.2±9.35

（99.8.1 現在）

表２　一日の練習内容

17：30―17：45 ……	柔軟体操，ストレッチ，筋力トレーニング
17：45―17：55 ……	水中歩行（100m），板キック（200m）
18：00―19：15 ……	クロール（1,000m）
	背泳ぎ（150―200m）
	平泳ぎ（150―200m）
	バタフライ（100―150m）
	クーリングダウン

拍数の分析はトレーニングアドバイザー SW によった．本報告に用いる測定値は 1999 年 2 月－6 月に測定されたものである．

②酸素摂取量

酸素摂取量は，トレッドミルによる負荷漸増法でダグラスバッグ法により測定した．速度はトレッドミル水平位で 80 m/分から 4 分毎に 10 m/分漸増した．120 m/分までは歩行とし，それ以降は 120 m/分または 130 m/分で走行に変え，トレッドミルの傾斜を 5% ずつ漸増した．運動中は RPE，心拍数，血中乳酸，歩数を同時に測定し，RPE や心拍数を参考に運動の終了時を決め，Peak$\dot{V}o_2$ および $\dot{V}o_2$@4 mMLa を算出した．

③脚伸展パワー

脚伸展パワーは，座位姿勢で股関節，膝関節，足関節を全力で伸展させる際に発揮される最大パワーとした（アネロプレス，コンビ社）．脚伸展動作を 5 回繰り返し行なわせ，その最大値を採用した．

④骨密度

骨密度は DXA 法（XR-26）により，正面第 2―第 4 腰椎と大腿骨近位部の骨密度（g/cm²）を計測した．

⑤その他

身体計測，体脂肪率，血液検査および健康状態，栄養摂取状況等の調査も行なわれた．以上の測定および調査は年 1 回 3 月－5 月に定期的に国立健康・栄養研究所において行なわれている．

2）結果と考察

（1）水泳練習中の心拍数

水泳練習中の心拍数の 1 例は**図 1** のとおりである．クロール 50 m 泳 1 回目終了時には心拍数は 138 拍/分に増加し，インターバル中に 113 拍/分に回復している．しかし次第に回復が悪くなり 20 回終了時の心拍数は 169 拍/分まで増加している．

練習中の全平均心拍数は，65 歳以上の 5 名（1 名は泳速度が著しく遅いので除外した）では 121―137 拍/分であり，平均 126.0 拍/分であった．40 歳代の 5 名の平均心拍数 142.6 拍/分（136―152 拍/分）と比較すると，同一練習内容にもかかわらず，高齢者の練習中の心拍数は低かった．しかしトレッドミル運動中の最高心拍数との割合で見ると，両者とも 75―80% HRmax を示していた．

練習中の最高心拍数はほとんどクロール泳中の後半に出現し，高齢者では 153―169 拍/分で，100 %HRmax に近かった．40 歳代では 161―177 拍/分であった．

心拍数から運動強度を推定すると，約 90 分間を 75―80% HRmax とかなり強度の高い運動が行なわれている．池上[1]は安全な運動強度の限界として，高齢者では 60% $\dot{V}o_2$max が平均的な値として適当であろうと述べているが，本高齢者の場合は強度が 70% $\dot{V}o_2$max に相当すると思われる．また池上は日頃の運動経験がかなり豊富であり，かつ重要なリスクファクターがまったく無い人の安全基準は上記の値を上回るであろうと述べている．本高齢者はすでに水泳の経験が 4 年以上であり，

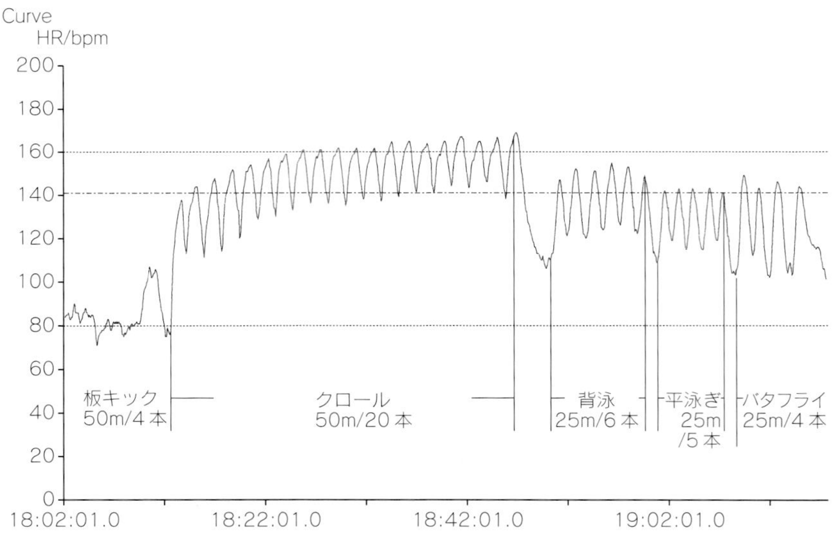

図1　水泳練習中の心拍数の推移

表3　最大脚伸展パワーの水泳練習に伴う変化

	高齢者	40歳代	高齢者/40歳代(%)
96年 (watts)	674±113	916±154	73.6
99年 (watts)	715±123	970±253	73.7
99/96年(%)	106±8	106±22	

身体的にリスクファクターもないので，この強度は安全基準の上限と考えられる．

(2) 最大脚伸展パワー

水泳練習により最大脚伸展パワーは，**表3**の通り両群ともに約6% 増加し，年齢による増加率の差は見られなかった．しかし高齢者の最大脚伸展パワーは40歳代の約73% であり，加齢による低下が見られた．

本高齢者の最大脚伸展パワーの初期値は，638±113 wattsであった．沢井ら[2]は本研究と同一の機器を用いて60—85歳の男女高齢者の脚力を測定し，watts/kgで示している．本高齢者の最大脚伸展パワーは体重あたりに換算すると12.6±3.03 watts/kgであり，沢井らの45歳の女性の値に相当している．また40歳代も14.6±2.67 watts/kgで沢井の35歳の女性の値に相当しており，本被検者の脚力の初期値は高い水準であった．

中高年の女性においても一定期間筋力トレーニングを実施すれば筋力が増大することは先行研究[3,4]によって報告されている．加賀谷ら[4]は43—66歳の女性に対して，60%1 RMの負荷で脚伸展動作による動的筋力トレーニングを10週間行なわせた結果，1 RMは24% 増加したが最大等尺性筋力には変化がなかったと報告している．すなわち比較的低強度負荷のトレーニングであっても，トレーニングに用いた運動様式である動的筋力にはトレーニング効果が現われ，動作様式の異なる最大等尺性筋力には効果が認められなかったことから，動的筋力の増加は神経系の改善に拠るものではないかと述べている．

水泳運動の場合，推進力は四肢の筋活動によるものであり，実験的トレーニングとは異なり，下肢の特定の筋に負荷を与えたものではないが，下肢筋全体に水の抵抗による負荷が繰り返し与えられた結果，脚伸展パワーが増加したと考えられる．高齢者は加齢に伴い筋力が低下するにもかかわらず，本高齢者の最大脚伸展パワーに増加の傾向が見られたことは，高齢者においても筋力のトレーナビリティがあるという報告と一致する．なお40

表４ 腰椎および大腿骨骨密度の水泳練習に伴う変化

	高齢者	40 歳代	高齢者 / 40 歳代
腰椎骨密度			
95 年(g/cm^2)	0.832±0.107	1.171±0.088	71%
98 年(g/cm^2)	0.840±0.103	1.187±0.114	71%
98/95 年(%)	101±3	101±3	
大腿骨骨密度			
95 年(g/cm^2)	0.625±0.079	0.925±0.101	68%
98 年(g/cm^2)	0.659±0.080	0.930±0.143	71%
98/95 年(%)	111 ±4	100±6	

歳代と較べて高齢者は加齢による筋パワーの低下は見られるが，40 歳代と同一の強度の練習を行なっている事から，同様の効果が現われたと思われる．

(3) 骨密度

骨密度は，腰椎と大腿骨について 1995 年と 1998 年の測定値を比較した．本高齢者の腰椎骨密度の初期値は，**表４**の通り 0.832±0.107 g/cm^2 であり，Z 値（同年齢の一般女性の骨密度の値を 100 としたときの%）は 108±15% であった．40 歳台でも Z 値は 118±9% であり，本被検者は骨密度についても同年齢に較べて高い水準にあった．

高齢者の大腿骨頚部では，**図２**の通り 1995 年に較べて 1998 年には 6 名全員が増加していた．増加の割合は平均 111±4% であり，1% 水準で有意な増加であった．しかし腰椎については 2 名が減少し，増加率は平均 101±3% でほとんど変化がなかったが，3 年間の加齢に伴う低下を考慮すると，むしろ増加の傾向を示していると思われる．40 歳代では大腿骨頚部，腰椎ともに骨密度に変化が見られなかった．

40 歳代の骨密度に対して高齢者の骨密度は脚伸展パワーと同様 70% 前後であり，加齢にともないほぼ 1 年間に 1% 強の割合で減少している事になる．

水泳運動は関節への衝撃をやわらげ，からだの一部に強い力が加わるということが少ないため，中高年者や関節に傷害のある人に適した運動であるとされている．しかし水中では重力の影響が減

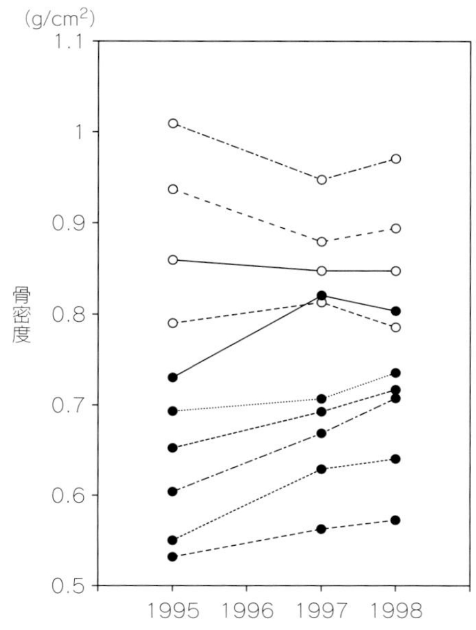

図２ 大腿骨頚部骨密度の水泳練習に伴う変化
●は高齢者，○は 40 歳代の骨密度

少することから，骨密度に対しての効果は少ないと考えられているが，閉経後の女性を対象に骨量低下に対する水中運動や温水プール浴の影響についての調査では，腰椎骨密度の Z 値は 1 年間で増加したという報告[5]もある．

本高齢者は 1998 年までは週 3 回の水泳練習を行なっており，腰椎骨密度は現状を維持していたが，大腿骨骨密度の顕著な増加を示した．大腿骨近位部は大腿の屈伸や回旋を行なわせる筋群の付着部があり，水泳運動中には下肢の筋群の活動により大きな刺激を受けていると思われる．その結果骨代謝が促進され，骨密度が増加したと推測される．江橋ら[6]は 40 歳代から 70 歳代の中高年者を対象に，筋出力パワーと骨密度の関係を検討しており，下肢筋群の発揮パワーが大きいほど骨密度は高い傾向を示したと報告している．本研究において脚伸展パワーが増加したことも大腿骨骨密度の増加に影響を与えたと考える．

呉ら[7]は中高年女性を対象に週 3 回 7—10 km のウオーキングを 8 カ月行なわせた結果について，大腿骨頚部の骨密度は有意に増加したが，腰

表５　peak $\dot{V}o_2$ の水泳練習に伴う変化

	高齢者	40 歳代	高齢者／40 歳代（%）
Peak$\dot{V}o_2$			
95 年（mL/kg·min）	30.4±3.4	33.1±5.2	92%
99 年（mL/kg·min）	32.7±4.1	36.2±7.5	90%
99/95 年（%）	108±11	109±11	
$\dot{V}o_2$@4mMLa			
95 年（mL/kg·min）	23.9±2.30	24.7±3.23	97%
99 年（mL/kg·min）	25.6±2.92	28.6±4.58	90%
99/95 年（%）	107±7	116±6	

椎骨密度は変わらなかったと述べており，腰椎は重力の影響下にあっても増加しにくい部位と思われる．

なお 40 歳代の被検者は閉経期に相当しており，急激な女性ホルモンの減少に伴う骨量の低下がみられる時期であるが，水泳練習により減少が抑制されたと考える．

（4）酸素摂取量

Peak$\dot{V}o_2$ と血中乳酸 4 mM 時の $\dot{V}o_2$ は，表５の通り高齢者も 40 歳代も増加していた．Peak$\dot{V}o_2$ の増加率は両群の間でほとんど差がないが，$\dot{V}o_2$@4 mMLa は 40 歳代の増加が大きかった．なお高齢者の Peak$\dot{V}o_2$ は 40 歳代の約 90% であり，骨密度や脚伸展パワーの加齢による低下率に較べて低下の割合が少なかった．

日本人の女性高齢者の最大酸素摂取量については研究報告が少ないが[8,9]，小林は 19 歳から 69 歳の一般健康女子 112 名の有酸素性能力を測定している．小林の測定値と比較すると，本高齢者の Peak$\dot{V}o_2$ の初期値 30.4±3.4 mL/kg・min は，小林の 60—69 歳の 16.8±7.6 mL/kg・min の 1.8 倍に相当し，30—39 歳の測定値に等しい．Drinkwater ら[10]によるアメリカ女性の値も上回っている．おそらくこの差には測定方法の違いもいくらか影響しているものと思われる．小林は 50—100 m/min の速度によるトレッドミル歩行で傾斜漸増負荷法を用いているのに対して，本高齢者は最終段階では 120—130 m/min で走行し傾斜漸増している．方法の違いを考慮しても本高齢者は身体活動量が高いグループであり，有酸素性能力が高くなっていたものと思われる．積極的に身体活動を行なっている人の有酸素性能力は身体活動をしない人より大きい事が報告されており，その差は 50 歳代以上では 11—32% とかなり大きい．また高齢になってから身体トレーニングをすることによって 24% の増加を認めた報告もある[11]．長期間のトレーニングについては，トレーニング効果の頭打ちの現象があることも報告されており，年１回の測定ではその詳細は明らかにできない．しかし初期値が大きかったばかりでなく，水泳練習によってさらに増加しているのは，高齢者にとっても水泳が呼吸循環系に対してトレーニング効果のあることを示している．

なお骨密度や脚伸展パワーが 40 歳代の測定値の 70% と，加齢により 30% も低下が見られたのに対し，Peak$\dot{V}o_2$ の低下は 10% であった．例数が少ないので断定はできないが，酸素摂取量のように，複数の機能が関与するものでは，それぞれに機能が良好に保たれていれば，その複合効果として低下が抑制される可能性もあると思われる．しかし本高齢者の場合，日常生活が活動的であったことが，加齢による低下の割合が小さかった大きな原因であろう．

要約

高齢者であっても週２回の 60—70% $\dot{V}o_2$max に相当する水泳練習によって，筋力，骨密度，酸素摂取量等の機能が向上した．増加の割合は 40 歳代の女性とほぼ同じであり，加齢により低下した機能もトレーニングによって維持のみならず，増加することが明らかになった．水泳を始めた高齢者は「階段を登っても息切れしない」,「風邪を引かなくなった」等と述べており，体力の維持・増進は日常生活を活動的にまた健康的に過ごす基盤になっていると思われる．運動様式や練習効果からみて，水泳は高齢者に適していると思われる．

2．高齢化社会における体育の役割

現代は高齢化社会ではなく，すでに高齢社会に突入している．2000年4月からは介護保険が導入され，介護の必要な高齢者についてはそれぞれの必要に応じて介護が実施されることになった．しかし厚生省が実施した国民生活基礎調査では，75歳以上の高齢者のうち，約8割が自分のことを健康であると意識していることが明らかになったという．これらの人々が健康を維持していることは，社会全体にとって重要なことと思われる．高齢者が健康を維持するには社会的，経済的，精神的，身体的な支援が必要であろう．健康維持の一端として，体育関係者は高齢者の身体的活動を支援していく立場にあると思う．日本体育学会第46回大会における，本部企画シンポジウム「高齢社会における体育学の役割」[12]で，他の演者らがすでに体育学の役割について提案されているが，今は具体的な行動がなされなければならない時期にきていると思う．

前述のとおり高齢になってから運動を始めても体力が維持，増加することは明らかである．あるレベルの体力は，自立した日常生活を行なうための基本条件である．体育学は日常生活に必要な体力の研究やそれを維持するための身体活動の方法を研究し，その情報を社会に提供する役割がある．高齢者にとって最も重要なことは現状の体力に見合った運動を楽しく行なうことである．現在行なわれている多くのスポーツの中で高齢者に適したものはなにか，またルールの研究によって安全で効果のある運動様式にできないか，さらに新しい運動を提案することもできるであろう．

実際にそのような身体活動の場を作ったり，各人に対して適当な運動処方を作成し効果を見ていくなど，具体的な支援をすることは体育関係者の役割であると思う．そして高齢者に直接支援をする指導者を育てることも重要な役割であろう．

［山川　　純］

参考文献

1）池上晴夫：運動処方—理論と実際．204—206,朝倉書店，東京，1992.

2）沢井史穂：加齢にともなう筋機能の低下とその予防のための運動．体育の科学　46：112—122, 1996.

3）Charette, S.T., et al.: Muscle hypertrophy response training in older women. J.Appl. Physiol. 70: 1912—1916, 1991.

4）加賀谷淳子：中高年者の筋機能向上に関する研究—第2報—, 2. 中高年女性を対象とした筋力トレーニングの効果に関する研究．平成6年度日本体育協会スポーツ医・科学研究報告．5—17, 1995.

5）Tsukahara, N., Toda, A., Goto, J. and Ezawa, I: Cross-sectional and longitudinal studies on the effect of water exercise in controlling bone loss in Japanes post- menopausal women. J.Nutr. Sci. Vitaminol. 40: 37—47, 1994.

6）江橋　博：中高年者の筋機能向上に関する研究—第2報—, 4. 中高年者の最大筋出力パワーと骨密度．平成6年度日本体育協会スポーツ医・科学研究報告．23—34, 1995. 3.

7）呉　堅：運動が骨密度に及ぼす影響．平成11年度学位論文（東京大学）74—82, 1999. 3.

8）小林寛道：日本人のエアロビック・パワー．—加齢による体力推移とトレーニングの影響—．142—149, 杏林書院，東京，1982.

9）Atomi, Y. and M. Miyashita.: Maximal aerobic power of Japanese active and sedentary adult females of different ages（20—62 tears）. Med. Sci. Sports. 6: 223—225, 1974.

10）Drinkwater, B.L., Horvath, S.M. and Wells, C.L.: Aerobic power females, ages 10 to 68. J.Gerontol. 30: 385—394, 1975.（山地啓司著　最大酸素摂取量の科学より引用）

11）Sidney, K.H. and R.J. Shephard: Frequency and intensity of exercise training for elderly subject. Med. Sci. Sports. 10: 125—131, 1978.

12）福永哲夫ら：高齢社会における体育学の役割．体育の科学　45：678—702, 1995. 9.

和文索引

【あ】

【か】

【さ】

【た】

【な】

【は】

【ま】

【や】

【ら】

【わ】

欧文索引

21 世紀と体育・スポーツ科学の発展　第 1 巻
～日本体育学会第 50 回記念大会誌～　　定価（本体 5,000 円＋税）

2000 年 3 月 31 日　　第 1 版第 1 刷発行

編　集　日本体育学会第 50 回
記念大会特別委員会

検印省略

発行者　太　田　　博

発行所　株式会社杏林書院
〒113-0034
東京都文京区湯島 4-2-1
TEL(03)3811-4887(代)
FAX(03)3811-9148

ISBN 4−7644−1557−7　C3037

株式会社杏林舎／三水舎

Printed in Japan